普通高等教育土木工程类专业系列教材

土木工程材料

主　编　王　璐　刘　港　马艳梅
副主编　王　青　高　辛　孙雪兵
参　编　郭　佳　孙佳秋　郭珍珠

机械工业出版社

本书紧密结合"双碳"理念和行业前沿，参考我国现行相关标准、规范编写，系统介绍了土木工程材料的基本理论、性能特点及其工程应用。本书共 12 章，内容包括绪论、土木工程材料基本性质、气硬性胶凝材料、水泥、混凝土与砂浆、建筑金属材料、墙体及屋面材料、沥青与沥青混合料、合成高分子材料、建筑竹木、建筑功能材料、新型土木工程材料。本书模块设置丰富，章首有知识目标、思维导图、工程案例导入模块，章末有创新思维培养、工程素质培养、材料与生态、工程能力训练模块，以激发读者兴趣，学习和掌握相关知识。

本书可作为高等院校土木工程类及工程管理类专业相关课程的教材，也可作为工程从业人员的参考书。

图书在版编目（CIP）数据

土木工程材料 / 王璐，刘港，马艳梅主编． -- 北京：机械工业出版社，2025.7. --（普通高等教育土木工程类专业系列教材）． -- ISBN 978-7-111-78309-1

Ⅰ．TU5

中国国家版本馆 CIP 数据核字第 2025UK1315 号

机械工业出版社（北京市百万庄大街 22 号　邮政编码 100037）

策划编辑：马军平	责任编辑：马军平　张大勇
责任校对：孙明慧　张雨霏　景　飞	封面设计：马若漾
责任印制：单爱军	

保定市中画美凯印刷有限公司印刷

2025 年 7 月第 1 版第 1 次印刷

184mm×260mm・19.25 印张・476 千字

标准书号：ISBN 978-7-111-78309-1

定价：65.00 元

电话服务　　　　　　　　　　网络服务

客服电话：010-88361066　　　机　工　官　网：www.cmpbook.com
　　　　　010-88379833　　　机　工　官　博：weibo.com/cmp1952
　　　　　010-68326294　　　金　书　网：www.golden-book.com

封底无防伪标均为盗版　　机工教育服务网：www.cmpedu.com

前 言

步入 21 世纪，土木工程作为支撑基础设施建设的核心力量，正迎来前所未有的挑战与机遇。面对全球气候变化的严峻考验，实现碳达峰与碳中和（简称"双碳"）目标已成为全球共识。在此背景下，土木工程材料的选择与应用不仅关乎工程的安全性与耐久性，更直接牵动着资源的合理利用与环境的可持续发展。本书正是在此时代背景下编写，旨在为培养具备"双碳"意识与创新能力的土木工程专业人才提供坚实的知识支撑。

本书的一大亮点在于，将"双碳"理念深度融入材料的选择、设计与应用之中，引导读者树立绿色、低碳的发展理念。我们深知，实现"双碳"目标离不开材料科学的创新与突破。因此，书中在保留传统土木工程材料经典内容的基础上，大幅增加了对新型建筑材料的介绍。这些新型材料不仅能够有效降低碳排放，提高能效，还能增强结构的性能与耐久性，是实现绿色、低碳、智能建造的关键。

我们期望通过本书，能够激发同学们对土木工程材料领域的浓厚兴趣与热情，培养大家运用科学方法分析材料性能、解决实际问题的能力。更重要的是，我们致力于培养具有责任感和使命感的新时代土木工程师，使他们能够在未来的工程实践中，主动探索和应用更加环保、高效的建筑材料，为实现可持续发展目标贡献积极力量。

本书由王璐、刘港、马艳梅担任主编，王青、高辛、孙雪兵担任副主编，郭佳、孙佳秋、郭珍珠参与编写。具体分工如下：王璐（北京科技大学天津学院）负责编写第 1、5 章及全书统稿；刘港（沈阳工业大学）负责编写第 7、9 章；马艳梅（河北师范大学）负责编写第 2、6 章；王青（中国能源建设集团投资有限公司）负责编写第 8、10 章；高辛（北京科技大学天津学院）负责编写第 11、12 章；孙雪兵（北京科技大学天津学院）负责编写第 3、4 章；北京科技大学天津学院郭佳、孙佳秋、郭珍珠负责配套课件及数字资源的制作。

在编写过程中，我们始终秉持理论与实践相结合的原则，力求内容深入浅出、准确无误、语言通俗易懂。每章均配备了丰富的图表与案例，旨在帮助读者更好地理解和掌握土木工程材料的知识体系，提升解决实际工程问题的能力。同时，我们广泛参考了众多国内外优秀教材与前沿研究成果，在此向相关作者表示诚挚的感谢。

尽管我们付出了诸多努力，但鉴于时间与水平所限，书中难免存在不足之处。我们恳请广大读者批评指正，并期待来自教学一线和科研领域的同行提供宝贵反馈，以便我们不断修订和完善，呈现更加优质的内容。

编 者

目　录

前言
第 1 章　绪论 …………………………… 1
知识目标 ……………………………………… 1
思维导图 ……………………………………… 1
工程案例导入 ………………………………… 1
1.1　土木工程材料概述 …………………… 4
1.2　土木工程材料分类 …………………… 5
1.3　土木工程材料的技术标准 …………… 8
1.4　低碳土木工程材料的发展 …………… 9
创新思维培养 ………………………………… 10
工程能力训练 ………………………………… 12

第 2 章　土木工程材料基本性质 ……… 13
知识目标 ……………………………………… 13
思维导图 ……………………………………… 13
工程案例导入 ………………………………… 13
2.1　材料性质与材料组成、结构的关系 … 14
　　2.1.1　材料性质与材料组成的关系 … 14
　　2.1.2　材料性质与材料结构的关系 … 15
2.2　材料的物理性质 ……………………… 19
　　2.2.1　材料的密度 …………………… 19
　　2.2.2　材料的孔隙率和空隙率 ……… 22
　　2.2.3　材料与水相关的性质 ………… 23
　　2.2.4　材料的热工性质 ……………… 27
　　2.2.5　材料的声光特性 ……………… 28
2.3　材料的力学性质 ……………………… 30
　　2.3.1　材料的强度 …………………… 30
　　2.3.2　材料的弹性和塑性、脆性和
　　　　　 韧性 …………………………… 32
　　2.3.3　材料的硬度和耐磨性 ………… 33

2.4　材料的耐久性、安全性与环境
　　　协调性 ………………………………… 34
创新思维培养 ………………………………… 35
工程素质培养 ………………………………… 37
材料与生态 …………………………………… 38
工程能力训练 ………………………………… 38

第 3 章　气硬性胶凝材料 ……………… 40
知识目标 ……………………………………… 40
思维导图 ……………………………………… 40
工程案例导入 ………………………………… 40
3.1　石灰 …………………………………… 41
　　3.1.1　石灰的生产 …………………… 41
　　3.1.2　石灰的水化硬化 ……………… 42
　　3.1.3　建筑石灰的技术要求 ………… 43
　　3.1.4　石灰的特性 …………………… 45
　　3.1.5　石灰的主要用途 ……………… 45
3.2　石膏 …………………………………… 46
　　3.2.1　石膏的种类 …………………… 46
　　3.2.2　石膏的生产 …………………… 47
　　3.2.3　建筑石膏的水化硬化 ………… 48
　　3.2.4　建筑石膏的技术性质 ………… 48
　　3.2.5　建筑石膏的特性 ……………… 49
　　3.2.6　建筑石膏的主要用途 ………… 50
3.3　其他气硬性胶凝材料 ………………… 51
　　3.3.1　水玻璃 ………………………… 52
　　3.3.2　菱苦土 ………………………… 53
创新思维培养 ………………………………… 55
工程素质培养 ………………………………… 55
材料与生态 …………………………………… 56
工程能力训练 ………………………………… 57

第4章　水泥 ………………………… 58

知识目标 ……………………………… 58
思维导图 ……………………………… 58
工程案例导入 ………………………… 58
4.1 通用硅酸盐水泥 ………………… 59
　4.1.1 水泥概述 …………………… 59
　4.1.2 通用硅酸盐水泥的生产 …… 60
　4.1.3 通用硅酸盐水泥的矿物组成 … 60
　4.1.4 通用硅酸盐水泥的技术性质
　　　　与检测 ………………………… 63
　4.1.5 通用硅酸盐水泥的应用 …… 65
4.2 特性水泥 ………………………… 66
　4.2.1 低热水泥 …………………… 66
　4.2.2 快硬水泥 …………………… 68
　4.2.3 膨胀水泥 …………………… 68
　4.2.4 耐火水泥 …………………… 69
　4.2.5 防辐射水泥 ………………… 70
4.3 专用水泥 ………………………… 71
　4.3.1 道路硅酸盐水泥 …………… 71
　4.3.2 油井水泥 …………………… 72
　4.3.3 海工水泥 …………………… 72
4.4 "双碳"背景下水泥的低碳发展 … 72
创新思维培养 ………………………… 73
工程素质培养 ………………………… 76
材料与生态 …………………………… 76
工程能力训练 ………………………… 77

第5章　混凝土与砂浆 …………… 78

知识目标 ……………………………… 78
思维导图 ……………………………… 78
工程案例导入 ………………………… 78
5.1 普通混凝土 ……………………… 79
　5.1.1 混凝土的分类 ……………… 79
　5.1.2 混凝土的组成 ……………… 80
　5.1.3 混凝土拌合物的基本性能 … 93
　5.1.4 混凝土的力学性能 ………… 97
　5.1.5 混凝土的耐久性 ………… 103
　5.1.6 混凝土的质量评定 ……… 103
　5.1.7 混凝土的配合比设计 …… 103
5.2 新型混凝土 …………………… 111
　5.2.1 超高性能混凝土 ………… 111
　5.2.2 再生骨料混凝土 ………… 113
　5.2.3 汉麻混凝土 ……………… 114
　5.2.4 智能混凝土 ……………… 115

　5.2.5 橡胶混凝土 ……………… 117
　5.2.6 石墨烯增强混凝土 ……… 118
5.3 建筑砂浆 ……………………… 119
　5.3.1 砂浆的分类 ……………… 119
　5.3.2 砂浆的技术性质 ………… 120
　5.3.3 预拌砂浆 ………………… 122
创新思维培养 ……………………… 124
工程素质培养 ……………………… 125
材料与生态 ………………………… 125
工程能力训练 ……………………… 126

第6章　建筑金属材料 …………… 129

知识目标 …………………………… 129
思维导图 …………………………… 129
工程案例导入 ……………………… 129
6.1 建筑钢材 ……………………… 130
　6.1.1 钢材的冶炼和分类 ……… 130
　6.1.2 钢材的主要技术性能 …… 134
　6.1.3 钢材的加工与处理 ……… 139
　6.1.4 钢材的标准与选用 ……… 141
　6.1.5 钢材的腐蚀与防护 ……… 156
　6.1.6 钢材的防火 ……………… 158
6.2 铝合金及制品 ………………… 159
6.3 铜及铜合金 …………………… 161
6.4 钛及钛合金 …………………… 162
创新思维培养 ……………………… 162
工程素质培养 ……………………… 163
材料与生态 ………………………… 164
工程能力训练 ……………………… 165

第7章　墙体及屋面材料 ………… 167

知识目标 …………………………… 167
思维导图 …………………………… 167
工程案例导入 ……………………… 167
7.1 砖 ……………………………… 168
　7.1.1 烧结砖 …………………… 169
　7.1.2 蒸压（养）砖 …………… 174
7.2 砌块 …………………………… 176
　7.2.1 普通混凝土小型空心砌块 … 176
　7.2.2 粉煤灰混凝土小型空心砌块 … 177
　7.2.3 蒸压加气混凝土砌块 …… 177
　7.2.4 轻集料混凝土砌块 ……… 179
7.3 墙用板材 ……………………… 180
　7.3.1 石膏板 …………………… 180
　7.3.2 空心水泥墙板 …………… 182

7.3.3　复合材料墙板 …………… 182
　7.4　砌筑石材 …………………………… 184
　　7.4.1　砌筑石材的分类 …………… 185
　　7.4.2　砌筑石材的性能 …………… 187
　　7.4.3　砌筑石材的选用 …………… 189
　7.5　屋面材料 …………………………… 190
　　7.5.1　屋面瓦 ……………………… 190
　　7.5.2　屋面卷材 …………………… 194
　　7.5.3　种植屋面 …………………… 197
　　7.5.4　光伏屋面 …………………… 200
　创新思维培养 …………………………… 200
　工程素质培养 …………………………… 201
　材料与生态 ……………………………… 202
　工程能力训练 …………………………… 203

第8章　沥青与沥青混合料　204
　知识目标 ………………………………… 204
　思维导图 ………………………………… 204
　工程案例导入 …………………………… 204
　8.1　沥青 ………………………………… 205
　　8.1.1　沥青的分类 ………………… 206
　　8.1.2　沥青的物理化学性质 ……… 208
　　8.1.3　石油沥青的技术标准 ……… 212
　　8.1.4　石油沥青的掺配 …………… 214
　　8.1.5　乳化沥青 …………………… 215
　　8.1.6　改性沥青 …………………… 216
　8.2　沥青混合料 ………………………… 218
　　8.2.1　沥青混合料的组成 ………… 218
　　8.2.2　沥青混合料的结构 ………… 219
　　8.2.3　沥青混合料的技术性质 …… 220
　　8.2.4　沥青混合料的配合比设计 …… 223
　创新思维培养 …………………………… 229
　工程素质培养 …………………………… 230
　材料与生态 ……………………………… 231
　工程能力训练 …………………………… 232

第9章　合成高分子材料　233
　知识目标 ………………………………… 233
　思维导图 ………………………………… 233
　工程案例导入 …………………………… 233
　9.1　合成高分子材料概述 ……………… 234
　　9.1.1　合成高分子材料的分类 …… 235
　　9.1.2　合成高分子材料的合成方式 …… 236
　　9.1.3　合成高分子材料的基本性质 …… 236
　9.2　合成高分子材料的应用 …………… 237
　　9.2.1　涂料 ………………………… 237
　　9.2.2　塑料 ………………………… 239
　　9.2.3　胶黏剂 ……………………… 242
　　9.2.4　土工合成材料 ……………… 243
　创新思维培养 …………………………… 244
　工程素质培养 …………………………… 245
　材料与生态 ……………………………… 245
　工程能力训练 …………………………… 246

第10章　建筑竹木　247
　知识目标 ………………………………… 247
　思维导图 ………………………………… 247
　工程案例导入 …………………………… 247
　10.1　建筑木材 ………………………… 248
　　10.1.1　木材的分类 ……………… 248
　　10.1.2　木材的性能与应用 ……… 248
　　10.1.3　木材的防护 ……………… 252
　10.2　建筑竹材 ………………………… 254
　　10.2.1　竹材概述 ………………… 254
　　10.2.2　竹材的特性与优势 ……… 254
　　10.2.3　竹材在绿色建筑中的应用 …… 255
　创新思维培养 …………………………… 256
　工程素质培养 …………………………… 257
　材料与生态 ……………………………… 258
　工程能力训练 …………………………… 259

第11章　建筑功能材料　260
　知识目标 ………………………………… 260
　思维导图 ………………………………… 260
　工程案例导入 …………………………… 260
　11.1　绝热材料 ………………………… 261
　　11.1.1　绝热材料的性能 ………… 261
　　11.1.2　绝热材料的选用 ………… 262
　11.2　防水密封材料 …………………… 264
　　11.2.1　防水材料 ………………… 264
　　11.2.2　密封材料 ………………… 269
　11.3　声学材料 ………………………… 270
　　11.3.1　吸声材料 ………………… 270
　　11.3.2　隔声材料 ………………… 273
　11.4　装饰材料 ………………………… 273
　　11.4.1　建筑玻璃 ………………… 273
　　11.4.2　建筑陶瓷 ………………… 274
　　11.4.3　新型绿色装饰材料 ……… 274
　创新思维培养 …………………………… 275
　工程素质培养 …………………………… 277

材料与生态 ┈┈┈┈┈┈┈┈┈┈┈┈ 278
　工程能力训练 ┈┈┈┈┈┈┈┈┈┈┈ 278

第12章　新型土木工程材料 ┈┈┈┈ 279
　知识目标 ┈┈┈┈┈┈┈┈┈┈┈┈┈ 279
　思维导图 ┈┈┈┈┈┈┈┈┈┈┈┈┈ 279
　工程案例导入 ┈┈┈┈┈┈┈┈┈┈┈ 279
　12.1　3D打印建材 ┈┈┈┈┈┈┈┈ 280
　　12.1.1　3D打印混凝土基本流程 ┈ 281
　　12.1.2　应用前景 ┈┈┈┈┈┈┈ 282
　12.2　纤维增强复合材料 ┈┈┈┈┈ 284
　　12.2.1　纤维增强复合材料的基本
　　　　　　原理 ┈┈┈┈┈┈┈┈┈ 284
　　12.2.2　纤维增强复合材料的特点 ┈ 285
　　12.2.3　纤维增强复合材料在建筑结构中的
　　　　　　应用 ┈┈┈┈┈┈┈┈┈ 286

　12.3　生物基材料 ┈┈┈┈┈┈┈┈┈ 287
　　12.3.1　合成方法 ┈┈┈┈┈┈┈ 287
　　12.3.2　生物基材料的应用 ┈┈┈ 287
　12.4　气凝胶 ┈┈┈┈┈┈┈┈┈┈┈ 288
　12.5　自愈合材料 ┈┈┈┈┈┈┈┈┈ 290
　12.6　自清洁材料 ┈┈┈┈┈┈┈┈┈ 290
　12.7　纳米材料 ┈┈┈┈┈┈┈┈┈┈ 291
　12.8　智能材料 ┈┈┈┈┈┈┈┈┈┈ 292
　12.9　建筑光伏一体化材料 ┈┈┈┈┈ 293
　创新思维培养 ┈┈┈┈┈┈┈┈┈┈┈ 294
　工程素质培养 ┈┈┈┈┈┈┈┈┈┈┈ 294
　材料与生态 ┈┈┈┈┈┈┈┈┈┈┈┈ 295
　工程能力训练 ┈┈┈┈┈┈┈┈┈┈┈ 296

参考文献 ┈┈┈┈┈┈┈┈┈┈┈┈┈ 297

第1章 绪论

【知识目标】

了解土木工程材料的基本定义及其涵盖的领域，土木工程材料的发展历程与未来趋势，土木工程材料的技术标准；掌握土木工程材料的分类方法及其主要类别，土木工程材料在可持续发展中的作用与影响；理解低碳土木工程材料的发展意义和重要性，能够在工程实践中积极推广和应用低碳材料。

【思维导图】

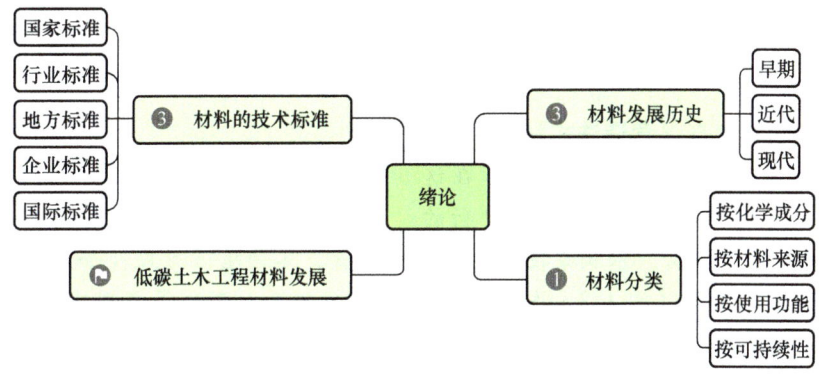

XT01–详细思维导图

【工程案例导入】

土木工程材料：一部人类文明的进化史

在人类文明的长河中，建筑的发展始终是一个重要的标志。而建筑的发展，离不开土木工程材料的进步。从原始的天然材料，到人工合成的高科技材料，中国土木工程材料的发展史见证了人类智慧的积累和科技的飞跃。今天，就让我们一起走进这段充满传奇色彩的历史，感受那些被岁月雕琢的奇迹。

原始时期：自然的馈赠

早在五十万年前的旧石器时代，我们的祖先就懂得利用天然的洞穴作为栖身之所。那时，人类尚未掌握制造工具的技术，只能依赖大自然提供的现成材料。随着时间的推移，人类逐渐学会了使用石器，开始尝试对自然材料进行简单的加工。在新石器时代，黄河中游的氏族部落利用黄土层建造半穴居住所，长江流域的先民则发展出了杆栏式建筑。这些建筑虽然简陋，但已经初步具备了土木工程的雏形。图1-1所示为半坡大房子复原图。

图1-1　半坡大房子复原图

黄土层、草泥等天然材料成为这一时期的主要建筑材料。这些材料虽然原始，但具有易得、易加工的特点，为人类的生存提供了基本保障。随着生产技术的提高，人们开始尝试对天然材料进行更加精细的加工，如烧制陶瓦等，这标志着建筑材料的使用进入了一个新的阶段。

人工材料成型期：秦汉的演进

到了秦汉时期，中国古建筑迎来了第一次发展高潮。随着国家的统一和国力的增强，大规模的建筑活动开始兴起。木构架技术在这一时期趋于成熟，斗拱等建筑构件得到了广泛应用。同时，制砖和砖石结构也有了新的发展，石质建筑材料逐渐成为主流。

在这一时期，人们已经掌握了人工合成材料的技术，如烧制砖瓦等。这些人工合成材料具有更好的耐久性和稳定性，为建筑的发展提供了更加坚实的基础。同时，随着建筑技术的提高，人们开始尝试建造更加复杂和宏伟的建筑，如宫殿（图1-2）、寺庙等。这些建筑不仅体现了当时人们的审美观念和文化水平，也展示了土木工程材料的巨大潜力。

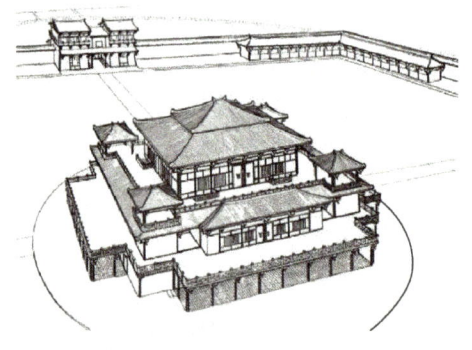

图1-2　西汉长安南郊明堂复原图

繁荣期：唐宋的辉煌与《营造法式》的颁布

唐宋时期是中国古代建筑的黄金时期。在这一时期，建筑技术得到了极大的发展，各种新的建筑材料和建筑形式层出不穷。木构架技术已经炉火纯青，各种屋顶形式（如庑殿、歇山、悬山等）都得到了广泛应用（图1-3、图1-4）。同时，琉璃瓦、石刻等新型建筑材料也开始大量使用，为建筑增添了更加丰富的色彩和质感。

图1-3　唐代建筑南禅寺

图1-4　宋代建筑华林寺

北宋时期，朝廷颁布了《营造法式》这部建筑技术专书。这部书不仅总结了历代以来建筑技术的经验,还制定了以"材"为木构架设计的标准,对建筑的功限、料例等做了严密的限定。这部书的颁行标志着中国古代建筑技术的成熟和规范化,为后来的建筑发展奠定了坚实的基础。

变革与传承期:明清的创新与坚守

在明朝,随着手工业和商业的繁荣,建筑活动也空前活跃。木构架建筑技术继续发展,斗拱虽逐渐从结构性构件转变为装饰性元素,但其精美的雕刻和繁复的图案却成为明清建筑的一大特色(图1-5)。同时,砖瓦的生产技术得到了显著提升,特别是青花瓷砖和琉璃瓦的广泛使用,使得宫殿、庙宇等建筑更加富丽堂皇,色彩鲜明。

清代,对于传统建筑材料的运用更加炉火纯青。紫禁城的扩建和修缮,以及江南园林(图1-6)的兴起,都是这一时期建筑艺术成就的典范。紫禁城的红墙黄瓦、精雕细琢的木雕石刻,以及江南园林中的假山池沼、曲径通幽,无不展现出明清时期对土木工程材料运用的高超技艺和审美追求。

图1-5　南京明故宫

图1-6　苏州留园

尽管明清时期仍以传统材料为主,但也有一些新材料和技术的引入。例如,石灰、石膏等传统胶凝材料的使用更加普遍,同时,随着海外贸易的增加,一些外来材料(如玻璃)开始被尝试用于建筑装饰。随着建筑实践的丰富,对于建筑布局、结构、装饰等方面的规定也逐渐形成了一套相对固定的体系,为后世的建筑设计和施工提供了重要参考。

现代时期:科技与环保的双重追求

进入现代以来,随着科技的进步和环保意识的提高,中国土木工程材料的发展进入了一个新的阶段。传统的土木建筑材料(如木材、石材等)逐渐被新型材料(如混凝土、钢材等)所取代。这些新型材料具有更好的力学性能和耐久性,能够满足现代建筑对安全性、稳定性和舒适性的要求。同时,随着人们环保意识的提高,绿色建筑材料也逐渐受到重视。这些材料不仅具有优异的性能,还能在生产和使用过程中减少对环境的影响,提高建筑的质量和效率,推动土木工程领域的可持续发展。

从原始的天然材料到现代的高科技材料,中国土木工程材料的发展史见证了人类文明的进步和科技的飞跃。每一次材料的革新都伴随着技术的突破和人类智慧的积累。在未来,随着科技的不断进步和环保意识的不断提升,中国土木工程材料将会迎来更加广阔的发展前景和更加美好的明天。

1.1　土木工程材料概述

土木工程是建造各类工程设施的科学技术的统称,包括房屋、道路、铁路、管道、隧道、桥梁、运河等。土木工程的所有建设活动都离不开材料。从广义上讲,土木工程材料包括了土木工程中用到的所有材料,如结构材料、防水材料、装修材料、保温材料、墙体材料等。这些材料构成了土木工程的实体,是建(构)筑物的直接组成部分。土木工程的任务就是要充分发挥材料的作用,在保证结构安全的前提下实现最经济的建造,因此材料的选择、数量的确定是土木工程设计过程中必须解决的重要内容。

土木工程的发展历史就是一部材料的发展史,大致可以分为三个阶段。

1. 早期土木工程材料

V01-古代长城"因地制宜"的智慧

在早期阶段,中国的土木工程主要依赖于自然材料。石材在长城、秦始皇陵等宏伟工程中扮演了重要角色,它们不仅展示了石材作为建筑材料的坚固与耐久,也体现了古代工匠对石材特性的深刻理解和精湛技艺。同时,木材作为另一大建筑材料,在森林资源丰富的地区(如江南水乡)被广泛用于建筑结构中,木结构建筑以其独特的韵味与功能,成为中国古代建筑的瑰宝。此外,土壤与砖块作为墙体材料,经过夯实与烧制,为古代民居与城墙提供了坚实的屏障。尽管早期的灰浆与混凝土技术尚不成熟,但它们在水利、道路等工程中已有所应用,为古代土木工程的发展奠定了基础。

2. 近代土木工程材料

进入近代,随着西方工业文明的传入,中国的土木工程材料迎来了新的变革。钢铁与水泥等新型材料的引入,标志着中国土木工程材料的一次重大革新。钢铁以其高强度、良好的延展性与可塑性,迅速成为桥梁、铁路等基础设施建设的首选材料,推动了交通与物流的快速发展。同时,波特兰水泥的传入与应用,使得混凝土的性能得到了显著提升,混凝土结构的广泛应用,不仅提高了建筑的耐久性,也促进了建筑技术的进步。此外,玻璃、陶瓷等材料的引入,不仅丰富了建筑的外观与功能,也促进了中国建筑艺术的多元化发展。

3. 现代土木工程材料

到了现代,随着科学技术的飞速发展,中国的土木工程材料领域迎来了更加多元化的创新。高性能混凝土、复合材料等新型材料的研发与应用,满足了现代工程对材料性能的高要求。高性能混凝土如自密实混凝土、高强度混凝土等,以其优异的耐久性与强度,广泛应用于高层建筑、大型桥梁等工程中。复合材料如碳纤维增强聚合物(carbon fiber reinforced polymer/plastic,简称CFRP)等,以其轻质、高强、耐腐蚀等特性,为结构加固与新型构件的制造提供了更多选择。同时,绿色建筑材料如绿色混凝土、再生材料等,以其环保、节能的特性,成为现代土木工程的重要发展方向。此外,智能建筑材料如自感知、自修复材料等的研发与应用,为土木工程领域带来了革命性的变革,推动了土木工程向更加智能化、可持续化的方向发展。

从早期的天然材料(如木材、石材)到现代的合成材料(如混凝土、钢材、塑料等),材料的每一次进步都极大地推动了土木工程的发展。同时,随着科技的进步,具有自感知、自调节、自修复能力的现代智能材料在土木工程中的应用也越来越广泛,为土木工程的发展带来了新的机遇和挑战。

在历史的长河中,中国的建筑材料技艺璀璨夺目,秦砖汉瓦古朴典雅、飞檐斗拱精巧绝伦,它们不仅彰显了古代匠人卓越的建筑智慧与技艺,更深刻蕴含了中华民族深厚的文化底蕴。时至今日,科技进步与建筑工业化的浪潮推动了土木工程材料的革新,一系列高性能、多功能的新型材料(如高性能混凝土、先进复合材料及前沿纳米材料等)应运而生,它们凭借卓越的物理性能与显著的环保优势,极大地拓宽了现代建筑设计的边界与潜力。

面对全球对可持续发展、环境保护的迫切需求,以及节能降碳的社会共识,土木工程材料领域正迎来前所未有的挑战与机遇。低碳环保已成为新时代建筑材料研发的核心导向,促使行业不断探索更加绿色、可持续的解决方案。

1.2 土木工程材料分类

土木工程材料是构成建(构)筑物的基本元素,它们按照特定的要求被组合和搭建,以实现工程的功能和美学目标。材料的多样性和复杂性为设计师和工程师提供了广阔的选择空间,这些材料不仅包括水泥、混凝土、钢材等基础结构材料,还涉及围护材料、面层材料、防水材料、装饰材料等,这些都是广义上的土木工程材料。

狭义的土木工程材料则专指那些直接用于构建土木工程实体的材料,如水泥、混凝土、钢材、石灰、木材、石材、沥青、塑料等。这些材料是土木工程的基础,它们的性能和质量直接影响到工程的耐久性、安全性和经济性。在本书中,我们探讨的主要是狭义的土木工程材料。

由于土木工程所使用的材料品种繁多,为了方便应用,常按不同原则加以分类。

1. 按材料来源分类

天然材料,顾名思义,是自然界中原本就存在的、未经人工加工或仅经过简单加工即可使用的材料。这类材料在土木工程领域具有悠久的历史和广泛的应用。石材,作为天然材料中的佼佼者,以其坚硬、耐磨、抗压等特性,成为建筑、雕塑及道路铺设等领域的首选。木材与竹材,则以其轻质、高强度、易于加工及可再生等特性,在建筑、家具制造及包装等领域发挥着不可替代的作用。这些天然材料不仅具有独特的自然美感,还承载着丰富的文化内涵与生态价值。

人造材料,则是人类通过科学技术手段,将天然原料或废弃物进行加工、合成或改性而得到的新型材料。这类材料在土木工程中的应用日益广泛,成为现代建筑技术的重要组成部分。水泥,作为人造材料中的代表性产品,通过与水混合后发生水化反应,形成坚硬的固体,是混凝土、砂浆等建筑材料的基础。陶瓷,则以其优异的耐高温、耐腐蚀及绝缘性能,在建筑装饰、餐具制造及电子元件等领域得到广泛应用。塑料,作为一种轻质、高强、易加工且可塑性强的人造材料,在建筑、交通、电子、医疗等多个领域展现出巨大的应用潜力。

土木工程材料按材料的来源分类见表1-1。

表1-1 土木工程材料按材料来源分类

材料类别	示 例
天然材料	石材、木材、竹材等
人造材料	水泥、陶瓷、塑料等

2. 按化学成分分类

无机材料在土木工程领域中占据主导地位，根据其成分与特性，又可细分为金属材料与非金属材料。金属材料中，黑色金属如铁、碳素钢、合金钢等，以其高强度和良好的可塑性，广泛应用于建筑结构、桥梁、机械部件等领域；有色金属，如铝、铜、铅及其合金，则因其优异的导电性、耐蚀性及轻质性，在电气、管道系统及装饰性构件中得到广泛应用。非金属材料则涵盖了天然石材（如石板、碎石、砂等）、烧结制品（如砖、瓦、陶瓷）、胶凝材料（如石灰、石膏、水泥）、玻璃及熔融制品（如玻璃、玻璃纤维）。这些材料各具特色，如天然石材的坚硬与美观、烧结制品的耐久与隔热、胶凝材料的黏结与固化能力、玻璃材料的透明与绝缘性，共同构成了土木工程材料的重要组成部分。

有机材料则主要包括植物质材料、沥青材料及合成高分子材料。植物质材料，如木材、竹材及其制品，以其可再生、轻质及良好的加工性能，成为家具、建筑框架及装饰材料的优选。沥青材料，特别是石油沥青与煤沥青，因其优异的防水、防潮及黏结性能，在路面铺设、屋顶防水及地下工程中得到广泛应用。合成高分子材料，如塑料、橡胶、有机涂料及胶黏剂，以其多样化的性能与形态，满足了土木工程中对耐蚀性、绝缘性、密封性及轻量化等特性的需求。

复合材料则是通过将不同种类的材料在宏观层次上进行组合，以获得单一材料所不具备的优异性能。无机-无机复合材料，如混凝土、钢筋混凝土及碳纤维混凝土，结合了无机材料的强度与耐久性，以及纤维材料的增强效果，成为现代建筑结构中的主流材料。无机-有机复合材料，如沥青混凝土、玻璃钢及聚氯乙烯（polyvingl chloride，简称PVC）钢板，则通过无机材料的刚性与有机材料的韧性相结合，提升了材料的整体性能与适用性。有机-有机复合材料，如玻璃纤维增强塑料，则利用有机高分子材料的可塑性与纤维材料的增强作用，创造出轻质、高强且易于加工的新型材料。

土木工程材料按化学成分分类见表1-2。

表1-2 土木工程材料按化学成分分类

材料类别			示 例
无机材料	金属材料	黑色金属	铁、碳素钢、合金钢等
		有色金属	铝、铜、铅及其合金等
	非金属材料	天然石材	石板、碎石、砂等
		烧结制品	砖、瓦、陶瓷等
		胶凝材料	石灰、石膏、水泥等
		玻璃及熔融制品	玻璃、玻璃纤维等
有机材料	植物质材料		木材、竹材、植物纤维及其制品等
	沥青材料		石油沥青、煤沥青及其制品等
	合成高分子材料		塑料、橡胶、有机涂料、粘胶剂等
复合材料	无机-无机复合材料		混凝土、钢筋混凝土、碳纤维混凝土等
	无机-有机复合材料		沥青混凝土、玻璃钢、PVC钢板等
	有机-有机复合材料		玻璃纤维增强塑料等

3. 按使用功能分类

土木工程材料根据其使用功能的不同，可以科学地划分为结构材料、墙体材料及功能材料三大类。

结构材料是土木工程中最基础且至关重要的部分，主要用于构建建筑的承重构件。这类材料需要具备高强度、良好的韧性和耐久性，以确保建筑物的安全性和稳定性。混凝土、水泥、砂、石和钢材是结构材料中的典型代表。混凝土由水泥、砂、石和水等材料混合而成，具有高强度和良好的可塑性，是建筑结构中不可或缺的材料。水泥则作为混凝土的黏结剂，其质量和性能直接影响混凝土的整体性能。砂和石作为混凝土的骨料，提供了混凝土的强度和稳定性。钢材则以其高强度和良好的延展性，成为钢结构建筑和钢筋混凝土结构中的关键材料。

墙体材料主要用于建筑内外墙及隔墙的构建，这类材料需要具备轻质、高强、保温、隔声等特性。空心砖、多孔砖和加气混凝土砌块是墙体材料中的常见类型。空心砖和多孔砖通过其内部的空洞结构，减轻了材料的重量，同时提高了材料的保温和隔声性能。加气混凝土砌块则以其轻质、高强、保温隔热及易加工等特性，成为现代建筑中墙体材料的重要选择。

功能材料则是为了满足建筑特定功能需求而使用的材料。这类材料种类繁多，包括但不限于装饰装修材料、防水材料和保温隔热材料等。装饰装修材料主要用于提升建筑的美观性和舒适性，如涂料、壁纸、地板等。防水材料则用于防止水分对建筑的侵蚀，保护建筑结构的安全和稳定，如防水卷材、防水涂料等。保温隔热材料则用于提高建筑的能效，减少能源消耗，如岩棉、玻璃棉、聚苯乙烯泡沫等。

土木工程材料按使用功能分类见表 1-3。

表 1-3 土木工程材料按使用功能分类

材料类别	示例
结构材料	混凝土、水泥、砂、石、钢材等
墙体材料	空心砖、多孔砖、加气混凝土砌块等
功能材料	装饰装修材料、防水材料、保温隔热材料等

4. 按材料的可持续性分类

土木工程材料依据其可持续性特征，可以划分为可再生材料、可回收材料及环境友好材料三大类。

可再生材料是指在较短时间内能够通过自然再生或通过人工种植、养殖等方式重复生产的材料。这类材料具有资源丰富、可再生性强的特点，对于减少资源消耗和保护环境具有重要意义。在土木工程领域，木材和竹子是典型的可再生材料。木材以其轻质高强、易于加工及良好的装饰性，成为建筑结构、家具制造及包装等领域的优选材料。同时，通过可持续林业管理，可以确保木材的供应不会对森林生态系统造成破坏。竹子则以其生长迅速、强度高、韧性好及易于加工等特性，在建筑、家具及工艺品制造中展现出巨大的应用潜力。竹子的再生能力强，不需要大量肥料和农药，对环境的影响较小。

可回收材料是指在使用寿命结束后，能够被收集、处理并重新加工成新产品的材料。这类材料的回收再利用有助于减少废弃物的产生，降低环境污染，同时节约原材料和能源。在土木工程领域，再生金属和再生塑料是可回收材料的典型代表。再生金属，如废钢、废铝等，通过回收再利用，可以大大减少对原生金属矿的开采，降低能源消耗和环境污染。再生塑料则通过回收废弃的塑料制品，经过加工处理，可以生产出各种新的塑料制品，如再生塑料管道、再生塑料板材等。这些再生塑料制品不仅具有与原生塑料制品相似的性能，而且其生产过程对环境的影响较小。

环境友好材料是指在生产、使用和最终处置过程中对环境影响较小的材料。这类材料通常具有低污染、低能耗、可降解等特点，有助于减少建筑物的能耗和排放，提高建筑的能效和环保性能。在土木工程领域，低挥发性有机化合物（volatile organic compounds，简称VOC）涂料和环保砖是环境友好材料的典型代表。低VOC涂料在施工和干燥过程中释放的挥发性有机化合物较少，有助于减少对室内空气的污染，保护施工人员的健康。环保砖则是以粉煤灰、煤渣、煤矸石等工业废弃物为主要原料，通过不经高温煅烧的制造工艺而成的新型墙体材料。这种材料不仅具有高强度、耐久性好等特点，而且其生产过程对环境的污染较小，同时实现了工业废弃物的资源化利用。

土木工程材料按可持续性分类见表1-4。

表1-4　土木工程材料按可持续性分类

材料类别	示　　例
可再生材料	木材、竹子等
可回收材料	再生金属、再生塑料等
环境友好材料	低VOC涂料、环保砖等

这些材料在土木工程领域的应用，有助于减少资源消耗、降低环境污染、提高建筑的能效和环保性能，对于推动土木工程领域的可持续发展具有重要意义。

1.3　土木工程材料的技术标准

土木工程建筑是由多种材料精心构建而成的，随着土木工程技术的不断进步，这些材料的品种日益丰富，同时对其质量的要求也在不断提高。为了确保土木工程材料的质量，全球各国都实行了标准化管理，通过制定相关规范和技术标准来规范土木工程材料的生产和使用。

土木工程材料的技术标准主要涉及产品规格、质量、分类、技术要求、验收规则、检验方法等多个方面，为材料的生产和使用提供了明确的技术指导。

在我国，技术标准分为国家标准、行业标准、地方标准和企业标准四个层级。

国家标准是由国家标准化主管机构批准发布，对全国经济、技术发展具有重要意义，并在全国范围内统一使用的标准，由国家标准化管理部门批准并发布。国家标准包括强制性国标（GB）和推荐性国标（GB/T）。例如，国家强制性标准《冷轧带肋钢筋》（GB 13788—2024）明确了普通钢筋混凝土、制造焊接网、预应力混凝土用冷轧带肋钢筋的技术要求和质量标准，而国家推荐性标准《建设用砂》（GB/T 14684—2022）则为建设用砂的生产、检验和使用提供了参考。

行业标准是由某一行业制定并在本行业内执行的标准，也称为部颁标准，由我国各主管部、委（局）批准发布，并在该部门范围内统一使用。例如，建材行业标准《石膏缓凝剂》（JC/T 2866—2024）规定了用于建筑石膏的缓凝剂的技术要求和质量标准，为该产品的生产和质量控制提供了依据。

地方标准是由地方主管部门制定的，适宜于该地区使用的技术指导文件，由地方主管部门根据本地区的特点和需求制定，并报请有关部门审批后发布。地方标准满足了本地区对土木工程材料的特殊需求和技术要求，有助于推动地区经济的发展。

企业标准是企业自行制定并经相关部门审查备案的技术标准，具有高度的灵活性和针对性。企业可以根据自身的生产条件、技术水平和市场需求，制定符合自身实际情况的技术标准。这些标准不仅有助于企业控制产品质量、提高生产效率，还能在一定程度上反映企业的技术创新能力和市场竞争力。

此外，还有国际标准。国际标准是由国际标准化组织或相关行业的国际组织制定的，在全球范围内统一执行的技术标准。常用的国际标准有国际标准化组织标准（ISO）、美国材料与实验协会标准（ASTM）、联邦德国工业标准（DIN）、欧洲标准（EN）等。这些标准通常具有高度的权威性和通用性，能够跨越国界和地域的限制，为国际贸易和技术交流提供便利。

这些标准的制定和实施，不仅有助于提升土木工程材料的整体质量，也促进了行业的健康发展。同时，随着新技术的不断涌现和市场需求的变化，这些标准也将不断更新和完善，以适应新的发展趋势和挑战。

1.4 低碳土木工程材料的发展

随着全球气候变化和环境保护意识的增强，低碳环保已成为新时代建筑材料研发的核心导向。土木工程材料领域正经历着从传统高能耗、高排放材料向低碳、环保、高效材料的转型。低碳土木工程材料的发展主要体现在以下几个方面。

1. 绿色原材料的广泛应用

土木工程领域正日益倾向于采用可再生、可回收或具有低环境影响的原材料。例如，工业废弃物（如粉煤灰、矿渣等）被用作混凝土的掺合料，不仅减少了废弃物排放，还提升了混凝土的性能。同时，竹材、再生木材等可再生材料在建筑中的广泛应用，进一步降低了对自然森林资源的依赖。

2. 节能型材料的研发与普及

节能型材料在土木工程中的应用范围不断扩大，这些材料因其出色的保温、隔热、隔声等性能，显著降低了建筑物的能耗。高性能保温隔热材料、低辐射镀膜玻璃等新型材料在提高建筑能效方面发挥着重要作用，有助于实现建筑的绿色化和节能化。

3. 低碳生产技术的推广与实施

在土木工程材料的生产过程中，低碳、节能的生产技术已成为行业共识。这包括采用清洁能源（如太阳能、风能）进行生产，优化生产工艺以降低能耗和排放，以及推广循环经济模式，实现资源的最大化利用和废弃物的最小化排放。

4. 绿色建造技术的创新与应用

绿色建造技术强调在建筑全生命周期内，通过采用先进的设计理念、施工技术和管理手段，最大限度地节约资源、保护环境和减少污染。这包括使用低碳材料、优化结构设计、提高施工效率等多个方面。例如，预制装配式建筑技术的应用，显著减少了现场施工作业量，降低了能耗和碳排放。

5. 智能化与信息化技术的融合

随着智能化和信息化技术的发展，土木工程材料正逐步实现智能化和信息化。通过集成传感器、执行器等智能元件，能够实时监测和调节材料自身状态，提高利用效率和使用寿命。同时，信息化技术的应用也使得材料的生产、运输、使用等全生命周期管理更加便捷和高效。

6. 政策引导与市场机制的完善

政府在推动低碳土木工程材料发展中发挥着重要作用。通过制定相关政策、标准和法规，引导行业向低碳、环保方向发展；同时，通过财政补贴、税收优惠等激励措施，鼓励企业研发和生产低碳材料。此外，加强市场监管，确保低碳材料的质量和安全，也是推动其发展的重要保障。

未来，低碳土木工程材料将更加注重原材料的环保性、生产工艺的节能性、产品结构的创新性和应用效果的可持续性。同时，政府、科研机构和企业将共同努力，推动低碳土木工程材料的研发、生产和应用，为实现碳中和目标做出贡献。通过持续创新和技术突破，我们将能够开发出更多性能优异、环保高效的土木工程材料，为构建绿色、低碳、可持续的未来社会贡献力量。

【创新思维培养】

月上筑梦：中国月球建筑新基石

在浩瀚无垠的宇宙中，月球作为地球的近邻，一直是人类探索的热门目标。近年来，中国航天事业蓬勃发展，月球探测计划不断取得突破。如今，一个宏伟的蓝图正在徐徐展开：在月球上建造房子，让人类真正实现"月上筑梦"。而这一梦想的基石，正是中国科学家研发的神奇材料——月壤砖。

月球表面环境极端恶劣，昼夜温差巨大，缺乏大气层保护，宇宙辐射强烈，这些都对建筑材料提出了极高的要求。传统的红砖、混凝土等材料在月球上显然无法胜任。因此，中国科学家经过深入研究，决定利用月球上丰富的月壤资源，研发一种全新的建筑材料——月壤砖。

月壤砖是通过模拟月球表面的土壤成分，采用真空热压烧结的方式烧制而成的。由于月壤本身非常松散，无法直接用于生产砖块。因此，在生产过程中，首先要将模拟月壤称重，并按照一定的重量放入模具中；然后在模具容器里对月壤进行压制，使其形成具有一定形状和密度的初步砖型。

压制成型后的月壤砖需放入真空热压炉中进行烧结。这个烧结过程是在真空环境下进行的，以避免氧气等杂质对砖块性能的影响。同时，通过施加一定的压力和温度，使月壤颗粒之间发生化学反应，形成更加紧密和坚固的结构。这个烧结过程通常需要持续一段时间，以确保月壤砖达到所需的强度和稳定性。图1-7所示为月壤烧结样品。

图1-7 月壤烧结样品

经过真空热压烧结后的月壤砖需要进行一系列的性能测试，包括力学性能、热学性能和抗辐射性能测试等。月壤砖的抗压强度达到 100MPa，是普通红砖、混凝土砖的三倍以上，这足以应对月球上极端的环境条件。

月壤砖的生产过程中没有使用任何外加材料，完全依赖月壤本身的特性进行制造。将来建设月球科研站时，可以在月球上就地取材，直接利用月壤、太阳能、矿产等月面原位资源来盖房子，无须再从地球上运输预制建筑构件。这种原位成型技术不仅极大降低了月面建造成本，还展示了中国在绿色、低碳建筑领域的创新能力。

月壤砖采用了榫卯结构设计，榫卯结构的尺寸和形状需要精确计算和设计，以确保砖块之间的连接牢固且稳定。在设计月壤砖时，可以预先在砖块上设计出榫卯结构。这包括凸出部分（榫）和凹进部分（卯），它们将用于砖块之间的连接。通过榫卯结构的凹凸配合，可以实现砖块之间的快速、牢固连接，依靠精密的几何吻合，不需要金属连接件，就能保证建筑物的整体稳定性和抗震性能。图 1-8 所示为月面拓扑互锁砖。

图 1-8　月面拓扑互锁砖

未来月球基地的建造中，采用这样的结构形式拼装建造，就像搭"乐高"一样简单快捷。

为了验证月壤砖的性能，中国科学家决定将其送上太空进行暴露实验。月壤砖样品搭乘"天舟八号"货运飞船前往中国空间站，在太空环境中接受力学、热学性能和抗辐射性能的考验。预计第一块月壤砖将于 2025 年年底返回地球，为后续的月球基地建设提供宝贵的科研数据。图 1-9 所示为月壶尊月球基地模拟图。

图 1-9　月壶尊月球基地模拟图

月壤砖的成功研发，标志着中国在月球建筑领域迈出了重要一步。未来，月壤砖将成为月球基地建造的主要材料之一,人类可以在月球上直接利用月壤砖建造出坚固、耐用的建筑物,减少了对地球资源的依赖,为未来的太空探索提供了绿色、低碳的解决方案。

【工程能力训练】

❖ 单项选择题

1. 以下不属于土木工程传统三大材料的是(　　)。
   A. 木材　　　　　B. 钢材　　　　　C. 玻璃　　　　　D. 混凝土
2. 土木工程材料按照其来源可分为(　　)两大类。
   A. 天然材料和人工材料　　　　　B. 有机材料和无机材料
   C. 金属材料和非金属材料　　　　D. 柔性材料和刚性材料
3. 在选择土木工程材料时,以下通常不是主要考虑因素的是(　　)。
   A. 材料的强度　　B. 材料的外观颜色　C. 材料的成本　　D. 材料的可持续性
4. 下列属于环境友好材料的是(　　)。
   A. 传统混凝土　　B. 普通红砖　　　C. 高 VOC 涂料　　D. 低 VOC 涂料
5. 低碳土木工程材料的核心发展方向是(　　)。
   A. 提高材料性能　B. 降低生产成本　C. 增加材料种类　D. 减少环境影响

❖ 填空题

1. 土木工程材料的发展与人类文明的进步紧密相连,从最初的_____材料到现代的合成材料,经历了漫长而丰富的演变过程。
2. 在古代,土木工程主要依赖_____、木材、土壤和砖块等自然材料,这些材料受限于地理和资源的分布。
3. 工业革命的到来,特别是_____和_____的广泛应用,极大地推动了土木工程材料的发展。
4. 现代土木工程材料中,_____和_____等新型材料的出现,为土木工程的设计和施工提供了更多的可能性。
5. 现代土木工程材料更注重材料的_____、_____和_____性能,以满足复杂多变的工程需求。
6. 在土木工程领域,_____和_____是可回收材料的典型代表。
7. 我国技术标准分为国家标准、行业标准、_____和_____四个层级。

❖ 问答题

1. 简述土木工程材料的发展历史及其主要阶段。
2. 古代土木工程主要使用了哪些材料?这些材料有哪些局限性?
3. 现代土木工程材料有哪些主要特点和发展趋势?
4. 低碳土木工程材料的发展主要体现在哪些方面?
5. 再生材料在土木工程中有哪些应用?

第2章 土木工程材料基本性质

【知识目标】

了解土木工程材料的基本组成、结构和构造及其与材料基本性质的关系。熟悉土木工程材料的基本物理性质和耐久性等。掌握土木工程材料的基本力学性质，能够结合材料的组成和结构分析材料的性质。

【思维导图】

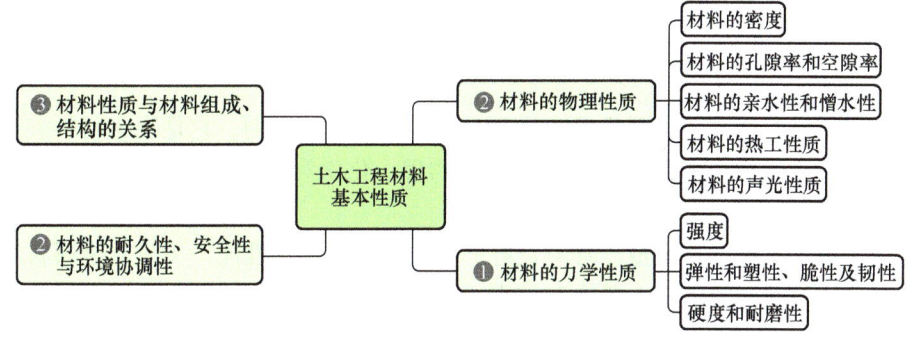

XT02-详细思维导图

【工程案例导入】

杭州湾跨海大桥：桥梁建设与材料科技的完美结合

在浩瀚的东海之滨，矗立着一座雄伟壮观的桥梁——杭州湾跨海大桥（图2-1）。这座桥位于浙江省东北部，横跨杭州湾海域，连接嘉兴市海盐郑家埭和宁波市慈溪水路湾。大桥全长36km，其中桥长35.7km/h，桥面设计双向六车道高速公路，设计速度100km/h，总投资约118亿元。杭州湾跨海大桥不仅是连接上海与宁波的重要交通枢纽，更是现代土木工程技术的杰出代表。桥梁的建设面临诸多挑战，如海域环境复杂、风力大、

图2-1　杭州湾跨海大桥

13

潮汐频繁、海水腐蚀性强等,对土木工程材料的选择与应用提出了极高的要求。

杭州湾跨海大桥的桥墩、桥面等主体结构采用了高性能混凝土。这种混凝土具有高强度、高耐久性、低收缩等特点,能够承受大桥长期的车辆荷载、风荷载和波浪荷载,同时抵抗海水侵蚀,确保大桥的安全与稳定。

大桥的钢索、钢箱梁等关键部位采用了高强度钢材。这种钢材具有极高的抗拉强度和良好的疲劳性能,能够承受大桥的巨大张力,确保大桥的稳定性和安全性。同时,高强度钢材的使用还减少了钢材的用量,降低了大桥的自重,提高了大桥的抗震性能。

针对杭州湾海域腐蚀性强的特点,大桥的钢构件表面涂覆了高性能防腐涂料,有效地抵抗了海水的侵蚀。同时,部分钢构件还采用了热浸镀锌等防腐技术,进一步提高了材料的耐久性。

杭州湾跨海大桥的建设实践表明,土木工程材料的选择与应用对工程质量与安全至关重要。在复杂多变的环境条件下,必须充分考虑材料的物理、化学和力学性能,以及其在特定环境下的适应性。同时,加强材料研发与创新,提高材料的综合性能,是提升土木工程质量与水平的关键。

2.1 材料性质与材料组成、结构的关系

2.1.1 材料性质与材料组成的关系

材料的组成是指构成该材料的元素或化合物的种类及其比例,而材料的性质则包括物理性质、化学性质和力学性质等,不同的组成会导致材料具有不同的性能。

1. 材料的化学组成

材料的化学组成是指构成该材料的元素或化合物的种类及其比例,它是决定材料宏观性能的基础。不同的化学组成会导致材料具有不同的物理、化学和力学性能,如硬度、强度、耐蚀性、导电性等。

金属材料由金属元素或合金构成,拥有良好的导电性能和力学性能。无机非金属材料如陶瓷、玻璃,通常由氧化物等组成,具有高熔点、高硬度和化学稳定性。有机高分子材料如塑料和橡胶,由碳、氢、氧、氮等元素的长链分子构成,具有轻质、可塑性好和良好的化学稳定性。复合材料由两种或多种不同材料组合而成,如碳纤维增强塑料就是将轻质、高强度的碳纤维与塑料基体结合,以获得更优异的机械性能。

在材料设计和合成过程中,化学组成可以通过精确控制来实现所需的性能。例如,通过改变合金中的成分比例,可以调整其硬度、韧性和耐蚀性。在有机高分子材料中,通过选择不同的单体和聚合条件,可以合成出具有特定力学性能和化学稳定性的聚合物。

2. 材料的矿物组成

这里的矿物是指无机非金属材料中具有特定的晶体结构、特定的物理力学性能的组织结构。材料的矿物组成指其内部不同矿物的种类、数量及相互关系,是决定材料性质的重要因素之一。

水泥的主要矿物组成有硅酸三钙、硅酸二钙、铝酸三钙和铁铝酸四钙等,这些矿物在水化过程中发生复杂的化学反应,产生强度并使水泥具有胶凝性。不同矿物的比例,会影响水泥的早期强度、后期强度、水化热及耐硫酸盐侵蚀等性能。

在陶瓷材料中，矿物组成通常包括黏土、石英、长石等，这些矿物在高温烧制下相互作用，形成陶瓷的特定结构和性能。例如，石英可以提高陶瓷的硬度和耐高温性，长石则有助于降低烧成温度。

对于天然石材，如大理石主要由碳酸钙矿物组成，花岗岩则含有石英、长石、云母等多种矿物，不同的矿物组成赋予了石材不同的颜色、纹理、硬度和耐久性。

3. 材料的相组成

材料的相组成是指材料中具有相同化学成分和结构状态的均匀部分，它们在物理性质如密度、晶体结构、折射率等方面相同。

材料的相可以分为固相、液相和气相，在许多材料中，固相是最常见的相态。材料中，同种化学物质由于加工工艺的不同，温度、压力等环境条件的不同，可形成不同的相。例如，在铁碳合金中就有铁素体、渗碳体、珠光体。同种物质在不同的温度、压力等环境条件下，也常常会转变其存在状态，如由气相转变为液相或固相。

在复合材料中，通常由两种或多种不同的相组成。这些不同的相可以相互协同，使复合材料具有单一材料所不具备的优异性能。例如，在纤维增强复合材料中，纤维相通常具有高强度和高模量，基体相则起到黏结和传递荷载的作用。

此外，材料中还可能存在不同相之间的界面，界面上的性质变化是突变的。相界面的性质对材料的性能也有重要影响，如相界面处可能会发生扩散、化学反应等，从而影响材料的强度、韧性和耐蚀性等。

2.1.2 材料性质与材料结构的关系

1. 材料的宏观结构

材料的宏观结构是指用肉眼或放大镜能够观察到的粗大结构，它对材料的性能和应用有着重要的影响。

材料的宏观结构按孔隙尺寸可以分为致密结构、多孔结构、纤维结构、层状结构、散粒结构、纹理结构等。

（1）致密结构

致密结构材料内部几乎没有孔隙，结构紧密。常见的致密结构材料有玻璃、陶瓷、钢材（图2-2）等。

致密结构材料因其结构紧密、原子间结合力强而展现出高强度和硬度，这使得它们能够承受较大的外力作用。这种致密的结构还能有效阻止腐蚀性介质的侵入，赋予材料良好的耐蚀性。由于致密结构材料中不存在孔隙，其密度相对较高，这也是它的一个显著特点。

玻璃因其透明度高、加工性能好等特点，在建筑、汽车、电子等领域得到广泛应用。例如，窗户玻璃、玻璃器皿及光学镜片等都是玻璃的常见应用形式。陶瓷因其耐高温、耐腐蚀、绝缘等特性，在餐具、瓷砖、电子元件等领域发挥着重要作用。钢材则是建筑、机械制造等行业不可或缺的重要材料，其强度高、韧性和可加工性良好，使它成为多种复杂结构和机械部件的首选材料。

（2）多孔结构

多孔结构材料内部含有大量的孔隙（图2-3），孔隙的大小、形状和分布对材料的性能有很大影响。

图 2-2　致密结构（钢材）

图 2-3　多孔结构（多孔陶瓷）

多孔材料根据其孔隙直径的大小可以分为微孔结构、介孔结构和大孔结构。微孔结构的孔隙直径小于 2nm，具有极大的比表面积，活性炭和分子筛是常见的微孔材料。介孔结构的孔隙直径在 2～50nm，这类材料在吸附、分离和催化等领域有着广泛的应用。而大孔结构的孔隙直径则大于 50nm，泡沫塑料和加气混凝土是典型的大孔材料。

多孔材料的一个显著特点是低密度，孔隙的存在使得材料的密度降低，重量相对较轻。此外，多孔材料还具有良好的保温隔热性能，孔隙中的空气导热系数较低，能有效阻断热量的传递。同时，多孔结构还能吸收声波，具有出色的吸声性能，有助于降低噪声。

在实际应用中，泡沫塑料因其轻质、保温、隔热和吸音等特性，被广泛用于包装材料、建筑保温隔声等方面。加气混凝土则因其轻质、保温、隔热和防火等优点，成为建筑墙体的理想选择。活性炭则因其强大的吸附能力，在空气净化、水处理及作为催化剂载体等方面发挥着重要作用。

（3）纤维结构

纤维结构材料由细长的纤维组成，内部组成具有方向性，纵向较紧密而横向疏松，纤维之间可以通过黏结剂或机械力结合在一起（图2-4）。

纤维材料以其强度和韧性高著称，特别是在平行于纤维方向上的力学性能表现尤为突出。这种特性使得纤维增强复合材料在航空航天、汽车制造和体育器材等需要高强度和轻量化的领域得到了广泛应用。此外，纤维之间的孔隙结构赋予了材料良好的保温隔热性能，这些孔隙能够储存空气，有效降低导热系数，从而保持室内温度稳定。同时，纤维结构还能有效吸收声波，减少噪声污染，为人们的生活和工作提供更加宁静的环境。

图 2-4　纤维结构（碳纤维复合材料）

在实际应用中，纤维增强复合材料因其卓越的性能而备受青睐。它们不仅具有高强度和轻量化的特点，还具有良好的耐久性和抗疲劳性能，是航空航天、汽车制造和体育器材等领域的理想选择。此外，岩棉、玻璃棉等纤维材料也被广泛应用于建筑保温和隔声领域。这些材料不仅能够有效隔绝外界噪声和温度波动，还能提高建筑物的整体舒适度和节能性能，为现代建筑提供了更加环保和高效的解决方案。

（4）层状结构

层状结构是指采用黏结或其他方法将材料叠合成层状的结构，由多层薄片组成（图2-5），每层薄片的性质可以相同，也可以不同。

层状结构材料因其独特的构造而展现出良好的力学性能。通过层状叠加，材料不仅强度和韧性得到增强，还具备一定的抗弯性能，使其在各种应用场景中表现出色。此外，层与层之间的界面设计巧妙地阻止了热量和水分的传递，赋予了材料优异的隔热和防水性能。更令人称道的是，层状结构材料的设计灵活性极高，可以根据实际

图2-5　层状结构（胶合板）

需求调整各层的组成和厚度，从而精确实现不同的性能要求，满足多样化的应用需求。

胶合板作为一种典型的层状结构材料，由多层薄木板通过胶合工艺制成，因其强度高、加工容易、成本低廉，被广泛用于家具制造和建筑装修领域。复合地板则通过组合耐磨层、装饰层和基材层等多层结构，不仅美观耐用，还能有效防潮、防腐蚀，是现代家居装修的理想选择。石墨作为一种自然界中存在的层状结构材料，凭借出色的导电性、导热性和润滑性，在电极制造、润滑剂生产等领域发挥着重要作用，展现了层状结构材料的独特魅力和广泛应用前景。

（5）散粒结构

散粒结构是指呈松散颗粒状结构的材料（图2-6），颗粒之间可以通过黏结剂或机械力结合在一起。

散粒状结构材料流动性好，不仅便于运输，还能在加工过程中轻松实现材料的均匀分布。此外，散粒状材料还具备出色的填充性能，无论空间形状如何，它们都能有效填充，起到支撑和填充的双重作用。散粒状材料的性能具有高度的可调整性，通过改变颗粒的大小、形状

图2-6　散粒结构（石子）

和组成，可以精确调整材料的整体性能，以满足不同应用场景的需求。

散粒状结构材料在建筑、制造等领域发挥着重要作用。在建筑工程中，砂、石子等散粒材料是制备混凝土、砂浆等建筑材料不可或缺的基础原料。水泥作为一种粉状的散粒结构材料，与水混合后能形成强力胶凝材料，是建筑结构建造的关键材料。此外，在制造业中，颗粒状的塑料、橡胶等材料可通过注塑、挤出等加工工艺，轻松制作出各种形状和功能的塑料制品和橡胶制品，广泛应用于日常生活和工业生产中。

（6）纹理结构

天然材料在生长或形成过程中，自然造成的天然纹理，如木材、大理石（图2-7）、花岗岩等板材，或人工制造材料时特意造成的纹理，如人造花岗岩板材、瓷砖等。

纹理材料以其独特的视觉效果而引人注目，它们能够极大地丰富材料的外观，展现出粗

糙、细腻、规则或不规则等多种形态，满足不同的审美需求。这些纹理往往具有一定的方向性和规律性，这种有序或无序的排列方式，能够赋予材料以动态感或秩序感，使材料更加生动、有趣。此外，纹理还能增加材料的触感差异，粗糙的纹理给人以防滑的质感，而细腻的纹理则显得较为光滑，为使用者带来不同的触觉体验。

在建筑装饰领域，纹理材料的应用尤为广泛。木材、石材等天然材料具有独特的纹理，它们不仅能够提升空间的美感与品质，还能营造出温馨、自然的氛围。设计师们常常巧妙地运用这些纹理材料，通过巧妙的搭配和布局，使空间更加和谐、统一，为居住者带来愉悦的视觉和触觉享受。

图 2-7　纹理结构（大理石）

2. 材料的微观结构

土木工程材料的微观结构是指材料在原子和分子层次上的结构，其尺寸通常在 10^{-10} m 级，一般需要借助光学显微镜、电子显微镜、X 射线衍射等设备进行观察和分析。这种微观结构对材料的物理性能（如密度、硬度、韧性等）、化学性能（如耐蚀性、抗氧化性等）及力学性能（如强度、疲劳寿命等）具有决定性影响。材料在微观结构的层次上可以分为晶体、非晶体和胶体。

（1）晶体

晶体是由大量微观物质单位（原子、离子、分子等）按一定规则，在三维空间中进行周期性排列的结构。这种有序的排列使得晶体具有整齐规则的几何外形、固定的熔点，在熔化过程中，晶体的温度会保持不变，直到全部熔化为止。单晶体表现出各向异性的特点，在不同方向上，晶体的物理性质（如导电性、导热性、力学性能等）可能会有所不同。石英、钻石、石膏等均属于晶体结构。

按晶体质点及结合键的特性，可将晶体分为原子晶体、离子晶体、分子晶体和金属晶体。不同种类的晶体构成的材料表现出不同的性质。

1）原子晶体。原子晶体是指相邻原子间以共价键相结合形成的具有空间立体网状结构的晶体，又称共价晶体。原子晶体一般具有熔沸点高、硬度大、不导电、难溶于常见溶剂等性质。常见的原子晶体包括金刚石、石英、碳化硅等。这些特性使得原子晶体在工业上多被用作耐磨、耐熔或耐火材料。

2）离子晶体。离子晶体是由正离子和负离子通过离子键结合而成的晶体结构。在离子晶体中，正离子和负离子以一定的比例排列，形成稳定的三维晶格。离子键是一种强烈的静电作用力，使得离子晶体通常具有高熔点、高硬度和在熔融状态或溶解于溶剂时能导电的特性。食盐、石膏、金属氧化物等属于离子晶体。

3）分子晶体。分子晶体是指分子间通过分子间作用力（包括范德华力和氢键等特殊的分子间作用力）构成的晶体。分子晶体具有较低的熔点、沸点和硬度，不易导电。分子晶体的物理性质受到分子间作用力、分子的极性和相对分子质量等因素的影响。

4）金属晶体。金属晶体是由金属原子通过金属键结合形成的晶体结构。金属晶体中，金属原子以密集堆积的方式排列，形成连续的电子海。在晶格间隙中有自由运动的电子，这些自由电子可以在整个晶体中自由移动,这使得金属具有良好的导电性和导热性。

在金属材料中,晶粒的形状和大小也会影响材料的性质。常采用热处理法使金属晶粒产生变化,以调节和控制金属材料的力学性能(强度、韧性、硬度等)。金属晶体在外力作用下具有弹性变形的特点。当外力达到一定程度时,由于某一晶面上的剪应力达到一定限度,沿该晶面发生相对滑动,因而材料产生塑性变形。软钢和一些有色金属(铜、铝等)均为具有塑性的材料。

(2)非晶体

非晶体又称为无定形体或玻璃体。其结合键为共价键及离子键,玻璃体的质点在空间上做非周期性的排列。

非晶体的形成通常是由于快速冷却、非平衡条件、聚合物的快速聚合等因素,导致在冷却或固化过程中原子或分子没有足够的时间或条件来排列成有序的晶体结构。在这些情况下,粒子的排列是随机的,没有长程有序性,从而形成了非晶体。由于内部粒子排列的随机性,非晶体具有各向同性的特点,且没有规则的几何外形和固定的熔点,加热过程中会逐渐软化,并最终变为流体。

由于玻璃体在凝固时质点来不及做定向排列,质点间的能量只能以内能形式储存起来,因此玻璃体具有化学不稳定性,即具有化学潜能,在一定条件下,易与其他物质发生化学反应。例如,粉煤灰、水淬粒化高炉矿渣、火山灰等均属玻璃体,常被大量用作通用硅酸盐水泥的掺合料,以改善水泥性质。

(3)胶体

以胶粒(粒径为 $10^{-7} \sim 10^{-10}$ m 的固体颗粒)作为分散相,分散在连续相介质(如水、气、溶剂)中,形成的分散体系称为胶体。

在胶体结构中,若胶粒较少,则胶粒悬浮、分散在液体连续相之中,此时液体性质对胶体的性质影响较大,称这种结构为溶胶结构。若胶粒较多,则胶粒子在表面能作用下发生凝聚,彼此相连形成空间网络结构,使胶体强度增大,变形减小,形成固体或半固体状态,称此胶体结构为凝胶结构。在特定条件下,胶体也可形成溶胶-凝胶结构。与晶体及非晶体结构相比,胶体结构的强度较低,变形较大。

2.2 材料的物理性质

2.2.1 材料的密度

密度是物质的一种基本物理属性,它与物质的种类、状态(固态、液态、气态)及温度有关。大多数材料内部都含有孔隙,由于孔隙的尺寸和构造的不同,不同材料的密度差异很大。

材料内部的孔隙结构包括孔隙尺寸、孔隙率等。散粒材料的孔隙及体积如图 2-8 所示。与外界相通的孔称为开口孔;与外界不相连通且外界物质无法侵入的孔称为闭口孔。材料的体积一般由材料实体部分、孔隙(开口孔隙、闭口孔隙)和散粒状颗粒之间的孔隙部分组成。

V02-材料的密度

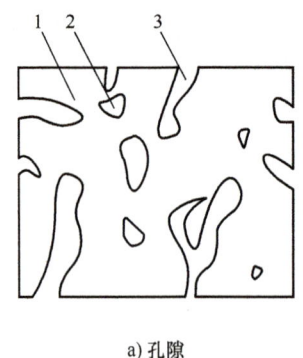 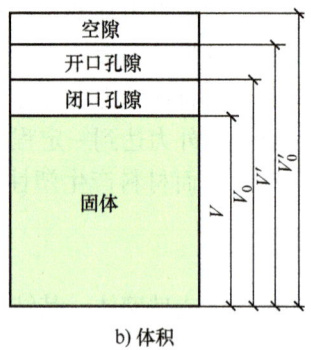

图 2-8 散粒材料孔隙及体积示意
1—固体　2—闭口孔隙　3—开口孔隙
V—实体体积　V_0—表观体积　V'—毛体积　V_0'—堆积体积

1. 真实密度

材料的真实密度又称真密度，是指材料在绝对密实状态下单位体积的固体物质的实际质量，即去除内部孔隙或者颗粒间空隙后的密度。其计算公式表示为：

$$\rho = \frac{m}{V} \tag{2-1}$$

式中　ρ——材料的真实密度（g/cm³ 或 kg/m³）；

m——材料的质量（g 或 kg）；

V——材料的绝对密实体积（cm³ 或 m³）。

土木工程材料中除钢材、玻璃等少数材料外，绝大多数材料都含有一定的孔隙。测定真实密度的方法主要有气体容积法和浸液法（比重瓶法）两种。气体容积法适用于各类粉体、片状、块状材料，尤其适合于多孔材料。这种方法的基本原理是以气体取代液体测定样品所排出的体积，气体能渗入样品中极小的孔隙和表面的不规则空隙，因此测出的样品体积更接近样品的真实体积，从而可以用来计算样品的密度，测试值更接近样品的真实密度。

浸液法（比重瓶法）适用于粉料、片料、粒料等。该法测定粉体真实密度是基于阿基米德流体静力学原理，是将待测粉末浸入对其润湿而不溶解的浸液中，抽真空除去气泡，求出粉末试样从已知容量的容器中排出已知密度的液体体积，就可据此计算所测粉末的真实密度。

真实密度对于材料的性能评估和应用具有重要意义。例如，在建筑材料中，真实密度可以影响材料的强度、耐久性等性能。不同材料的真实密度差异很大，这取决于材料的化学成分、晶体结构及制备工艺等因素，其值直接影响材料的质量、性能及用途，因此材料真实密度的测定具有重要意义。

2. 表观密度

材料的表观密度是指材料的质量与其表观体积的比值。表观体积包括了材料的实体积及闭口孔隙的体积，但不包括开口孔隙的体积。砂、石等骨料再拌制混凝土时，内部的开口被水占据。混凝土拌合物的体积由水、水泥、砂、石、气孔等组成。此时，砂、石的体积不包括其开口孔的体积（该部分被水占据），只包括其绝对体积和闭口孔隙的体积。这时用表观密度来表示其单位体积的质量，其计算公式表示为：

$$\rho_0 = \frac{m}{V_0} \tag{2-2}$$

式中 ρ_0——材料的表观密度（g/cm³ 或 kg/m³）；

m——材料的质量（g 或 kg）；

V_0——材料的表观体积（cm³ 或 m³）。

材料的表观密度与其内部构成状态及含水情况有关，材料的孔隙率也会影响表观密度，孔隙率越大，表观密度往往越小；材料的含水状态也会对表观密度产生影响，通常情况下，材料含水时表观密度会增大，故测定表观密度时，须注明材料的含水情况。

一般来说，表观密度是指气干状态（长期在空气中干燥，材料的含水率与大气湿度平衡时）下的表观密度；而在实验室中测定的通常为烘干至恒重状态下的表观密度，称为干表观密度。表观密度测定通常采用的方法有排液法、气体置换法等。

在实际应用中，表观密度是一个重要的参数。如在建筑工程中，它可以用来估算材料的用量、计算结构的自重等。

3. 体积密度

材料的体积密度是指材料在包含内部孔隙和外部开口孔隙等情况下单位体积的质量。体积密度时一个间接反应材料致密程度、孔隙发育程度的参数，也是间接评价块体材料稳定性及力学性能的计算指标。其计算公式表示为：

$$\rho' = \frac{m}{V'} \tag{2-3}$$

式中 ρ'——材料的体积密度（g/cm³ 或 kg/m³）；

m——材料的质量（g 或 kg）；

V'——材料在自然状态下的体积（包括材料实体及开口、闭口孔隙，cm³ 或 m³）。

对于规则形状材料的体积，可用量具测得。如加气混凝土砌块的体积是逐块量取长、宽、高三个方向的轴线尺寸，计算其体积；对于不规则形状材料的体积，可用二次排液法或封蜡法测得。

4. 堆积密度

材料的堆积密度是指粉状、颗粒状或纤维状材料在自然堆积状态下单位体积的质量。其计算公式表示为：

$$\rho'_0 = \frac{m}{V'_0} \tag{2-4}$$

式中 ρ'_0——材料的堆积密度（g/cm³ 或 kg/m³）；

m——材料的质量（g 或 kg）；

V'_0——材料在自然堆积状态下的体积（cm³ 或 m³）。

材料的堆积体积包括材料绝对体积、内部所有孔体积和颗粒间的孔隙体积。测定散粒材料的体积可通过已标定容积的容器计量而得，容器的容积视材料的种类和规格而定。建筑工程中，如混凝土中骨料的堆积密度可以影响混凝土的配合比和性能。合理选择骨料的堆积密度，可以提高混凝土的强度和耐久性。

常用土木工程材料的密度、表观密度和堆积密度见表2-1。

表 2-1　土木工程中常用材料的密度、表观密度和堆积密度

材　料	密度/(g/cm³)	表观密度/(kg/m³)	堆积密度/(kg/m³)
钢	7.8~7.9	7850	
花岗石	2.7~3.0	2500~2900	
石灰石	2.4~2.6	1600~2400	1400~1700（碎石）
砂	2.5~2.6		1500~1700
水泥	2.8~3.1	—	1100~1300
烧结普通砖	2.6~2.7	1600~1900	
烧结多孔砖	2.6~2.7	800~1480	
红松木	1.55~1.60	400~600	
玻璃	2.45~2.55	2450~2550	
普通混凝土		1950~2600	

2.2.2　材料的孔隙率和空隙率

1. 孔隙率与密实度

材料的孔隙率是指材料中的孔隙体积占材料自然状态下总体积的百分率，包括开口孔和闭口孔的总孔隙率，简称孔隙率，以 P 表示。另外，开口孔隙率和闭口孔隙率则表示各自的孔隙占材料总体积的百分率。孔隙率按下式计算：

$$P = \frac{V' - V}{V'} \times 100\% = \left(1 - \frac{\rho'}{\rho}\right) \times 100\% \tag{2-5}$$

密实度是与孔隙率相对应的概念，指材料体积内被固体物质充实的程度，用 D 表示，按下式计算：

$$D = \frac{V}{V'} \times 100\% = \frac{\rho'}{\rho} \times 100\%$$

$$D + P = 1 \tag{2-6}$$

即孔隙率与密实度之和为 100%。

孔隙率的大小直接反映了材料的致密程度。材料的许多性质（如强度、热工性质、声学性质、吸水性、吸湿性、抗渗性、抗冻性等）都与孔隙有关。这些性质不仅与材料的孔隙率大小有关，而且与材料的孔隙特征有关，包括孔连通与否、孔径的大小及孔的分布是否均匀等。一般来说，同一种材料的孔隙率越高，密实度越低，材料的表观密度、体积密度、堆积密度越小，强度越低。开口孔隙率越高，其耐水性、抗渗性、耐蚀性等性能越差，闭口孔隙率越高，其保温性能越好。

2. 空隙率与填充率

材料的空隙率是指散粒状材料在堆积体积状态下颗粒固体物质间空隙体积（开口孔隙与间隙之和）占堆积体积的百分率，以 P' 表示。空隙率按下式计算：

$$P' = \frac{V_1 - V_0}{V_1} \times 100\% = \left(1 - \frac{\rho_1}{\rho_0}\right) \times 100\% \tag{2-7}$$

空隙率的大小反映了散粒材料的颗粒互相填充的致密程度。当计算混凝土中粗骨料的空隙率时，由于混凝土拌合物中的水泥浆能进入石子的开口孔内，开口孔体积也算空隙体积的一部分，因此这时应按石颗粒的表观密度 ρ_0 来计算。在配制混凝土、砂浆等材料时，宜选

用空隙率小的砂石。

填充率是指散粒状材料在自然堆积状态下，其中的颗粒体积占自然堆积状态下的体积的百分率，用 D' 表示，按下式计算：

$$D' = \frac{V_0}{V_1} \times 100\% = \frac{\rho_1}{\rho_0} \times 100\%$$

$$D' + P' = 1 \tag{2-8}$$

从式（2-7）和（2-8）可以看出，散粒材料在堆积状态下，空隙率越大，填充率越小，两者之和为 1。

2.2.3 材料与水相关的性质

1. 材料的亲水性和憎水性

水分与不同固体材料表面之间相互作用的情况是不同的。当水分子之间的内聚力小于水分子与固体材料分子间的相互吸引力时，材料被水润湿，即表现为亲水性。这是一种界面现象，润湿过程的实质是物质界面发生性质和能量的变化。在材料、水和空气的三相交叉点处沿水滴表面作切线，此切线与材料和水接触面的夹角称为接触角，用 θ 表示（图 2-9）。通常使用接触角来判断材料的亲水性，如果接触角小于 90°，则表明该固体具有较好的亲水性，即液体能够在固体表面上迅速展开并与其紧密接触；接触角越小，亲水性越强；当接触角等于 0° 时，表示该材料完全被水润湿。具有这种性质的材料称为亲水性材料（图 2-9a）。

材料的憎水性是与亲水性相对的性质，指材料表面不易被水润湿的特性。当水分子在材料表面的附着能较高，即水分子难以在材料表面稳定存在时，材料表现出憎水性。这通常是由于材料表面的低表面能导致的，使得水在其表面的铺展受到阻碍。当接触角大于 90° 时，材料被认为具有憎水性；接触角越大，憎水性越强。当接触角接近 180° 时，表明材料表面几乎完全不被水润湿。具有这种性质的材料称为憎水性材料（图 2-9b）。

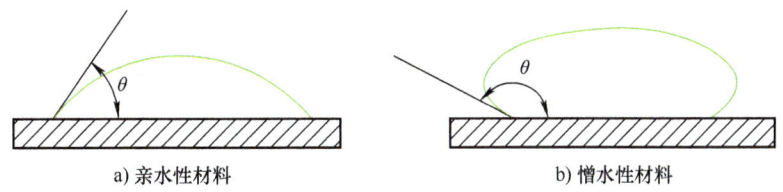

图 2-9 材料润湿示意

2. 材料的吸水性和吸湿性

（1）吸水性

材料的吸水性是指材料在水中能吸收水分的性质。材料吸水饱和时的含水率称为材料的吸水率，吸水率有质量吸水率和体积吸水率两种表示方法。

1）质量吸水率。质量吸水率是指材料在吸水饱和状态下，其内部所吸水分的质量占材料在干燥状态下的质量的百分率。其公式表示为：

$$w_m = \frac{m_b - m_g}{m_g} \times 100\% \tag{2-9}$$

式中 w_m——材料的质量吸水率（%）；
　　　m_g——材料在干燥状态下的质量（g）；
　　　m_b——材料在吸水饱和状态下的质量（g）。

2）体积吸水率。对于质轻、吸水性强的材料，若采用质量吸水率表示，其值很大，甚至超过100%，这类材料宜用体积吸水率来表示。体积吸水率是指材料吸水饱和时，所吸水分的体积占干燥材料自然体积的百分率。其公式表示为：

$$w_v = \frac{m_b - m_g}{V'} \frac{1}{\rho_w} \times 100\% \tag{2-10}$$

式中 w_v——材料的体积吸水率（%）；
　　　V'——干燥材料在自然状态下的体积（cm^3）；
　　　ρ_w——水的密度（g/cm^3），在常温下，$\rho_w = 1g/cm^3$。

土木工程中一般采用质量吸水率来表示材料的吸水性。质量吸水率与体积吸水率两者的关系表示如下：

$$w_v = w_m \rho' \tag{2-11}$$

式中 ρ'——材料在干燥状态下的体积密度（g/cm^3）。

材料吸水率的大小主要取决于材料的孔隙率和孔隙特征。一般来说，材料的孔隙率越高，意味着材料内部有更多的空间可以容纳水分，体积吸水率越大。微小孔隙能够产生毛细作用，使水分更容易进入材料内部，从而提高体积吸水率。而较大的孔隙虽然也能容纳水分，但毛细作用较弱，吸水率较小。

吸水性会改变材料的物理性能，如体积、重量、强度、硬度等。对于一些结构材料，吸水性过高可能导致强度降低、变形增大，影响其使用性能。在建筑设计和施工中，需要考虑材料的吸水率，以确保建筑物的防水、防潮性能，对于地下室、卫生间等潮湿环境，应选择吸水率低的材料。

（2）吸湿性

材料的吸湿性是指材料在潮湿空气中吸收水分的性质。潮湿的材料在干燥的空气中也会释放出水分，称为还湿性。当材料与周围环境达到湿度平衡时的含水率称为平衡含水率，此时，材料吸收和释放水分的速率相等。材料的吸湿性用含水率表示，含水率是指材料内部所含水的质量占材料在干燥状态下质量的百分率。其公式表示为：

$$w_h = \frac{m_s - m_g}{m_g} \times 100\% \tag{2-12}$$

式中 w_h——材料的含水率（%）；
　　　m_g——材料在干燥状态下的质量（g）；
　　　m_s——材料在吸湿状态下的质量（g）。

材料的吸湿性主要取决于材料与空气中水分的相互作用，当空气中的水蒸气分压高于材料表面的水蒸气分压时，水分会向材料内部扩散，从而使材料吸收水分。这种扩散过程受到材料的孔隙结构、亲水性及环境湿度和温度等因素的影响。亲水性材料容易吸收水分，其吸湿性较强。孔隙率高、孔隙细小且连通性好的材料，能够提供更多的吸附位点和扩散通道，吸湿性较强。一般来说，湿度越高，空气中的水蒸气分压越大，吸湿性也就越大。温度升高会使材料的吸湿性降低。

材料的吸水性和吸湿性均会对材料的性能和耐久性产生不利的影响。材料大量吸水后，通常会造成质量增加、体积改变、强度和耐久性降低；对于保温材料来说，还会显著降低其保温性能。不过，利用材料的吸湿性可以起到除湿作用，常用于保持环境的干燥。

3. 耐水性

材料的耐水性是指材料抵抗水破坏的能力，即材料长期在饱和水作用下不破坏，其强度也不显著降低的性质。材料的耐水性主要取决于材料与水的相互作用，以及材料自身的结构和组成。当材料与水接触时，水可能会通过渗透、扩散等方式进入材料内部，从而引起材料物理和化学性能的变化。材料的耐水性用软化系数表示，其公式表示为：

$$K_R = \frac{f_b}{f_g} \tag{2-13}$$

式中　K_R——材料的软化系数；
　　　f_b——材料在饱水状态下的抗压强度（MPa）；
　　　f_g——材料在干燥状态下的抗压强度（MPa）。

软化系数的大小表明材料浸水饱和后强度降低的程度。软化系数的取值范围在 0～1，K_R 值越小，表明材料吸水饱和后强度下降越大，即耐水性越差；K_R 值越大，说明材料的耐水性越好。通常将软化系数大于 0.85 的材料看作耐水材料。

建筑材料的耐水性直接关系到建筑物的耐久性和安全性。例如，混凝土、砖块、石材等建筑材料如果耐水性差，在长期与水接触的情况下，可能会发生膨胀、开裂、强度降低等问题，影响建筑物的结构稳定性。因此，在选择建筑材料时，需要考虑其耐水性，以确保建筑物的质量和安全。

4. 抗渗性

材料的抗渗性是指材料抵抗压力水渗透的性能。材料的抗渗性主要取决于其内部的孔隙结构和材料与水之间的相互作用。当材料内部存在连通的孔隙时，水在压力作用下可以通过这些孔隙渗透，如果材料的孔隙细小且不连通，或者材料与水之间的亲和力较弱，那么水的渗透就会受到阻碍，材料的抗渗性就较好。材料的抗渗性常用渗透系数 K_S 或抗渗等级 P 来表示，其计算公式如下：

$$K_S = \frac{Qd}{AtH} \tag{2-14}$$

式中　K_S——渗透系数（cm/h）；
　　　Q——渗水量（cm³）；
　　　d——试件厚度（cm）；
　　　A——透水面积（cm²）；
　　　t——时间（h）；
　　　H——水头高度（cm）。

渗透系数 K_S 的物理意义是在一定时间内、一定水压的作用下，单位厚度的材料在单位截面积上的透水量。材料的渗透系数越小，表示其抗渗性越好。

材料的抗渗性也可以用抗渗等级表示。抗渗等级是指用标准方法进行透水试验时，材料标准试件在透水前所能承受的最大水压力，用 Pn 表示，其中 n 为该材料所能承受的最大水压力（MPa）数值的 10 倍，如 P4、P6、P8、P10 等，表示材料试件能承受 0.4MPa、

0.6MPa、0.8MPa、1.0MPa 的水压力而不渗水。

材料的抗渗性与孔隙率、孔隙结构和亲水性等指标有关，通常孔隙率高，且具有细小、均匀分布孔隙的材料的抗渗性较差。憎水性材料的抗渗性优于亲水性材料。

对于地下室、水池、水坝等水工结构物，良好的抗渗性可以防止水的渗透，避免结构物因渗漏而损坏，保证建筑物的安全和正常使用。在屋面、卫生间等部位，抗渗性好的材料可以防止雨水和生活用水的渗漏，提高建筑物的防水性能，减少维修成本。

5. 抗冻性

材料的抗冻性是指材料在吸水饱和状态下，抵抗多次冻融循环作用而不被破坏，强度也不显著降低的性能。

材料受冻融破坏的主要原因是其孔隙中的水结冰。材料吸水后，在负温条件下，水在材料毛细孔内冻结成冰，体积增大约9%，若材料孔隙内充满水，则结冰膨胀对孔隙壁产生很大的应力，当此应力超过材料的抗拉强度时，孔隙壁将产生局部开裂。随着冻融循环的反复，材料的破坏作用逐步加剧。

材料的抗冻性用抗冻等级表示。抗冻等级是以规定的试件、在规定的试验条件下，在冻融后的质量损失和强度损失不超过一定限度，并且无明显损坏和剥落所能经受的冻融循环次数来确定的。抗冻等级用 Fn 表示，其中 n 为该材料所能承受最大冻融循环次数，如材料的抗冻等级 F15、F25、F50、F100、F200 等，分别表示此材料可承受 15 次、25 次、50 次、100 次、200 次的冻融循环。

材料抗冻等级的选择根据结构种类、使用条件、气候条件等来决定。例如，烧结普通砖、陶瓷面砖、轻混凝土等墙体材料，一般要求抗冻等级为 F15 或 F25；用于桥梁和道路的混凝土应为 F50、F100 或 F200，而水工混凝土要求高达 F500。

材料的抗冻性取决于其强度、孔隙率、孔隙特征和含水率等因素。较高的强度可以使材料在冻融循环过程中更好地抵抗冰胀压力的破坏，其抗冻性较好。具有一定弹性的材料能够在冰胀压力作用下发生一定的变形而不被破坏，当冰融化后又能恢复原状。这种弹性可以缓解冰胀压力对材料的破坏作用。孔隙率较低的材料通常抗冻性较好，细小且均匀分布的孔隙对抗冻性有利，较大的孔隙容易成为水分积聚和冰胀压力集中的地方，从而导致材料破坏。

当材料处于吸水饱和状态时，在寒冷环境中，水会结冰膨胀。如果材料的孔隙结构不能承受这种膨胀压力，就会产生裂缝和破坏。多次冻融循环会加剧这种破坏作用。抗冻性好的材料通常具有较为致密的结构、较低的吸水率及能够适应冰胀压力的能力。

在寒冷地区的建筑工程中，材料的抗冻性直接关系到建筑物的耐久性和安全性。如果材料抗冻性不足，在冻融循环作用下会逐渐破坏，导致建筑物出现裂缝、渗漏等问题，影响建筑物的正常使用。例如，在北方地区的屋面、外墙、基础等部位，必须选用抗冻性好的材料，以确保建筑物在冬季的安全和稳定。

在寒冷地区的道路工程中，路面材料的抗冻性至关重要。如果路面材料抗冻性差，在冻融循环作用下会出现裂缝、松散等问题，影响道路的平整度和行车安全。常用的道路抗冻材料有抗冻混凝土、沥青混合料等，这些材料在设计和施工中需要考虑抗冻性能的要求，以确保道路在冬季的正常使用。

2.2.4 材料的热工性质

1. 热容量和比热容

材料的热容量是指材料在温度升高或降低时吸收或释放热量的能力。其公式表示为：

$$Q = mc(t_2 - t_1) \quad (2\text{-}15)$$

式中 Q——材料的热容量（J）；

m——材料的质量（g）；

c——材料的比热容[J/(g·K)]；

$(t_2 - t_1)$——材料受热或冷却前后的温差（K）。

比热容是单位质量的材料温度升高或降低1℃所吸收或释放的热量，通常用 c 表示，其公式表示为：

$$c = \frac{Q}{m(t_2 - t_1)} \quad (2\text{-}16)$$

式中字母 c、Q、m、$(t_2 - t_1)$ 的意义同上。

影响材料热容量和比热容的主要因素有材料的化学成分、材料的微观结构（晶体结构、孔隙结构）等。通常情况下，金属材料的比热容相对较小，而非金属材料（如木材、塑料、水等）的比热容相对较大。晶体结构紧密的材料通常比热容较小，而孔隙率高的材料由于空气的存在，比热容可能会有所增大。

在建筑工程中，了解材料的热容量对于设计建筑物的保温、隔热系统至关重要，选择热容量合适的材料可以有效地调节室内温度，减少能源消耗。通常在设计时应选用导热系数较小而热容量较大的建筑材料，以保持室内温度的稳定。

2. 导热性

当材料两侧存在温度差时，热量将从温度高的一侧通过材料传递给温度低的一侧，材料的这种传递热量的能力，称为导热性。

材料的导热性可以用导热系数（热导率）来表示，其公式表示为：

$$\lambda = \frac{Qa}{(t_2 - t_1)AZ} \quad (2\text{-}17)$$

式中 λ——材料的导热系数[W/(m·K)]；

Q——传递的热量（J）；

a——材料的厚度（m）；

A——材料传热的面积（m²）；

Z——热传导的时间（s）；

$(t_2 - t_1)$——材料两面温度差（K）。

材料的导热系数越大，材料的导热性能越好。例如，铜的导热系数约为401W/(m·K)，而空气的导热系数仅为0.024W/(m·K)。工程中通常把 $\lambda < 0.23$W/(m·K)的材料称为绝热材料。

影响材料的导热系数的因素有：

1）材料的组成与结构。一般来说，不同材料的导热系数从大到小的排列为：金属材料＞无机非金属材料＞有机材料；晶体材料＞非晶体材料。

2）同种材料孔隙率越大，导热系数越小。细小孔隙、闭口孔隙比粗大孔隙、开口孔隙对降低导热系数更为有利，因为避免了对流导热。

3）含水或含冰时，会使导热系数急剧增加。因为水的导热系数是空气的 25 倍，而冰的导热系数又是水的 4 倍，所以，对于多孔结构的保温隔热材料，要注意防潮、防冻。

3. 热阻和传热系数

材料层（墙体或其他围护结构）抵抗热流通过的能力称为热阻。热阻的公式表示为：

$$R = \frac{d}{\lambda} \tag{2-18}$$

式中　R——材料层热阻（$m^2 \cdot K/W$）；

　　　d——材料层厚度（m）；

　　　λ——材料的导热系数 [$W/(m \cdot K)$]。

热阻的倒数 $1/R$ 称为材料层（墙体或其他围护结构）的传热系数。传热系数是指材料两面温度差为 1K 时，在单位时间内通过单位面积的热量。

2.2.5　材料的声光特性

材料的声光性质是指材料在受到光和声音作用时所表现出的特性，涉及材料对声波和光波的相互作用及其响应特性。

1. 材料的声学性质

材料的声学性质主要关注声波在材料中的传播、反射、透射及材料的吸声、隔声等特性。

（1）吸声性能

材料的吸声性能是指材料吸收声音的能力。当声音传入材料表面时，声能一部分被反射，一部分穿透材料，还有一部分由于材料内部的振动或与周围介质的摩擦，将声能转化为热能，从而实现声能的损耗，即声音被材料吸收。吸声系数是衡量材料吸声性能的主要指标，用 α 表示。它是指被材料吸收的声能与入射到材料上的总声能之比，通常以百分数表示。吸声系数越大，材料的吸声性能越好。

材料的吸声性能主要取决于其内部结构和组成，以及声波在材料中的传播与衰减机制。吸声材料通常具有多孔性、纤维性或共振性等特点。材料的孔隙率越高，孔隙越细小且连通性好，吸声性能越好。对于纤维材料，纤维直径越细、长度越长，吸声性能越好。常见的吸声材料有泡沫塑料、玻璃纤维、羊毛毡、棉花等。吸声材料可以改善室内声学环境，降低噪声污染，提高建筑的吸声性能。

吸声材料按吸声机理可分为：

1）多孔吸声材料。多孔性吸声材料从表面至内部存在许多细小的敞开孔隙。当声波入射至材料的表面时，声波会顺着这些微孔迅速进入材料的内部，引起孔隙内的空气振动。由于摩擦作用、空气黏滞阻力及材料内部的热传导作用，相当一部分声能会转化为热能而被材料吸收。这类材料主要以吸收中高频声波为主，常见的多孔性吸声材料有纤维质材料（如玻璃棉、矿棉、有机或无机纤维及其制品等）、开孔型泡沫材料（如泡沫海绵、膨胀珍珠岩制品等）、纺织物材料（如棉布、绒布等）。

2）共振吸声材料。共振吸声材料在声波的作用下会发生共振作用，使声能转化为机械能而被吸收。这类材料包括柔性材料（如闭孔泡沫塑料），以吸收中频声波为主；膜状材料（如塑料膜、布、帆布、漆布和人造革等），以吸收低中频声波为主；板状材料（如胶合板、硬质纤维板、石棉水泥板和石膏板等），以吸收低频声波为主；穿孔板通过在各种板状材料或金属板上打孔而制成，可以吸收中频声波。

在实际应用中，为了扩大吸收范围和提高吸声系数，通常会将上述不同种类的材料组合使用。例如，在墙壁上安装装饰性的吸声板贴壁或吊顶，将多孔材料与穿孔板或膜状材料相结合，甚至采用浮云吊挂等方式，都可以改善室内音质并控制噪声。

（2）隔声性能

材料的隔声性能是指材料对声音传播的阻隔能力。当声波遇到材料时，一部分声波会被反射，一部分声波会透过材料继续传播，还有一部分声波会在材料内部被吸收或散射。隔声量是衡量材料隔声性能的主要指标，是指透过材料的声能与入射到材料上的声能之比，通常用 R 表示，单位为 dB。隔声量越大，材料的隔声性能越好。

材料的隔声性能主要取决于其对声波的反射、吸收和透射的能力。一般来说，密度大、厚度大、刚性强的材料对声波的反射能力较强；多孔性、纤维性材料对声波的吸收能力较强，但孔隙率过高时，材料的刚性会降低，对声波的反射能力减弱，隔声性能反而会下降；材料的透射系数越小，隔声性能越好。常见的隔声材料有密实材料（混凝土、钢材）、多孔材料、复合结构材料（双层结构、夹层结构等）。

2. 材料的光学性质

材料的光学性质是指材料在光的作用下所表现出来的各种特性，如材料对光的反射、折射、吸收、透射等方面的特性，光学材料可以根据它们对光的作用方式不同，分为吸收性材料、透明材料、反射性材料、散射材料和发光材料等。

（1）材料的透光性

透光性是指光线通过材料时，材料对光线的透过能力。通常以透光率来表示，即透过材料的光通量与入射光通量之比，透光率越高，材料的透光性越好。透光性的好坏取决于材料的内部结构、组成及表面性质。玻璃、水晶、塑料等都是常见的透光材料。

在建筑中，透光性好的材料可以用于窗户、幕墙等部位，让自然光线充分进入室内，减少人工照明的需求，从而降低能源消耗。例如，大面积的玻璃幕墙可以使建筑物内部充满阳光，同时提供良好的视野。此外，一些新型的透光材料如智能玻璃，可以根据外界光线的强度和温度自动调节透光率，实现节能和舒适的室内环境。

（2）材料的反射和光泽

材料的反射是指光线在遇到物体表面时，一部分或全部光线从物体表面反射回来的现象，反射的程度取决于材料的折射率、表面粗糙度及入射光的角度等因素。

材料的反射分为镜面反射和漫反射。当光线遇到光滑的表面时，会按照入射角等于反射角的规律，以相同的角度反射回去。这种反射称为镜面反射，常见于金属表面。光线遇到粗糙的表面时，会以不规则的方式反射，光线会向不同的方向散射。这种反射称为漫反射，常见于木材、纸质材料等表面粗糙的物体。金属材料（如铜、银、金等）、玻璃（如镀银玻璃、镀铝玻璃等）、陶瓷（如白色陶瓷）都是较为常见的具有高反射性的材料。

建筑幕墙采用具有反射性的材料，可以反射周围的环境，使建筑物与周围环境融为一体，也可以减少建筑物内部的热量吸收，降低能源消耗。

2.3 材料的力学性质

材料的力学性质是指材料在外力作用下的变形性和抵抗破坏的性质。它是选用土木工程材料时首要考虑的基本性质。

2.3.1 材料的强度

材料的强度是材料力学性质的基本指标之一，它描述了材料在受到外力作用时抵抗变形和破坏的能力。当材料受到外力作用时，其内部就产生应力，外力增加，应力相应增大，直至材料内部质点间结合力不足以抵抗所作用的外力时，材料即发生破坏。材料破坏时，应力达到极限值，该极限应力值就是材料的强度，也称为极限强度。根据外力作用方式的不同，材料强度有抗压强度、抗拉强度、抗弯强度、抗剪强度等，如图2-10所示。

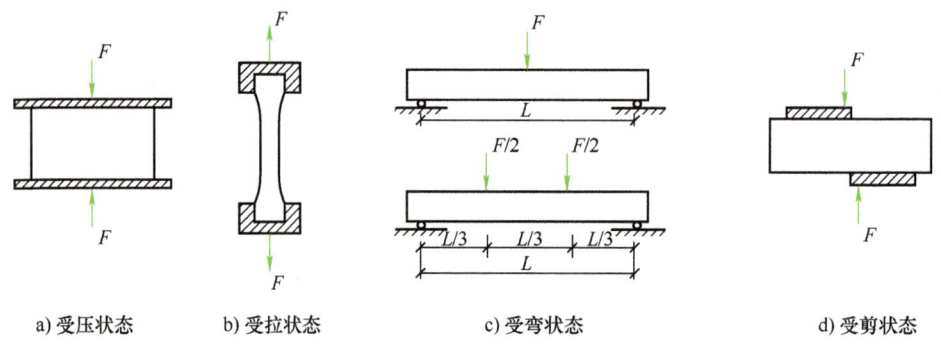

a) 受压状态　　b) 受拉状态　　c) 受弯状态　　d) 受剪状态

图 2-10　材料受外力作用

在工程上，通常采用破坏试验法对材料的强度进行测试，包括拉伸测试、压缩测试、弯曲测试和剪切测试等。这些测试可以提供材料在不同应力状态下的力学性能数据，从而评估其强度水平。例如，拉伸测试可以测量材料的抗拉强度和屈服强度；压缩测试可以测量材料的抗压强度；弯曲测试可以测量材料的抗弯强度；剪切测试则可以测量材料的抗剪强度。材料的抗压、抗拉、抗剪强度可直接由下式计算：

$$f = \frac{F_{\max}}{A} \tag{2-19}$$

式中　f——材料强度（MPa）；

$F_{\max}$——材料破坏时的最大荷载（N）；

A——试件受压（拉、剪）截面的面积（mm²）。

材料的抗弯强度与试件的几何外形及荷载施加的情况有关，对于矩形截面的条形试件，当其两个支点间作用一集中荷载时，其抗弯强度值按下式计算：

$$f_{\mathrm{w}} = \frac{3F_{\max}L}{2bh^2} \tag{2-20}$$

式中　f_{w}——材料强度（MPa）；

$F_{\max}$——材料破坏时的最大荷载（N）；

L、b、h——两支点的间距、试件横截面的宽及高（mm）。

当试件的支点间的三分点处作用两个相等的集中荷载时，其抗弯强度的计算公式为：

$$f_w = \frac{F_{max}L}{bh^2} \quad (2\text{-}21)$$

式中各符号的意义同上。

影响材料强度的因素主要有：

（1）材料的化学成分

不同的化学成分会影响材料的晶体结构和原子间结合力，从而影响材料的强度。例如，合金钢中加入适量的合金元素可以提高其强度。

（2）材料的孔隙率

材料的孔隙越大，则强度越小。同一品种的材料，其强度与孔隙率之间存在近似直线的反比关系，如图 2-11 所示。

（3）材料的微观结构

1）晶粒大小。一般来说，晶粒越细小，材料的强度越高。这是因为细晶粒材料的晶界面积大，晶界处的原子排列不规则，对位错运动的阻碍作用强。

2）相组成。材料中的不同相具有不同的强度特性。例如，钢中的铁素体相强度较低，而马氏体相强度较高。

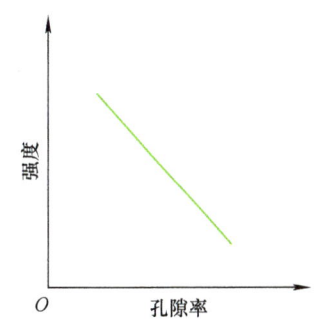

图 2-11 材料强度与孔隙率的关系

3）缺陷。材料中的缺陷（如气孔、裂纹等）会降低材料的强度。这些缺陷会成为应力集中点，容易导致材料在较低的应力下发生破坏。

4）温度。温度对材料的强度有很大影响。一般来说，温度升高，材料的强度会降低。这是因为温度升高会使原子的热运动加剧，原子间结合力减弱。

5）加载速率。加载速率越快，材料的强度越高。这是因为在快速加载下，材料没有足够的时间发生塑性变形，从而表现出更高的强度。

6）环境因素。材料在不同的环境中，其强度也会受到影响。例如，材料在腐蚀环境中，由于腐蚀作用会降低其强度；在高温环境中，材料可能会发生蠕变，导致强度降低。

由此可见，材料的强度是在特定条件下测定的数值。为了使试验结果准确，且具有可比性，各国都制定了统一的材料试验标准，在测定材料强度时，必须严格按照规定的实验方法进行。常见材料的强度见表 2-2。

表 2-2 常用材料的强度 （单位：MPa）

材 料	抗压强度	抗拉强度	抗弯强度
花岗石	100～250	5～8	10～14
烧结普通砖	10～30	—	2.6～4.0
普通混凝土	10～60	1～8	3～10
松木（顺纹）	30～50	80～120	60～100
建筑钢材	235～1600	235～1600	—

大部分建筑材料是根据其强度的大小，将材料划分为若干等级，即材料的强度等级。将建筑材料划分为若干强度等级，对掌握材料性质、合理选用材料、正确进行设计和控制工程

质量都是非常重要的。对于混凝土、砌筑砂浆、普通砖、石材等脆性材料，由于主要用于抗压，因此以其抗压强度来划分强度等级，而建筑钢材主要用于抗拉，如低合金高强度合金钢，以其屈服点作为划分强度等级的依据。

在工程设计中，根据结构的受力情况和使用要求，选择合适强度等级的材料是确保结构安全可靠的关键。例如，在设计高层建筑时，需要选用高强度等级的混凝土和钢材，以承受较大的竖向和水平荷载。强度等级的确定也有助于优化结构设计，在满足强度要求的前提下，尽量降低材料用量和工程造价。

材料强度还有一个重要的相关概念是比强度，即材料强度与其表观密度之比。它是评价材料是否轻质高强的指标。材料比强度越大，越轻质高强。比强度不仅是一个衡量材料强弱的指标，更是一个反映材料轻质高强特性的重要参数。在材料科学中，比强度是衡量材料性能优劣的关键指标之一，它直接关系到材料在实际应用中的承载能力和能源利用效率。

高比强度材料在许多工程领域中都发挥着关键作用。例如，在桥梁和高层建筑的设计中，使用高比强度材料可以减轻结构自重，从而降低基础成本和施工难度。此外，高比强度材料还广泛应用于航空航天、汽车制造、体育器材等领域，以满足对材料轻质高强的需求。

2.3.2 材料的弹性和塑性、脆性和韧性

V04—材料的弹性和塑性、脆性与韧性

1. 材料的弹性和塑性

材料的弹性是指材料在外力作用下产生变形，当外力去除后，材料能够完全恢复到原来形状和尺寸的性质（图2-12a）。例如，弹簧在受到拉力后会伸长，当拉力消失后，弹簧能够立即恢复到原来的长度。弹性模量是衡量材料弹性性能的重要指标，它表示材料在弹性范围内应力与应变的比值，通常用 E 表示。在材料的弹性范围内，弹性模量是不变的常数，其计算公式为：

$$E = \frac{\sigma}{\varepsilon} \tag{2-22}$$

式中　σ——材料所受的应力（MPa）；
　　　ε——材料在应力 σ 作用下产生的应变。

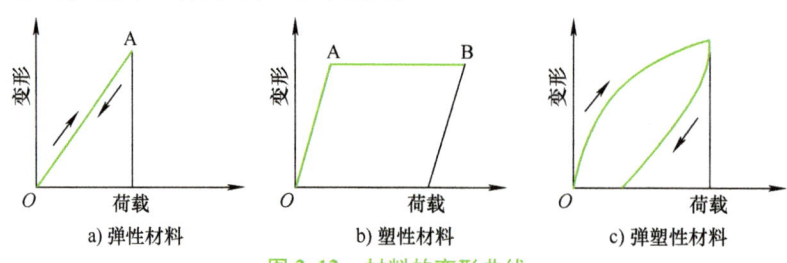

图2-12　材料的变形曲线

弹性变形是可逆的，即材料在弹性范围内的变形可以随着外力的去除而完全消失。弹性变形量一般较小，通常在材料的弹性极限内发生。超过弹性极限后，材料将进入塑性变形阶段。弹性变形过程中，材料内部的原子间距离和结合力发生变化，但原子的排列结构基本不变。弹性模量越大，材料在相同应力下产生的弹性变形越小，说明材料的刚度越大。例如，钢材的弹性模量较大，所以在受力时变形相对较小，具有较高的刚度。

材料的塑性是指材料在受力作用下能够发生形变并保持一定的形状，而不会立即破坏的

性质（图2-12b）。塑性材料一般具有较强的抗冲击、抗振动能力，且能够产生较大的塑性变形。当外力去除后，材料会保留一部分变形，这部分变形即为塑性变形，塑性变形是不可逆变形。

在工程上，常将延伸率（材料在断裂前所经历的最大塑性变形量与原长度的比值）大于5%的材料称为塑性材料。延伸率越大，材料的塑性越好。例如，一种钢材的延伸率为20%，意味着在拉伸试验中，该钢材断裂后的长度比原始长度增加了20%。

材料的塑性受到化学成分、组织结构、温度、应变速率等的影响，完全的弹性材料是没有的，有的材料在受力不大的情况下，表现为弹性变形，但受力超过一定限度后，则表现为塑性变形，如钢材；有的材料在受力后，弹性变形及塑性变形同时发生，如果取消外力，则弹性变形部分可以恢复，而塑性变形部分则不能恢复（图2-12c），如混凝土。

2. 材料的脆性和韧性

（1）材料的脆性

材料的脆性是指材料在受力时，当外力达到一定值后，材料突然发生破坏，且破坏时几乎没有明显的塑性变形。陶瓷、玻璃、石材、砖瓦、混凝土、铸铁等都属于脆性较大的材料。

脆性材料的一个显著特征是其抗拉强度远低于抗压强度，这意味着这类材料，如砖石，在承受压力时能表现出较强的承载能力，但在受到拉力时却极易发生断裂。此外，脆性材料在破坏前的变形极小，主要局限于弹性变形阶段，缺乏明显的塑性变形过程，这导致了材料在断裂前的预警信号较少。当脆性材料发生断裂时，其断裂面通常呈现光滑且平整的特征，缺乏塑性变形所留下的痕迹，这一特性进一步强调了脆性材料在受力破坏时的突然性和不可预测性。

（2）材料的韧性

材料在受到外力作用时，能够吸收较大的能量而不发生破坏，并且在破坏前会产生明显的塑性变形，称为韧性。例如，钢材在受到外力作用时，会先发生弹性变形，然后进入塑性变形阶段，在这个过程中可以吸收大量的能量，最后才发生断裂，这体现了钢材的韧性。

韧性材料具有良好的塑性变形能力，这意味着在受力过程中，它们能够经历显著的塑性变形阶段，从而有效地吸收更多的能量。这一特性使得韧性材料在抗拉和抗压强度方面表现出相近的性能，即在受到拉伸或压缩荷载时，都能展现出良好的强度和变形能力。此外，韧性材料在断裂前往往需要经历一个相对较长的变形过程，这一过程伴随着大量能量的消耗，这进一步增强了材料抵抗断裂的能力，使得韧性材料在承受极端荷载时更加安全可靠。

在工程设计中，需要根据不同的使用要求选择具有合适脆性或韧性的材料。对于一些需要承受冲击荷载或抗震要求高的结构，应选择韧性好的材料，以确保结构的安全性。例如，在桥梁设计中，使用韧性好的钢材可以提高桥梁的抗冲击和抗震能力。

2.3.3 材料的硬度和耐磨性

材料表面抵抗其他硬物刻划或压入的能力称为硬度，它表示材料表面的坚硬程度。材料的硬度与强度、耐磨性密切相关，一般来说，材料的硬度越大，则其强度越高，相应地，耐磨性也越好。

测定材料硬度的方法有很多种，通常采用刻划法、压入法或回弹法。不同的材料，其硬度测定方法不同。刻划法常用于测定天然矿石的硬度,按硬度递增顺序分为10级,即滑石、石膏、方解石、萤石、磷灰石、正长石、石英、黄玉、刚玉、金刚石。钢材、木材及混凝土等的硬度常用压入法测定,如布氏硬度就是以压痕单位面积上所承受压力来表示的。回弹法常用于测定混凝土构件表面硬度,并以此估算混凝土的抗压强度。

材料表面抵抗磨损的能力称为耐磨性。材料的耐磨性用磨耗率表示,其公式表示为:

$$G = \frac{m_1 - m_2}{A} \tag{2-23}$$

式中　G——材料的磨耗率（g/cm²）;

　　　m_1——材料磨损前的质量（g）;

　　　m_2——材料磨损后的质量（g）;

　　　A——材料试件的受磨面积（cm²）。

2.4　材料的耐久性、安全性与环境协调性

土木工程材料的发展方向要求除具有良好的使用性能外,还须具有良好的环境协调性能,即具有好的耐久性、低的环境负荷值和高的可循环再生率,强调环保绿色建材。

1. 材料的耐久性

材料的耐久性是指材料在长期使用过程中,抵抗各种自然因素及其他不利因素的作用,保持其原有性能不变的能力。

（1）影响材料耐久性的因素

物理因素包括温度、湿度、光照、风化、冻融等。这些因素可能导致材料尺寸变化、开裂、老化等。例如,混凝土在冻融循环下可能出现剥落和开裂,影响结构的整体性和安全性。

化学因素如酸碱腐蚀、氧化、还原等化学反应,可能导致材料性能下降、表面腐蚀、结构破坏等。金属在酸性或碱性环境中容易发生腐蚀,导致强度降低和失效。

生物因素包括微生物腐蚀、植物根系生长等。这些生物活动可能对材料造成物理和化学损伤。例如,木材在潮湿环境中容易滋生霉菌,导致腐朽和强度下降。

（2）提高材料耐久性的措施

为了显著提升材料的耐久性,需采取一系列综合性的措施。在选材环节,应倾向于那些具有卓越耐久性的优质材料,如高性能混凝土和耐腐蚀合金,这些材料因其出色的物理和化学性能,能在极端环境下保持长时间的稳定。通过施加专业的涂层、进行防锈及防水处理,可以有效增强材料的抗腐蚀和抗老化能力,从而延长其使用寿命。通过精心的结构设计,可以合理分布应力,减少应力集中和疲劳破坏的风险,使材料在承受各种荷载时都能保持优异的性能。

对于已投入使用的材料,定期的检查与维护是确保其长期稳定运行的关键。通过细致的检测和适时的维护,可及时发现并处理潜在的损伤或缺陷,防止小问题演变成大故障,确保材料的长期稳定运行。

（3）材料耐久性的重要性

材料耐久性与工程的质量及安全紧密相关,意义重大。若材料耐久性欠佳,在使用过程

中便易产生问题。例如，建筑物结构材料耐久性不足，可能致使裂缝、变形等情况出现，进而影响建筑物的安全性与稳定性；道路材料耐久性不理想，则会造成路面破损、坑洼，对道路的通行能力与安全性产生不良影响，甚至有可能引发事故。

与此同时，增强材料耐久性能够延长工程的使用寿命，进而降低工程的维护与更换成本。以桥梁为例，若采用耐久性良好的材料，其可能在数十年乃至上百年内都无须进行大规模的维修与更换，如此便可节省大量的资金与资源。此外，提升材料耐久性，还有助于节约资源、保护环境。因为使用耐久性优良的建筑材料，可以降低建筑物拆除和重建的概率，从而减少建筑垃圾的产生，对环境起到保护作用。

2. 材料的安全性与环境协调性

材料的安全性在土木工程中至关重要，它直接关系到工程质量、人们生命财产安全及环境安全。土木工程材料的安全性体现在物理安全性（强度、耐久性等）、化学安全性（有害物质排放、耐蚀性等）、防火安全性（燃烧性能、防火隔离）、环境安全性（可持续性）等方面。

材料在特定应用环境下，应保持其结构完整性和功能稳定性，从而确保结构或产品的长期可靠运行，避免对人身安全及财产安全构成威胁。这要求材料具备优异的力学性能、耐蚀性、耐热性及抗疲劳性等，以抵御各种外部因素的侵蚀与破坏。同时，材料的安全性还体现在其对人体健康无害，即在生产、使用及废弃处理的全生命周期中，不会释放有害物质，对人体健康造成潜在风险。

传统土木工程材料在生产过程中不仅消耗大量的天然资源和能源，还向大气中排放大量的二氧化碳、二氧化硫、氮氧化物等有害气体。某些装饰装修材料在使用过程中释放对人体有害的挥发物。这些问题如不加以解决，所造成的环境负荷问题将是灾难性的。因此，必须重视土木工程材料的环境协调问题。

环境协调性强调材料在生命周期的各个阶段，包括原料提取、加工制造、使用及废弃处理过程中，对自然环境的影响最小化。这要求材料不仅在生产过程中减少能源消耗和污染物排放，而且在废弃后易于回收再利用或自然降解，减少对环境的污染。此外，环境协调性还体现在材料的选择与设计中，应优先考虑可再生资源或回收材料，以及采用低能耗、低排放的生产工艺，以促进循环经济和可持续发展。

影响土木工程材料环境协调性的因素有材料本身的性质、生产加工过程、使用方式和废弃处理方式等，在使用过程中可以通过研发环保材料、优化生产加工过程、推广循环经济、加强法规标准建设等方式，提高土木工程材料的环境协调性。

【创新思维培养】

碳纤维：土木界的"轻质担当"

传统土木工程材料，存在自重大、强度较低、耐久性不足的天然缺陷，从而导致现有结构在实际服役环境下中存在构件老化、钢筋锈蚀、混凝土碳化等现象，影响结构的耐久性、抗疲劳性，缩短使用寿命。

碳纤维增强复合材料作为一种新型高性能材料，具有轻质高强、耐腐蚀、抗疲劳、徐变小等优异性能。碳纤维增强复合材料的密度约为钢材的1/4，强度是钢材7.6~15倍，比强度是钢材的32~63倍，比模量是钢材4.4~14倍，轻质高强性能十分突出，还可实现超高强、高强高模、高强中模等不同需求。该材料在土木工程领域的应用方向有两类，一是作为结构修复材料，用于加固既有结构；二是作为结构增强材料，在新建结构中替代传统钢筋、混凝土等建材（图 2-13）。

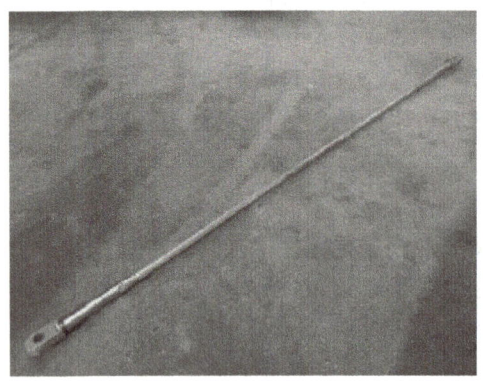 

图 2-13　碳纤维复合材料重载型吊杆（左）和碳纤维增强混凝土（右）

碳纤维复合材料加固技术

碳纤维复合材料在土木工程加固中常用的方法包括外贴加固法、嵌入式加固法和预应力加固法等。外贴加固法主要通过粘贴碳纤维布或板材于结构表面（图 2-14），提高结构的抗弯、抗剪强度。操作要点包括混凝土表面处理、涂刷底胶、粘贴碳纤维材料并养护等步骤。嵌入式加固法则是在混凝土中开槽，嵌入碳纤维筋或板材，通过黏结剂使其紧密结合，适用于高温高湿环境。预应力加固法则利用预应力碳纤维布等材料，提高结构的开裂荷载和屈服荷载，显著改善结构性能。

图 2-14　碳纤维复合材料加固工程

这些加固方法具有施工简便、高效快捷、耐腐蚀性好等优点，能够显著提高土木工程的承载力和耐久性，是土木工程加固领域的重要技术手段。

碳纤维复合材料在桥梁中的应用

在青岛海口路跨风河大桥工程中，碳纤维复合材料发挥了关键作用。该桥副拱的 12 根吊杆全部采用了碳纤维吊杆（图 2-15），这些吊杆由上海石化 48K 大丝束碳纤维筋制成，具有轻质高强、耐腐蚀、抗疲劳等显著优势。通过碳纤维材料的应用，有效解决了传统钢索自重大、耐久性差的问题，降低了桥梁全生命周期的维护成本。同时，碳纤维材料还显著提高了桥梁的跨越能力和承载能力，确保了大桥的安全性和稳定性。青岛海口路跨风河大桥工程的成功实践，展示了纤维复合

图 2-15　青岛海口路跨风河大桥碳纤维吊杆

材料在桥梁工程中的巨大潜力和应用前景，为土木工程领域提供了新的技术路径和解决方案。

碳纤维复合材料在大跨结构中的应用

美国加州苹果公司总部的史蒂芬·乔布斯剧院（图2-16），其显著特点之一是采用碳纤维材料打造的屋顶，这个屋顶的直径约47m、总重量达到80t，是目前世界上最大的碳纤维屋顶之一。苹果公司选择碳纤维材料，旨在打造一个尽可能轻薄的屋顶，这样剧院的玻璃外墙才能有效支撑起屋顶的重量，确保结构的稳固与安全，使得剧院外观呈现出悬浮在空中的视觉效果。

a)　　　　　　　　　　　　　　b)

图2-16　史蒂芬·乔布斯剧院

史蒂芬·乔布斯剧院的成功实践，充分展示了纤维复合材料在大跨结构中的卓越性能和广泛应用前景。通过利用碳纤维等先进材料，可以有效解决大跨结构自重过大、施工难度大等问题。

【工程素质培养】

折戟沉沙：魁北克大桥之殇，材料失当下的工程悲剧

魁北克大桥位于加拿大魁北克省，横跨圣劳伦斯河，堪称当时极具雄心的桥梁建造项目。它设计为悬臂式桁架桥，主跨长度达549m，在20世纪初是桥梁工程领域里的瞩目巨作。然而1907年8月29日，施工进程中的魁北克大桥轰然坍塌（图2-17），正在桥上作业的75名工人瞬间坠入河中，仅有11人侥幸获救，酿成了一场震惊世界的惨烈工程悲剧，桥梁建造工程也被迫中断，前期投入付诸东流，后续重建更是困难重重。

图2-17　坍塌的魁北克大桥

【事故原因分析】

魁北克大桥工程悲剧的酿成，根源在于材料使用的重重乱象。设计之初选用新型镍钢，工程师乐观预估其屈服强度达 240MPa，可钢厂供货质量参差不齐，杂质较多，致使其实际强度仅约 160MPa，关键杆件受力时无法抵抗应力，稳定性遭到破坏。同时，设计师一味追求大跨度视觉与交通效益，悬臂桁架设计远超材料承载极限，未充分考量复杂受力。加之施工团队赶工期、监理履职不力，未严检材料，使劣质钢材混入，隐患丛生，最终导致了桥梁的坍塌。

【经验与教训】

魁北克大桥坍塌是土木工程史上的沉痛教训。材料本是工程"基石"，却成了事故"导火索"。事故发生的重要原因之一是选材仅凭乐观预估、轻信厂家，未严谨实测，这警示我们，在专业上容不得半点马虎，要时刻秉持求真务实态度；在从业道路上要心怀敬畏，严守职业底线，以敬业、严谨、负责的态度对待工程，担起安全重任。

【材料与生态】

树脂建材：绿色与性能兼具的建筑新材

树脂材料作为一种高分子聚合物，质地轻盈，相较于传统的砖石、瓦片，能大幅降低建筑物的承重压力。同时，其可塑性好，可按需塑造成各种形状，使建筑结构设计更为灵活。此外，树脂具有优异的耐候性和化学耐受性，能够在潮湿、酸碱等恶劣环境中保持稳定性。

在土木工程中，树脂砖和树脂瓦是由树脂、矿泉粉和天然色素等材料制成的一种新型环保材料，具有轻质、耐磨、耐水、防滑、防霉、易于清洁、色彩丰富等特点。树脂砖可以仿造出天然石材的纹理，古朴大气；树脂瓦呈流畅的波浪或平板造型，美观又实用，满足不同建筑风格需求。上海国际音乐村使用了树脂砖进行室内装修。由于它的表面平整光滑、耐磨刮、易于清洁的特点，使整个音乐村显得更加优雅、洁净，同时也提高了建筑的使用寿命，减少了维护成本。图 2-18 所示为树脂砖墙面。

图 2-18　树脂砖墙面

树脂建材的制作过程中不需要使用任何化学品，其味道清新，对人体无害；树脂材料多为可回收利用资源，废弃后经专业处理能重塑再造，降低了资源浪费，减少了建筑垃圾堆积。树脂建材的生产过程能耗低、污染物排放少，也契合了绿色建筑理念。

【工程能力训练】

❖ **单项选择题**

1. 【一级建造师考试真题】水卷材的耐老化性指标可用来表示防水卷材的（　　）性能。
   A. 拉伸　　　　B. 大气稳定　　　　C. 温度稳定　　　　D. 柔韧

2. 【一级建造师考试真题】关于在混凝土中掺入减水剂所起的作用，正确的是（　　）。
   A. 若不减少拌合用水量，能显著提高拌合物的流动性

B. 当减水而不减少水泥时，可提高混凝土强度

C. 若减水的同时适当减少水泥用量，则可节约水泥

D. 混凝土的耐久性得到显著改善

E. 混凝土的安全性得到显著提高

3.【二级造价师考试真题】材料在自然状态下单位体积的质量为材料的（　　）。

　　A. 体积密度　　　B. 表观密度　　　C. 堆积密度　　　D. 密实度

4. 材料的耐水性的指标是（　　）。

　　A. 吸水性　　　B. 含水率　　　C. 抗渗系数　　　D. 软化系数

5. 通常将软化系数大于（　　）的材料看作耐水材料。

　　A. 0.65　　　B. 0.75　　　C. 0.85　　　D. 0.95

6. 保温效果越好的材料，其（　　）。

　　A. 热传导性要小，热容量要小　　　B. 热传导性要大，热容量要大

　　C. 热传导性要小，热容量要大　　　D. 热传导性要大，热容量要小

❖ 填空题

1. 吸水率为5%的石料试件，其吸水后的质量为500g，其中吸入水的质量为____g。

2. 骨料的真实密度、表观密度、体积密度、堆积密度按从大到小关系排列为_____。

3. 对于开口微孔材料，当其孔隙率增大时，材料的密度____，吸水性____，抗冻性____，导热性____，强度____。

4. 保温隔热材料应选择导热系数____，比热容和热容____的材料。

❖ 问答题

1. 材料的孔隙率对材料性质有何影响？

2. 什么叫材料的吸水性？影响材料吸水性的主要因素有哪些？

3. 在土木工程材料的选择中，如何考虑材料的热工性质？

4. 土木工程材料的基本力学性质包括哪些？

5. 生产材料时，在组成一定的情况下，可采取什么措施来提高材料的强度和耐久性？

第3章　气硬性胶凝材料

【知识目标】

了解气硬性胶凝材料和水硬性胶凝材料的区别，水玻璃及菱苦土的主要成分、硬化、性质和应用；熟悉石灰的主要成分、生产工艺、熟化硬化过程、技术标准，石膏的种类、建筑石膏的技术标准、性质和应用；重点掌握石膏、石灰的性质和应用；培养在工程建设中合理地使用上述材料，以及对在材料使用中出现的问题进行分析和解决的能力。

【思维导图】

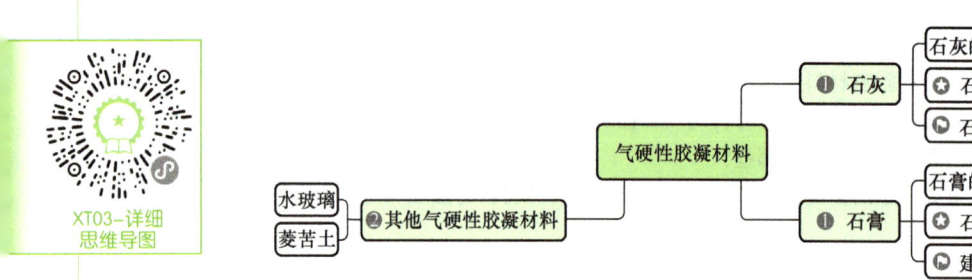

【工程案例导入】

从《石灰吟》看中国古代石灰工艺的发展与传承

明代政治家、文学家于谦，自幼勤奋好学，志向远大。一日，他漫步至一座石灰窑前，目睹了师傅们煅烧石灰的全过程。青黑色的山石在熊熊烈火中焚烧后，竟变成了洁白的石灰。这一幕深深触动了于谦，他略加思索，随即吟出了那首流传千古的《石灰吟》："千锤万凿出深山，烈火焚烧若等闲。粉身碎骨浑不怕，要留清白在人间。"这首诗中，于谦以石灰自喻，表达了不畏艰难、勇于牺牲、坚守清白的高尚品质。此时的于谦，年仅十二岁，但已经展现出了非凡的才华和坚定的信念。他写下这首诗，不仅是对石灰的赞美，更是对自己未来人生的期许和追求。

石灰，作为一种古老的建筑材料，在中国考古学史上也有着悠久的历史。据考古发现，中国最早使用石灰的建筑是安阳后冈遗址。1931 年，著名考古学家梁思永在安阳后冈遗址（年代跨度为前 4000 年—前 1100 年）中发现了一层白色石灰，被称为"白灰面"。这是考古学界对古人使用石灰的最早认知，标志着中国人在建筑领域对石灰的初步应用。

实际上，中国在公元前7世纪就已经开始广泛使用石灰。考古研究表明，我国人工烧制石灰的年代约始于仰韶文化时期。到了龙山文化时期，木骨泥墙建筑中石灰工艺已经相当成熟。从夏商周到明清时代，石灰在宫城高台建筑中的使用屡见不鲜，这些历史建筑不仅见证了石灰工艺的不断发展，也为我们今天了解和研究古代建筑提供了宝贵的实物资料。

于谦的《石灰吟》不仅是他个人志向的写照，也见证了中国石灰应用的悠久历史。这首诗与石灰的历史故事相结合，共同构成了一幅动人的文化画卷，让我们在品味诗歌的同时，也对中国古代建筑技术和文化有了更深的了解。在今天这个充满挑战和机遇的时代，我们更应该铭记于谦的清白之志，以坚定的信念和不懈的努力去追求自己的梦想和目标。

3.1 石灰

石灰是不同化学组成和物理形态的生石灰、消石灰的统称，其主要成分为氧化钙或氢氧化钙。石灰是人类使用最早的无机胶凝材料之一，其原料分布广，生产工艺简单，成本低廉，因此在土木工程中应用广泛。

3.1.1 石灰的生产

生产石灰的原料有石灰石、白云石、白垩、贝壳等。它们的主要成分是碳酸钙，经煅烧后，碳酸钙分解成为氧化钙，得到块状生石灰。反应如下：

$$CaCO_3 \xrightarrow{900 \sim 1100℃} CaO + CO_2 \uparrow$$

V05-石灰的生产

在实际生产中，为加快碳酸钙的分解，焙烧温度常提高到 1000~1100℃。由于石灰石原料的尺寸大或焙烧时窑中温度分布不均匀等原因，生石灰中常含有欠火石灰和过火石灰。欠火石灰中的碳酸钙未完全分解，使用时缺乏黏结力，降低石灰的利用率。而过火石灰颜色较深，密度较大，表面常被黏土杂质融化形成的玻璃釉状物包覆，熟化很慢。

过火石灰的结构密实，熟化很慢，当这种未充分熟化的石灰用于抹灰后，会吸收空气中的水分而继续熟化，体积膨胀，致使抹面隆起、开裂，甚至剥落，严重影响工程质量。为了消除此危害，应使灰浆在灰坑中贮存两周以上，以使石灰充分熟化，这一贮存过程称为石灰的陈伏。"陈伏"期间，石灰浆表面应保有一层水分，与空气隔绝，以免碳化。

1. 生石灰

生石灰是一种白色固体，主要成分是氧化钙（CaO），这是一种碱性氧化物，能与水反应生成氢氧化钙，并放出大量的热。氧化钙的相对分子质量为56.08，相对密度在3.25~3.38，熔点为2580℃，沸点为2850℃。生石灰具有较强的碱性，能与酸发生中和反应。

除了氧化钙外，石灰中还可能含有其他次要成分，这些成分主要来源于生产原料。例如，由于生产原料中常含有碳酸镁（$MgCO_3$），因此生石灰中还含有次要成分氧化镁（MgO）。根据氧化镁含量的多少，生石灰可以分为钙质石灰（MgO≤5%）和镁质石灰（MgO>5%）。

1）块状生石灰（图3-1）。块状生石灰是由石灰石煅烧而成的白色块状物，结构疏松，多孔，易于吸收空气中的水分和二氧化碳。

2）生石灰粉。生石灰粉以块状生石灰为原料，经研磨、筛分等工艺加工而成，是一种细腻、均匀的白色或灰白色粉末。经过筛分后的生石灰粉需要进行包装，以防止受潮和污染。包装材料通常选择防潮、耐蚀的塑料袋或纸袋，并注明产品名称、规格、生产日期等信息。贮存时，生石灰粉应放置在干燥、通风、避光的地方，避免与水直接接触。

图 3-1　块状生石灰

2. 熟石灰

生石灰在常温下稳定，但受热后会迅速分解，放出大量的热量。它与水反应会生成氢氧化钙，这一反应过程称为石灰的熟化或消解。工地上使用生石灰前要进行熟化。熟化是指生石灰与水作用生成氢氧化钙（熟石灰，又称消石灰）的过程，又称石灰的消解或消化。生石灰的熟化反应如下：

$$CaO + H_2O \longrightarrow Ca(OH)_2 + 64.9 \times 10^3 J$$

石灰的熟化为放热反应，熟化时体积增大 1~2.5 倍。煅烧良好、氧化钙含量高的石灰熟化较快，放热量和体积增大也较多。

在工程中，石灰的熟化方法有两种：制成石灰膏和制成消石灰粉。

1）石灰膏。用于拌制石灰砌筑砂浆或抹灰砂浆时，需将生石灰熟化成石灰膏。生石灰在化灰池中熟化成石灰浆后，通过筛网流入储灰坑，石灰浆在储灰坑中沉淀并除去上层水分后称为石灰膏。

2）消石灰粉。用于拌制石灰土（石灰、黏土）、三合土（石灰、黏土、砂石或炉渣等）时，将生石灰熟化成消石灰粉（图 3-2）。工地上调制

图 3-2　消石灰粉

消石灰粉时，每堆放 0.5m 高的生石灰块，按生石灰质量的 60%~80% 喷淋水，逐层堆放喷淋，使之充分消解成粉且不会因过湿结块。消石灰粉在使用前，也应有类似石灰浆的"陈伏"时间；若将生石灰磨成一定细度的细石灰粉使用，则无须"陈伏"。

3.1.2　石灰的水化硬化

石灰的水化硬化是一个复杂的过程，主要涉及石灰的熟化和硬化两个阶段。

1. 石灰的熟化（水化）

石灰的熟化是指生石灰（氧化钙）与水发生水化反应生成熟石灰（氢氧化钙）的过程。这个过程中会放出大量的热，并且体积会增大。具体的化学反应式为：

$$CaO + H_2O = Ca(OH)_2$$

在熟化过程中，生石灰的颗粒逐渐与水反应，形成细腻的氢氧化钙胶体，这些胶体颗粒在水中高度分散，形成稳定的悬浮液。

2. 石灰的硬化

石灰的硬化是指熟石灰浆体在空气中逐渐变得坚硬的过程。这个过程主要由两个同时进行的过程来完成：结晶过程和碳化过程。

1) 结晶过程。石灰浆体在干燥过程中，游离水分逐渐蒸发，导致氢氧化钙从饱和溶液中逐渐结晶析出。这些晶体在浆体中相互交织，形成一定的结构强度。

2) 碳化过程。碳化作用实际是二氧化碳与水形成碳酸，然后与氢氧化钙反应生成碳酸钙。所以这个作用不能在没有水分的全干状态下进行。氢氧化钙与空气中的二氧化碳反应，形成不溶于水的碳酸钙晶体。

$$Ca(OH)_2 + nH_2O = CaCO_3 + (n+1)H_2O$$

这个反应会释放出水分，并且生成的碳酸钙晶体附着在浆体表面，形成一层致密的薄膜，碳酸钙膜层会阻碍空气中的二氧化碳进一步渗入浆体内部，同时也阻碍内部水分向外蒸发。因此，石灰浆体的硬化过程相对缓慢。

这两个过程共同作用，使得石灰浆体逐渐变得坚硬，并具有一定的强度。此外，已硬化的石灰浆体遇水会发生溶解和溃散，因此其耐水性较差。

3.1.3 建筑石灰的技术要求

1. 建筑生石灰的技术要求

生石灰按加工情况分为建筑生石灰和建筑生石灰粉，按生石灰的化学成分分为钙质石灰和镁质石灰两类。按我国建材行业标准《建筑生石灰》（JC/T 479—2013）规定，生石灰根据化学成分的含量每类分成各个等级，见表3-1。

表3-1 建筑生石灰的分类

类别	名称	代号
钙质石灰	钙质石灰90	CL 90
	钙质石灰85	CL 85
	钙质石灰75	CL 75
镁质石灰	镁质石灰85	ML 85
	镁质石灰80	ML 80

建筑生石灰的化学成分应符合表3-2要求。

表3-2 建筑生石灰的化学成分 （单位:%）

名称	（氧化钙+氧化镁）($CaO+MgO$）	氧化镁（MgO）	二氧化碳（CO_2）	三氧化硫（SO_3）
CL 90-Q, CL 90-QP	≥90	≤5	≤4	≤2
CL 85-Q, CL 85-QP	≥85	≤5	≤7	≤2
CL 75-Q, CL 75-QP	≥75	≤5	≤12	≤2
ML 85-Q, ML 85-QP	≥85	>5	≤7	≤2
ML 80-Q, ML 80-QP	≥80	>5	≤7	≤2

建筑生石灰的物理性质应符合表3-3要求。

表 3-3 建筑生石灰的物理性质

名称	产浆量 dm³/10kg	细度 0.2mm 筛余量（%）	90μm 筛余量（%）
CL 90-Q	≥26	—	—
CL 90-QP	—	≤2	≤7
CL 85-Q	≥26	—	—
CL 85-QP	—	≤2	≤7
CL 75-Q	≥26	—	—
CL 75-QP	—	≤2	≤7
ML 85-Q	—	—	—
ML 85-QP	—	≤2	≤7
ML 80-Q	—	—	—
ML 80-QP	—	≤7	≤2

注：其他物理特性，根据用户要求，可按照 JC/T 478.1—2013 进行测试。

2. 建筑消石灰的技术要求

按我国建材行业标准《建筑消石灰》（JC/T 481—2013）规定，建筑消石灰应由石灰石经烧制、水化等工艺加工而成，不得含有大量杂质，标准适用于以建筑生石灰为原料，经水化和加工所制得的建筑消石灰粉。

建筑消石灰分类按扣除游离水和结合水后（CaO + MgO）的百分含量加以分类，见表 3-4。

表 3-4 建筑消石灰的分类

类别	名称	代号
钙质消石灰	钙质消石灰 90	HCL 90
钙质消石灰	钙质消石灰 85	HCL 85
钙质消石灰	钙质消石灰 75	HCL 75
镁质消石灰	镁质消石灰 85	HML 85
镁质消石灰	镁质消石灰 80	HML 80

建筑消石灰的化学成分应符合表 3-5 的要求。

表 3-5 建筑消石灰的化学成分 （单位:%）

名称	（氧化钙+氧化镁）(CaO + MgO)	氧化镁(MgO)	三氧化硫(SO_3)
HCL 90	≥90	≤5	≤2
HCL 85	≥85	≤5	≤2
HCL 75	≥75	≤5	≤2
HML 85	≥85	>5	≤2
HML 80	≥80	>5	≤2

注：表中数值以试样扣除游离水和化学结合水后的干基为基准。

建筑消石灰的物理性质应符合表 3-6 要求。

表 3-6　建筑消石灰的物理性质

名称	游离水（%）	细度		安定性
		0.2mm 筛余量（%）	90μm 筛余量（%）	
HCL 90，HCL 5，HCL 75，HML 85，HML 80	≤2	≤2	≤7	合格

3.1.4　石灰的特性

1. 保水性、可塑性好

生石灰熟化成石灰浆时，能形成极其细小的呈分散状态的 $Ca(OH)_2$，其表面吸附一层较厚的水膜，使颗粒间的摩擦力减小。由于颗粒数量多、比表面积大，可吸附大量的水，因此石灰浆具有良好的保水性和可塑性。将其配制水泥混合砂浆，可显著改善砂浆的保水性，并能提高其可塑性。

2. 凝结硬化慢，强度低

石灰浆的凝结硬化过程包括干燥结晶过程和碳化过程，即使在较干燥的环境中，其达到终凝也需要 1d 以上，基本硬化则需要数天。另外，由于实际工程中为了满足施工性能而加大水量，多余的水分在硬化后蒸发，留下大量的孔隙，使硬化石灰体密度小、强度低。

3. 干燥收缩大

在石灰浆体中，由于 $Ca(OH)_2$ 能吸附较厚的水膜，当石灰浆体干燥硬化时，大量的水分蒸发所产生的毛细管张力会引起石灰硬化体产生显著的体积收缩，由于其收缩的不均匀性，必然造成其硬化体开裂。因此，石灰浆不宜单独使用，施工时常掺入一定量的砂或纤维材料（麻刀、纸筋等），以控制其收缩开裂。

4. 耐水性差

石灰浆体硬化后，结构主要是 $Ca(OH)_2$ 晶体和少量的 $CaCO_3$ 晶体。因为 $Ca(OH)_2$ 易溶于水，在潮湿环境中其硬化结构容易被水溶解而破坏，甚至产生溃散，所以石灰制品的耐水性很差，其软化系数很低。

5. 生石灰的贮存

生石灰不宜存放太久，因为在存放过程中，生石灰会吸收空气中的水分熟化成消石灰粉，并进一步与空气中的二氧化碳作用生成碳酸钙，从而失去胶结能力。生石灰块及生石灰粉须在干燥条件下运输和贮存，使用完整且密封性良好的包装，如密封的金属桶或塑料桶，这可以防止生石灰与外界空气和水分接触，延长其储存期限。生石灰极易吸收空气中的水分，因此应贮存在干燥、通风良好的库房内。库内湿度最好不大于 85%，以防止生石灰受潮变质。由于生石灰与水反应会放出大量热量，贮存区域应远离火源和易燃物，以防引发火灾或爆炸。同时，应配备相应的消防器材和应急处理设备。在露天环境下，生石灰的有效期不宜超过三个月，应合理安排生石灰的采购和使用计划，避免长时间贮存。

3.1.5　石灰的主要用途

1. 调制石灰乳涂料

石灰乳是采用消石灰粉或石灰膏加入大量水搅拌稀释而成的。由于石灰乳是一种廉价涂料，施工方便，且颜色洁白，能为室内增白添亮，因此可用于要求不高的室内墙面和顶棚的粉刷，但目前已很少使用。

2. 配制砂浆

将消石灰粉或石灰膏、砂加水拌制而成石灰砂浆，可用作砖墙和混凝土基层的抹灰，但现在已很少使用；用消石灰粉或石灰膏与水泥、砂按一定比例与水配制成混合砂浆，则可用于砌筑，也常用于抹面。

3. 拌制灰土和三合土

消石灰粉与黏土拌和后称为灰土或石灰土，再加砂或石屑、炉渣等即成三合土。由于消石灰粉的可塑性好，在夯实或压实下，灰土和三合土的密实度会增加，并且黏土中含有的少量活性氧化硅和活性氧化铝与氢氧化钙反应能生成少量的水硬性产物，所以两者的密实程度、强度和耐水性能得到改善。因此，灰土和三合土广泛用于建筑物的基础和道路的基层。

4. 制作硅酸盐混凝土制品

以石灰与硅质材料（如石英砂、粉煤灰、矿渣等）为主要原料，经磨细、配料、拌和、成型、养护（蒸汽养护或蒸压养护）等工序得到的人造石材，其主要产物为水化硅酸钙，所以称为硅酸盐混凝土。常用的硅酸盐混凝土制品有蒸汽养护和蒸压养护的各种粉煤灰砖及砌块、灰砂砖及砌块、加气混凝土等。

5. 制作碳化石灰板

碳化石灰板是将磨细生石灰、纤维状填料（如玻璃纤维）或轻集料加水搅拌成型为坯体，然后通入二氧化碳进行人工碳化而成的一种轻质板材。为减轻自重、提高碳化效果，通常制成薄壁或空心制品。碳化石灰板的可加工性能好，适合做非承重的内隔墙板、天花板等。

6. 配制无熟料水泥

石灰与活性混合材料（如粉煤灰、高炉矿渣、煤矸石等）混合，并掺入适量石膏等，磨细后可制成无熟料水泥。

3.2 石膏

石膏胶凝材料是一种以硫酸钙为主要成分的气硬性胶凝材料。由于石膏胶凝材料及其制品具有许多良好的性能，而且原料来源丰富，生产工艺简单，生产能耗较低，因而是一种理想的高效节能材料，在建筑工程中得到了广泛应用。

3.2.1 石膏的种类

石膏是一种含水硫酸钙（$CaSO_4 \cdot 2H_2O$）的矿物，属于单斜晶系，具有玻璃、绢丝或珍珠光泽，透明到半透明，颜色为白色或无色，含杂质时显黄色或红色。石膏的硬度较低，为 1.5~2，密度为 2.31~2.33g/cm^3。石膏具有优良的隔声、隔热和防火性能，因此被广泛应用于建筑材料、工业材料、医用食品添加剂等领域。

1. 天然石膏

天然石膏是生产石膏胶凝材料的主要原料。纯净的天然二水石膏矿石呈无色透明或白色（图 3-3），但天然石膏常含有各种杂质而呈灰色、褐色、黄色、红色（图 3-4）、黑色等颜色。天然石膏产品按矿物组成分为三类：天然二水石膏，主要以无水硫酸钙（$CaSO_4$）存在的硬石膏，主要以二水硫酸钙（$CaSO_4 \cdot 2H_2O$）和无水硫酸钙存在的混合石膏。

图 3-3　天然二水石膏

图 3-4　天然红石膏

2. 建筑石膏

建筑石膏是天然石膏或工业副产品石膏在 107~170℃ 的干燥条件下加热脱水处理制得的，以 β 半水石膏（β-$CaSO_4 \cdot 1/2H_2O$）为主要成分，不预加任何外加剂的粉状胶凝材料。二水石膏在温度为 65~75℃ 时脱水，至 107~170℃ 时生成 β 半水石膏。

3. 高强石膏

高强石膏是将二水石膏置于具有 0.13MPa、124℃ 的过饱和蒸汽条件下蒸压，或置于某些盐溶液中沸煮，可获得晶粒较粗、较致密的 α 型半水石膏（α-$CaSO_4 \cdot 1/2H_2O$）。高强石膏晶粒粗大，调制成浆体时需水量较小，因而强度较高。

4. 工业副产石膏

工业副产石膏是指工业生产过程产生的富含二水硫酸钙的副产品。其中包括烟气脱硫石膏和磷石膏。烟气脱硫石膏是采用石灰或石灰石湿法脱除烟气中二氧化硫时产生的，以二水石膏为主要成分的副产品。磷石膏是采用磷矿石为原料，湿法制取磷酸所得的，以二水石膏为主要成分的副产品。

3.2.2　石膏的生产

天然石膏是建筑石膏生产的主要原料之一，其主要成分为二水硫酸钙（$CaSO_4 \cdot 2H_2O$）。优质的天然石膏矿石要求纯度高，杂质含量少。杂质主要包括黏土、石英、碳酸盐等，这些杂质会影响建筑石膏的性能。除了天然石膏，化学石膏也可用于建筑石膏的生产。化学石膏主要包括磷石膏、脱硫石膏等工业副产物。

石膏胶凝材料的制备就是将原材料捣碎、加热与磨细生成成品的过程。由于加热温度和方式不同，可生产不同性质的石膏胶凝材料。

1. 生产建筑石膏（β 型半水石膏）

将准备好的二水石膏原料进行加热，当温度处于 65~75℃ 时，二水石膏开始脱水。继续升温至 107~170℃ 时，脱去部分结晶水，从而得到 β 型半水石膏。该过程可采用间接煅烧（如回转窑，通过窑壁传递热量，温度易控制，产品质量相对稳定）或炒锅煅烧（设备简单、投资成本低，需不断搅拌确保热量均匀分布）等方式。其反应式如下：

$$CaSO_4 \cdot 2H_2O \xrightarrow{107~170℃} CaSO_4 \cdot \frac{1}{2}H_2O + 1\frac{1}{2}H_2O$$

刚煅烧出来的建筑石膏通常需要进行陈化。将其放置在通风良好、湿度适宜的环境中，放置时间根据实际情况一般为几天到几周。在陈化过程中，部分不稳定成分会发生转化，如少量半水硫酸钙与空气中水分反应重新生成二水硫酸钙，使建筑石膏性能更稳定。

2. 生产高强石膏（α型半水石膏）

将二水石膏置于蒸压釜中，在 0.13MPa 的水蒸气环境（温度为 124℃）下进行加热脱水。其反应式如下：

$$CaSO_4 \cdot 2H_2O \xrightarrow{124℃} CaSO_4 \cdot \frac{1}{2}H_2O + 1\frac{1}{2}H_2O$$

经过此过程生成α型半水石膏（α-$CaSO_4 \cdot 1/2H_2O$），即高强石膏。α型半水石膏晶粒较β型半水石膏粗大、比表面积小，使用时拌和用水量少，硬化后有较高的密实度和强度。

3.2.3 建筑石膏的水化硬化

V06—建筑石膏的水化硬化

建筑石膏的水化硬化是一个复杂的物理化学过程，其特性显著且对最终产品的性能有决定性影响。该过程始于建筑石膏与水混合，半水石膏（$CaSO_4 \cdot 1/2H_2O$）溶解于水中形成饱和溶液，随后发生水化反应，生成二水石膏（$CaSO_4 \cdot 2H_2O$）。由于二水石膏在常温下的溶解度远低于半水石膏，因此随着水化反应的进行，二水石膏胶体微粒将从溶液中析出。因二水石膏的析出，破坏了半水石膏溶解的平衡，半水石膏继续溶解和水化。如此不断地进行着半水石膏的溶解和二水石膏的析出，直到半水石膏全部耗尽为止。

随着水化反应的深入，浆体中的自由水分因水化和蒸发作用逐渐减少，导致浆体逐渐变稠并失去流动性及可塑性，这一过程标志着石膏的初凝。初凝后，浆体继续变稠，直至完全失去可塑性，此时称为终凝。从加水混合至初凝的时间段被称为初凝时间，而从加水混合至终凝的时间段则被称为终凝时间。

终凝后，浆体中的二水石膏胶体微粒逐渐转变为晶体颗粒，这些晶体颗粒不断长大、连生、交错，使得浆体逐渐变硬并产生强度，这一过程即为硬化。硬化过程会持续进行，直至浆体完全干燥，强度达到最大值，此时浆体已硬化成为人造石材。

3.2.4 建筑石膏的技术性质

按《建筑石膏》（GB/T 9776—2022）规定，建筑石膏的物理力学性能应符合表 3-7 的要求。

表 3-7 物理力学性能

等级	凝结时间/min		强度/MPa			
			2h 湿强度		干强度	
	初凝	终凝	抗折	抗压	抗折	抗压
4.0	≥3	≤30	≥4.0	≥8.0	≥7.0	≥15.0
3.0	≥3	≤30	≥3.0	≥6.0	≥5.0	≥12.0
2.0	≥3	≤30	≥2.0	≥4.0	≥4.0	≥8.0

石膏的放射性核素限量内照射指数（I_{Ra}）应不大于 1.0，外照射指数（I_r）应不大于 1.0。

石膏的水溶性氧化镁（MgO）、水溶性氧化钠（Na_2O）、水溶性氯离子（Cl^-）、水溶性五氧化二磷（P_2O_5）、水溶性氟离子（F^-）的含量应符合表3-8的要求。由磷石膏和脱硫石膏混合原料制成的建筑石膏应满足所有指标。

表3-8 限制成分含量

类别	水溶性氧化镁（%）	水溶性氧化钠（%）	水溶性氯离子（%）	水溶性五氧化二磷（%）	水溶性氟离子（%）
N	0.10	≤0.05	—	—	—
S	0.10	≤0.05	≤0.05	—	—
P	0.10	≤0.05	—	≤0.20	≤0.10

石膏的pH值应不小于5.0。

3.2.5 建筑石膏的特性

1. 凝结硬化快

建筑石膏加水拌和后，浆体的初凝和终凝时间都很短，一般初凝时间仅有几分钟，终凝时间在30min以内，大约7d完全硬化。由于初凝时间较短，造成施工成型困难，为延长凝结时间，可加入缓凝剂。常用的缓凝剂有硼砂、酒石酸钾钠、柠檬酸、聚乙烯醇、经过石灰处理的动物胶等。

2. 凝结硬化时体积微膨胀

石膏在凝结硬化时，不像石灰、水泥等其他胶凝材料那样会收缩，反而略有膨胀，膨胀率为0.5%~1%。这一性质使石膏制品的表面光滑细腻，形体饱满，尺寸精确，装饰性好，可制作出纹理细致的浮雕花饰，是一种较好的室内装饰材料。

3. 防火性好，但耐火性差

石膏制品遇火时，二水石膏将脱出结晶水，吸热蒸发，并在制品表面形成水蒸气幕，能有效地阻止火势蔓延，具有较好的防火性能。但二水石膏脱水后强度下降因而不耐火。

4. 孔隙率大，表观密度小，强度低

建筑石膏加水拌和时，为满足施工要求的可塑性，加入的水量远大于水化反应的理论需水量。石膏浆体硬化后，多余的自由水将蒸发，内部将留下大量孔隙，孔隙率可达50%~60%，因而表观密度较小、强度低。

5. 具有一定的调湿性

由于石膏制品毛细孔较多，对空气中的水蒸气有较强的吸附能力。当空气中湿度过大时，石膏制品能通过毛细管很快地吸收水分；当空气过于干燥时则能很快地释放水分，从而对空气湿度有一定的调节能力。

6. 保温性、吸声性好

建筑石膏制品的孔隙率大，且均为微细的毛细孔，所以导热系数小，一般为0.12~0.20W/(m·K)。大量的毛细孔隙对吸声有一定的促进作用，特别是穿孔石膏板（板中有孔径为6~12mm的贯穿孔）对声波的吸收能力很强。

7. 耐水性、抗冻性差

建筑石膏硬化体的吸湿性强，吸收的水分会削弱晶体粒子间的黏结力，使强度显著降低，其软化系数仅为0.3~0.45，若长期浸水，还会因二水石膏晶体溶解而引起破坏。吸水饱和的石膏制品受冻后，会因孔隙中的水结冰而开裂破坏。所以，建筑石膏的耐水性和抗冻性都较差。

8. 建筑石膏的贮存

建筑石膏一般采用袋装，包装材料应选用具有防潮及不易破损的纸袋或其他复合袋。包装袋上应清楚标明产品标记、制造厂名、生产批号和出厂日期、质量等级、商标、防潮标志等信息。过高的湿度可能导致石膏吸收水分，进而引发其内部结构的软化，甚至导致霉变和腐蚀。因此，贮存地点应远离水源和潮湿区域，并保持地面干燥。不同等级石膏应分别运输和贮存，不得混杂。石膏制品的贮存期一般不宜超过三个月，否则将使其质量下降。若贮存期超过三个月应重新进行质量检验，以确定其等级。

3.2.6 建筑石膏的主要用途

1. 调制粉刷石膏

将建筑石膏加水和适量外加剂，调制成石膏粉刷涂料，用于涂刷装修内墙面。建筑石膏具有表面光滑细腻、洁白美观，且透湿透气、凝结硬化快、施工方便、黏结强度高等特点，是一种良好的内墙涂料。

2. 配制石膏砂浆

将建筑石膏与水和砂子按一定比例拌和，制成石膏砂浆，可用于室内墙面抹灰或油漆打底层。由于建筑石膏的特性，石膏砂浆具有良好的保温隔热性能，能够调节室内空气温度和湿度，且具有良好的隔声与防火性能。由于不耐水，建筑石膏不宜在外墙使用。

3. 制作石膏板

建筑石膏的特性，决定了石膏板也具有轻质、防火、保温、吸声、尺寸稳定等特性，在建筑中得到广泛应用。常用的石膏板有以下几种。

（1）纸面石膏板

以建筑石膏为主要原料，掺入适量的纤维材料、缓凝剂等作为芯材，以纸板作为增强保护材料，经搅拌、成型（辊压）、切割、烘干等工序制得。纸面石膏板的长度为1800～3600mm，宽度为900～1200mm，厚度为9mm、12mm、15mm、18mm；其纵向抗折荷载可达400～850N。纸面石膏板主要用于隔墙、内墙等，其自重仅为砖墙的1/5，可用作室内吊顶和隔墙，使用时须固定在龙骨上。耐水纸面石膏板主要用于厨房、卫生间等潮湿环境；耐火纸面石膏板主要用于耐火要求高的室内隔墙、吊顶等。纸面石膏板如图3-5a所示。

（2）纤维石膏板

纤维石膏板是以纤维材料（多使用玻璃纤维）为增强材料，与建筑石膏、缓凝剂、水等经特殊工艺制成的石膏板。纤维石膏板的强度高于纸面石膏板，规格与纸面石膏板基本相同。纤维石膏板除用于隔墙、内墙外，还可用来代替木材制作家具。纤维石膏板如图3-5b所示。

（3）装饰石膏板

装饰石膏板以建筑石膏为主要原料，掺入适量的纤维增强材料和外加剂，与水搅拌成均匀的料浆，经浇注成型后制成，主要用作室内吊顶，也可用作内墙饰面板。装饰石膏板造型美观，装饰性强，具有良好的吸声、防火等功能。装饰石膏板如图3-5c所示。

（4）空心石膏板

空心石膏板以建筑石膏为主，加入适量的轻质多孔材料、纤维材料和水，经搅拌、浇注、振捣成型、抽芯、脱模、干燥而成，主要用作隔墙，使用时不需龙骨。其规格尺寸一般为长 2700～3300mm，宽 450～600mm，厚 60～100mm。空心石膏板如图 3-5d 所示。

a）纸面石膏板　　b）纤维石膏板
c）装饰石膏板　　d）空心石膏板

图 3-5　各类石膏板

4. 制作石膏砌块

石膏砌块是以石膏为主要原料制作的实心、空心或夹心砌块。空心砌块有单排孔和双排孔之分；夹心砌块主要以聚苯乙烯泡沫塑料等轻质材料为芯材，以减轻其质量，提高绝热性能。石膏砌块既具有石膏制品的各种优点，还具有砌筑方便、墙面平整、保温性好等优点。

5. 制作石膏装饰制品

石膏装饰制品包括浮雕石膏墙角线、灯盘、罗马柱、梁托和雕塑等。它是以建筑石膏为主要原材料，掺入适量外加剂和增强纤维，并加水拌和成石膏浆体，将浆体注入模具中干燥硬化而制成的石膏制品。石膏装饰制品形状与花色丰富、仿真效果好、成本低且制作安装方便，可满足建筑物对室内装饰部件的各种外观要求。经过适当的防水处理后，石膏制品还可制成满足室外装饰要求的各种艺术装饰品。

3.3　其他气硬性胶凝材料

除了常见的石灰、石膏之外，还有其他一些气硬性胶凝材料，如水玻璃、菱苦土及某些特定的磷酸盐、硅酸盐等化合物。这些材料的具体特性和应用可能因其化学成分和制备工艺的不同而有所差异，可广泛应用于建筑、交通、航空、环保等领域。

3.3.1 水玻璃

水玻璃俗称泡花碱，是由碱金属氧化物和二氧化硅结合而成的能溶解于水的一种硅酸盐材料（图3-6）。其化学通式为 $R_2O \cdot nSiO_2$，式中 R_2O 为碱金属氧化物，n 为 SiO_2 和 R_2O 的摩尔比，称为水玻璃的模数。根据碱金属氧化物的不同，水玻璃有许多品种，如硅酸钠水玻璃（$Na_2O \cdot nSiO_2$）、硅酸钾水玻璃（$K_2O \cdot nSiO_2$）等。但最常用的是硅酸钠水玻璃，下面就以其为例介绍水玻璃的生产概况、硬化机理、性质和应用。

图3-6 水玻璃

1. 水玻璃的生产

水玻璃的生产方法分干法和湿法两种。干法生产是先将石英砂和碳酸钠磨细，按一定比例混合后，在熔炉中加热到1300~1400℃，生成熔融状硅酸钠，冷却后即得到固态水玻璃。干法生产的反应式为：

$$Na_2CO_3 + nSiO_2 \xrightarrow{1300 \sim 1400℃} Na_2O \cdot nSiO_2 + CO_2 \uparrow$$

湿法生产是将氢氧化钠水溶液和石英粉在蒸压釜内（0.2~0.3MPa）用蒸汽加热溶解，使其直接生成液体水玻璃。

硅酸钠水玻璃的模数一般在1.5~3.5。固体水玻璃的模数越大，则越难溶于水；n 为1时能溶解于常温的水中；n 增大，则须在热水中溶解；当 $n>3$ 时，要在4个大气压以上的蒸汽中才能溶解。因为水玻璃的模数是其中氧化硅与氧化钠的摩尔比，该值越大，则胶体组分氧化硅含量越高，胶体组分越多，黏结能力越强，耐热性与耐酸性也越高。液体水玻璃因所含杂质不同，常呈青灰色或淡黄色，以无色透明的为最好。液体水玻璃可以与水按任意比例混合成不同浓度（或相对密度）的溶液，同一模数的水玻璃，浓度越高，则相对密度越大，黏结力越强。当水玻璃的浓度太大或太小时，可用加热浓缩或加水稀释的办法来调整。

2. 水玻璃的硬化

液体水玻璃在空气中吸收二氧化碳，形成无定形硅酸凝胶，并逐渐干燥而硬化：

$$Na_2O \cdot nSiO_2 + CO_2 + mH_2O = Na_2CO_3 + nSiO_2 \cdot mH_2O$$

这一过程进行很慢，为加速硬化，可采取两种措施：一是加热，二是掺入促凝剂氟硅酸钠（Na_2SiF_6）。加入的氟硅酸钠与水玻璃发生如下反应，促使硅酸凝胶加速析出：

$$2(Na_2O \cdot nSiO_2) + Na_2SiF_6 + mH_2O = 6NaF + (2n+1)SiO_2 \cdot mH_2O$$

氟硅酸钠的适宜掺量为水玻璃质量的12%~15%，若掺量太少，硬化慢，强度低，且未经反应的水玻璃易溶于水，耐水性变差；若掺量太多，会引起凝结过速，施工困难，渗透性大，强度也低。同时，氟硅酸钠还有一定毒性。

3. 水玻璃的性质

1）黏结力强，强度较高。水玻璃在硬化后，其主要成分为二氧化硅凝胶和氧化硅，因而具有较高的黏结力和强度。用水玻璃配制的混凝土的抗压强度可达15~40MPa。

2）耐酸性好。由于水玻璃硬化后的主要成分为二氧化硅，它可以抵抗除氢氟酸、过热

第3章 气硬性胶凝材料

磷酸以外的几乎所有的无机酸和有机酸,多用于配制水玻璃耐酸混凝土、耐酸砂浆、耐酸胶泥等。

3) 耐热性好。硬化后形成的二氧化硅网状骨架,在高温下强度下降不大,多用于配制水玻璃耐热混凝土、耐热砂浆、耐热胶泥等。

4) 耐碱性、耐水性差。水玻璃在加入氟硅酸钠后仍不能完全反应,硬化后的水玻璃中仍含有一定量的 $Na_2O \cdot nSiO_2$。由于 SiO_2 和 $Na_2O \cdot nSiO_2$ 均可溶于碱,且 $Na_2O \cdot nSiO_2$ 可溶于水,所以水玻璃硬化后不耐碱、不耐水。为提高耐水性,常采用中等浓度的酸对已硬化的水玻璃进行酸洗处理,以促使水玻璃完全转变为硅酸凝胶。

4. 水玻璃的用途

根据水玻璃的上述性能,它在土木工程中主要有以下用途:

1) 涂刷或浸渍材料。将液体水玻璃直接涂刷在建筑物或构件的表面上,可提高其抗风化能力和耐久性。用浸渍法处理多孔材料时,可使材料的密实度、强度、抗渗性、耐水性均得到提高。如用液体水玻璃涂刷或浸渍黏土砖、硅酸盐制品、水泥混凝土等可提高材料的相关性能,但不能用以涂刷或浸渍石膏制品。因为硅酸钠与硫酸钙会起化学反应生成硫酸钠,在制品孔隙中结晶,体积膨胀而导致制品破坏。

2) 配制快凝堵漏防水剂。以水玻璃为基料,加入 2~4 种矾可配制成防水剂。这种防水剂能急速凝结硬化,一般不超过 1min,适用于与水泥浆调和,堵塞漏洞、缝隙等局部抢修。

3) 加固地基。将模数为 2.5~3.0 的液体水玻璃和氯化钙溶液通过注浆管注入土壤,两种溶液迅速发生化学反应,生成硅酸凝胶和硅酸钙凝胶,可使土壤固结,并能填充土壤空隙,阻止水分的渗透,从而提高土壤的强度和承载能力。常用于粉土、砂土和填土的地基加固,称为双液注浆。

4) 配制耐热砂浆和耐热混凝土。由于硬化后的水玻璃耐热性能好,能长期承受一定高温作用而强度不降低,因而可用它与耐热集料配制成耐热砂浆和耐热混凝土,用于耐热工程中。

5) 配制耐酸砂浆和耐酸混凝土。水玻璃硬化后具有很高的耐酸性,常与耐酸集料一起配制成耐酸砂浆和耐酸混凝土,用于耐酸工程中。

3.3.2 菱苦土

菱苦土又名苛性苦土、苦土粉,其主要成分是氧化镁,是一种细粉状的气硬性胶凝材料。菱苦土的颜色有纯白、灰白或近淡黄色,新鲜材料有闪烁的玻璃光泽。

1. 菱苦土的生产

菱苦土通常是由含 $MgCO_3$ 为主的菱镁矿为原料,经煅烧、磨细而成。其煅烧时的反应式如下:

$$MgCO_3 \xrightarrow{600 \sim 800℃} MgO + CO_2 \uparrow$$

煅烧温度对菱苦土的质量有重要影响。煅烧温度过低时,$MgCO_3$ 分解不完全,易产生"生烧"而降低胶凝性;温度过高时,又会因为"过烧"使其颗粒变得坚硬,胶凝性也很差。理论煅烧温度一般为 600~800℃,但实际生产时,煅烧温度为 800~850℃,煅烧适当的菱苦土，密度为 3.1~3.4g/cm³，堆积密度为 800~900kg/m³。另外，菱苦土的细度和 MgO 的含量对其质量也有重要影响：磨得越细，使用时强度越高；细度相同时，MgO 含量越高，质量越好。

2. 菱苦土的硬化

菱苦土与水拌和后迅速水化并放出大量的热，但其凝结硬化很慢，硬化后的产物疏松，胶凝性差，强度很低。因此，通常不能直接用水来拌和菱苦土，而是用 $MgCl_2$、$MgSO_4$、$FeCl_3$ 或 $FeSO_4$ 等盐类的水溶液来拌和。其中以用 $MgCl_2$ 溶液为最好，它不仅可大大加快菱苦土的硬化，而且硬化后的强度很高，可达到 40~60MPa。硬化后的主要产物为氯氧化镁水化物（$xMgO \cdot yMgCl_2 \cdot zH_2O$）和氢氧化镁等，硬化产物呈针状结晶，彼此交错搭接，并相互连生、长大，形成致密的结构，使浆体凝结硬化。菱苦土硬化的反应式为：

$$xMgO + yMgCl_2 \cdot zH_2O \longrightarrow xMgO \cdot yMgCl_2 \cdot zH_2O$$

$$MgO + H_2O \longrightarrow Mg(OH)_2$$

3. 菱苦土的应用

菱苦土制品（图 3-7）吸湿性大，耐水性差，遇水或吸湿后容易变形。为了提高其耐水性，可加入一定量的硫酸亚铁（$FeSO_4 \cdot H_2O$）或磷酸、磷酸盐，或加入磨细的黏土砖粉、粉煤灰、沸石凝灰岩等活性混合材料。

图 3-7 菱苦土制品

菱苦土碱性较弱，对有机物的腐蚀性很小。其制品在硬化过程中体积稍有膨胀而不产生收缩裂缝；配以竹筋、苇筋制成混凝土，有较好的抗裂性能；也可以胶结木屑、木丝刨花等制成板材，如木屑地板、木丝板、刨花板等，代替木材制作家具、地板、墙体材料；加入泡沫剂或轻质集料，可制保温材料。

建筑上常用的菱苦土木屑地面就是将菱苦土与木屑按适当的比例配合，用氯化镁溶液调拌铺设而成。为调节或改善其性能可从不同途径采取相应措施，如为提高地面强度和耐磨性，可掺加适量滑石粉、石英砂、碎石屑做成硬性地面；为提高耐水性，可掺入外加剂或活性混合材料；为使其具有不同色彩，可掺入一定的耐碱性矿物颜料。地面硬化干燥后，常用干性油涂刷，并用地板蜡打光。这种地面保温、防火、防爆、有弹性、表面光洁不起尘，宜用于纺织车间、教室、办公室、住宅、影剧院等地面。

菱苦土木屑板、木丝板、刨花板可用作绝热和吸声材料，经饰面处理后，可用作吊顶板材、隔断板材，还可代替木材用作机械设备的包装材料等。

菱苦土运输和贮存时须防潮、防水，且不可久存，贮存期不宜超过 3 个月，以防其吸收空气中的水分成为$Mg(OH)_2$，再碳化为$MgCO_3$而丧失其胶凝能力。

【创新思维培养】

从梅雨季到低碳生活：LiCl复合石膏建材的除湿之路

在我国南方，梅雨季的潮湿气候常导致室内过度潮湿，不仅让居住者感到湿热难耐，还可能引发粮食等物资的霉变问题。传统上，人们依赖空调等除湿设备来缓解潮湿状况，但这往往带来巨大的能源消耗。为了寻求更加环保、节能的除湿方案，科研人员将目光转向了多孔装饰建材，如石膏、硅藻土等。这些建材能在水蒸气压差的驱动下吸附和脱附空气中的水分，从而调节室内湿度。

然而，多孔石膏建材在调节室内空气湿度时仍存在诸多问题，如吸附量小、水蒸气传递阻力大、调湿响应慢及长期调湿性能衰退等。为了解决这些问题，科研人员制备了一种具有物理吸附与化学吸收协同效应的LiCl复合石膏建材。这种建材以广泛应用的装饰性石膏为基材，通过添加1%~6%的LiCl，实现了对石膏建材性能的显著提升。为了验证LiCl复合石膏建材的实际效果，科研人员搭建了试验舱，以空气湿度为研究对象，在湿度波动和持续高湿环境下探究复合调湿建材的吸放湿响应性能和室内控湿效果，并分析其对室内湿负荷的影响及除湿节能量（图3-8）。

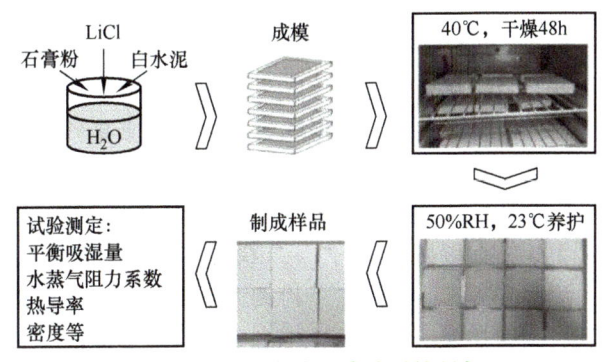

图3-8　LiCl复合石膏建材的制备

试验发现，添加质量分数为1%~6%的LiCl后，石膏建材的面密度变化幅度在-0.1%~8.0%，热导率降低11.2%~70.7%，平衡吸湿量提高8~40倍、水蒸气传递阻力降低25.0%~44.9%。通过搭建试验舱，分别在室外相对湿度周期波动（40%~85%）与持续高湿（85%±5%）环境下，探究复合石膏建材对室内空气的调湿效果。

结果表明：在室外湿度周期波动时，LiCl复合石膏建材可将室内相对湿度控制在40%~60%；在室外持续高湿时，铺设质量分数为6%的LiCl的复合石膏建材可将室内相对湿度长期（120h）稳定在45%~65%。引入空调除湿能效比量化测试室的除湿能耗，结果显示，添加质量分数为1%~6%的LiCl后，石膏建材可使室内的短时除湿能耗降低42%及以上。LiCl复合石膏建材的研究可为降低空调除湿能耗、推动低碳建筑发展提供积极的借鉴。

【工程素质培养】

某工地急需配制石灰砂浆。当时有消石灰粉、生石灰粉及生石灰材料可供选用。因生石灰价格相对较便宜，便选用，并马上加水配制石灰膏，再配制石灰砂浆。使用数日后，石灰砂浆出现众多凸出的膨胀性裂缝（图3-9）。

【事故原因分析】

该石灰的陈伏时间不够。数日后部分过火石灰在已硬化的石灰砂浆中熟化，体积膨胀，以致产生膨胀性裂纹。因工期紧，若无现成合格的石灰膏，可选用消石灰粉。消石灰粉在磨细过程中，把过火石灰磨成细粉，易于克服过火石灰在熟化时造成的体积安定性不良的危害。

【经验与教训】

此次石灰砂浆配制事故，不仅揭示了建筑材料选择与处理的重要性，更映射出对工程质量与安全的严谨态度。在追求经济效益的同时，我们不能忽视材料的基本性能与适用条件。消石灰粉虽价格稍高，但其稳定的品质与即用的便利性，为工程提供了可靠的保障。此事故提醒我们，在工程实践中，应坚守质量第一的原则，不因短期利益而牺牲长期效益。同时，也强调了专业知识与实践经验在解决工程问题中的关键作用。

图3-9　膨胀性裂缝

【材料与生态】

生物质能在石灰行业低碳生产中的应用前景

石灰作为一种重要的工业基础原料，广泛应用于各个行业，已成为工业进步、社会发展必不可缺的产品之一。石灰行业虽小，但在国民经济中占有重要的地位。减少石灰生产的碳排放，对石灰行业实现低碳转型发展具有十分重要的意义。

石灰行业碳排放兼具能源碳排放和工业过程碳排放的特殊性。根据《中国钢铁生产企业温室气体排放核算方法与报告指南（试行）》，石灰生产过程碳排放由工业生产过程碳排放、燃料燃烧碳排放、电力消耗碳排放三部分构成。石灰生产消耗电力，当前我国电力生产约70%依靠化石能源，特别是煤炭，间接形成碳排放。

化石能源消耗是碳排放总量的最大来源。以碳排放强度计，煤、石油和天然气分别每吨二氧化碳消耗2.66t、2.02t和1.47t标准煤。根据联合国气候变化专门委员会发布的各种能源平均碳排放强度，如果将生物质能用于发电，其碳排放强度仅为$18gCO_2/(kW \cdot h)$，仅为煤的1.8%，可见使用生物质能可以大大降低碳排放。

生物质是地球上存在最广泛的物质，包括所有动物、植物、微生物及由这些生命体排泄和代谢的所有有机物质（图3-10）。以生物质为载体，由生物质产生的能量便是生物质能。生物质能是太阳能以化学能形式储存在生物中的一种能量形式，一种以生物质为载体的能量，它直接或间接地来源于植物的光合作用。在各种可再生能源中，生物质是独特的，它是储存的太阳能，更是一种唯一可再生

图3-10　生物质能的来源

的碳源，可转化成常规的固态、液态和气态燃料。这些物质蕴藏的能量相当惊人，相当于目前世界总耗能的十几倍，而目前作为能源使用生物质的仅有1%左右，潜力巨大。

生物质能和风力、太阳能等可再生能源一样，都是近零碳排放的能源，所以未列入二氧化碳排放核算；生物质能还具有风力和太阳能所没有的均衡优势，即在自然界，年度再生的农、林剩余物资源量比较稳定，而且可以运输、储存，更方便常年均衡使用。

在石灰煅烧中使用生物质能也是石灰行业实现低碳化的一条现实可行的路径。生物质可以制作成生物质颗粒单独使用，也可以和其他燃料混烧使用。由于生物质能在全生命周期零碳甚至是负碳排放，所以只要掺混比达到一定的比例，就能产生十分显著的碳减排效应。从数量上看，据估算我国的生物质能源总量大约是10亿t标准煤；从性能上看，生物质能源具有稳定供应、易存储、易运输、易转化、高品位等特点，是可再生能源中利用成本最低的。因此，生物质能有望成为碳中和利器，潜力巨大。

石灰生产过程中碳排放量高，对环境造成污染。将生物质能应用在石灰行业，其碳排放接近为零，可实现碳达峰碳中和目标，对石灰行业实现低碳发展具有十分重要的意义。

【工程能力训练】

❖ **单项选择题**

1. 【一级建造师考试真题】石膏板的主要优点不包括（　　）。
   A. 防火性能好　　　B. 隔声效果好　　　C. 防水性能好　　　D. 施工方便
2. 以下材料（　　）在建筑行业主要用于墙体粉刷，并且具有良好的防火、隔声、保温性能。
   A. 石灰　　　　　　B. 石膏　　　　　　C. 水泥　　　　　　D. 砂子
3. 菱苦土的主要成分是（　　）。
   A. 氧化钙　　　　　B. 氧化镁　　　　　C. 氧化铝　　　　　D. 氧化硅

❖ **填空题**

1. 石灰的特性有：可塑性_____、硬化_____、硬化时体积_____和耐水性_____等。
2. 建筑石膏具有以下特性：凝结硬化_____、孔隙率_____、表观密度_____、强度_____、凝结硬化时体积_____、防火性能_____等。

❖ **问答题**

1. 胶凝材料有哪些种类？
2. 石灰是一种常用的无机胶凝材料，其主要成分是什么？其水化过程有何特点？
3. 石灰在贮存过程中应注意哪些事项？如何防止其受潮变质？
4. 石灰有哪些特性、技术要求及用途？
5. 建筑石膏有哪些特性、技术要求及用途？
6. 水玻璃有哪些特性和用途？
7. 某住户用普通石膏浮雕板作装饰。使用一段时间后，客厅和卧室效果不错，但厨房、厕所、浴室的石膏制品出现发霉变形，请分析原因，并考虑有哪些技术可解决此类问题？

第4章 水泥

【知识目标】

了解其他专用和特性水泥的性质和应用；熟悉通用硅酸盐水泥的概念、原材料及生产过程；掌握硅酸盐水泥熟料的矿物组成，通用硅酸盐水泥的技术性质、标准与检测；能够根据不同工程背景合理选用不同品种的水泥，理解"双碳"背景下水泥的低碳发展。

【思维导图】

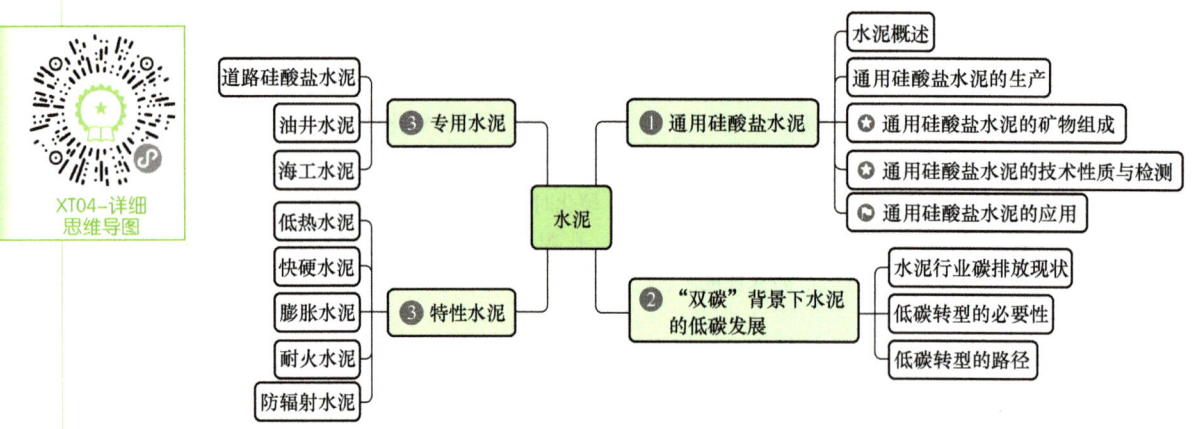

XT04-详细思维导图

【工程案例导入】

水泥的历史之旅：从古代中国的智慧到现代的绿色转型

在人类文明的漫长旅途中，建筑胶凝材料的发展无疑是一条不可或缺的线索，它不仅见证了人类技术的进步，更反映了文明的演进。

中国古代的建筑胶凝材料史辉煌而悠久，早在公元前新石器时代的仰韶文化时期，我们的祖先就懂得用"白灰面"涂抹山洞，为居住的环境增添了一份洁净与舒适。此后他们又学会用黄泥浆砌筑土坯墙，通过黄泥浆对土坯墙的黏结作用，有效增强了房屋的稳固性，促使人们开始关注具有黏结性能的材料，开启了对建筑胶凝材料的初步探索。

进入公元前7世纪，石灰作为一种性能更佳的建筑胶凝材料开始在中国广泛应用。石灰的烧制和应用技术日益成熟，为后来建筑材料的革新奠定了坚实的基础。公元5世纪的南北朝时期，一种名为"三合土"的建筑材料横空出世，它由石灰、黏土和沙子混合而成，其强度和耐久性在当时堪称一绝，成为许多重要建筑的首选材料。

就在中国建筑胶凝材料不断进步的同时，远隔重洋的欧美国家也在罗马砂浆的基础上进行了探索。1824年，英国的泥水匠约瑟夫·阿斯普丁（Joseph Aspdin），打小起便学会了父亲的手艺，成为镇上不可或缺的造房人才。一次偶然的机会，他发现将石灰石捣成粉末，掺杂一定量的黏土，掺水均匀搅拌成泥浆，加热干燥后能得到一种极其坚固的建筑材料，这就是水泥。1824年10月21日，阿斯普丁申请了"波特兰水泥"的专利证书，他在专利证书上叙述的制造方法是："把石灰石捣成细粉，配合一定量的黏土，掺水后以人工或机械搅和均匀成泥浆。置泥浆于盘上，加热干燥。将干料打击成块，然后装入石灰窑煅烧，烧至石灰石内碳酸气完全逸出。烧块冷却后打碎磨细，制成水泥。使用水泥时加入少量水分，拌和成适当稠度的砂浆，可应用于各种不同的工作场合。"该水泥水化硬化后的颜色类似英国波特兰地区建筑用石料的颜色，所以被称为"波特兰水泥"。这一发明不仅极大地推动了欧美建筑业的发展，也为后来全球水泥工业的兴起埋下了伏笔。

自清末时期，中国民族水泥工业开始兴起。民国时期，涌现出了一些水泥行业的佼佼者，如被称为"水泥大王"的王涛。中华人民共和国成立后，大兴土木，水泥工业迎来了快速发展的时期。随着市场经济的深入发展，中国水泥工业也经历了深刻的变革。进入21世纪，中国水泥工业在高质量发展的道路上取得了显著成就，在产品质量方面，生产出了多种高性能、高耐久性的水泥产品，满足了各类高端建筑工程的需求；在生产效率上，通过引入先进的生产技术和设备，大幅提高了单位时间内的水泥产量，实现了质的飞跃。面对日益严峻的环境挑战，中国水泥工业通过不断推进节能降碳技术的应用，加快绿色低碳转型的步伐，致力于实现可持续发展。

总的来说，中国水泥工业的发展史是一部充满挑战与机遇的历史。从古代到现代，从起步到发展，再到转型升级，中国水泥工业始终在不断地探索和创新中前行。未来，我们有理由相信，中国水泥工业将继续在绿色、低碳、高质量的发展道路上迈出更加坚实的步伐。

4.1　通用硅酸盐水泥

根据《通用硅酸盐水泥》（GB 175—2023）规定，通用硅酸盐水泥是指以硅酸盐水泥熟料、适量的石膏及规定的混合材料制成的水硬性胶凝材料。通用硅酸盐水泥按混合材料的品种和掺量分为硅酸盐水泥、普通硅酸盐水泥、矿渣硅酸盐水泥、粉煤灰硅酸盐水泥、火山灰质硅酸盐水泥和复合硅酸盐水泥。

4.1.1　水泥概述

水泥呈粉末状，与水混合后，经过物理化学反应过程能由可塑性浆体变成坚硬的石状体，并能将散粒状材料胶结成为整体，所以水泥是一种良好的矿物胶凝材料。就硬化条件而言，水泥浆体不但能在空气中硬化，还能更好地在水中硬化，保持并继续增长其强度，故水泥属于水硬性胶凝材料。

水泥品种众多，常按不同方式对其进行分类。按组成成分为硅酸盐水泥、铝酸盐水泥和硫铝酸盐水泥。虽然水泥品种繁多，分类方法各异，但我国水泥产量的90%仍属于以硅酸盐为主要水硬性物质的硅酸盐类水泥，其中又以硅酸盐水泥的组成最为简单，它也是最为基本的水泥。因此，在讨论水泥的性质和应用时，常以硅酸盐水泥为基础。

按性能和用途分为通用水泥、专用水泥和特性水泥。用于一般土木工程的水泥称为通用水泥，如硅酸盐水泥、普通硅酸盐水泥、矿渣硅酸盐水泥、火山灰质硅酸盐水泥等；适用专门用途的水泥称为专用水泥，如道路水泥、砌筑水泥、油井水泥等；具有某种突出性能的水泥称为特种水泥，如抗硫酸盐水泥、膨胀型水泥、快硬硅酸盐水泥等。

按强度等级分类。硅酸盐水泥分为42.5、42.5R、52.5、52.5R、62.5、62.5R等强度等级。普通硅酸盐水泥分为42.5、42.5R、52.5、52.5R等强度等级。

V07-通用硅酸盐水泥的生产

4.1.2 通用硅酸盐水泥的生产

生产硅酸盐水泥的原料主要有石灰质原料和黏土质原料，常用的石灰质原料主要是石灰石，也可用白垩、石灰质凝灰岩等，它们为生产水泥主要提供氧化钙（CaO）。黏土质原料主要采用黏土或黄土，它主要提供氧化硅（SiO_2）、氧化铝（Al_2O_3）、氧化铁（Fe_2O_3）。若所选用的石灰质原料和黏土质原料按一定比例配合不能满足化学组成要求，则要掺加相应的校正原料，如掺加铁质校正原料铁砂粉、黄铁矿渣以补充Fe_2O_3；掺入硅质校正原料砂岩、粉砂岩等以补充SiO_2。此外，为改善煅烧条件，常加入少量的矿化剂、晶种等。

硅酸盐水泥的生产工艺可概括为"两磨一烧"（图4-1）：

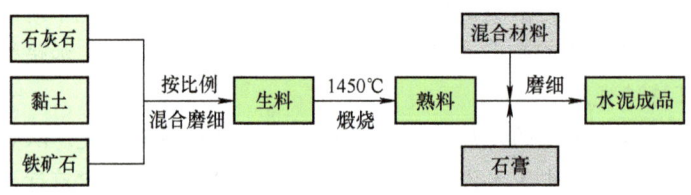

图4-1 硅酸盐水泥的生产工艺

首先将主要含CaO、SiO_2、Al_2O_3、Fe_2O_3的原料按适当比例混合后再磨细，并调配成成分合理、质量均匀的生料，称为生料制备；然后将制成的生料入窑进行高温煅烧，煅烧至部分熔融状态得到以硅酸钙为主要成分的硅酸盐水泥熟料，称为熟料煅烧；再将烧好的熟料配以适当的石膏和混合材料磨成细粉，即可得到水泥。其中熟料烧成是水泥生产的关键，必须有足够的温度和时间，以保证水泥熟料的质量。

V08-通用硅酸盐水泥的矿物组成

4.1.3 通用硅酸盐水泥的矿物组成

1. 硅酸盐水泥的生产

硅酸盐水泥的主要熟料矿物一共有四种，其名称和含量（质量分数）如下：硅酸三钙$3CaO \cdot SiO_2$，简写为C_3S，含量37%~60%；硅酸二钙$2CaO \cdot SiO_2$，简写为C_2S，含量15%~37%；铝酸三钙$3CaO \cdot Al_2O_3$，简写为C_3A，含量7%~15%；铁铝酸四钙$4CaO \cdot Al_2O_3 \cdot Fe_2O_3$，简写为$C_4AF$，含量10%~18%。

在以上的主要熟料矿物中，硅酸三钙和硅酸二钙的总含量在70%以上，铝酸三钙与铁铝酸四钙的含量在 25% 左右，故称为硅酸盐水泥。除主要熟料矿物外，水泥中还含有少量游离氧化钙、游离氧化镁和碱，但其总含量一般不超过水泥量的 10%。

由于各单矿物成分的特性不同（表 4-1），其在水泥中的作用也有所不同，因此，通过改变水泥中各矿物组分的比例，能够改变水泥的性质，制得不同品种的水泥。例如，提高熟料中 C_3A、C_3S 的含量，可以制得快硬硅酸盐水泥；降低 C_3A、C_3S 的含量，提高 C_2S 的含量，可以制得低水化热的大坝水泥；提高 C_4AF 的含量，可制成耐磨性强的道路水泥。

表 4-1 硅酸盐水泥熟料的特性

矿物名称		硅酸三钙	硅酸二钙	铝酸三钙	铁铝酸四钙
凝结硬化速度		快	慢	最快	快
水化热		多	多	最多	中
强度	大小	最大	大	小	小
	发展	快	慢	最快	较快
抗化学侵蚀性		较小	最大	小	大
干缩性		中	中	大	小

2. 水泥的水化与硬化

（1）水泥的水化

硅酸盐水泥加水拌和后，与水发生的水化反应及其产物组成极为复杂，因此可从单矿物的水化反应入手，将中间过程简化，对硅酸盐水泥的水化过程和主要水化产物进行简要的说明。

1）硅酸三钙。硅酸三钙与水反应的反应方程式可表示为：

$$2(3CaO \cdot SiO_2) + 6H_2O \longrightarrow 3CaO \cdot 2SiO_2 \cdot 3H_2O + 3Ca(OH)_2$$

硅酸三钙的水化产物是水化硅酸钙和氢氧化钙。水化硅酸钙不溶于水，以胶体微粒析出，并逐渐凝聚成凝胶。事实上，水化硅酸钙凝胶的成分比例并不确定，与水胶比、温度等反应条件有关，故可将其简写为 C-S-H。氢氧化钙在溶液中以晶体形态析出。

2）硅酸二钙。硅酸二钙与水反应的反应方程式可表示为：

$$2(2CaO \cdot SiO_2) + 4H_2O \longrightarrow 3CaO \cdot 2SiO_2 \cdot 3H_2O + Ca(OH)_2$$

硅酸二钙的水化反应产物与硅酸三钙相同，但其反应速度较慢，早期生成的 C-S-H 凝胶较少，因此早期强度较低。氢氧化钙的生成量也比硅酸三钙少，且结晶粗大些。

3）铝酸三钙。铝酸三钙与水反应速度极快，水生成水化铝酸三钙晶体，反应方程式可表示为：

$$3CaO \cdot Al_2O_3 + 6H_2O \longrightarrow 3CaO \cdot Al_2O_3 \cdot 6H_2O$$

由于铝酸三钙水化反应迅速，可使水泥浆体产生闪凝，导致水泥无法满足施工的要求，因此在生产水泥时，必须加入适量的石膏，石膏与水化铝酸三钙反应生成的高硫型水化硫铝酸钙（又称钙矾石，简写成 AFt）为不溶于碱溶液的针棒状晶体，在铝酸三钙表面沉淀形成致密保护层，阻碍水与铝酸三钙进一步反应，延缓了铝酸三钙的快速水化，其反应方程式可表示为：

$$3CaO \cdot Al_2O_3 \cdot 6H_2O + 3(CaSO_4 \cdot 2H_2O) + 19H_2O \longrightarrow 3CaO \cdot Al_2O_3 \cdot CaSO_4 \cdot 31H_2O$$

当水泥中的石膏在铝酸三钙完全水化前耗尽时，剩余的铝酸三钙所生成的水化铝酸三钙又能与先前生成的钙矾石继续反应生成低硫型水化硫铝酸钙（$3CaO \cdot Al_2O_3 \cdot CaSO_4 \cdot 31H_2O$），简写为 AFm。

4）铁铝酸四钙。铁铝酸四钙的水化产物是水化铝酸三钙晶体和水化铁酸钙凝胶，反应方程式可表示为：

$$4CaO \cdot Al_2O_3 \cdot Fe_2O_3 + 7H_2O \longrightarrow 3CaO \cdot Al_2O_3 \cdot 6H_2O + CaO \cdot Fe_2O_3 \cdot H_2O$$

硅酸盐水泥的水化主要取决于 4 种熟料矿物的水化，但硅酸盐水泥的成分很复杂，这些熟料矿物也并不是纯净物，因此硅酸盐水泥的水化反应并不单纯是这 4 种主要熟料矿物水化的简单综合，而是比之复杂得多的一个过程。如果忽略一些次要和少量的成分，硅酸盐水泥的主要水化产物可分为凝胶体和晶体两类，凝胶体有水化硅酸钙（C-S-H）凝胶和水化铁酸钙（C-F-H）凝胶；晶体有氢氧化钙板状晶体、水化铝酸钙六方晶体和水化硫铝酸钙针状晶体（钙矾石）等。在充分水化的水泥浆体中，水化硅酸钙凝胶约占 70%，氢氧化钙约占 20%，AFt 和 AFm 约占 7%，未水化的熟料残余物和其他微量成分约占 3%。

（2）水泥的凝结和硬化

水泥加水拌和后，很快发生水化，开始具有流动性和可塑性，随着水化反应的不断进行，浆体逐渐失去流动性和可塑性而凝结硬化，由于水化反应的逐渐深入，硬化的水泥浆体不断发展变化，结构变得更加致密，最终形成具有一定机械强度的稳定的水泥石结构。所以，水化和凝结、硬化是一个连续的过程，凝结、硬化是水化不断进行的结果，也是同一过程的不同阶段，凝结标志着水泥浆体失去流动性而具有一定的塑性强度，硬化则表示水泥浆体固化后所形成的结构具有一定的机械强度。

有关硅酸盐水泥凝结和硬化的过程，许多专家通过大量的实验和研究，提出了各种不同的理论和看法，一般可将水泥的凝结硬化过程做如下描述。

水化初期，水泥加水拌和后，水化反应首先从水泥颗粒表面开始，C_3S 和水迅速反应生成 $Ca(OH)_2$ 过饱和溶液，并析出 $Ca(OH)_2$ 晶体。同时石膏也很快进入溶液与 C_3A 和 C_4AF 反应，生成细小的钙矾石晶体。在这个阶段，由于生成的水化物膜层阻碍了水化反应进一步进行，同时，水化产物尺寸细小，数量又少，不足以在颗粒间架桥连接形成网络状结构，故水泥浆体仍具有可塑性。

随着水化的不断进行，水化物膜层不断增厚，水化产物向外扩散和水分向内渗透的渗透压差最终使水泥颗粒表面的膜层破裂，使周围饱和程度较低的溶液与尚未水化的水泥内核接触，水化开始加速，水化产物不断增加，水泥颗粒上开始长出纤维状的 C-S-H，同时生成较多的 $Ca(OH)_2$ 和钙矾石晶体。由于钙矾石晶体的增大和 C-S-H 的大量形成、增长，接触点增多，相互黏结、交错连接成网状结构（图 4-2），使可塑性不断降低，水泥开始凝结。

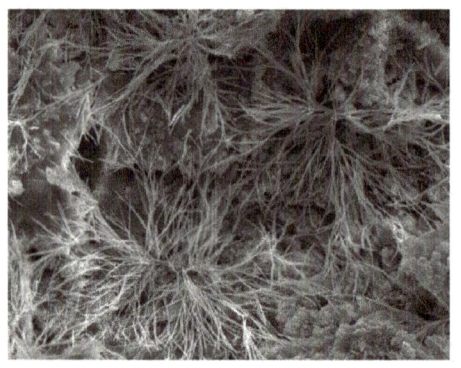

图 4-2 电子显微镜下的水泥晶体

随着水化的进一步进行，各种水化产物的数量不断增加，晶体不断增大，水泥颗粒间的空隙不断被填充，使形成的网状结构更加致密，此时水泥浆体逐步产生强度进入硬化阶段。

硬化期是一个相当长的时间过程，在适当的养护条件下，水泥硬化可以持续很长时间，甚至几十年后强度还会继续增加。水泥石强度发展的一般规律是3～7d内强度增加最快，28d内强度增加较快，超过28d后强度将继续增加但速度较慢。

硬化后的水泥浆体称为水泥石，水泥石由水泥水化产物（凝胶体、结晶体）、未水化的水泥内核、孔隙（毛细孔、凝胶孔）和水（自由水、吸附水）组成。

4.1.4 通用硅酸盐水泥的技术性质与检测

《通用硅酸盐水泥》（GB 175—2023）对硅酸盐水泥的技术要求有细度、凝结时间、安定性和强度等。

1. 化学要求

通用硅酸盐水泥的化学要求主要关注其成分和杂质含量，这些直接影响水泥的性能和应用范围。具体化学要求可能包括不溶物、烧失量、三氧化硫、氧化镁、氯离子及碱含量等指标。

（1）不溶物

不溶物指水泥中不溶于水的物质，其含量应控制在一定范围内。

（2）烧失量

烧失量表示水泥在高温下灼烧后的质量损失，反映水泥中有机物的含量。

（3）三氧化硫

三氧化硫是水泥中的重要化学成分，其含量影响水泥的硬化速度和强度发展。

（4）氧化镁限量及压蒸安定性

当水泥中氧化镁含量较高时，可能影响水泥的安定性。但如果水泥压蒸安定性合格，则氧化镁含量允许放宽至一定值。硅酸盐水泥和普通硅酸盐水泥中氧化镁的质量分数≤5%（如果水泥压蒸安定性合格，则水泥中氧化镁的质量分数允许放宽至6.0%）；P·S·A型矿渣硅酸盐水泥、粉煤灰硅酸盐水泥、火山灰质硅酸盐水泥和复合硅酸盐水泥中氧化镁的质量分数≤6%（如果水泥中氧化镁的质量分数大于6.0%，需进行水泥压蒸安定性试验并合格）。

如果硅酸盐水泥和普通硅酸盐水泥中氧化镁的质量分数大于5%，P·S·A型矿渣硅酸盐水泥、粉煤灰硅酸盐水泥、火山灰质硅酸盐水泥和复合硅酸盐水泥中氧化镁的质量分数大于6%，应同步进行压蒸安定性试验且确认压蒸安定性合格才能出厂。此外，安定性项目的合格需要沸煮法和压蒸法同时合格，此项目才能判定为合格。

（5）氯离子含量

通用硅酸盐水泥中的氯离子含量是一个重要的化学指标。氯离子的存在可能对水泥的性能产生不利影响，如导致膨胀、开裂和钢筋腐蚀等问题。因此，国家标准对氯离子含量有严格的规定。通用硅酸盐水泥的化学要求见表4-2。

（6）水溶性铬（Ⅵ）含量

关于水溶性铬（Ⅵ）含量，在通用硅酸盐水泥中，是一个重要的环保和安全性指标。一般认为，水泥中六价铬（Cr^{6+}）主要来自生产原料、混合材、破碎粉磨设备和耐火材料。水泥生产原料中，铁质校正原料等存在含量较高的铬元素，泥灰岩或石灰石、黏土、铁尾矿等常含有微量铬，使用这些原材料在熟料煅烧过程中会把铬元素带入熟料中。部分水泥回转窑高温带大量使用含铬耐火砖，在回转窑的高温、出口处高风压及炉料高碱度等条件的影响下，使铬氧化掺入熟料中，致使水泥熟料含有水溶性六价铬。水溶性铬（Ⅵ）含量是一个新增的检测项目，限量要求不大于10mg/kg。

表4-2 通用硅酸盐水泥的化学要求

品种	代号	含量（质量分数,%）				
		不溶物	烧失量	三氧化硫	氧化镁	氯离子
硅酸盐水泥	P·Ⅰ	≤0.75	≤3.0	≤3.5	≤5.0①	≤0.06③
	P·Ⅱ	≤1.50	≤3.5			
普通硅酸盐水泥	P·O	—	≤5.0			
矿渣硅酸盐水泥	P·S·A	—	—	≤4.0	≤6.0②	
	P·S·B	—	—		—	
火山灰质硅酸盐水泥	P·P	—	—	≤3.5	≤6.0	
粉煤灰硅酸盐水泥	P·F	—	—			
复合硅酸盐水泥	P·C	—	—			

① 如果水泥压蒸安定性合格，则水泥中氧化镁的质量分数允许放宽至6.0%。
② 如果水泥中氧化镁的质量分数大于6.0%，需进行水泥压蒸安定性试验并合格。
③ 当买方有更低要求时，买卖双方协商确定。

（7）碱含量

水泥中的碱能促进水泥水化以提高早期强度，但相应地出现水泥与减水剂相容性、水泥混凝土的抗裂性变差等负面影响。因此，为降低混凝土早期开裂的风险，水泥中碱的质量分数不宜超过水泥质量的0.6%。但限于石灰石、黏土等原材料及混合材料品质的限制，我国水泥中碱的质量分数的最大值一般在0.8%～1.2%，碱的质量分数小于0.6%的水泥需要优选各种原材料才能生产，因此不宜统一规定通用硅酸盐水泥的碱含量。

2. 物理要求

水泥的物理要求主要关注水泥的物理性能，包括凝结时间、强度、细度、安定性和放射性核素限量等，这些直接影响水泥的施工性能和建筑结构中的长期稳定性。

（1）凝结时间

硅酸盐水泥的初凝时间应不小于45min，终凝时间应不大于390min。普通硅酸盐水泥、矿渣硅酸盐水泥、粉煤灰硅酸盐水泥、火山灰硅酸盐水泥、复合硅酸盐水泥的初凝时间应不小于45min，终凝时间应不大于600min。

（2）强度

强度是水泥的核心性能指标，直接影响水泥在建筑结构中的承载能力。不同品种、不同强度等级的通用硅酸盐水泥，其不同龄期的强度应符合国家标准的规定。硅酸盐水泥、普通硅酸盐水泥的强度可划分为42.5、42.5R、52.5、52.5R、62.5、62.5R六个等级。其中：42.5表示该水泥28d的抗压强度不低于42.5MPa。42.5R中的"R"代表早强型，意味着该水泥的早期强度（通常指3d或7d的强度）高于普通42.5级水泥。矿渣硅酸盐水泥、粉煤灰硅酸盐水泥及火山灰质硅酸盐水泥的强度等级分为32.5、32.5R、42.5、42.5R、52.5、52.5R六个等级。通用硅酸盐水泥不同龄期强度应符合表4-3的规定。

这些强度等级的选择取决于具体工程项目的需求。例如，对于需要更高早期强度或更高最终强度的结构，可能会选择更高强度等级的水泥。同时，早强型水泥通常用于需要快速硬化的场合。

表4-3 通用硅酸盐水泥不同龄期强度要求

强度等级	抗压强度/MPa		抗折强度/MPa	
	3d	28d	3d	28d
32.5	≥12.0	≥32.5	≥3.0	≥5.5
32.5R	≥17.0		≥4.0	
42.5	≥17.0	≥42.5	≥4.0	≥6.5
42.5R	≥22.0		≥4.5	
52.5	≥22.0	≥52.5	≥4.5	≥7.0
52.5R	≥27.0		≥5.0	
62.5	≥27.0	≥62.5	≥5.0	≥8.0
62.5R	≥32.0		≥5.5	

（3）细度

硅酸盐水泥细度以比表面积表示，应不低于300m²/kg且不高于400m²/kg。普通硅酸盐水泥、矿渣硅酸盐水泥、粉煤灰硅酸盐水泥、火山灰质硅酸盐水泥、复合硅酸盐水泥的细度以45μm方孔筛筛余表示，应不低于5%。当买方有特殊要求时，由买卖双方协商确定。

（4）安定性

水泥的安定性是指水泥在硬化过程中体积变化的均匀性。安定性不合格的水泥会导致制品产生膨胀性裂纹或翘曲变形，造成质量事故。因此，水泥的安定性必须合格，检验方法包括沸煮法和压蒸法。

（5）放射性核素限量

根据《建筑材料放射性核素限量》（GB 6566—2010）的规定，水泥等建筑材料的放射性核素含量必须控制在一定范围内。其中，主要关注的放射性核素包括镭-226、钍-232（或钍-226，因钍-232衰变后会产生钍-228，而钍-228与镭-226有相似的放射性特性，故在检测时可一并考虑）、钾-40等。这些放射性核素的限量值通常根据内照射指数和外照射指数的计算来确定。内照射指数 I_{ra}、外照射指数 I_r 均应不大于1.0。

4.1.5 通用硅酸盐水泥的应用

硅酸盐水泥强度较高，主要用于重要结构的高强度混凝土和预应力混凝土工程。硅酸盐水泥凝结硬化较快、耐冻性好，适用于要求凝结快、早期强度高，冬期施工及严寒地区遭受反复冻融的工程。水泥石中有较多的氢氧化钙，耐软水侵蚀和耐化学腐蚀性差，故硅酸盐水泥不适用于经常与流动的淡水接触及有水压作用的工程，也不适用于受海水、矿物水等作用的工程。

硅酸盐水泥在水化过程中，水化热的热量大，不宜用于大体积混凝土工程。运输和贮存水泥要按不同品种、强度等级及出厂日期存放，并加以标志。散装水泥应分库存放；袋装水泥一般堆放高度不应超过10袋，平均每平方米堆放1t。水泥应考虑先存先用，即使在良好的贮存条件下，也不可贮存过久，因为水泥会吸收空气中的水分和二氧化碳，使颗粒表面水化甚至碳化，丧失胶凝能力，强度大为降低。在一般贮存条件下，经3个月后，水泥强度降低10%~20%；经6个月后，降低15%~30%；1年后，降低25%~40%。

通用硅酸盐水泥的特性及适用范围见表4-4。

表4-4 通用硅酸盐水泥的特性及适用范围

类别	硅酸盐水泥	普通硅酸盐水泥	矿渣硅酸盐水泥	火山灰质硅酸盐水泥	粉煤灰硅酸盐水泥
特性	早期强度高；水化热较大；抗冻性较好；耐蚀性较差；干缩较小	总体与硅酸盐水泥类同，但略偏向于矿渣水泥	早期强度较低；后期强度增长较快；水化热较低；耐蚀性较强；抗冻性较差；干缩性较大；泌水较多	早期强度较低；后期强度增长较快；水化热较低；耐蚀性较强；抗冻性较差；干缩性大	早期强度较低；后期强度增长较快；水化热较低；耐蚀性较强；干缩性较小；抗裂性较高；抗冻性较差
适用范围	高强混凝土及预应力钢筋混凝土；受反复冰冻作用的结构；早强要求高的工程及冬期施工	与硅酸盐水泥基本相同	高温车间和耐热耐火要求的混凝土结构；大体积混凝土结构；蒸汽养护的构件；有抗硫酸盐侵蚀要求的工程	地下、水中大体积混凝土结构和有抗渗要求的混凝土结构；蒸汽养护的构件；有抗硫酸盐侵蚀要求的工程	地上、地下及水中大体积混凝土结构；蒸汽养护的构件；抗裂性要求较高的构件；有抗硫酸盐侵蚀要求的工程
不适用范围	大体积混凝土和受热侵蚀的工程；不宜只作为全部胶凝材料使用	大体积混凝土和受热侵蚀的工程；不宜只作为全部胶凝材料使用	早期强度要求高的工程；有抗冻要求的混凝土工程	处于干燥环境中的混凝土工程；早期强度要求高的工程；有抗冻要求的混凝土工程；道路混凝土	有抗碳化要求的工程；其他同矿渣水泥

4.2 特性水泥

4.2.1 低热水泥

低热硅酸盐水泥是指以适当成分的硅酸盐水泥熟料，加入适量石膏，磨细制成的具有低水化热的水硬性胶凝材料，简称低热水泥，代号为 P·LH，强度分为32.5和42.5两个等级。

1. 熟料矿物组成及要求

低热水泥是一种以硅酸二钙为主导矿物，铝酸三钙含量较低的水泥。低热水泥熟料中硅酸二钙（$2CaO·SiO_2$，C_2S）的质量分数不小于40.0%，铝酸三钙的质量分数不大于6.0%，游离氧化钙的质量分数不大于1.0%。

2. 技术标准

低热水泥的技术性能应符合《中热硅酸盐水泥、低热硅酸盐水泥》（GB 200—2017）的规定。

（1）化学成分

低热水泥的化学成分需严格控制在一定范围内，以确保其质量和性能。具体来说，氧化镁（MgO）的质量分数通常不应超过5.0%，但如水泥经过压蒸试验验证合格，MgO的质量分数可适度放宽至6%。三氧化硫（SO_3）的质量分数则必须保持在3.5%以下。此外，烧失量需控制在 3.0% 以内，而不溶物的质量分数不得超过 0.75%。对于碱含量，通常以 Na_2O 的质量分数与 0.658 倍的 K_2O 的质量分数之和来表示。若工程中使用活性集料，且用户有低碱水泥的需求，水泥中碱的质量分数应不超过 0.6%，或根据供需双方的协商来确定。这些化学成分的限制旨在确保水泥的安定性、强度和耐久性，从而满足各种建筑工程的需求。

（2）物理性能

低热水泥的物理性能指标需严格遵循既定标准，以确保其质量与适用性。低热水泥的比表面积不小于 $250m^2/kg$。比表面积是衡量水泥颗粒细度的重要指标，较大的比表面积意味着水泥颗粒更细，有利于水化反应的进行，从而提高水泥的早期强度。低热水泥的凝结时间需满足一定的要求，初凝不得早于 60min，终凝不得迟于 12h（720min）。

低热水泥 28d 抗压强度通常分为 32.5、42.5 两个等级（表4-5）。各龄期的强度需满足一定的要求，特别是其后期强度增长大，28d 强度与硅酸盐水泥相当，而 36 个月龄期强度则高于硅酸盐水泥 10~20MPa。低热水泥的高后期强度是其显著特点之一，使得它在长期承载的工程中具有更好的性能表现。

表 4-5 低热水泥的等级与各龄期强度

强度等级	抗压强度/MPa		抗折强度/MPa	
	7d	28d	7d	28d
32.5	≥10.0	≥32.5	≥3.0	≥5.5
42.5	≥13.0	≥42.5	≥3.5	≥6.5

水化热是低热水泥的关键性能指标，其数值较低，低热水泥各龄期的水化热应符合表 4-6 的要求。

表 4-6 低热水泥各龄期的水化热

强度等级	水化热/(kJ/kg)	
	3d	7d
32.5	≥197	≥230
42.5	≥230	≥260

32.5 级低热水泥型式检验 28d 的水化热应不大于 290kJ/kg；42.5 级低热水泥型式检验 28d 的水化热应不大于 310kJ/kg。

在硬化过程中，低热水泥的干缩性较小，这一特性有效地减少了混凝土因干燥收缩而产生裂缝的可能性。同时，低热水泥具有较好的抗冻性，能够在一定程度上抵御冻融循环对混凝土结构造成的破坏。此外，因低热水泥水化产物的结构较为致密，用它配制的混凝土具备良好的抗渗性。

3. 应用

低热水泥可用于制作大体积混凝土及需保温或防止温度升高的工程。由于低热水泥水化热较低，可以有效降低混凝土的温度升高，减少开裂和变形的风险。例如，在大坝、桥梁、核电站、港口等工程中，低热水泥常常被选用。此外，低热水泥还可用于生产全部预应力混凝土结构，如悬索桥、大跨度桥梁、高层建筑等。在这些结构中，预应力混凝土需要长时间的固化过程，使用低热水泥可以避免因混凝土温度升高过快而造成的微裂缝。

低热水泥也适用于基础工程，如地下室、地下车库、地铁隧道等。在这些工程中，基础混凝土通常较厚，并且受到地下水温度的影响。使用低热水泥可以降低混凝土温度，并提高其抗温度变形能力，保证工程的安全和稳定。

低热水泥适用于在高温环境下进行的工程，如炉窑耐火材料的生产、石化厂、火力发电厂等。这些工程中的水泥制品需要承受极高的温度，而低热水泥可以减少因高温引起的热应力，增强耐火性和稳定性。

低热水泥还可用于配制高强高性能混凝土、水工混凝土，以及在严寒地区的公路上进行使用。此外，低热水泥在油井、气井的固井工程中也有应用，但此时通常被称为油井水泥，它具有良好的抗渗性、稳定性和耐蚀性。

4.2.2 快硬水泥

凡以硅酸盐水泥熟料和适量石膏磨细制成的，以3d抗压强度表示强度等级的水硬性胶凝材料，称为快硬硅酸盐水泥，简称快硬水泥。

快硬硅酸盐水泥的制造方法与硅酸盐水泥基本相同，主要依靠调节矿物组成及控制生产措施，使制得成品的性质符合要求。熟料中硬化最快的矿物成分是铝酸三钙和硅酸三钙。制造快硬水泥时，应适当提高它们的含量，通常硅酸三钙的质量分数为50%~60%，铝酸三钙的质量分数为8%~14%，铝酸三钙和硅酸三钙的总质量分数在60%~65%。为加快硬化速度，可适当增加石膏的掺量和提高水泥的粉磨细度。

快硬水泥可用来配置早强、高强度等级混凝土，适用于紧急抢修工程、低温施工工程和高强度等级混凝土预制件等。

快硬水泥的凝结时间正常，而且终凝和初凝之间的时间间隔很短，早期强度发展很快，后期强度持续增长。用快硬水泥可以配置高早强混凝土。该水泥还适用于制作蒸养条件下的混凝土制品，快硬水泥的其他性能，如干缩、与钢筋黏结等与硅酸盐水泥相似。与使用普通水泥相比，使用快硬水泥可加快施工进度、加快模板周转、提高工程和制品质量，具有较好的技术经济效益和社会效益。因快硬水泥水化放热比较集中，故不宜用于大体积混凝土工程。

4.2.3 膨胀水泥

1. 定义及分类

膨胀水泥是指由硅酸盐水泥熟料与适量石膏和膨胀剂共同磨细制成的水硬性胶凝材料。按水泥的主要成分不同，分为硅酸盐型、铝酸盐型和硫铝酸盐型膨胀水泥；按水泥的膨胀值及其用途不同，又分为收缩补偿水泥和自应力水泥两大类。

补偿混凝土收缩用的膨胀水泥的膨胀率较小，主要用于补偿水泥在凝结硬化过程中产生的收缩，因此又称为补偿收缩水泥。自应力水泥的膨胀值较大，除抵消干缩值外，尚有一定的剩余膨胀值。对于钢筋混凝土，由于水泥石的膨胀作用，使与混凝土黏结在一起的钢筋受到拉应力作用而使混凝土受到压应力作用，从而起到了预应力的作用。因为这种压应力是依靠水泥本身的水化而产生的，所以称为自应力水泥。

多数常用的水泥在空气中硬化时都会产生一定的体积收缩，收缩会使混凝土产生微裂纹，影响混凝土强度并使耐久性下降。而膨胀水泥在其凝结硬化时能产生一定量的体积膨胀，从而减小或消除混凝土的干缩，甚至产生膨胀。膨胀水泥比一般水泥多了一种膨胀组分，在凝结硬化过程中，膨胀组分使水泥产生一定量的膨胀值。常用的膨胀组分一般为在水化后能形成水化硫铝酸钙的材料。

2. 应用

（1）硅酸盐膨胀水泥

硅酸盐膨胀水泥主要用于制造具有卓越防水性能的砂浆和混凝土。这类水泥在加固结构方面表现出色，能够增强建筑物的整体稳定性。在浇筑机器底座或固结地脚螺栓时，硅酸盐膨胀水泥能够提供坚固的基础，确保机器设备的稳定运行。此外，它还广泛用于接缝及修补工程，能够有效填补裂缝，恢复结构的完整性。需要注意的是，在有硫酸盐侵蚀的水工工程中，应避免使用硅酸盐膨胀水泥，以防止其性能受损。

（2）低热微膨胀水泥

低热微膨胀水泥因其独特的水化热低和补偿收缩的特性，在大体积混凝土和需要控制温度应力的工程中备受青睐。这种水泥能够有效降低混凝土内部的温度应力，减少开裂风险，提高工程的耐久性。同时，它还适用于要求抗渗和抗硫酸盐侵蚀的工程，能够提供额外的保护层，增强结构的防水和抗腐蚀能力。

（3）硫铝酸盐膨胀水泥

硫铝酸盐膨胀水泥在浇筑构件节点方面具有显著优势，能够提供紧密的结合，增强构件的整体性能。此外，它还被广泛应用于抗渗和补偿收缩的混凝土工程中，能够有效防止水分渗透，提高混凝土的耐久性。硫铝酸盐膨胀水泥的独特性能使其成为这些工程中的理想选择。

（4）自应力水泥

自应力水泥主要用于制造自应力钢筋混凝土压力管及其配件。这种水泥在固化过程中能够产生自应力，使得钢筋混凝土压力管具有更高的强度和稳定性。此外，自应力水泥还可用于其他需要承受高压的结构中，如桥梁、隧道等。它的应用不仅提高了结构的承载能力，还降低了工程成本，推动了建筑业的可持续发展。

4.2.4　耐火水泥

1. 定义及分类

凡是以优质铝矾土和优质石灰为原料，按一定比例配制成适量成分的生料，经过烧结后所得以铝酸盐为主要成分的熟料，再磨成细粉，制成具有耐火性的水硬性胶凝材料，称为耐火水泥。耐火水泥的耐火度不低于1580℃。按组成不同可分为铝酸盐耐火水泥、低钙铝酸盐耐火水泥、钙镁铝酸盐水泥和白云石耐火水泥等。

（1）铝酸盐耐火水泥

铝酸盐耐火水泥通常由4份（按质量计）低钙铝酸盐耐火水泥熟料和1份高铝水泥熟料混合磨细而成的一种耐火水泥。与低钙铝酸盐耐火水泥相比，早期强度较高，耐火度接近，用途相同。

（2）低钙铝酸盐耐火水泥

低钙铝酸盐耐火水泥是以优质矾土和石灰石按适当比例配合，经烧结、磨细而成的一种铝酸盐水泥。其成分一般为：氧化铝占70%，氧化钙占19%~23%，二氧化硅含量小于4%，氧化铁含量小于1.5%。矿物组成以二铝酸钙为主，占60%~70%。耐火度在1650℃以上。

（3）钙镁铝酸盐水泥

钙镁铝酸盐水泥是以优质矾土和白云石按适当比例配合，经烧结、磨细而成的一种铝酸盐水泥。钙镁铝酸盐水泥其成分一般为：氧化铝占66%~74%，氧化钙占13%~18%，氧化镁占10%~13%，二氧化硅和氧化铁微量。矿物组成以铝酸钙和二铝酸钙占45%~60%，尖晶石占35%~50%。耐火度在1650℃以上。

2. 特点

（1）耐火水泥细度

水泥颗粒越细，比表面积越大，水化反应越快越充分，早期和后期强度都较高。国家规定，耐火水泥比表面积应大于300m^2/kg，否则为不合格。

（2）耐火水泥凝结时间

为保证在施工时有充足的时间来完成搅拌、运输、成型等各种工艺，耐火水泥的初凝时间不宜太短；施工完毕后，希望水泥能尽快硬化，产生强度，所以终凝时间不宜太长。耐火水泥的初凝时间不得早于45min，终凝时间不得迟于390min。

（3）耐火水泥体积安定性

水泥浆体在凝结硬化过程中体积变化的均匀性称为水泥的体积安定性。如体积变化不均匀即体积安定性不良，容易产生翘曲和开裂，降低工程质量甚至出现事故。

3. 应用

耐火水泥可用于胶结各种耐火集料（如刚玉、煅烧高铝矾土等），制成耐火砂浆或混凝土，用于水泥回转窑和其他工业窑炉作内衬。

4.2.5　防辐射水泥

防辐射水泥是指对X射线、γ射线、快中子和热中子能起较好屏蔽作用的水泥。这类水泥的主要品种有钡水泥、锶水泥、含硼水泥等。

钡水泥以重晶石黏土为主要原料，经煅烧获得以硅酸二钡为主要矿物组成的熟料，再掺加适量石膏磨制而成。其相对密度达4.7~5.2，可与重集料（如重晶石、钢段等）配制成防辐射混凝土。钡水泥的热稳定性较差，只适宜于制作不受热的辐射防护墙。

锶水泥是以碳酸锶全部或部分代替硅酸盐水泥原料中的石灰石，经煅烧获得以硅酸三锶为主要矿物组成的熟料，加入适量石膏磨制而成。其性能与钡水泥相近，但防射线性能稍逊于钡水泥。

在高铝水泥熟料中加入适量硼镁石和石膏，共同磨细，可获得含硼水泥。这种水泥与含硼集料、重质集料可配制成相对密度较高的混凝土，适用于防护快中子和热中子的屏蔽工程。

防辐射水泥常用作铅、钢等昂贵防射线材料的代用品，用于屏蔽X射线、γ射线和中子辐射作用的混凝土，用于原子能反应堆、粒子加速器，以及工业、农业和科研部门的放射性同位素设备的防护。

4.3 专用水泥

4.3.1 道路硅酸盐水泥

由道路硅酸盐水泥熟料，适量石膏和混合材料，磨细制成的水硬性胶凝材料，称为道路硅酸盐水泥，代号为 P·R。

1. 熟料矿物组成及要求

道路混凝土结构的使用特点要求道路水泥的抗折强度高、耐磨性好、干缩性小，以及具备良好的抗冲击性和耐久性。要满足道路水泥的上述特性，可改变水泥熟料的矿物组成、粉磨细度、石膏加入量及外加剂。与普通水泥熟料相比，道路水泥熟料的矿物组成应具有高铁低铝的特点，即适当提高 C_4AF、C_3S 的含量，限制 C_3A 的含量。因为 C_4AF 的脆性小，抗冲击性强，体积收缩最小，提高 C_4AF 的含量，可以提高水泥的抗折强度及耐磨性。因此，《道路硅酸盐水泥》（GB/T 13693—2017）中规定：C_3A 的质量分数不应大于 5%，C_4AF 的质量分数不应小于 15%。

2. 技术标准

道路硅酸盐水泥技术性能应符合《道路硅酸盐水泥》的规定。

（1）化学成分

1）氧化镁（MgO）。MgO 的质量分数不大于 5.0%，如果水泥压蒸试验合格，则 MgO 的质量分数可放宽至 6%。

2）三氧化硫（SO_3）。SO_3 的质量分数不大于 3.5%。

3）烧失量。烧失量不大于 3.0%。

4）氯离子。氯离子的质量分数不大于 0.06%。

5）碱含量。碱含量按硅酸盐水泥熟料中 Na_2O 的质量分数与 0.658 倍的 K_2O 的质量分数之和表示。若使用活性集料，用户要求低碱水泥时，水泥中碱的质量分数不应大于 0.6% 或由供需双方协商。

（2）物理性能

1）比表面积。比表面积为 300~450m^2/kg。

2）凝结时间。初凝不得早于 90min，终凝不得迟于 720min。

3）安定性。沸煮法安定性，雷氏夹检验合格。

4）干缩率。28d 的干缩率不大于 0.10%。

5）耐磨性。28d 的磨损量不大于 3.00kg/m^2。

6）强度等级。道路硅酸盐水泥各龄期的强度值不得低于表 4-7 中的要求。

表 4-7 水泥的等级与各龄期强度

强度等级	抗折强度/MPa		抗压强度/MPa	
	3d	28d	3d	28d
7.5	≥4.0	≥7.5	≥21.0	≥42.5
8.5	≥5.0	≥8.5	≥26.0	≥52.5

3. 应用

道路硅酸盐水泥主要用于道路路面、机场跑道路面、城市广场铺面等工程。由于它具有干缩性小、耐磨、抗冲击等特性，可以减少路面的裂缝和磨耗等损害，减少维修量，从而延长道路使用寿命。

4.3.2 油井水泥

油井水泥专用于油井、气井的固井工程。它主要用于将套管与周围的岩层胶结封固，封隔地层内油、气、水层，防止互相串扰，以便在井内形成一条从油层流向地面且隔绝良好的油流通道。油井水泥的主要组分为硅酸盐水泥熟料和适量石膏，有的品种还加入改善性能的添加剂。

《油井水泥》（GB/T 10238—2015）规定了油井水泥有 A、B、C、D、G 和 H 六个级别，类型包括普通型（O）、中抗硫酸盐型（MSR）和高抗硫酸盐型（HSR）。普通型（O）油井水泥适合于无特殊要求时使用。需指出的是，油井水泥的化学要求中对其铝酸三钙（C_3A）最大值均有要求：普通型（O）C_3A 的质量分数≤15%；中抗硫酸盐型（MSR）C_3A 的质量分数≤8%；高抗硫酸盐型（HSR）C_3A 的质量分数≤3%，且铝铁酸四钙（C_4AF）的质量分数与 2 倍铝酸三钙（C_3A）的质量分数之和≤24%。

4.3.3 海工水泥

海工水泥主要应用于围海造堤、海港码头、海上桥梁、水库大坝、水利隧道、涵洞引水工程和江河桥梁基础工程，也适用于有耐蚀性要求的工业和民用建筑工程。

海工硅酸盐水泥是以硅酸盐水泥熟料和适量天然石膏、矿渣粉、粉煤灰、硅灰粉磨制成的具有较强抗海水侵蚀性能的水硬性胶凝材料，代号 P·O·P。《海工硅酸盐水泥》（GB/T 31289—2014）规定，其强度等级分为 32.5L、32.5 和 42.5 三个等级。海工硅酸盐水泥 28d 水泥氯离子扩散系数不大于 $1.5 \times 10^{-12} m^2/s$；抗硫酸盐侵蚀性系数 K_e 不低于 0.99。

4.4 "双碳"背景下水泥的低碳发展

在"双碳"背景下，水泥行业正面临着低碳转型，以下对该背景下水泥的低碳发展进行分析。

1. 水泥行业碳排放现状

水泥行业的碳排放量约占全国碳排放总量的 13%，是我国碳排放的主要来源之一。具体来说，2023 年中国碳排放总量为 126 亿 t，其中水泥行业碳排放量达到 12.1 亿 t，占比 9.6%，仅次于电力和钢铁行业。

水泥生产过程中的碳排放主要来源于燃料燃烧、用电消耗和生料碳酸盐分解。这三个环节是水泥企业减碳的重点关注领域。

2. 低碳转型的必要性

随着国家对"双碳"目标的重视，一系列政策出台推动水泥行业低碳转型。例如，生态环境部 2024 年 9 月 9 日发布的《全国碳排放权交易市场覆盖水泥、钢铁、电解铝行业工作方案（征求意见稿）》明确将水泥行业纳入全国碳排放权交易市场，这将对水泥企业的碳排放进行更为严格的监管。

低碳转型不仅是水泥行业应对政策压力的需要，更是实现可持续发展的必然选择。通过低碳转型，水泥行业可以优化产业布局和产能调控，提高资源利用效率，降低生产成本，提升竞争力。

3. 低碳转型的路径

在全球气候变化与环境保护的双重压力下，中国水泥工业面临前所未有的转型挑战。为实现低碳发展，该行业从技术创新、能效提升、结构调整及绿色建材开发等多维度寻求转型路径，以保障经济发展、减少碳排放，促进可持续发展。

（1）技术创新

技术创新是水泥工业低碳转型的核心驱动力。通过研发新型水泥生产工艺，如提高熟料质量、降低熟料系数等，可以有效减少生产过程中的二氧化碳排放。同时，替代燃料技术的推进，特别是非化石能源如生物质、废弃物等的利用，显著降低了煤炭等传统化石燃料的消耗，为水泥工业的绿色发展开辟了新途径。此外，碳捕集与封存技术（CCUS）的发展，实现了对生产过程中产生的二氧化碳的有效捕集、利用或封存，进一步减少了温室气体排放。

（2）能效提升

能效提升是水泥工业低碳转型的关键环节。通过加大节能技改、余热发电等方面的投入，水泥企业能够显著提高能源利用效率，减少能源消耗。同时，精细化管理策略的实施，如优化生产流程、减少能源浪费等，不仅降低了生产成本，也为节能减排贡献了力量。

（3）结构调整

结构调整是水泥工业低碳转型的重要保障。通过并购、参股等联合重组方式，水泥行业从源头上遏制了新增产能，从存量上压减了落后产能，促进了资源的优化配置。此外，优化产业布局和产能调控，鼓励领军企业开展跨区域、跨所有制兼并重组，提高了行业集中度，为水泥工业的绿色发展奠定了坚实基础。

（4）绿色建材开发与推广

绿色建材的开发与推广，是水泥工业低碳转型的又一重要方向。通过推广低碳水泥产品，降低水泥单位产品生产中的碳排放，水泥行业正逐步向低碳、环保的生产模式转变。同时，绿色品牌的打造，不仅提高了产品的附加值和市场竞争力，也引领了建筑行业的绿色消费潮流。

随着"双碳"政策的深入实施和水泥行业低碳转型的持续推进，未来水泥行业将呈现出更加绿色低碳的发展态势。一方面，水泥企业将不断加大技术创新和研发投入，推动低碳技术的突破和应用；另一方面，政府将进一步完善碳排放权交易市场和相关政策法规体系，为水泥行业低碳转型提供更加有力的制度保障。同时，消费者对环保产品的需求也将不断增加，为绿色低碳的水泥产品提供更为广阔的市场空间。

【创新思维培养】

微水泥：新型无机绿色胶凝材料

微水泥涂料是一种以水为溶剂，以水溶性聚合物乳液和水泥为主要成膜物质，并辅以无机填料、助剂、集料等其他试剂配制得到的新型绿色的复合涂料。微水泥涂料的物理性能可以渗透 3~15mm 深度，提高泥子（腻子）瓷粉的密度、硬度、防水达到 20 倍以上，让墙面泥子与表面漆膜形成一个整体。从图 4-3a 可以看出，微水泥涂料在制备过程中没有出现凝聚现象，黏度适中，分散性好，没有泡沫。图 4-3b 为微水泥涂料成膜图。

微水泥涂料具有防水能力强、柔韧性好、拉伸强度大、黏结能力强等优点，并以水作为溶剂，克服了在施工过程中大量挥发性有机化合物（volatile organic compounds，简称 VOC）对人体和环境造成的危害。因此，越来越多的人选择将其用于屋面、水池、卫生间、厨房等表面。微水泥产品被应用于墙地面装修时，其施工的分层示意图如图 4-4 所示。微水泥的墙面施工主要有以下几步：

1）基层准备。平整基层墙面，确保无空鼓脱层、开裂掉粉、油污灰尘等不良情况，将牢固度差、脱壳、粉化的面层材料铲除，使用吸尘器将浮灰清理干净，重新找平。

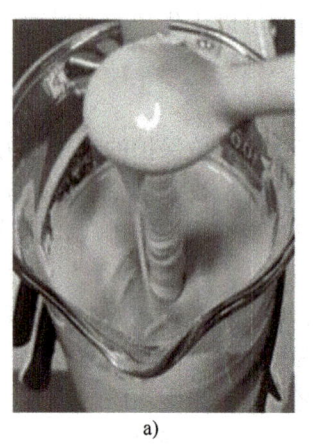

图 4-3 微水泥涂料及涂膜的相关实物图

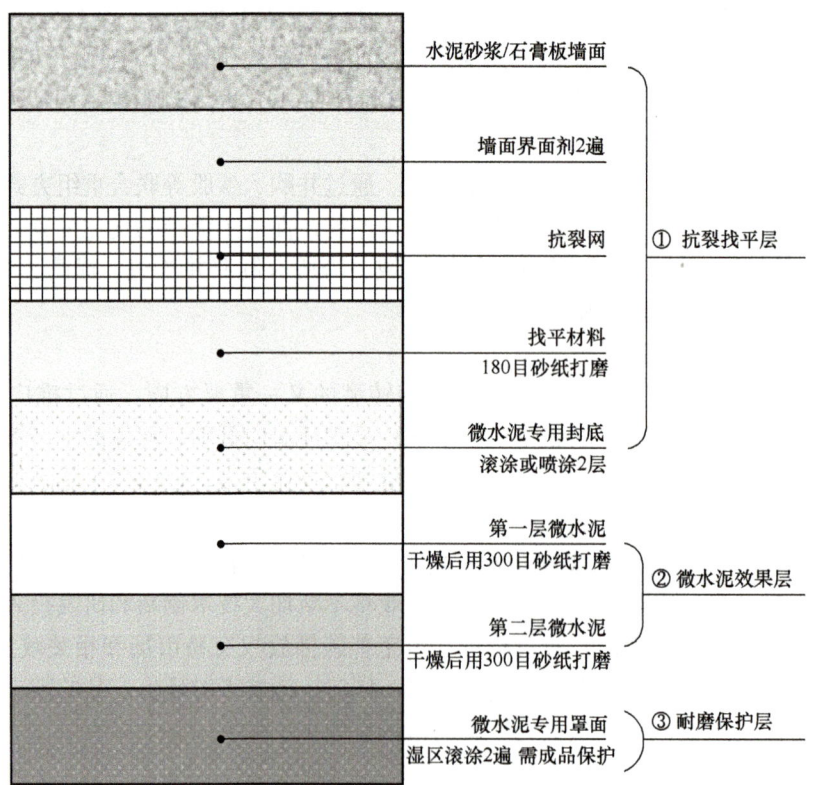

图 4-4 微水泥墙面施工分层示意图

2）封底施工。使用长毛滚筒刷将微水泥专用封底均匀滚涂在基层表面，为实现完全覆盖，采用横竖交叉滚涂。待封底完全干燥后，再次滚涂一层封底。

3）微水泥施工。按说明书要求将微水泥的 A、B 组分充分搅拌均匀，分层披刮。第一次厚度为 1~2mm，厚薄均匀、无露底；待微水泥完全干燥后（约 24h），重复第一次的步骤进行第二次披刮；待微水泥干燥后，使用打磨机低速将局部不平整及明显接口印打磨平整，之后批刮第三遍，边批刮边收光，干燥后再次打磨平整。

4）罩面施工。按说明书的比例将微水泥专用罩面 A、B 组分及水泥合均匀，均匀滚涂在微水泥墙面上。为实现完全覆盖，采用横竖交叉滚涂。

微水泥施工过程图如图 4-5 所示。可以发现，图 4-5a 中初次批刮的墙面砂印较明显，而第二次批刮的墙面砂印基本被填充完整（图 4-5b），但会出现相对明显的接口印。经第三遍披刮及打磨后，如图 4-5c 所示，墙面细腻光滑，颜色均匀，无孔洞和砂印。

  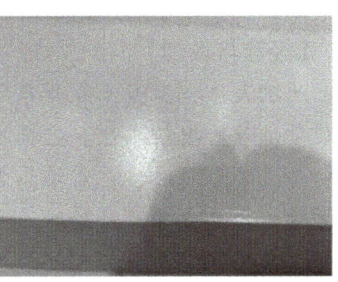

a) 微水泥第一遍批刮　　　　b) 微水泥第二遍批刮　　　　c) 微水泥打磨平整后滚刷罩面

图 4-5　微水泥施工过程

作为新型表面装饰水泥，微水泥能做到墙面、地面、顶面一体化无缝施工，最大限度地实现空间延展。图 4-6 为微水泥施工完成后的现场实拍图，墙面、地面、柜面及台面颜色及质感统一，阴角处无接缝，整体平整、光滑细腻。

同时，通过配套使用的面漆或其他表面处理工艺可实现亚光、半亚光等质感，还可通过添加天然矿物色浆、天然集料、配套面漆或其他表面处理工艺实现传统墙面装饰材料无法达到的多彩多样的表面质感，给个性装饰需求提供更丰富的选项。

微水泥以其卓越的性能在多个方面脱颖而出，具体

图 4-6　微水泥涂料的成品应用图

表现为高强度、出色的耐磨性、优异的防水性能，以及光滑且耐污的表面特性。更为难能可贵的是，其有机挥发物的含量远低于传统涂料，体现了环保健康的特点。此外，微水泥涂料还兼具多彩的装饰性能，能够满足多样化的审美需求，同时确保绿色无污染，对环境友好。

鉴于上述诸多优点，微水泥涂料在各类应用场景中均展现出巨大的应用潜力和研究价值。无论是追求实用性能的工业场所，还是注重装饰效果的家居空间，微水泥涂料都能提供理想的解决方案。其广泛的应用场景不仅涵盖了室内外墙面、地面、天花板等常规装饰领域，还拓展到了艺术装置、个性化定制等特殊用途。

因此，微水泥涂料作为一种高性能、环保且装饰性强的新型材料，正逐渐成为建筑装饰行业的研究热点和发展趋势。随着技术的不断进步和应用领域的不断拓展，微水泥涂料有望

在未来实现更加广泛的应用和更深入的研究。

【工程素质培养】

某大体积的混凝土工程，浇筑两周后拆模，发现挡墙有多道贯穿型的纵向裂缝。该工程使用某水泥厂生产42.5Ⅱ型硅酸盐水泥，其熟料矿物组成如下：C_3S 的质量分数61%，C_2S 的质量分数14%，C_3A 的质量分数14%，C_4AF 为11%。

【事故原因分析】

由于该工程所使用的水泥 C_3A 和 C_3S 含量高，导致该水泥的水化热高，且在浇筑混凝土过程中，混凝土的整体温度高，而后混凝土温度随环境温度下降，混凝土产生冷缩，造成混凝土出现贯穿型的纵向裂缝。

【经验与教训】

此次大体积混凝土裂缝事故背后，折射出对材料性能与工程应用匹配的忽视，以及对工程质量细节的把控不严。它提醒我们，在工程建设中应强化质量意识，尊重科学规律，严谨选材与施工。同时，也需培养工程人员的责任感与使命感，确保每一项工程都能经得起时间的考验，为社会的可持续发展贡献力量。

【材料与生态】

固废基胶凝材料

在高速城镇化发展的过程中，生产混凝土所需要的大量砂石骨料主要源于有限的自然资源，过度地开采已破坏了绿水青山。此外，制备混凝土所需的水泥属于高能耗产品。据统计，在全球范围内，水泥工业约占温室气体总排放量的8%，是地球上碳足迹最大的行业之一；每吨水泥的生产会释放0.5~1t二氧化碳，巨大的碳排放量对人类生存环境造成巨大的压力；2020年我国的水泥生产与消费占据全球市场的50%左右，碳排放占全国总排放量的13%。因此，水泥减碳是完成"碳中和、碳达峰"目标的最关键的领域之一。

党的二十大前后，各部委密集出台了碳达峰的各项实施方案：《"十四五"工业绿色发展规划》《工业领域碳达峰实施方案》《建材行业碳达峰实施方案》《科技支撑碳达峰碳中和实施方案（2022—2030年）》等文件，均明确要求强化工业固废综合利用，提出针对钢铁、水泥、化工等重点行业绿色低碳发展需求。为此，开展全部利用固废材料的绿色混凝土的研制工作，研发和推广"新型胶凝材料""全固废免烧胶凝材料""全固废胶凝材料"等，为混凝土绿色、可持续发展提供技术支撑。

固废基胶凝材料是指以大宗固废为主要原材料，通过均化和激发活性，制备的胶凝材料。在开始研究矿渣和粉煤灰等固废时，发现其与水泥成分相似，而且具有一定火山灰活性，可以掺杂到水泥作为活性掺合料使用；并且随着各种活化和激发手段的开发，一方面水泥中掺合料的掺量越来越大而水泥熟料越来越少，从水泥、高品质掺合料变成低熟料水泥、全固废水泥（或者叫固废基胶凝材料）……另一方面，可利用的固废类型也越来越多，如赤泥、钢渣、碱渣、锂渣、煤矸石、焚烧飞灰、石膏、尾矿微粉等都被证明可以用于制备固废基胶凝材料。这些固废不需要像水泥一样高温烧结，只需要简单的配料、粉磨、均化就能替代"水泥"使用。

以钢渣-矿渣-脱硫石膏体系固废基胶凝材料为例（图4-7）：当体系遇到水时，钢渣类物质水化形成强碱环境，协同石膏反应生成钙矾石类复盐，并激发矿渣玻璃体的活性，生成大量的 C-S-H（水化硅酸钙）凝胶和 Aft（钙矾石），以及氢氧化钙等物质。这些固废基胶凝材料的水化结构和水泥水化微观结构十分类似，都是纤维、颗粒彼此穿插成的整体，就类似长满刺的苍耳互相团在一起。

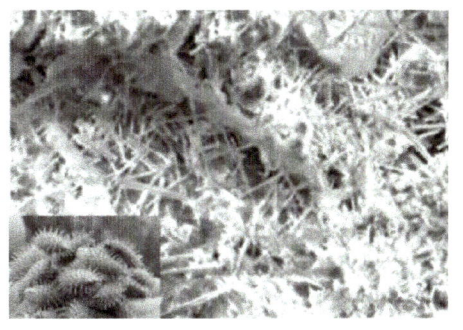

图 4-7　钢渣-矿渣-脱硫石膏体系固废基胶凝材料

这种基于固废的胶凝材料具有广泛的原材料来源、低成本和简单的生产工艺。相较于传统水泥，它不需要高温煅烧，只需简单的粉磨和适当的组分调配；其性质和应用与传统水泥类似。未来的房屋建设可能不再依赖高能耗、高污染的水泥，而是转向使用这些大宗固废生产的胶凝材料。这样的转变不仅能够降低建筑成本，还能减少对环境的负面影响，实现可持续发展的目标。

【工程能力训练】

❖ **单项选择题**

1. 【一级建造师考试真题】下列水泥品种中，配制 C60 高强混凝土宜优先选用（　　）。
   A. 矿渣水泥　　B. 硅酸盐水泥　　C. 火山水泥　　D. 复合水泥
2. 【一级建造师考试真题】要求快硬早强的混凝土应优先选用的常用水泥是（　　）。
   A. 硅酸盐水泥　　B. 矿渣水泥　　C. 普通硅酸盐水泥　　D. 复合水泥
3. 【一级建造师考试真题】关于常用水泥凝结时间的说法，正确的是（　　）。
   A. 初凝时间不宜过长，终凝时间不宜过短
   B. 初凝时间是从水泥加水拌和起至水泥浆开始产生强度所需的时间
   C. 终凝时间是从水泥加水拌和起至水泥浆达到强度等级所需的时间
   D. 常用水泥的初凝时间均不得短于 45min，硅酸盐水泥的终凝时间不得长于 6.5h

❖ **填空题**

1. 普通硅酸盐水泥的强度等级通常以＿＿＿＿来表示，如 32.5 级、42.5 级等。
2. 水泥是一种常用的建筑材料，主要由＿＿＿＿（如石灰石、黏土等）经过高温煅烧而成。
3. 普通硅酸盐水泥的代号为＿＿＿＿，其抗压强度较高，适用于多种建筑工程。

❖ **问答题**

1. 硅酸盐水泥熟料是由哪些矿物组成的？它们对水泥的性能（如强度、水化反应速度和水化热等）有何影响？
2. 评价水泥的主要技术指标有哪几项？各自反映水泥的什么性质？
3. 请简单介绍一种专用水泥的优点及应用。

第5章 混凝土与砂浆

【知识目标】

了解混凝土与砂浆在工程应用中的基本概念、新型混凝土的种类、建筑砂浆的分类及技术性质；熟悉普通混凝土的组成材料及其拌合物的基本性能和力学性能、混凝土质量评定的基本方法和标准、预拌砂浆的特性和应用条件；掌握混凝土配合比设计的基本原则和步骤，以及配合比调整的方法；能够根据工程要求设计和调整混凝土配合比，确保混凝土的性能满足工程需求；能够理解不同种类新型混凝土的特点，选择合适的混凝土类型进行工程应用。

【思维导图】

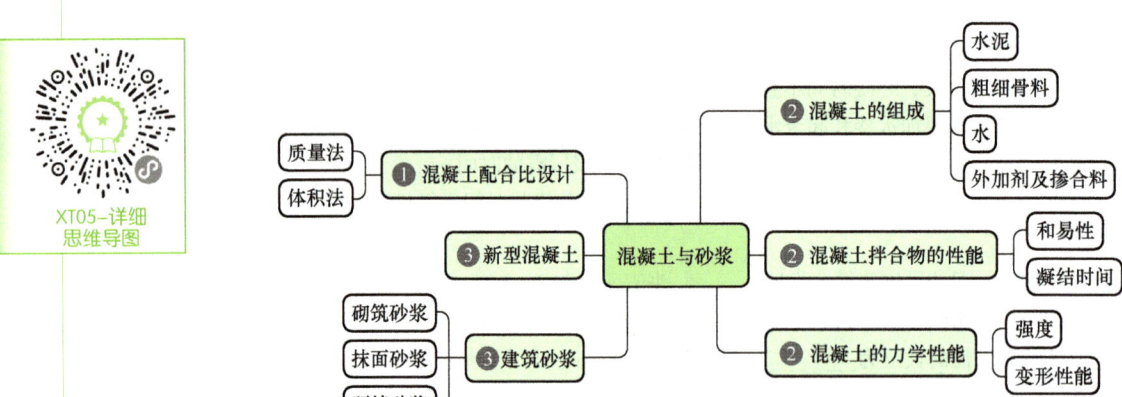

XT05-详细思维导图

【工程案例导入】

五千年前的"黑科技"——仰韶村的混凝土探秘

在中华文明的长河中，建筑材料如同一座座时光之桥，连接着过去与现在。在遥远的五千年前，一个神秘的"黑科技"悄然诞生在中国的大地上。这不是科幻小说中的情节，而是真实发生在河南仰韶村的历史奇迹，这些遗迹不仅是历史的见证，更是古人智慧的结晶。今天，就让我们一起踏上一场穿越千年的建筑之旅，感受从古到今土木工程材料的发展历程。

仰韶村遗址位于河南省三门峡市渑池县，距今7000～5000年，仰韶先民在河谷阶地营建聚落，从事农耕、养殖、狩猎、制陶等工作……1921年10月，仰韶村遗址展开第一次正式考古发掘，这标志着中国现代考古学的诞生，也证实了中国史前时期存在着非常发达的新石器时代文化，其重要发现被命名为"仰韶文化"，这是中国近代考古学史上的第一个考古学文化名称。作为中国考古学的诞生地，仰韶村遗址分别于1921、1951、1980年进行了三次考古发掘。为进一步了解仰韶村遗址文化内涵及聚落布局、功能分区等信息，2020年8月22日，仰韶村遗址进行第四次考古发掘工作。

正是此次发掘发现了距今5000多年前的近似水泥混凝土（图5-1），也是目前中国考古发现年代最早的类似水泥混凝土房屋建筑材料。在此次考古发掘中，还在该地区首次发现了草拌泥红烧土和"涂朱"房屋建筑材料。"涂朱"墙壁地面等房屋建筑材料的发现，说明仰韶村遗址极有可能存在高等级高规格的大型房屋建筑。此外，遗址中部土方量巨大的仰韶文化壕沟的出现也反映出仰韶村遗址在仰韶文化时期人口众多、聚落发展繁盛。

图5-1　河南仰韶村遗址出土的类似水泥混凝土地坪

这种类似"水泥混凝土"的建筑材料，完全区别于那个时期常见的红烧土草拌泥，红烧土是红色的，而它是灰黑色的，质地非常坚硬，刷新了对仰韶村遗址仰韶文化时期房屋建筑类别、形制、建筑技术等方面的认识，为研究仰韶文化时期房屋建筑技术提供了新材料，具有重要的考古价值。它主要用于建造房屋的地面和墙面，显示出古人在材料科学上的深刻理解和创新精神。

5.1　普通混凝土

混凝土，通常简称为"砼"，是一种广泛使用的建筑材料，主要由水泥、砂（细骨料）、石子（粗骨料）和水按一定比例混合而成。在必要时，还可以加入外加剂和矿物掺合料以改善其性能。这种材料经过搅拌、成型和硬化过程后，成为具有高硬度和耐久性的人造石材，广泛应用于各种建筑工程中。

混凝土的历史可以追溯到数千年前，早期的混凝土使用黏土、石灰等作为胶凝材料。自波特兰水泥发明以来，混凝土因其优异的强度和耐久性而得到广泛应用。20世纪初，随着水灰比理论的提出，混凝土技术得到了进一步的发展和完善。现代混凝土技术不仅关注材料的抗压强度，还注重提高其耐久性和变形性能，以满足更复杂和严苛的工程需求。

普通混凝土是一种多组分、多相、多层次的复杂结构体系，其性能受到多种因素的影响，包括原材料的性质、配合比、施工工艺等。因此，在设计和施工过程中，需要综合考虑各种因素，以确保混凝土的质量和性能满足工程要求。

5.1.1　混凝土的分类

混凝土作为土木工程中应用最为广泛的建筑材料之一，其种类多样，各具特色，能够满足不同工程需求。

1. 按胶凝材料分类

根据胶凝材料的不同，混凝土可分为水泥混凝土、石膏混凝土、沥青混凝土、聚合物混凝土等类型。水泥混凝土以其良好的工作性和较高的强度成为最常用的混凝土类型；石膏混凝土则因其防火、隔热性能优异而备受青睐；沥青混凝土则以其出色的耐久性和防滑性在道路建设中占据重要地位；聚合物混凝土则利用聚合物作为黏合剂，具有优异的抗渗性和耐久性，适用于需要高耐久性或高抗渗性的结构。此外，还有石膏混凝土、水玻璃混凝土、碱矿渣混凝土、硫黄混凝土、树脂混凝土等。

2. 按骨料品种分类

按骨料品种分类，混凝土可分为碎石混凝土、卵石混凝土等。碎石混凝土以碎石为骨料，适用于各种建筑和道路工程，具有较高的强度和较好的耐久性。卵石混凝土则以卵石为骨料，通常用于需要较高耐久性的结构，如大型水利工程。此外，还有细粒混凝土、大孔混凝土、多孔混凝土、纤维混凝土等。

3. 按强度等级分类

混凝土的强度等级也是其分类的重要依据。普通混凝土强度等级较低，适用于一般建筑和道路工程；高强混凝土则具有较高的强度等级，通常用于需要承受较大荷载的结构，如高层建筑、大型桥梁等；超高强混凝土则具有极高的强度等级，通常用于特殊工程，如超高层建筑、特殊桥梁等。

4. 按施工方法和用途分类

根据施工方法和用途的不同，混凝土还可分为泵送混凝土、喷射混凝土、结构混凝土、装饰混凝土、防水混凝土和道路混凝土等类型。泵送混凝土通过泵送设备将混凝土输送到施工位置，适用于高层建筑和远距离输送；喷射混凝土则利用喷射设备将混凝土喷射到施工位置，适用于隧道、边坡等复杂地形；结构混凝土用于承受结构荷载，如梁、板、柱等；装饰混凝土则具有特殊装饰效果，如彩色混凝土、压花混凝土等；防水混凝土具有优异的防水性能，常用于地下室、水池等需要防水的结构；道路混凝土则主要用于道路建设，如沥青混凝土。

5.1.2 混凝土的组成

混凝土的组成对其性能有着决定性的影响。正确选择和使用这些组分，不仅可以提高混凝土的质量和耐久性，还可以满足特定工程的需求。

1. 水泥

水泥是一种细磨材料，加水搅拌后成浆体，能在空气中硬化，并在水中继续硬化保持强度和体积稳定性，能把砂、石等材料牢固地胶结在一起。

在混凝土中，水泥与水混合后形成水泥浆，水泥浆凭借其良好的流动性，均匀地包裹在骨料表面，并填充骨料间的空隙。随着时间推移，水泥发生水化反应逐渐硬化，在这个过程中，水泥浆与骨料间形成了强大的黏结力，如同'胶水'一般将骨料牢固地胶结成一个整体，从而为混凝土提供强度。水泥的强度和耐久性取决于水泥与水的比例及水泥的种类与质量。

水泥的强度等级应与混凝土的设计强度等级相适应。原则上，配制高强度等级的混凝土，应选用高强度等级的水泥；配制低强度等级的混凝土，选用低强度等级的水泥。如采用高强度等级的水泥配制低强度等级的混凝土，会使水泥用量偏少，影响其和易性和耐久性，必须掺入一定数量的矿物掺合料。如采用低强度等级的水泥配制高强度等级的混凝土，会使水泥用量过多，不经济，而且会影响混凝土的其他技术性质，如干缩等。通常，混凝土强度等级为 C30 以下时，多采用强度等级为 32.5 的水泥；混凝土强度等级大于 C30 时，可采用强度等级为 42.5 以上的水泥。

在选择水泥种类时，应根据具体工程要求和条件进行选择，包括水泥的种类、强度等级、凝结时间等。同时，应注意水泥的贮存和保管，避免受潮、结块和变质。在使用水泥时，应严格控制水的比例和外加剂的掺量，以确保混凝土的质量和性能。

水泥的相关知识详见第 4 章。

2. 骨料

为了深入理解混凝土的微观结构与宏观性能之间的关系，首先要对粗细骨料有一个清晰的认识。普通混凝土用骨料按粒径分为细骨料和粗骨料。它们不仅是混凝土的"骨架"与"填充物"，更是决定混凝土力学性能、耐久性及工作性的重要因素。它们一般不与水泥浆起化学反应，在混凝土中主要是起骨架作用，因而可以大大节省水泥。同时，还可以降低水化热，大大减小混凝土由于水泥浆硬化而产生的收缩，并起抑制裂缝扩展的作用。

细骨料即粒径小于 4.75mm 的颗粒，主要包括天然砂、机制砂等，它们在混凝土中主要起填充粗骨料间空隙、增加混凝土密实度及改善工作性的作用。粗骨料通常指粒径大于 4.75mm 的颗粒，如碎石、卵石等，它们在混凝土中起到主要的骨架支撑作用，赋予混凝土必要的强度和稳定性。

砂石骨料是基础设施建设工程用量最大的材料，我国每年产销量约 200 亿 t，占世界总量的一半。随着生态环境保护力度的加强和建筑工程快速发展，近几年砂石行业一度出现供需失衡、价格高涨等问题，引起了政府部门的高度重视和社会各界的广泛关注。为解决天然砂石资源面临枯竭的现实问题，大力发展机制砂石已成为新形势下砂石行业安全高质量发展必由之路，但机制砂石性能指标不统一、来源渠道受限等问题阻碍了砂石行业转型升级和绿色发展。针对上述情况，《建设用砂》（GB/T 14684—2022）、《建设用卵石、碎石》（GB/T 14685—2022）等标准及时进行了修订，以进一步增强砂石产品品质和供给水平，满足我国基础设施建设需求，为砂石行业的健康有序高质量发展提供坚实的技术支撑。

（1）砂（细骨料）

1）砂的分类。

① 产源分类。砂按产源分为天然砂、机制砂（见图 5-2）和混合砂。

天然砂是在自然条件作用下岩石产生破碎、风化、分选、运移、堆（沉）积，形成的粒径小于 4.75mm 的岩石颗粒。天然砂颗粒形状多为圆形或椭圆形，表面较为光滑，颗粒间空隙较大，在混凝土中的流动性较好，但其强度和耐久性相对较差。天然砂的开采往往会对自然环境造成破坏，如河床下切、水土流失等。此外，过度开采天然砂还会破坏生态平衡，影响水生生物的生存环境。因此，在开采天然砂时需要采取合理的环保措施，以减少对环境的破坏。

机制砂也被称为人工砂，是以岩石、卵石、矿山废石和尾矿等为原料，经除土处理，由机械破碎、整形、筛分、粉控等工艺制成的，级配、粒形和石粉含量满足要求且粒径小于 4.75mm 的颗粒。机制砂的颗粒形状多为不规则的多角形，表面粗糙，颗粒间空隙较小，黏结力更强，从而提高了混凝土的强度和耐久性。机制砂原料来源广泛，加工便利，有助于缓解天然砂资源紧缺的问题。机制砂的粒度分布、细度模数、石粉含量等关键性能指标可以通过生产过程进行人工控制,以满足不同工程的需求。不过,其存在的缺点包括片状颗粒与石粉含量较多,且生产成本相对较高。

a) 天然砂

b) 机制砂

图 5-2　天然砂和机制砂

混合砂是由机制砂和天然砂按一定比例混合而成的砂。混合砂具备多种砂料的优点,如机制砂的坚硬、颗粒均匀和天然砂的细软、易于成型等。这些特性使得混合砂在建筑领域具有更广泛的应用前景。由于混合砂的质量受机制砂和天然砂本身质量的影响而波动,因此需要严格按照相关标准对进场的机制砂和天然砂进行检验,并对混合砂进行质量控制。此外,还需要根据具体的工程要求和砂料的特性来选择合适的混合比例和使用方法。

② 天然砂分类。天然砂包括河砂、湖砂、山砂、净化处理的海砂,但不包括软质、风化的颗粒。

河砂是岩石经过风化、剥蚀及水流冲刷、搬运作用,在河道内或河滩上堆积形成的。河砂颗粒圆滑,比较洁净,来源广泛,其成分较为复杂,杂质含量多,是建筑领域的重要材料,常用于混凝土的制备,是水泥标准砂的主要来源。

湖砂是湖泊环境中的岩石经过长时间的物理和化学风化作用而形成的颗粒物质,沉积在湖泊中形成的。湖砂颗粒通常较为细腻,具有良好的粒度和洁净度,是建筑、混凝土等行业的常用材料。

山砂是从山上挖出的石头碎片,富含棱角且表面粗糙,经过加工处理后得到的细砂。与河砂相比,山砂具有颗粒饱满、硬度较高、粉尘较少等特点。山砂常与水泥浆之间展现出良好的黏结性能,但其含泥量和含有机杂质较多。山砂在建筑方面有着广泛的应用,如建筑砂浆、混凝土、路面铺垫等。

海砂是海中的砂石,经海水冲刷、滚动、碰撞、打磨而成。海砂表面圆滑,比较洁净,但常混有贝壳碎片,且含有较多的盐分,主要是氯离子。如果海砂未经适当处理就直接用于混凝土,可能会对钢筋产生锈蚀作用,影响建筑物的安全使用寿命。尽管存在对钢筋的潜在锈蚀风险,但经过淡化处理并满足相关标准后,海砂仍可作为建筑骨料使用,广泛应用于城市建设、公路、铁路和桥梁等混凝土结构建筑中。

③ 建设用砂分类。建设用砂按颗粒级配、含泥量(石粉含量)、亚甲蓝(MB)值、泥块含量、有害物质、坚固性、压碎指标、片状颗粒含量等技术要求分为Ⅰ类、Ⅱ类和Ⅲ类。其中,Ⅰ类砂通常用于强度等级大于或等于C60的混凝土,以及强度等级大于或等于C30的钢筋混凝土和预应力混凝土。Ⅰ类砂的技术要求最为严格,特别是颗粒级配、含泥量(石粉含量)、亚甲蓝(MB)值、泥块含量等指标,以确保高性能混凝土的质量。Ⅱ类砂的

颗粒级配和含泥量等指标相对Ⅰ类砂要宽松一些，适用于强度等级小于C60的混凝土，以及一些对砂的技术要求不是特别严格的工程。而Ⅲ类砂颗粒级配和含泥量等指标要求最低，一般用于普通砂浆或其他对砂的技术要求较低的工程，用于配制一般的建筑砂浆或低强度混凝土。在实际工程中，应综合考虑工程需求、材料成本及环境因素，合理选择砂料类型，并依据相关标准和规范进行严格的试验与检测，以确保工程质量和安全。

2）砂的颗粒级配。砂的颗粒级配是指砂中不同粒径的颗粒所占的比例，也就是砂子大小颗粒的搭配比例，它反映了砂子中颗粒的分布情况。良好的级配，粗颗粒的空隙恰好由中颗粒填充，中颗粒的空隙恰好由细颗粒填充，如此逐级填充（图5-3）使砂子形成密实的堆积状态，空隙率达到最小值，堆积密度达最大值。这样可达到节约水泥，提高混凝土工作性、强度和耐久性的目标。

V10-砂的颗粒级配

在探讨砂的物理性能与工程应用时，颗粒级配是一个不可忽视的关键因素。它直接关联到砂的填充性、密实性及在不同工程中的适用性。具体来说，砂的颗粒级配主要分为连续级配和间断级配两种类型。

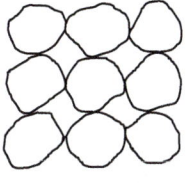
a) 只有大颗粒

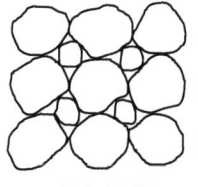
b) 填充中颗粒

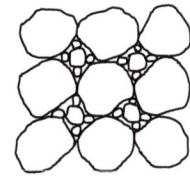
c) 填充中颗粒和细颗粒

图 5-3　砂的颗粒级配

① 连续级配：砂的颗粒由大到小连续分布，每一级都占有适当的比例。这种级配使得砂子具有较好的填充性和密实性。

② 间断级配：在砂子颗粒分布的整个区间里，从中间剔除一个或连续几个粒级，形成不连续的级配。这种级配可能在某些特定应用中有优势，但一般不如连续级配广泛。

砂的颗粒级配通常通过筛分析试验来评定。试验使用一套标准筛，以7个为一套，方孔筛净边尺寸分别为9.50mm、4.75mm、2.36mm、1.18mm、0.60mm、0.30mm、0.15mm。将500g的烘干砂试样由粗到细依次过筛，然后称出余留在各个筛上的砂子质量，并参照表5-1算出各个筛上的分计筛余和累计筛余。

根据《建筑用砂》（GB/T 14684—2022），除特细砂外，Ⅰ类砂的累计筛余应符合表5-1中2区的规定，分计筛余应符合表5-2的规定；Ⅱ类和Ⅲ类砂的累计筛余应符合表5-1的规定。砂的实际颗粒级配除4.75mm和0.60mm筛外，可以超出，但各级累计筛余超出值总和不应大于5%。分计筛余与累计筛余的关系见表5-3。

表 5-1　累计筛余

砂的分类	天然砂			机制砂、混合砂		
级配区	1 区	2 区	3 区	1 区	2 区	3 区
方筛孔尺寸/mm	累计筛余（%）					
4.75	10～0	10～0	10～0	5～0	5～0	5～0
2.36	35～5	25～0	15～0	35～5	25～0	15～0
1.18	65～35	50～10	25～0	65～35	50～10	25～0
0.60	85～71	70～41	40～16	85～71	70～41	40～16
0.30	95～80	92～70	85～55	95～80	92～70	85～55
0.15	100～90	100～90	100～90	97～85	94～80	94～75

表5-2　分计筛余

方筛孔尺寸/mm	4.75①	2.36	1.18	0.60	0.30	0.15②	筛底③
分计筛余（%）	0~10	10~15	10~25	20~31	20~30	5~15	0~20

① 对于机制砂，4.75 mm 筛的分计筛余不应大于5%。
② 对于 MB 值>1.4 的机制砂，0.15 mm 筛和筛底的分计筛余之和不应大于25%。
③ 对于天然砂，筛底的分计筛余不应大于10%。

表5-3　分计筛余与累计筛余的关系

筛孔尺寸/mm	分计筛余量/g	分计筛余（%）	累计筛余（%）
4.75	M_1	a_1	$A_1 = a_1$
2.36	M_2	a_2	$A_2 = a_1 + a_2$
1.18	M_3	a_3	$A_3 = a_1 + a_2 + a_3$
0.60	M_4	a_4	$A_4 = a_1 + a_2 + a_3 + a_4$
0.30	M_5	a_5	$A_5 = a_1 + a_2 + a_3 + a_4 + a_5$
0.15	M_6	a_6	$A_6 = a_1 + a_2 + a_3 + a_4 + a_5 + a_6$

用筛分方法来分析细骨料的颗粒级配，只能对砂的粗细程度做大致区分，而难于对同属一个级配区而粗细程度稍异的砂加以区别。为了补救这个缺陷，在根据筛分曲线作出颗粒级配是否合格的结论之后，还须按照式（5-1）求出砂子的细度模数 M_x（精确至0.01），用它来评定砂子的粗细程度。

$$M_x = \frac{(A_2 + A_3 + A_4 + A_5 + A_6) - 5A_1}{100 - A_1} \tag{5-1}$$

按照细度模数把砂分为粗砂、中砂、细砂和特细砂。其中 M_x 在3.7~3.1 为粗砂，M_x 在3.0~2.3 为中砂，M_x 在2.2~1.6 为细砂，M_x 在1.5~0.7 为特细砂。

根据这些数据，可以绘制砂的级配曲线，直观判断砂颗粒组成的优劣。

以图5-4来说，筛分曲线必须落在三个级配区之一的上下限界线之间，才可认为砂的颗粒级配合格。级配曲线符合2区的砂，粗细程度适中，级配最好。1区砂粗粒较多，保水性较差，宜于配制水泥用量较多或流动性较小的普通混凝土。3区砂颗粒偏细，用它来配制普通混凝土，黏结性略大，保水性较好，容易振捣，但干缩性较大，表面容易产生微裂纹。

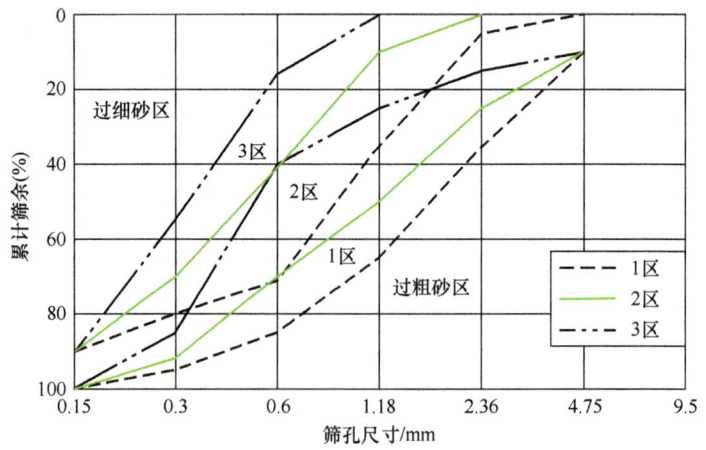

图5-4　砂的级配曲线

对于砂而言，良好的颗粒级配意味着不同粒径的颗粒能够均匀分布，有效填充彼此间的空隙，从而降低空隙率，增强砂的密实性和强度。同时，这种均匀的颗粒分布还有助于减少砂的总表面积，进而在制备砂浆或混凝土时减少水泥浆的用量，提高材料的经济性和实用性。颗粒级配均匀的砂，其使用效果较好。它能够使砂浆制备更加均匀，保证建筑物的强度，并提高建筑物的使用寿命。相反，颗粒级配较差的砂，其使用效果会大打折扣，可能无法满足建筑物的要求，从而影响建筑物的质量和使用寿命。

在混凝土中，颗粒级配的重要性同样不言而喻。它直接关系到混凝土的工作性，包括流动性、黏结性和保水性，良好的级配能够确保混凝土在施工过程中易于操作，获得均匀密实的成型效果。此外，颗粒级配还显著影响混凝土的和易性、强度、稳定性和耐久性。合理的颗粒级配能够减少混凝土内部的孔隙率，提高密实度，从而增强混凝土的强度；同时，它还有助于改善混凝土内部颗粒的排列方式，提高颗粒间的黏结力，进一步提升混凝土的整体性能。

因此，在实际工程中，选择合适的砂料和混凝土配合比，确保颗粒级配的合理性，是保障工程质量和性能的关键所在。例如，在道路建设中，需要使用较粗的砂石来提供较好的承载能力；而在混凝土制备中，则需要较细的砂石来保证混凝土的均匀性和强度。因此，在选择砂料时，需要综合考虑砂的颗粒级配、粗细程度、含泥量等因素。

3）砂的粗细程度。砂的粗细程度是指不同粒径的砂粒混合在一起的平均粗细程度，它反映了砂子中粗颗粒和细颗粒的相对含量，是衡量砂料质量的重要指标之一。根据《建设用砂》（GB/T 14684—2022），砂按细度模数分为粗砂、中砂、细砂和特细砂（见图5-5）：粗砂细度模数为3.7～3.1，通常用于要求高强度和高密度的混凝土或砂浆中；中砂细度模数为3.0～2.3，用途广泛，适用于大多数的建筑用混凝土和砂浆；细砂细度模数为2.2～1.6，适用于要求较光滑表面或与某些特殊材料混合的场合；特细砂细度模数为1.5～0.7，通常用于精细的施工要求，如装饰砂浆或特殊涂料。

V11-砂的粗细程度

a) 粗砂　　　　b) 中砂　　　　c) 细砂　　　　d) 特细砂

图5-5　粗砂、中砂、细砂和特细砂

这些分类有助于确保砂在具体工程应用中的适宜性和性能。例如，粗砂因为其较粗的颗粒，可以提供良好的抗压强度；特细砂则可能用于需要较细密堆积的场合，以达到特定的施工效果。不同细度模数的砂料选择，将直接影响到混凝土或砂浆的工作性和最终性能。

细度模数是表征砂粗细程度的宏观指标，对新拌混凝土的工作性影响较大，而对强度影响不明显。但当砂的细度模数在一定范围内变化时，对低强度等级混凝土的影响较小，对高强度等级混凝土的影响比较明显。细度模数相同的砂，其级配不一定相同，因此不能单独用细度模数来预测混凝土强度。

砂的颗粒级配和粗细程度是评价砂质量的重要指标，它们直接影响到混凝土或砂浆的工作性和强度。如果砂子的级配判定为不合格时，可以采取人工调配的方法来加以调整。例如，有两种级配不合格的砂，一个过粗，一个过细，可将这两种砂通过试验选取适当比例来掺合使用，使之符合级配区的要求。为了调整级配，也可将砂过筛，除去多余的部分。

4）砂的技术要求。

① 砂的泥含量、泥块含量和石粉含量。砂中的泥是指粒径小于 0.075mm 的颗粒，通常是黏土矿物。泥含量过高会影响水泥浆与骨料间的黏结力，增加混凝土的需水量，从而可能降低混凝土的强度和耐久性。泥块是指在砂中存在的较大颗粒的泥质材料，它们会削弱混凝土的断面，造成混凝土结构的不均匀性。泥块上浮可能导致混凝土表面形成凹坑等缺陷，严重影响混凝土的强度和外观质量。天然砂的泥含量和泥块含量应符合表5-4的规定。

表 5-4 天然砂的泥和泥块含量

类别	Ⅰ类	Ⅱ类	Ⅲ类
泥含量（质量分数）（%）	≤1.0	≤3.0	≤5.0
泥块含量（质量分数）（%）	≤0.2	≤1.0	≤2.0

石粉是机制砂中的一种细粉，通常来源于砂石的生产工艺。适量的石粉可以改善混凝土的流动性和黏结性，提高混凝土的强度，尤其是在低强度等级的混凝土中。但过多的石粉会增加混凝土的需水量，降低混凝土的强度和耐久性。石粉含量的增加，会使得混凝土的抗压强度先增大后减小，存在一个最优的石粉含量比例。机制砂的石粉含量应符合表5-5的规定。

表 5-5 机制砂的石粉含量

类别	亚甲蓝值（MB）	石粉的质量分数（%）
Ⅰ类	MB≤0.5	≤15.0
	0.5＜MB≤1.0	≤10.0
	1.0＜MB≤1.4 或快速试验合格	≤5.0
	MB＞1.4 或快速试验不合格	≤1.0[①]
Ⅱ类	MB≤1.0	≤15.0
	1.0＜MB≤1.4 或快速试验合格	≤10.0
	MB＞1.4 或快速法不合格	≤3.0[①]
Ⅲ类	MB≤1.4 或快速试验合格	≤15.0
	MB＞1.4 或快速法不合格	≤5.0[①]

注：根据使用环境和用途，经试验验证，由供需双方协商确定，Ⅰ类砂石粉的质量分数可放宽至不大于3.0%，Ⅱ类砂石粉的质量分数可放宽至不大于5.0%，Ⅲ类砂石粉的质量分数可放宽至不大于7.0%。

① 砂浆用砂的石粉含量不做限制。

② 砂的有害物质含量。砂中常含有一些有害杂质，如云母、硫酸盐及硫化物、有机物质及轻物质等。云母呈薄片状，表面光滑，与硬化水泥浆黏结不牢，与水泥浆黏结力差，且易风化，影响混凝土的强度及耐久性。硫酸盐、硫化物及有机物质对硬化水泥浆有腐蚀作用，延迟混凝土的硬化，影响强度的增长。密度小于 $2g/cm^3$ 轻物质（如煤和褐煤等）会降低混凝土的强度和耐久性。为了保证混凝土的质量，上述这些有害物质的含量必须加以限制。砂中如含有云母、轻物质、有机物、硫化物及硫酸盐、氯化物、贝壳，其含量应符合表5-6的规定。

③ 砂的坚固性和压碎指标。砂的坚固性反映了砂粒在遭受外力作用下的耐磨耗能力。坚固的砂粒在混凝土中能够更好地抵抗磨损，提高混凝土的耐久性。如果砂的坚固性差，砂

粒在混凝土搅拌、运输和使用过程中容易破碎，导致混凝土内部结构疏松，强度和耐久性下降。压碎指标是衡量砂粒在一定压力下抵抗压碎能力的指标。压碎指标低的砂粒意味着其强度较高，能够在混凝土中提供更好的骨架支持，从而提高混凝土的强度和稳定性。对于高强度等级的混凝土，如 C60 及以上，压碎指标尤为重要，因为这些混凝土对骨料的强度要求更高。压碎指标高的砂会导致混凝土的耐磨性和耐久性下降。采用硫酸钠溶液法进行试验时，砂的质量损失应符合表 5-7 的规定。机制砂的压碎指标还应满足表 5-8 的规定。

表 5-6　有害物质含量

有害物质	类别		
	Ⅰ 类	Ⅱ 类	Ⅲ 类
云母（质量分数）（%）	≤1.0		≤2.0
轻物质（质量分数）[1]（%）	≤1.0		
有机物	合格		
硫化物及硫酸盐（按 SO_2 质量计）（%）	≤0.5		
氯化物（以氯离子质量计）（%）	≤0.01	≤0.02	≤0.06[2]
贝壳（质量分数）[3]（%）	≤3.0	≤5.0	≤8.0

[1] 天然砂中如含有浮石、火山渣等天然轻骨料时，经试验验证后，该指标可不做要求。
[2] 对于钢筋混凝土用净化处理的海砂，其氯化物含量应小于或等于 0.02%。
[3] 该指标仅适用于净化处理的海砂，其他砂种不做要求。

表 5-7　坚固性指标

类别	Ⅰ 类	Ⅱ 类	Ⅲ 类
质量损失率（%）	≤8	≤8	≤10

表 5-8　机制砂压碎指标

类别	Ⅰ 类	Ⅱ 类	Ⅲ 类
单级最大压碎指标（%）	≤20	≤25	≤30

④ 片状颗粒含量。片状颗粒含量是指砂中片状颗粒的相对数量，通常用百分比表示。它是评价砂质量的一个重要指标，对混凝土的工作性、强度、耐久性和抗渗性能有显著影响。片状颗粒由于形状不规则和摩擦力大，会降低混凝土的流动性和可塑性，降低混凝土的和易性。此外，片状颗粒不易被水泥浆体充分包裹，形成的黏结力较弱，从而减少混凝土的强度。在耐久性方面，片状颗粒可能在混凝土中形成薄弱点，使混凝土在受到外部力作用时更容易破裂。同时，片状颗粒的存在还可能增加混凝土的渗透性，降低其抗渗性能，并可能因湿度和温度变化而引起体积变化，导致裂纹和剥落。因此，在实际的混凝土生产中，控制片状颗粒含量至适当水平是至关重要的，以确保混凝土的性能满足工程要求。Ⅰ类机制砂的片状颗粒含量不应大于 10%。

⑤ 碱骨料反应。碱骨料反应是混凝土中水泥、外加剂、掺合料和拌合水中的可溶性碱（钾、钠）溶于混凝土孔隙液中，与骨料中能与碱反应的活性成分在混凝土硬化后逐渐发生的一种化学反应。这种反应会导致混凝土体积膨胀、开裂，最终可能导致混凝土结构的破坏。当需方提出要求时，应出示膨胀率实测值及碱活性评定结果。

（2）石子（粗骨料）

1）石子的分类。常用的粗骨料有天然卵石（砾石）和人工碎石两种，如图5-6所示。

① 卵石。卵石是在自然条件作用下岩石产生破碎、风化、分选、运移、堆（沉）积，而形成的粒径大于4.75mm的岩石颗粒。天然卵石有河卵石、海卵石和山卵石等。河卵石表面光滑，少棱角，比较洁净，大都具有天然级配。而山卵石含黏土等杂质较多，使用前必须加以冲洗。因此，河卵石最为常用。

② 碎石。碎石是天然岩石、卵石或矿山废石经破碎、筛分等机械加工而成的，粒径大于4.75mm的岩石颗粒。碎石系将坚硬岩石轧碎而成，一般比天然卵石干净，而且表面粗糙，颗粒富有棱角，与水泥石黏结较牢，但流动性较差。

V12-碎石和卵石对混凝土性能的影响

a) 卵石   b) 碎石

图 5-6 卵石和碎石

2）石子的颗粒级配和最大粒径。

① 石子的颗粒级配，是指不同粒径的石子在骨料中所占的比例，良好的颗粒级配有助于减少混凝土的空隙率和水泥浆的用量，从而提高混凝土的密实度和强度。卵石、碎石的颗粒级配应符合表5-9的规定。

表5-9 颗粒级配

公称粒级/mm		累计筛余（%）										
		方孔筛孔径/mm										
		2.36	4.75	9.50	16.0	19.0	26.5	31.5	37.5	53.0	63.0	75.0	90
连续粒级	5~16	95~100	85~100	30~60	0~10	0	—	—	—	—	—	—	—
	5~20	95~100	90~100	40~80	—	0~10	0	—	—	—	—	—	—
	5~25	95~100	90~100	—	30~70	—	0~5	0	—	—	—	—	—
	5~31.5	95~100	90~100	70~90	—	15~45	—	0~5	0	—	—	—	—
	5~40	—	95~100	70~90	—	30~65	—	—	0~5	0	—	—	—
单粒粒级	5~10	95~100	80~100	0~15	0	—	—	—	—	—	—	—	—
	10~16	—	95~100	80~100	0~15	0	—	—	—	—	—	—	—
	10~20	—	95~100	85~100	—	0~15	0	—	—	—	—	—	—
	16~25	—	—	95~100	55~70	25~40	0~10	0	—	—	—	—	—
	16~31.5	—	95~100	—	85~100	—	—	0~10	0	—	—	—	—
	20~40	—	—	95~100	—	80~100	—	0~10	—	0	—	—	—
	25~31.5	—	—	—	95~100	—	80~100	0~10	—	—	0	—	—
	40~80	—	—	—	—	95~100	—	70~100	—	30~60	—	0~10	0

注："—"表示该孔径累计筛余不做要求；"0"表示该孔径累计筛余为0。

② 石子的最大粒径，是指石子的最大尺寸，通常受到混凝土构件的截面尺寸、钢筋间距及搅拌和输送设备的限制。石子在混凝土中不是以紧密堆积的形式存在，而是砂浆先把石子表面包裹得到"石子包裹体"，同时形成薄薄的过渡区。在相邻石子接触的地方也会被砂浆分离黏结，同时砂浆又填充了石子包裹体的空隙。在级配合格时，石子的最大粒径越大，单位质量石子所具有的外总表面积就越小，砂浆用量就越少，石子用量则越多；反之，石子最大粒径越小，石子用量越少。

3）石子的技术要求。卵石泥含量、碎石泥粉含量和泥块含量应符合表5-10的规定。卵石、碎石的针、片状颗粒含量应符合表5-11的规定。

表5-10 卵石泥含量、碎石泥粉含量和泥块含量

类别	Ⅰ类	Ⅱ类	Ⅲ类
卵石泥含量（质量分数）（%）	≤0.5	≤1.0	≤1.5
碎石泥粉含量（质量分数）（%）	≤0.5	≤1.5	≤2.0
泥块含量（质量分数）（%）	≤0.1	≤0.2	≤0.7

表5-11 针、片状颗粒含量

类别	Ⅰ类	Ⅱ类	Ⅲ类
针、片状颗粒含量（质量分数）（%）	≤5	≤8	≤15

粗骨料在混凝土中主要起骨架作用，故必须有足够的强度和坚固性。粗骨料的强度，一般以碎石或卵石的立方强度或压碎指标来反映，应符合表5-12、表5-13的规定。

表5-12 岩石抗压强度

类别	岩浆岩	变质岩	沉积岩
岩石抗压强度/MPa	≥80	≥60	≥45

表5-13 压碎指标

类别		Ⅰ类	Ⅱ类	Ⅲ类
压碎指标（%）	碎石	≤10	≤20	≤30
	卵石	≤12	≤14	≤16

用于混凝土的粗骨料除应具有足够的强度外，还应具有足够的坚固性，以抵抗冻融循环作用和自然界的各种物理风化作用，保证混凝土的耐久性。采用硫酸钠溶液法进行试验时，卵石、碎石的质量损失应符合表5-14的规定。

表5-14 坚固性指标

类别	Ⅰ类	Ⅱ类	Ⅲ类
质量损失率（%）	≤5	≤8	≤12

粗骨料也可能含有一些有害杂质，主要是黏土及淤泥、有机物、硫化物及硫酸盐等，其危害作用基本上与砂中有害杂质的作用相同，故应加以限制。

卵石、碎石的有害物质含量应符合表5-15的规定。

表 5-15　有害物质含量

类别	Ⅰ类	Ⅱ类	Ⅲ类
有机物含量	合格	合格	合格
硫化物及硫酸盐含量（以 SO_3 质量计）（%）	≤0.5	≤1.0	≤1.0

3. 混凝土用水

混凝土用水是混凝土拌和用水和混凝土养护用水的总称，包括饮用水、地表水、地下水、再生水、混凝土企业设备洗刷水和海水等。

用来拌制和养护混凝土的水，不应含有能够影响水泥正常凝结与硬化的有害杂质、油脂和糖类等。凡可供饮用的自来水或清洁的天然水，一般都可用来拌制和养护混凝土。遇到为工业废水或生活废水所污染的河水或含有矿物质较多的泉水时，应该事先进行化验，水质必须符合《混凝土用水标准》（JGJ 63—2006）的规定。

由于海水中含有硫酸盐、镁盐和氯化物，对硬化水泥浆有腐蚀作用，有的会锈蚀钢筋。故在钢筋混凝土和预应力钢筋混凝土工程中，不得用海水拌制混凝土。

4. 外加剂

外加剂是指在混凝土、砂浆或其他建筑材料中添加的化学物质，用于改善或调节材料的性能。这些添加剂包括减水剂、引气剂、早强剂、缓凝剂、防冻剂等。它们通过改变材料的物理或化学性质（如流动性、硬化速度、耐久性等）来满足特定的工程要求。外加剂的使用可以提高工程质量，降低施工成本，并有助于实现更环保的建筑实践。例如，使用减水剂可以在保持相同工作性的同时减少用水量，从而增强混凝土的强度和耐久性；使用引气剂则可以引入微小气泡，提高混凝土的抗冻融性能。因此，外加剂在现代建筑工程中扮演着重要的角色，是优化材料性能和施工工艺的关键手段之一。

混凝土外加剂是在拌制混凝土过程中掺入，用以改善混凝土性能的物质。它们通常按主要功能分为四类：改善混凝土拌合物流变性能的外加剂（如减水剂、引气剂和泵送剂等）、调节混凝土凝结时间、硬化性能的外加剂（如缓凝剂、早强剂和速凝剂等）、改善混凝土耐久性的外加剂（如引气剂、防水剂和阻锈剂等），以及改善混凝土其他性能的外加剂（如加气剂、膨胀剂、着色剂、防冻剂、防水剂和泵送剂等）。

（1）改善混凝土流变性能的外加剂

1）减水剂。减水剂是一种表面活性材料，加入混凝土中，定向吸附于水泥颗粒表面，增加了水泥颗粒之间的静电斥力，对水泥颗粒起扩散作用，能把水泥凝聚体中所包含的游离水释放出来，从而能保持混凝土工作性能不变而显著减少拌和用水量，降低水胶比，改善和易性，增加流动性，节约水泥，有利于混凝土强度的增长及物理性能的改善（图5-7）。常见的减水剂

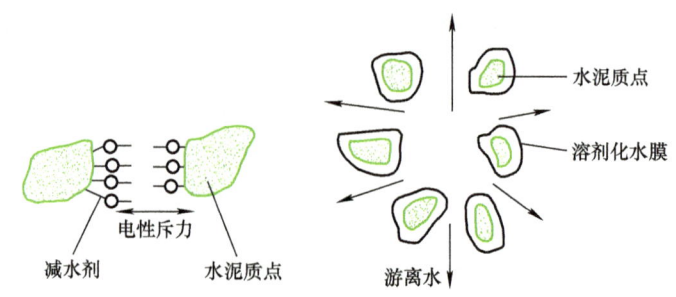

图 5-7　减水剂作用机理

有塑化剂和超塑化剂，塑化剂可减少10%的水泥用量，而超塑化剂可减少30%的水泥用量。

2）引气剂。引气剂是阴离子表面活性剂的一种形式，在混凝土拌合物中加入引气剂

后,在搅拌过程中引入的空气微气泡能够均匀分布在混凝土内部结构中,并且这些微气泡能够长期处于相对稳定的状态。引气剂能增加水泥浆体积,减小砂石之间的摩擦力和切断与外界相通的毛细孔道,从而改善混凝土的和易性,减少拌和用水量,提高抗渗、抗冻和抗化学侵蚀能力。

3)泵送剂。泵送剂是一种用于改善混凝土泵送性能的外加剂,它具有减水增强效果和缓凝保塑性能。具体来说,泵送剂能够使混凝土拌合物具有顺利通过输送管道、不阻塞、不离析、黏塑性良好的性能。

(2)调节混凝土凝结硬化性能的外加剂

1)早强剂。早强剂是能加速混凝土早期强度发展的外加剂,主要作用机理是加速水泥水化速度,加速水化产物的早期结晶和沉淀。使用早强剂可缩短混凝土施工养护周期,加快工程进度,改善施工工艺,提高模板和场地周转率。

2)速凝剂。速凝剂能够显著加快水泥、砂浆及混凝土的凝结硬化过程,常用于快速施工、堵漏、喷射混凝土等。它特别适用于矿山工程,煤矿井巷工程,洞室工程,公路、铁路、隧道、国防、水利等地下工程的喷射混凝土施工。

3)缓凝剂。缓凝剂是延长混凝土从塑性状态转化到固性状态所需的时间,并对其后期强度的发展无明显影响的外加剂。常见的缓凝剂有石膏、淀粉、糖、木质素磺酸酸盐等,其中缓凝剂的质量分数最高可达0.06%。缓凝剂广泛应用于油井工程、大体积混凝土、气候炎热地区的混凝土工程及长距离运输的混凝土。

(3)改善混凝土耐久性的外加剂

1)防水剂。防水剂是一种用于改善混凝土抗渗性能的外加剂,其主要作用是通过形成一层保护膜来防止水分渗透,从而保护材料不受水分侵蚀和损坏。防水剂广泛应用于地下室、卫生间、蓄水池、净化池、隧道,以及屋顶、屋面、地面、墙壁等防水工程。

2)抗冻剂。抗冻剂能在一定负温度范围内保持混凝土水分不受冻结,并促使其凝结、硬化。防冻剂能显著降低混凝土在规定温度下的凝固点,使混凝土液相不冻结或仅部分冻结,从而保证水泥水化,在一定时间内获得预期强度。

3)阻锈剂。阻锈剂是一种用于防止金属材料(如铁、钢)表面生锈的化学产品。它能在金属表面形成一层保护膜,阻止氧气和水进入,以防止金属氧化和腐蚀。

(4)提供混凝土特殊性能的外加剂

1)膨胀剂。膨胀剂可使混凝土在硬化过程中产生少量的体积膨胀。根据产生膨胀的组分,主要有三种类型的膨胀剂,即硫铝酸盐型膨胀剂、氧化钙型膨胀剂和氧化镁膨胀剂。

2)保水剂。保水剂能显著提高混凝土的保水性能,减少混凝土在拌制和施工过程中水分的流失。

5. 掺合料

掺合料是混凝土中不可或缺的组成部分,它们可以改善混凝土的工作性、强度、耐久性,并有助于节约成本和环境保护。掺合料可以分为活性掺合料和非活性掺合料两大类。

(1)活性掺合料

活性掺合料本身不硬化或硬化速度很慢,但能与石灰、消石灰等钙质材料加水拌和后凝结硬化,产生强度,或与水泥水化生成的氢氧化钙起反应,生成具有胶凝能力的水化产物。常见的活性掺合料包括粉煤灰、粒化高炉矿渣粉、沸石粉、硅灰等。

1）粉煤灰（图 5-8a）。粉煤灰是指燃煤电厂在燃烧煤炭过程中产生的细颗粒灰尘。它是一种工业副产品，通常呈灰色或深灰色粉末状。粉煤灰主要由硅、铝、铁和钙等氧化物组成，具有潜在的水硬性，即在有水存在的条件下能够逐渐硬化并产生强度。因此，它常被用作混凝土的掺合料，以改善混凝土的性能。使用粉煤灰作为混凝土掺合料可以带来多方面的好处。首先，它可以替代部分水泥，从而降低生产成本和减少碳排放。其次，粉煤灰的加入可以改善混凝土的工作性，提高其流动性和可塑性。再次，粉煤灰还能增强混凝土的耐久性，包括抗冻融性能和抗化学侵蚀能力。粉煤灰的使用，有助于减少水泥生产对环境的影响和资源浪费，也可以减少对自然资源的开采。

2）粒化高炉矿渣粉（图 5-8b）。粒化高炉矿渣粉是一种由高炉冶炼生铁时产生的副产品，由炼铁高炉熔融的矿渣快速水淬后粉磨得到的工业废渣。这种废渣经过干燥、磨细等工艺处理后，可以作为混凝土的掺合料使用。粒化高炉矿渣粉具有潜在的水硬性，即在有水存在的条件下能够逐渐硬化并产生强度。它通常被用作水泥的替代品或补充材料，以改善混凝土的性能。使用粒化高炉矿渣粉可以带来多方面的好处，包括提高混凝土的耐久性、降低水化热、减少收缩裂缝及增强抗化学侵蚀的能力。使用粒化高炉矿渣粉有助于减少水泥生产对环境的影响，是一种工业废渣的再利用，它的价格通常低于水泥，可以降低混凝土的生产成本。

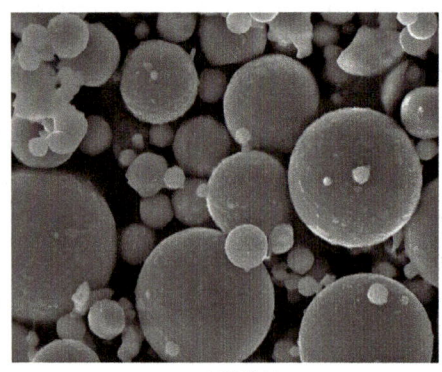
a) 粉煤灰

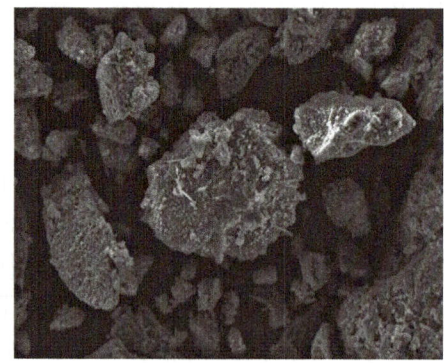
b) 粒化高炉矿渣粉

图 5-8　粉煤灰和粒化高炉矿渣粉的 SEM 微观结构

3）沸石。沸石是一种天然存在的含水铝硅酸盐矿物，具有独特的多孔结构和离子交换能力。沸石内部的孔隙结构使它能够吸附和释放水分及某些化学物质，因此常被用作吸附剂、干燥剂、催化剂载体等。在建筑材料领域，沸石因其优异的物理和化学性质而被用作混凝土的掺合料。首先，它可以改善混凝土的工作性，提高其流动性和可塑性。其次，沸石的加入可以增强混凝土的耐久性，包括抗冻融和抗化学侵蚀能力。此外，沸石还能降低混凝土的水化热，减少收缩裂缝的产生。

4）硅灰。硅灰也称为硅粉或微硅粉，是硅金属冶炼或硅铁合金生产过程中的一种副产品。它是一种非常细的粉末，主要由二氧化硅组成，具有极高的比表面积和火山灰活性，常被用作高性能混凝土（HPC）和超高性能混凝土（UHPC）的掺合料。使用硅灰可以显著提高混凝土的强度、耐久性和抗化学侵蚀能力。此外，它还能改善混凝土的工作性，减少泌水和离析现象。然而，由于其成本较高，硅灰通常只在需要特殊性能的混凝土结构中应用，如桥梁、高层建筑、海洋工程等的关键结构。

活性掺合料的使用可以改善混凝土的工作性，如流动性、黏结性和保水性，同时也能提高硬化混凝土的强度和耐久性。然而，活性掺合料的使用也需要注意其最大掺量，因为过量的掺合料可能会导致混凝土出现"贫钙"的问题，影响混凝土的碳化和对钢筋的保护作用。例如，粉煤灰在钢筋混凝土中的取代水泥的限量通常为30%（硅酸盐水泥），而矿渣硅酸盐水泥中活性掺合料的最大掺量可达76%。

（2）非活性掺合料

非活性矿物掺合料主要起填充作用，基本不与水泥组分起反应，如石灰石、磨细石英砂等材料。它们能够改善混凝土的流动性和可塑性，但不会对混凝土的强度产生直接影响。

1）石灰石粉。石灰石粉是由石灰石磨细而成的非活性矿物掺合料，广泛用于水泥、砂浆和混凝土中。它通常不与水泥水化产物发生化学反应，可以作为水泥的替代品或补充材料，降低生产成本和减少碳排放。石灰石粉的加入可以改善混凝土的工作性，降低水泥的早期水化热，提高混凝土的抗冻融和抗化学侵蚀能力，从而提高混凝土的耐久性。

2）磨细石英砂。磨细石英砂是一种经过特殊加工的非活性矿物掺合料，其主要化学成分是二氧化硅（SiO_2），具有较高的硬度和耐磨性。磨细石英砂可以增加混凝土拌合物的流动性和可塑性，使其更易于施工和成型。由于其颗粒细小，磨细石英砂能填充混凝土中的微小空隙，提高混凝土的密实度。在混凝土表面使用磨细石英砂可以提高其光滑度和美观性。磨细石英砂可以部分替代水泥或其他更昂贵的掺合料，从而降低混凝土的生产成本。

在工程实践中，掺合料常采用"双掺"技术，即在掺入粉煤灰的同时再掺入减水剂，以此配制的普通、高强、高性能混凝土，可节约水泥，提高混凝土的工作性、强度、耐久性，并可显著降低大体积混凝土的水化热，满足不同工程的施工技术要求。

5.1.3 混凝土拌合物的基本性能

要配制质量优良的混凝土，除了要慎重选用质量合格的组成材料外，还要求混凝土拌合物具有适于施工的和易性，以期硬化后能够得到均匀密实的混凝土；具有足够的强度，以保证建筑物能够安全地承受各种设计荷载；具有一定的耐久性，以保证结构物在所处环境中能经久耐用。

1. 混凝土拌合物的和易性

和易性也称为工作性，是指混凝土拌合物在一定的施工条件下，便于施工操作（如浇筑、振捣、抹面等）并能够获得均匀密实的混凝土的性能。和易性包括流动性、黏结性和保水性三个方面。

（1）流动性

流动性是指混凝土在自重或外力作用下流动和塑性变形的能力。流动性是混凝土和易性的一个重要组成部分，它直接影响混凝土的施工性能，尤其是在浇筑阶段。良好的流动性意味着混凝土能够在不施加额外外力的情况下，顺利地通过管道、泵送设备或人工操作进行输送，并能够充满复杂形状的模板，从而保证结构的整体性和密实度。

（2）黏结性

混凝土拌合物的黏结性是指混凝土拌合物中的各组分之间具有一定的黏结力，在施工过程中不致发生分层和离析现象的性能。黏结性反映了混凝土拌合物的均匀性。如果混凝土拌

V13-混凝土拌合物的和易性及测定方法

合物的黏结性不好，则混凝土中的骨料与水泥浆容易分离，造成混凝土不均匀，振捣后可能会出现蜂窝和空洞等现象。

（3）保水性

混凝土拌合物的保水性是指混凝土拌合物在施工过程中保持内部水分的能力，防止水分从拌合物中析出的性能。保水性好的混凝土在施工过程中不会产生严重的泌水现象，这有助于保证混凝土的密实性和均匀性，从而提高混凝土的强度和耐久性。

（4）影响和易性的主要因素

影响混凝土拌合物和易性的主要因素有水泥浆数量、水泥浆的稀稠程度、砂率及外加剂等。

1）水泥浆数量。水泥浆是赋予混凝土拌合物流动性的主要因素，其数量直接影响拌合物的流动性。在水胶比不变的情况下，单位体积内如果水泥浆越多，则拌合物的流动性越大。然而，过多的水泥浆会导致流浆现象，使拌合物的黏结性变差，对混凝土的强度和耐久性产生负面影响。因此，混凝土拌合物中水泥浆的数量应以满足流动性和强度要求为基准，不能过量。

2）水泥浆的稀稠程度。水泥浆的稀稠程度也会影响拌合物的流动性。在水泥浆用量一定的情况下，水胶比越小，则水泥浆越稠，拌合物的流动性就越小。此时，为了保持拌合物的流动性，需要增加水泥用量或用水量。而水胶比过大，又会造成水泥浆黏结性变差，容易发生分层离析现象，影响混凝土的质量。

3）砂率。砂率是指混凝土拌和物中所用砂的质量占骨料总质量的百分数。在一定范围内，随着砂率的增加，润滑作用显著增强，从而提升了混凝土拌和物的流动性。但如果砂率过大，即石子用量过少，砂子用量过多，此时骨料的总表面积增大，在水泥浆量不变的情况下，水泥浆相对减少，减弱了水泥浆的润滑作用，导致混凝土拌和物的流动性下降，如图5-9、图5-10所示。

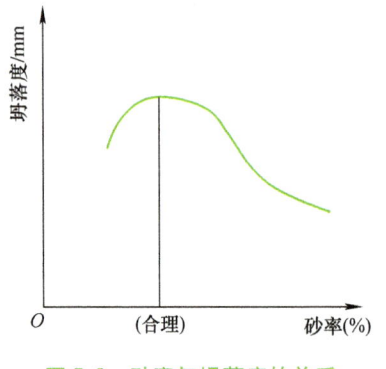

图5-9 砂率与坍落度的关系
（水与水泥用量一定）

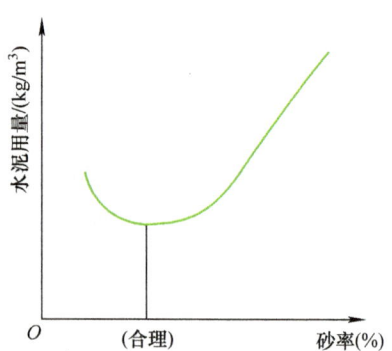

图5-10 砂率与水泥用量的关系
（达到相同坍落度）

4）外加剂。通过使用适量的外加剂，可以有效提升混凝土的和易性。其主要特点是可以在不增加水泥用量的情况下，提高混凝土的流动性。使用外加剂还可以改善混凝土拌合物的效果，使其黏结性和保水性得到一定程度的提升。

(5) 和易性的测定

到目前为止,混凝土拌合物的工作性还没有一个综合的定量指标来衡量。通常采用坍落度或维勃稠度来定量地测量流动性,黏结性和保水性主要通过目测观察来判定。

1) 坍落度法。目前世界各国普遍采用的是坍落度方法,它适用于测定最大骨料粒径不大于 40mm、坍落度不小于 10mm 的混凝土拌合物的流动性。如果最大粒径超过 40mm,可采用湿筛法(筛去大于 40mm 的粗骨料)来测定坍落度。

测定的具体方法为:将无底的标准圆锥坍落度筒(图 5-11)放置在水平的、不吸水的刚性底板上。将混凝土拌合物按规定方法装入筒中,一般分三层填入,每层用捣棒插捣 25 次。装满后,用直尺将筒顶面刮平。垂直向上提起坍落度筒,动作要迅速且平稳,以免影响混凝土拌合物坍落。筒提起后,量出混凝土拌合物向下坍落的尺寸,即为坍落度。

根据坍落度的不同,可将混凝土拌合物分为四级:

① 低塑性混凝土:坍落度为 10~40mm,混凝土拌合物的流动性较小,适用于塑性混凝土施工。

图 5-11 标准圆锥坍落度筒

② 塑性混凝土:坍落度为 50~90mm,具有良好的塑性和流动性,适用于大多数混凝土施工。

③ 流动性混凝土:坍落度为 100~150mm,流动性好,适用于泵送混凝土和大面积浇筑。

④ 大流动性混凝土:坍落度≥160mm,流动性最佳,适用于长距离泵送和自密实混凝土施工。

当混凝土拌合物的坍落度大于 220mm 时,应测量其坍落扩展度(图 5-12)。使用无底的标准圆锥坍落度筒,将混凝土拌合物按规定方法装入筒中,并刮平。垂直向上将筒提起,移到一旁,让筒内的混凝土拌合物因自重产生坍落现象。当混凝土拌合物停止流动或流动持续时间达到 50s 时,使用钢尺测量混凝土拌合物展开的最大直径和垂直方向上的最小直径。取这两个直径的算术平均值作为混凝土的坍落扩展度。如果两个直径之差不小于 50mm,则需要重新取样测定。

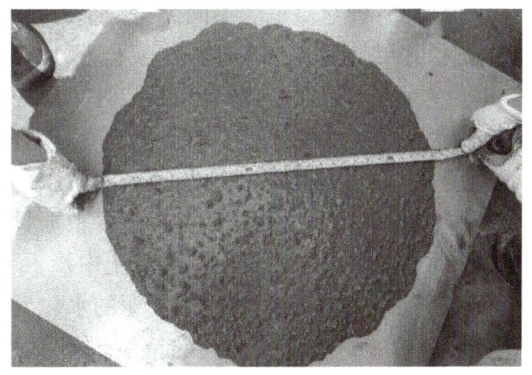

图 5-12 坍落扩展度的测定

坍落扩展度的测定对于评估混凝土拌合物的工作性和流动性至关重要,它有助于确定混凝土是否适合泵送施工、自密实混凝土施工等特殊工艺。

2) 维勃稠度法。坍落度值小于 10mm 的混凝土称为干硬性混凝土,通常采用维勃稠度仪(图 5-13)测定其稠度。它反映了混凝土拌合物在一定振动力作用下,从塑性状态到能够流动所需要的时间。维勃稠度的测定方法适用于骨料最大粒径不超过 40mm、维勃稠度在 5~30s 的混凝土拌合物。

维勃稠度的测定方法如下：将混凝土拌合物按规定方法装入坍落度筒内，并捣实。装满刮平后，垂直向上提起坍落度筒。把透明圆盘转到混凝土截头圆锥体顶面，开启振动台，同时计时。当圆盘底面布满水泥浆时所用的时间，即为混凝土拌合物的维勃稠度。

维勃稠度可以反映混凝土拌合物的流动性。维勃稠度越大，表示混凝土拌合物的流动性越小，坍落度越小。混凝土拌合物的流动性按其维勃稠度的大小可以分为四个等级：超干硬性（≥31s）、特干硬性（30~21s）、干硬性（20~11s）、半干硬性（10~5s）。

维勃稠度的测定对于评估混凝土拌合物是否符合施工要求非常重要，特别是在混凝土拌合物较干硬时，坍落度无法准确反映其流动性，此时维勃稠度成为一个更敏感的指标。

图 5-13　维勃稠度仪

2. 混凝土拌合物的凝结时间

混凝土拌合物的凝结时间是指混凝土从加水搅拌开始到逐渐失去塑性并最终硬化所需的时间。凝结时间是衡量混凝土拌合物从可塑状态转变为固态的重要指标，这一过程通常分为初凝和终凝两个阶段。初凝时间是指混凝土开始失去塑性的时间，终凝时间则是指混凝土完全失去塑性并开始硬化的时间。凝结时间对混凝土的施工性能、强度发展和耐久性有着重要影响。

（1）影响混凝土拌合物凝结时间的主要因素

混凝土的凝结时间与配制该混凝土所用水泥的凝结时间是不相同的。如采用水胶比较大的快凝水泥配制的混凝土拌合物，未必比水胶比较小的慢凝水泥配制的混凝土凝结时间短。混凝土的凝结时间还与水胶比、外加剂、环境温湿度等密切相关。

1）水泥品种与掺量。不同类型的水泥具有不同的化学成分和物理性质，这些差异会影响混凝土的凝结时间。例如，硅酸盐水泥初凝时间不得早于 45min，终凝时间不得迟于 390min。水泥的细度也会影响其凝结时间，细度越大，水化反应越快，凝结时间越短。

2）水胶比。水胶比是影响混凝土凝结时间的重要因素之一。水胶比越小，混凝土的凝结时间越短，因为水分较少会加速水泥的水化反应。但水胶比过小也可能导致混凝土拌合物过于干燥，影响施工性能。因此，需要根据具体工程要求合理设计水胶比。

3）外加剂种类与掺量。在混凝土中掺入不同种类和掺量的外加剂，可以显著影响其凝结时间。例如，缓凝剂能够延缓水泥的水化反应，从而延长混凝土的初凝和终凝时间；速凝剂则能加速这一过程。外加剂的掺量也需要严格控制，过量或不足都可能导致凝结时间的异常。

4）环境条件。环境温度对混凝土的凝结时间有显著影响。高温天气会加速水泥的水化反应，从而缩短混凝土的凝结时间。相反，低温天气则会减缓这一过程。此外，湿度和风力等因素也可能通过影响水分的蒸发速度来间接影响混凝土的凝结时间。

（2）测定混凝土凝结时间的方法

贯入阻力法是常用的测定混凝土拌合物凝结时间的方法。该方法通过测量混凝土在一定时间内的贯入阻力来评估其凝结状态。具体操作时,将砂浆试样筒置于贯入阻力仪上,用测针在规定的时间内垂直且均匀地插入试样内,深度为 25mm±2mm,记录最大贯入阻力值,并据此计算出单位面积贯入阻力。

在实际施工中,工人通常依靠视觉和触觉来评估混凝土的凝结时间。虽然这些方法不如实验室测试精确,但它们提供了一种快速实用的监测混凝土凝结进度的方法。

现代技术为混凝土的监测提供了更为先进和精确的方法,强度监测传感器就是其中一种,可用于监测混凝土的固化过程。这种传感器使用成熟度方法来预测混凝土的强度发展,这种方法是通过测量混凝土在固化过程中的温度变化来实现的。强度监测传感器可以实时监测混凝土的温度,并使用这些数据来估算混凝土的强度,从而帮助施工团队全面地了解混凝土的固化状态。

5.1.4 混凝土的力学性能

1. 混凝土的强度

(1)混凝土立方体抗压强度标准值($f_{cu,k}$)与强度等级

混凝土的强度等级是设计和施工中的重要参数,它决定了混凝土结构的性能和安全性。混凝土的强度等级应按立方体抗压强度标准值划分。

混凝土立方体抗压强度标准值是按标准方法制作、养护的边长为 150mm 的混凝土立方体试件,经标准试验方法在 28d 龄期测得的混凝土抗压强度总体分布中的一个值,且强度低于该值的概率为 5%。混凝土立方体抗压强度按下式计算

$$f_{cu} = \frac{F}{A} \tag{5-2}$$

式中 f_{cu}——混凝土立方体抗压强度(MPa);
F——破坏荷载(N);
A——试件承压面积(mm^2)。

混凝土强度等级采用符号 C 与立方体抗压强度标准值表示,通常分为 C15、C20、C25、C30、C35、C40、C45、C50、C55、C60、C65、C70、C75 和 C80 等,每个等级对应不同的抗压强度标准值。例如,C30 表示混凝土立方体抗压强度标准值在 30~35MPa。

混凝土强度应分批进行检验评定,一个检验批的混凝土应由强度等级相同、试验龄期相同、生产工艺条件和配合比基本相同的混凝土组成。

(2)混凝土轴心抗压强度(f_{cp})

混凝土轴心抗压强度(f_{cp})是指在标准条件下测得的混凝土棱柱体试件在轴向压力作用下的抗压强度。

混凝土轴心抗压强度通常采用 150mm×150mm×300mm 的棱柱体作为标准试件进行测量。这种尺寸的试件能够模拟实际结构中混凝土构件的受力状态,因此测得的抗压强度更能反映混凝土在实际工程中的性能。

轴心抗压强度与立方体抗压强度之间存在一定的换算关系。由于棱柱体能更好地反映混凝土构件在实际工程中的抗压性能,因此在钢筋混凝土轴心受压构件的设计中,常采用轴心抗压强度作为计算依据。

了解混凝土的轴心抗压强度对于工程设计和施工具有重要意义。通过合理选择混凝土等级和配合比，可以满足不同工程对混凝土性能的要求；同时，通过定期进行压力试块的测试，可以监测混凝土的质量和强度发展情况及时调整施工方法和配合比，以确保工程质量和安全。

（3）混凝土劈裂抗拉强度（f_{ts}）

混凝土劈裂抗拉强度（f_{ts}）是衡量混凝土材料在受到拉伸应力时抵抗开裂能力的重要指标。劈裂抗拉强度直接反映了混凝土在拉伸应力作用下的抗裂能力。通过测定劈裂抗拉强度，可以评估混凝土在实际工程中抵抗裂缝产生和扩展的能力，从而确保结构的安全性和耐久性。

混凝土劈裂抗拉试验装置如图 5-14 所示。将混凝土试件放置在劈裂试验机上，并在试件两端施加荷载，产生向试件中心集中的应力，使得试件在垂直于荷载方向的平面上出现裂缝。通过测定产生初裂的荷载大小，计算出混凝土的劈裂抗拉强度值。具体来说，劈裂抗拉强度的计算方法是将试件在劈裂时的最大荷载除以试件破坏面的面积，见式（5-3）。

$$f_{ts} = \frac{2F}{\pi A} = 0.637\frac{F}{A} \qquad (5\text{-}3)$$

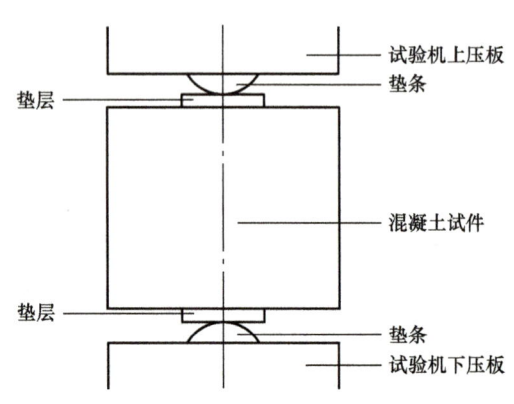

图 5-14　混凝土劈裂抗拉试验装置

式中　f_{ts}——劈裂抗拉强度（MPa）；

　　　F——破坏荷载（N）；

　　　A——试件劈裂面面积（mm²）。

劈裂抗拉强度是评估混凝土受弯构件抗拉性能的重要指标之一。在混凝土结构设计和施工中，劈裂抗拉强度具有重要的作用。对于受弯构件，如梁、板、柱等，劈裂抗拉强度是评估其抗裂性能的重要指标。此外，劈裂抗拉强度也可以用于混凝土材料的质量控制和施工质量验收。

（4）混凝土抗折强度（f_{cf}）

混凝土抗折强度是指混凝土试件在标准条件下养护后，在受到弯曲力作用时抵抗折断的能力。它通常以单位面积上的抗折强度来表示。

测试混凝土抗折强度时，通常采用标准方法制备成梁形试件，如 150mm×150mm×550mm 或 150mm×150mm×600mm 的试件。在标准养护条件下养护至规定龄期后，按三分点加荷方式进行测定（图 5-15）。测试过程中，应确保试件与试验机的接触均匀，加荷过程连续且均匀，避免冲击。记录试件的破坏荷载，并根据试件的尺寸计算出抗折强度值，见式（5-4）。

$$f_{cf} = \frac{FL}{bh^2} \qquad (5\text{-}4)$$

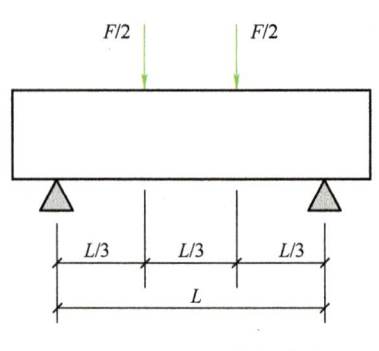

图 5-15　混凝土抗折试验

式中　f_{cf}——混凝土抗折强度（MPa）；
　　　F——破坏荷载（N）；
　　　L——支座间跨度（mm）；
　　　h、b——试件截面高度、宽度（mm）。

混凝土抗折强度在混凝土结构设计、施工质量控制和验收等方面具有重要意义。它是确定混凝土强度等级、进行结构设计、选择施工方法和材料的重要依据。同时，通过测试混凝土抗折强度，可以评估混凝土的质量、耐久性和安全性，为工程的安全运行提供保障。

（5）混凝土的受压破坏机理

硬化后的混凝土在未受外力作用之前，由于水泥水化造成的物理收缩和化学收缩引起砂浆体积的变化，或者因泌水在骨料下部形成水囊，而导致骨料界面可能出现界面裂缝，在施加外力时，微裂缝处出现应力集中，随着外力的增大，裂缝就会延伸和扩展，最后导致混凝土破坏。

混凝土的受压破坏实际上是裂缝的失稳扩展到贯通的过程。混凝土裂缝的扩展可分为图 5-16 所示的四个阶段，每个阶段的裂缝状态如图 5-17 所示，当荷载到达"比例极限"（约为极限荷载的30%）以前，界面裂缝无明显变化（图 5-17 阶段Ⅰ）。此时，荷载-变形曲线接近直线（图 5-16 曲线的 OA 段）；荷载超过"比例极限"以后，界面裂缝的数量、长度、宽度都不断扩大，界面摩擦阻力继续承担荷载，但尚

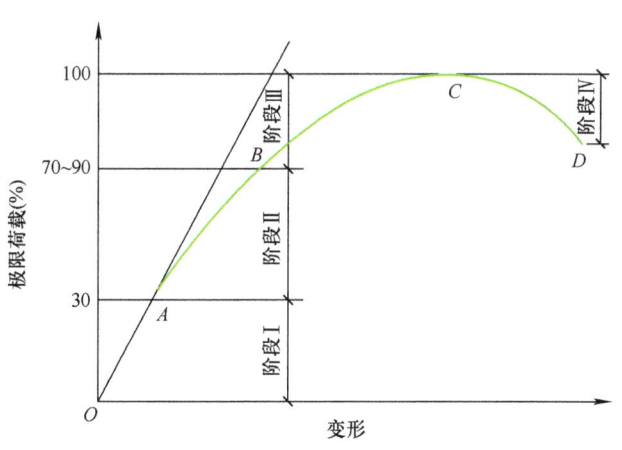

图 5-16　混凝土受压荷载-变形曲线

无明显的砂浆裂缝（图 5-17 阶段Ⅱ）。此时，变形增大的速度超过荷载的增大速度，荷载与变形之间不再接近直线关系（图 5-16 曲线 AB 段）。荷载超过"临界荷载"（极限荷载的 70%~90%）以后，在界面裂缝继续发展的同时，开始出现砂浆裂缝，并将邻近的界面裂缝连接起来成为连续裂缝（图 5-17 阶段Ⅲ）。此时，变形增大的速度进一步加快，荷载-变形曲线明显地弯向变形轴方向（图 5-16 曲线 BC 段）。超过极限荷载后，连续裂缝急速地扩展（图 5-17 阶段Ⅳ）。此时，混凝土的承载力下降，荷载减小而变形迅速增大，以致完全破坏，荷载-变形曲线逐渐下降而最后结束（图 5-16 曲线 CD 段）。因此，混凝土的受力破坏过程实际上是混凝土裂缝的发生和发展过程，也是混凝土内部结构由连续到不连续的演变过程。

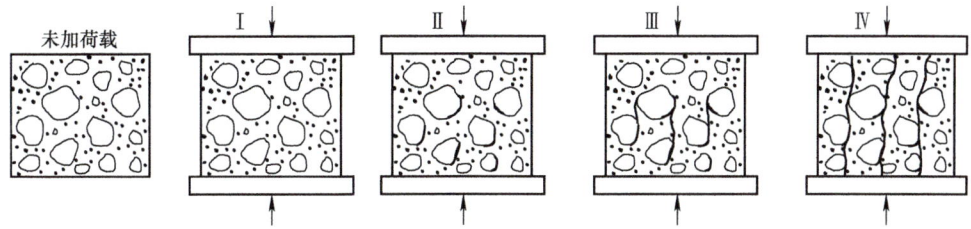

图 5-17　不同受力阶段的裂缝状态

(6) 影响混凝土强度的主要因素

影响混凝土强度等级的因素包括水泥的品种和用量、水胶比、骨料的种类和级配、掺合料、外加剂、养护条件、龄期等。

1) 水泥的品种和用量。水泥是混凝土中的胶结组分，其强度的大小直接影响混凝土的强度。在配合比相同的条件下，水泥的强度越高，混凝土强度也越高。因此，水泥强度等级不高的情况下，难以配制出高强度混凝土。此外，水泥用量也是影响混凝土强度的重要因素之一。在水胶比相同的情况下，水泥用量越多，混凝土强度就越高。但是，当水泥用量达到一定数量后，再增加水泥用量对混凝土强度的提高作用就不明显了。

2) 水胶比。水胶比是指混凝土中水的用量与胶凝材料用量的质量比，它是决定混凝土强度、耐久性和其他一系列物理力学性能的主要参数。胶水比为水胶比的倒数。一般来说，水胶比（胶水比）与混凝土强度成反比（正比），如图 5-18 所示。每种水泥都对应一个最适宜的水胶比，过大或过小都会使强度等性能受到影响。在施工中，应严格控制水胶比，以保证混凝土的强度和耐久性。

3) 骨料的种类和级配。粗骨料对混凝土强度也有一定的影响。当石质强度相等时，碎石表面比卵石表面粗糙，它与水泥砂浆的黏结力比卵石大。因此，当水胶比相等或配合比相同时，两种材料配制的混凝土，碎石混凝土的强度比卵石混凝土的高。细骨料品种对混凝土强度的影响程度相对较小，但砂的质量也很重要，应严格控制砂的泥含量。

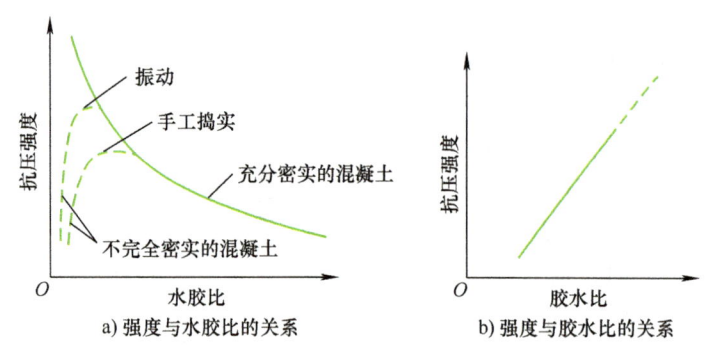

图 5-18 混凝土强度与水胶比及胶水比的关系

4) 掺合料。掺合料是指在混凝土中掺入的除水泥以外的其他材料，如粉煤灰、矿渣等。这些掺合料可以改善混凝土的性能，如提高早期强度、降低水化热等。同时，掺合料也可以影响混凝土的强度。一般来说，适量掺入掺合料可以提高混凝土的强度，但过量掺入则可能导致强度下降。

5) 外加剂。外加剂是在拌制混凝土的过程中掺入的用以改善混凝土性能的物质。外加剂的种类、掺入量和掺入方式与混凝土质量有密切关系，也是影响混凝土强度的重要因素之一。在混凝土中掺入早强剂可提高早期强度；掺入减水剂则可在较低的水胶比下获得高 28d 强度。但是外加剂的使用也需要适量，过量使用可能导致混凝土强度下降或其他问题的出现。

6) 养护条件。混凝土的硬化是水泥水化和凝结硬化的结果，养护温度和湿度对水泥的水化速度有显著影响。适宜的温度和较高的湿度有利于混凝土强度的发展。养护时间越长，水化越彻底，孔隙率越小，混凝土强度越高。因此，在实际工程中需要严格控制养护条件，以保证混凝土的质量和强度。

7) 龄期。混凝土在正常养护条件下，其强度随着龄期的增加而提高。其发展趋势可以用下式的对数关系来描述：

$$f_n = \frac{\lg n}{\lg 28} f_{28} \tag{5-5}$$

式中 f_n——n 天龄期混凝土的抗压强度（MPa）；

f_{28}——28d 龄期混凝土的抗压强度（MPa）；

n——养护龄期（$n \geq 3$）（d）。

由式（5-5）可知，随龄期的延长，混凝土强度呈对数曲线趋势增长，最初 7~14d 内强度增长较快，28d 以后逐渐趋于稳定。虽然 28d 以后的后期强度增长很少，但只要温度、湿度条件合适，混凝土的强度仍有所增长。因此对于一些重要结构工程来说，需要根据设计要求确定合理的龄期，以保证结构的安全可靠性和使用寿命。

混凝土的立方体抗压强度标准值是评估混凝土质量的重要指标之一，它直接关系到混凝土结构的承载能力和耐久性。通过合理选择混凝土的强度等级和配合比，可以满足不同工程对混凝土性能的要求，从而确保工程质量和安全。

（7）提高混凝土强度的主要措施

提高混凝土强度需要从多个方面综合考虑和实施措施。通过采用高强度等级的水泥、降低水胶比、湿热养护、改进施工工艺、掺加外加剂、优化原材料选择及调整龄期等方法，可以有效地提高混凝土的强度，从而确保结构的质量和安全。

1）采用高强度等级的水泥。提高水泥的强度等级可以有效提升混凝土的强度。然而，由于水泥强度等级的增加受到原料和生产工艺的限制，单纯依靠提高水泥强度来达到提高混凝土强度的目的往往不现实，且不经济。

2）降低水胶比。降低混凝土拌合物的水胶比是提高混凝土强度的有效措施。减少用水量可以降低硬化混凝土的孔隙率，增加水泥与骨料间的黏结力，从而提高强度。但需注意，降低水胶比会使混凝土拌合物的工作性下降，因此需要相应的技术措施配合，如采用机械强力振捣或掺加提高工作性的外加剂。

3）湿热养护。通过采用蒸汽养护、蒸压养护、冬季骨料预热等技术措施，以及利用蓄存水泥本身的水化热来促进强度的增长，都是有效提高混凝土强度的方法。

4）改进施工工艺。采用机械搅拌和强力振捣可以使混凝土拌合物在低水胶比的情况下更加均匀、密实地浇筑，从而获得更高的强度。近年来，一些新的施工工艺（如高速搅拌法、二次投料搅拌法及高频振捣法等）在国内工程中的应用也取得了较好的效果。

5）掺加外加剂。掺加减水剂和早强剂等外加剂对混凝土的强度发展起到明显的作用，是提高混凝土强度的有效方法之一。

6）优化原材料选择。合理选择水泥品种，注意水泥的具体性能，如碱含量小、水化热低、干缩性小、耐热性、耐蚀性、抗水性和抗冻性好的水泥，并结合具体情况进行选择。改善粗细骨料的颗粒级配，使用级配良好的砂可以节省水泥，同时改善混凝土拌合物的和易性和密实度，提高强度和耐久性。

7）调整龄期。混凝土随着龄期的延续，强度会持续上升。在某些工程中，如果某些部位的混凝土在 6 个月后才能满载使用，则该部位的强度等级可适当降低，以节约水泥。

在实际应用中，应根据具体工程条件和要求进行综合考量，选择合适的提升措施。

2. 混凝土的变形性能

（1）混凝土的弹塑性变形

混凝土是一种由水泥石、砂石、孔隙等组成的不匀质的三相复合材料，其变形性能既具有弹性特征，也具有塑性特征。当混凝土受到外力作用时，会发生弹性变形，即在外力撤销后，混凝土能够恢复到原来的形状和尺寸。这种变形与外力成正比，且应变随应力的增加而线性增加。在应力超过混凝土的弹性极限后，混凝土会发生塑性变形，即在外力撤销后，混凝土不能恢复到原来的形状和尺寸。塑性变形的大小与混凝土的组成、配合比、龄期等因素有关。

（2）混凝土的徐变

混凝土的徐变是混凝土材料在长期荷载作用下一种固有特性，表现为混凝土试件在压应力保持恒定的情况下，其变形（或应变）随时间持续增加而增长的现象。这种变形特性与荷载的大小关系不大，而是更多地受到混凝土内部微观结构和外部环境条件的影响。

徐变现象的产生源于混凝土内部复杂的物理和化学过程。混凝土由水泥石、骨料及孔隙等组成，其中水泥石由结晶体和凝胶体构成。在外力长期持续作用下，凝胶体具有黏性流动的特性，从而产生持续变形。此外，混凝土内部的微裂缝在外力作用下会不断扩展，也会导致应变的增加。这些微观层面的变化累积起来，就形成了宏观上的徐变现象。

徐变的大小通常用徐变系数来描述，它受到多种因素的影响。这些因素包括混凝土的组成材料（如水泥用量、水胶比、骨料性质等）、配合比、养护条件、加载龄期、加载前的强度、构件尺寸及环境温度和湿度等。例如，水泥用量越多、水胶比越大，混凝土的徐变通常越大；而养护条件良好、工作环境湿度较大时，徐变则会减小。此外，加载龄期越早、加载前的强度越低，混凝土的徐变也越大；而构件尺寸越大，由于内部失水受到限制，徐变可能会减小。

徐变对混凝土结构的影响是多方面的。一方面，徐变会导致结构的变形增大，可能引起预应力损失，甚至在长期高应力作用下导致结构破坏。另一方面，徐变也有利于结构构件产生内力重分布，降低结构的受力状态，减小大体积混凝土的温度应力。因此，在混凝土结构设计中，需要充分考虑徐变的影响，以确保结构的安全性和稳定性。

（3）混凝土的体积变形

混凝土的体积变形是混凝土材料在受到非荷载因素作用时产生的一种重要物理现象，它表现为混凝土体积随环境条件变化而发生的改变。这一现象不仅关乎混凝土结构的尺寸稳定性，还直接影响到结构的整体性能和耐久性。

混凝土的体积变形主要源自内部化学与物理过程的综合作用。在硬化初期，混凝土内部的水泥水化反应会释放热量并伴随水分蒸发，导致化学收缩，即体积减小。随着时间的推移，混凝土内部微观结构不断调整，孔隙率发生变化，进一步影响其体积稳定性。此外，当混凝土处于湿度变化的环境中时，会吸收或释放水分，引发干湿变形，即吸湿膨胀和干燥收缩。这种变形与混凝土的孔隙结构、材料组成及环境条件密切相关。

温度也是影响混凝土体积变形的重要因素。混凝土具有热胀冷缩的特性，即随着温度的升高，内部粒子振动加剧，导致体积膨胀；相反，温度降低时，粒子振动减缓，体积收缩。温度变形的大小取决于混凝土的热膨胀系数及温度变化幅度，对大型混凝土结构而言，温度应力可能成为导致开裂的主要因素。

碳化作用同样会导致混凝土体积变形，尽管其影响相对较小。当混凝土暴露于含二氧化碳的空气中时，氢氧化钙等碱性物质会与二氧化碳反应，生成碳酸钙，并释放出水分子，导致混凝土体积略微减小。这一过程虽缓慢，但长期累积下来，仍可能对混凝土结构的尺寸稳定性产生影响。

5.1.5 混凝土的耐久性

混凝土耐久性是指混凝土在实际使用条件下抵抗各种破坏因素作用，长期保持其良好的使用性能和外观完整性，从而维持混凝土结构安全、正常使用的能力。这一特性是混凝土材料性能的重要组成部分，对于确保结构工程的安全性、稳定性和长期使用寿命至关重要。

混凝土耐久性的影响因素众多且复杂，涵盖了物理、化学和力学等方面。物理因素主要包括温度、湿度、冻融循环等，这些因素可能导致混凝土内部结构的破坏和性能的退化。化学因素则涉及混凝土与环境中化学物质的相互作用，如酸雨、盐雾、化学物质侵蚀等，这些作用可能引发混凝土的化学腐蚀和劣化。此外，力学因素如荷载、振动等也会对混凝土的耐久性产生影响，可能导致混凝土的开裂、剥落等现象。

为了提升混凝土的耐久性，需要从材料选择、配合比设计、施工工艺及后期维护等环节进行综合考量与优化。

1）优化原材料选择。选用高品质的水泥、骨料和掺合料，确保混凝土的微观结构和性能达到最佳状态。

2）合理控制配合比。通过调整水胶比、砂率等参数，优化混凝土的配合比，提高混凝土的密实度和强度。

3）加强施工工艺控制。采用科学的施工工艺和严格的养护措施，确保混凝土在硬化过程中形成良好的物理与化学性能。

4）采用外加剂和涂层技术。使用缓蚀剂、ASR缓蚀剂、收缩减少外加剂等外加剂，以及环氧树脂粉末静电喷涂等涂层技术，提高混凝土的耐腐蚀性和耐久性。

5）进行耐久性评估与监测。通过实验室模拟试验和现场监测相结合的方式，全面评估混凝土的耐久性能，及时发现潜在问题并采取相应措施进行修复与加固。

5.1.6 混凝土的质量评定

混凝土质量评定是工程中至关重要的环节，它直接关系到工程结构的安全性、稳定性和使用寿命。

混凝土质量评定主要涵盖强度、坍落度和密度这三大指标。在这一评定体系中，强度是衡量混凝土质量的核心指标，具体包括抗压强度与抗折强度等关键参数，通常通过试样室内实验或无损检测试验验证，以确保混凝土在实际应用中的强度满足设计要求。坍落度作为衡量混凝土流动性和可塑性的重要指标，对混凝土的施工质量和效率具有不可忽视的影响，通常采用抗弯实验或坍落度法进行检测，直观反映混凝土的流动性特征。密度对混凝土结构的强度和耐久性具有深远影响，通常通过湿密度或干密度实验检测。此外，根据具体工程需求，还可能包括耐久性测试（如抗渗性、抗冻性、耐蚀性等）、工作性检测（如扩展度等）及外观检查（如蜂窝、麻面、裂缝等缺陷）等内容。

5.1.7 混凝土的配合比设计

混凝土配合比是指混凝土中各组成材料之间的比例关系，是混凝土工程中的关键环节，其目的在于通过合理的材料组合与比例调整，确保混凝土满足工程所需的强度、工作性、耐久性和经济性要求。

1. 设计原则

混凝土配合比设计需遵循《普通混凝土配合比设计规程》（JGJ 55—2011）等相关标准，需满足结构设计强度、工作性（和易性）、耐久性要求，同时尽量减少成本。

强度要求是混凝土配合比设计的首要原则。混凝土的强度是其最重要的力学性能之一，直接关系到结构的安全性和稳定性。因此，在配合比设计时，必须根据工程所需的强度等级，合理选择水泥品种、用量及骨料种类和级配，确保混凝土的强度达到或超过设计要求。

工作性是指混凝土在施工过程中易于搅拌、运输、浇筑和振捣等性能。良好的工作性可以确保混凝土在施工现场的均匀性和密实度，从而提高结构的质量和耐久性。因此，在配合比设计时，应通过调整用水量、外加剂掺量、砂率和骨料级配等参数，优化混凝土的工作性，使其满足施工要求。

耐久性是指混凝土在长期使用过程中抵抗各种环境因素侵蚀的能力。在配合比设计时，应考虑混凝土的抗渗性、抗冻性、耐蚀性等耐久性能指标，并采取相应的措施来提高混凝土的耐久性。例如，通过降低水胶比、增加水泥用量、使用高性能外加剂和掺合料等方法，可以有效提高混凝土的耐久性。

在满足强度、工作性和耐久性要求的前提下，应尽可能降低原材料的成本和生产成本，实现经济合理的配合比方案。这包括选择价格合理、质量可靠的原材料，优化生产工艺和流程，提高生产效率。

随着环保意识的提高，越来越多的工程开始注重混凝土的环保性能。在配合比设计时，应尽可能选择环保型原材料，如使用再生骨料、工业废渣等，以减少对环境的污染和破坏。同时，还应考虑混凝土的碳排放量等环保指标，并采取相应的措施来降低其环境影响。

2. 设计步骤

（1）初步计算配合比

1）确定混凝土配制强度。根据工程要求，通过计算确定混凝土的配制强度。这通常涉及对混凝土立方体抗压强度标准值的考虑，以及设计强度的确定。

根据《普通混凝土配合比设计规程》规定，试配强度按下式计算：

$$f_{cu,0} \geq f_{cu,k} + 1.645\sigma \tag{5-6}$$

式中 $f_{cu,0}$ ——混凝土配制强度（MPa）；

$f_{cu,k}$ ——混凝土立方体抗压强度标准值，这里取设计混凝土强度等级值（MPa）；

σ ——混凝土强度标准差（MPa）。

当设计强度等级大于或等于 C60 时，配制强度应按下式计算：

$$f_{cu,0} \geq 1.15 f_{cu,k} \tag{5-7}$$

注意，当现场条件与试验室条件有显著差异，或配制 C30 级及以上强度等级的混凝土且采用非统计方法评定时，应提高混凝土的配制强度。

当具有近 1~3 个月的同一品种、同一强度等级混凝土的强度资料时，其混凝土强度标准差 σ 应按下式计算：

$$\sigma = \sqrt{\frac{\sum_{i=1}^{n} f_{cu,i}^2 - n m_{f_{cu}}^2}{n - 1}} \tag{5-8}$$

式中 σ——混凝土强度标准差（MPa）；

$f_{cu,i}$——第 i 组试件的强度（MPa）；

$m_{f_{cu}}$——n 组试件的强度平均值（MPa）；

n——试件组数，n 值应大于或者等于30。

对于强度等级不大于 C30 的混凝土：当 σ 计算值不小于 3.0MPa 时，应按式（5-8）计算结果取值；当 σ 计算值小于 3.0MPa 时，σ 应取 3.0MPa。对于强度等级大于 C30 且小于 C60 的混凝土：当 σ 计算值不小于 4.0MPa 时，应按式（5-8）计算结果取值；当 σ 计算值小于 4.0MPa 时，σ 应取 4.0MPa。

当没有近期的同一品种、同一强度等级混凝土强度资料时，其强度标准差 σ 可按表 5-16 取值。

表 5-16　标准差 σ 值

混凝土强度等级	≤C20	C20～C45	C45～C55
σ/MPa	4.0	5.0	6.0

2）确定水胶比。水胶比是混凝土中水与胶凝材料的质量比，对混凝土的强度和工作性有重要影响。根据混凝土的强度等级和所需的坍落度，通过查阅相关表格或经验公式来确定水胶比。混凝土强度等级不大于 C60 时，水胶比应按下式计算：

$$\frac{W}{B} = \frac{\alpha_a f_b}{f_{cu,0} + \alpha_a \alpha_b f_b} \tag{5-9}$$

式中 α_a、α_b——回归系数；

f_b——胶凝材料 28d 胶砂抗压强度（MPa）。

回归系数根据工程所使用的原材料，通过试验建立的水胶比与混凝土强度关系式来确定；当不具备上述试验统计资料时，可按表 5-17 选用。

表 5-17　回归系数 α_a 和 α_b 取值表

粗骨料品种	碎石	卵石
α_a	0.53	0.49
α_b	0.20	0.13

当胶凝材料 28d 胶砂抗压强度值 f_b 无实测值时，可按下式计算：

$$f_b = \gamma_f \gamma_s f_{ce} \tag{5-10}$$

式中 γ_f、γ_s——粉煤灰影响系数和粒化高炉矿渣粉影响系数；

f_{ce}——水泥 28d 胶砂抗压强度（MPa），可实测，无实测值时，也可按下式计算：

$$f_{ce} = \gamma_c f_{ce,g} \tag{5-11}$$

式中 γ_c——水泥强度等级值的富余系数，可按实际统计资料确定，当缺乏实际统计资料时，也可按表 5-18 选用；

$f_{ce,g}$——水泥强度等级值（MPa）。

表 5-18　水泥强度等级值的富余系数 γ_c

水泥强度等级值	32.5	42.5	52.5
富余系数	1.12	1.16	1.10

3）选择单位用水量。单位用水量是每立方米混凝土所需的用水量。这通常根据混凝土的坍落度、骨料种类和粒径来确定。每立方米干硬性或塑性混凝土的用水量 m_{w0} 应符合下列规定：混凝土水胶比在 0.40~0.80 时，可按表 5-19 和表 5-20 选取；混凝土水胶比小于 0.40 时，可通过试验确定。

表 5-19　干硬性混凝土的用水量　　　　　　　　　　（单位：kg/m³）

拌合物维勃稠度/s	卵石最大公称粒径/mm			碎石最大粒径/mm		
	10.0	20.0	40.0	16.0	20.0	40.0
16~20	175	160	145	180	170	155
11~15	180	165	150	185	175	160
5~10	185	170	155	190	180	165

表 5-20　塑性混凝土的用水量　　　　　　　　　　（单位：kg/m³）

拌合物坍落度/mm	卵石最大公称粒径/mm				碎石最大粒径/mm			
	10.0	20.0	31.5	40.0	16.0	20.0	31.5	40.0
10~30	190	170	160	150	200	185	175	165
35~50	200	180	170	160	210	195	185	175
55~70	210	190	180	170	220	105	195	185
75~90	215	195	185	175	230	215	205	195

注意：①表 5-19、表 5-20 中用水量是采用中砂时的取值，采用细砂时每立方米混凝土用水量可增加 5~10kg，采用粗砂时可减少 5~10kg；②掺用矿物掺合料和外加剂时，表 5-19、表 5-20 中的用水量应相应调整。

4）计算单位胶凝材料、矿物掺合料和水泥用量。

① 单位胶凝材料用量。根据已确定的水胶比 W/B 和单位用水量 m_{w0}，可以计算出每立方米混凝土所需的胶凝材料用量 m_{b0}：

$$m_{b0} = \frac{m_{w0}}{W/B} \qquad (5\text{-}12)$$

为保证混凝土的耐久性，由上式计算得出的胶凝材料用量还要满足表 5-21 中规定的最小胶凝材料用量的要求，如算得的胶凝材料用量少于规定的最小胶凝材料用量，则应取规定的最小胶凝材料用量。

表 5-21　混凝土的最大水胶比和最小胶凝材料用量

最大水胶比	最小胶凝材料用量/(kg/m³)		
	素混凝土	钢筋混凝土	预应力混凝土
0.60	250	280	300
0.55	280	300	300
0.50	320		
≤0.45	330		

② 单位矿物掺合料用料 m_{f0}，应根据矿物掺合料的掺量 β_f 按下式计算：

$$m_{f0} = m_{b0}\beta_f$$

③ 单位水泥用量 m_{c0}，按下式计算

$$m_{c0} = m_{b0} - m_{f0}$$

5）选取合理砂率。砂率是混凝土中砂的质量占砂、石总质量的百分率。砂率的选取通常根据骨料的种类、粒径和水胶比来确定，也可通过试验或经验数据来选取。砂率 β_s 应根据骨料的技术指标、混凝土拌合物性能和施工要求，参考既有历史资料确定。当缺乏砂率的历史资料时，混凝土砂率的确定应符合下列规定：

① 坍落度小于 10mm 的混凝土，其砂率应经试验确定。

② 坍落度为 10~60mm 的混凝土砂率，可根据粗骨料品种、最大公称粒径及水胶比按表 5-22 选取。

③ 坍落度大于 60mm 的混凝土砂率，可经试验确定，也可在表 5-22 的基础上，按坍落度每增大 20mm、砂率增大 1% 的幅度予以调整。

表 5-22　混凝土的砂率　　　　　　　　　　　　　　　　（单位：%）

水胶比	卵石最大公称粒径/mm			碎石最大公称粒径/mm		
	10.0	20.0	40.0	16.0	20.0	40.0
0.40	26~32	25~31	24~30	30~35	29~34	27~32
0.50	30~35	29~34	28~33	33~38	32~37	30~35
0.60	33~38	32~37	31~36	36~41	35~40	33~38
0.70	36~41	35~40	34~39	39~44	38~43	36~41

注：1. 表中数值是中砂的选用砂率，对细砂或粗砂，可相应地减少或增大砂率。
　　2. 采用人工砂配制混凝土时，砂率可适当增大。
　　3. 只用一个单粒级粗骨料配制混凝土时，砂率应适当增大。

6）计算砂、石用量。在确定了水泥及矿物掺合料用量、砂率和用水量后，可以通过质量法或体积法来计算砂、石的用量。

质量法假定混凝土拌合物捣实后的表观密度为已知，一般假定为 2350~2450kg/m³。使用质量法时，直接根据混凝土的表观密度和各材料的密度，计算出每立方米混凝土中各材料的重量：

$$m_{f0} + m_{c0} + m_{g0} + m_{s0} + m_{w0} = m_{cp} \tag{5-13}$$

式中　m_{g0}——每立方米混凝土的粗骨料用量（kg/m³）；

　　　m_{s0}——每立方米混凝土的细骨料用量（kg/m³）；

　　　m_{cp}——每立方米混凝土拌合物的假定质量（kg/m³），可取 2350~2450kg/m³。

采用质量法时，可以利用下列联立方程式：

$$\begin{cases} m_{f0} + m_{c0} + m_{g0} + m_{s0} + m_{w0} = m_{cp} \\ \beta_s = \dfrac{m_{s0}}{m_{g0} + m_{s0}} \times 100\% \end{cases} \tag{5-14}$$

使用体积法时，需要根据混凝土的表观密度（假设为 2400kg/m³）和水胶比，计算出每立方米混凝土中水泥、矿物掺合料、水、砂、石子的体积，然后，通过式（5-15）得到它们的质量：

$$\frac{m_{c0}}{\rho_c} + \frac{m_{f0}}{\rho_f} + \frac{m_{g0}}{\rho_g} + \frac{m_{s0}}{\rho_s} + \frac{m_{w0}}{\rho_w} + 0.01\alpha = 1 \tag{5-15}$$

式中　ρ_c——水泥密度（kg/m³），可按《水泥密度测定方法》（GB/T 208—2014）测定，也可取 2900kg/m³ ~ 3100kg/m³；

　　　ρ_f——矿物掺合料密度，可按《水泥密度测定方法》（GB/T 208—2014）；

　　　ρ_g——粗骨料的表观密度（kg/m³），应按现行《普通混凝土用砂、石质量及检验方法标准》（JGJ 52—2006）测定；

　　　ρ_s——细骨料的表观密度（kg/m³），应按现行《普通混凝土用砂、石质量及检验方法标准》（JGJ 52—2006）测定；

　　　ρ_w——水的密度（kg/m³），可取 1000kg/m³；

　　　α——混凝土的含气量百分数，在不使用引气型外加剂时，α 可取 1。

采用体积法时，可利用下列联立方程式：

$$\begin{cases} \dfrac{m_{c0}}{\rho_c}+\dfrac{m_{f0}}{\rho_f}+\dfrac{m_{g0}}{\rho_g}+\dfrac{m_{s0}}{\rho_s}+\dfrac{m_{w0}}{\rho_w}+0.01\alpha=1 \\ \beta_s=\dfrac{m_{s0}}{m_{g0}+m_{s0}}\times 100\% \end{cases}$$

在以上两组联立方程式中，β_s、ρ_c、ρ_f、ρ_s、ρ_g、ρ_w 及 m_{c0}、m_{f0}、m_{w0} 均为已知数，待求解的仅为 m_{s0} 和 m_{g0}。

（2）试配调整获得基准配合比

以上求出的各材料用量，是借助于一些经验公式和数据计算出来的，或是利用经验资料查得的，因而不一定符合实际情况，必须通过试拌调整，直到混凝土拌合物的和易性符合要求为止，然后提出供检验混凝土强度用的基准配合比。

1）混凝土试配。按初步配合比称取材料进行试拌。混凝土拌合物搅拌均匀后应测定坍落度，并检查其黏结性和保水性好坏。如坍落度不满足要求，或黏结性不好时，则应在保持水胶比不变的条件下，相应调整用水量或砂率。当坍落度低于设计要求，可保持水胶比不变，增加适量水泥浆。如坍落度太大，可以保持砂率不变条件下增加骨料。如出现含砂不足，黏结性和保水性不良时，可适当增大砂率；反之应减小砂率。每次调整后再试拌，直到符合为止。当试拌调整工作完成后，应测出混凝土拌合物的表观密度 $\rho_{c,t}$。

2）调整配合比。根据试配结果，对配合比进行调整，以获得满足工作性要求的基准配合比。这通常涉及对水泥及矿物掺合料用量、砂率、用水量等参数的微调。

（3）强度和耐久性检验确定试验室配合比

经过和易性调整试验得出的混凝土基准配合比，其水胶比不一定选用恰当，其结果是强度不一定符合要求，所以应检验混凝土的强度。

1）制备试块。采用三种不同的配合比，以其中一种为基准配合比，另外两个配合比的水胶比应较基准配合比分别增加及减少 0.05，其用水量应该与基准配合比相同，砂率值可分别增加或减少 1%。每种配合比制作一组（三个）试块。

2）进行强度试验。对制备的混凝土试块进行强度试验，测定其抗压强度等性能指标。

3）进行耐久性试验。根据工程需求，对混凝土进行耐久性试验，如抗渗性、抗冻性等。

4）确定试验室配合比。根据强度试验和耐久性试验的结果，确定出既符合强度和工作性要求，又较经济的试验室配合比。若对混凝土还有其他的技术性能要求，如抗渗等级不低于 S6 级、抗冻等级不低于 D50 级等要求，混凝土的配合比设计应按《普通混凝土配合比设计规程》有关规定进行。

（4）根据施工现场条件换算施工配合比

试验室配合比是以干燥状态的骨料为基准的。所谓干燥状态，一般指含水率小于 0.5% 的细骨料或含水率小于 0.2% 的粗骨料而言。但是，现场施工用的骨料一般都含有一些水分。因此，在现场配料拌和之前，必须快速测定和计算砂和石子的含水率，根据原材料的含水率，将试验室配合比换算为施工配合比，在用水量中将这部分水量扣除，以确保施工现场的混凝土质量。

1）测定原材料含水率。在施工现场，对砂、石等原材料进行含水率测定。

2）换算施工配合比。假定细骨料的含水率为 $a\%$，粗骨料的含水率为 $b\%$，试验室配合比的砂、石、水的用量依次为 m_s、m_g、m_w。则由下式可以算出细、粗骨料及水的校正称量值：

细骨料校正后称量值为：$m'_s = m_s(1 + a\%)$

粗骨料校正后称量值为：$m'_g = m_g(1 + b\%)$

水校正后称量值为：$m'_w = m_w - m_s \times a\% - m_g \times b\%$

3. 混凝土配合比设计实例

某办公楼框架结构现浇钢筋混凝土柱，混凝土设计强度等级为 C40，坍落度为 35～50mm，采用机械搅拌和振捣。混凝土强度保证率规定为 95%。试计算该混凝土的初步配合比。

原材料情况：水泥为 42.5 级普通水泥，密度为 $3.15g/cm^3$，水泥强度级标准值的富余系数为 1.16。细骨料为当地出产的河砂，级配合格，细度模数为 2.75，视密度为 $2.60g/cm^3$，堆积密度为 $1450kg/m^3$。粗骨料为当地出产的河卵石，最大粒径为 31.5mm，级配合格，视密度为 $2.65g/cm^3$，堆积密度为 $1500kg/m^3$。拌合水为清洁河水。

（1）计算初步配合比

1）计算配制强度（$f_{cu,0}$）。因无历史资料，强度标准差 σ 值按表 5-16 选取，当混凝土强度等级为 C40 时，$\sigma = 6.0$MPa，则试配强度 $f_{cu,0}$ 为：

$$f_{cu,0} = f_{cu,k} + 1.645\sigma = 40\text{MPa} + 1.645 \times 6\text{MPa} = 49.87\text{MPa}$$

2）计算水胶比。已知水泥实际强度 $f_{ce} = 42.5$MPa，未采用矿物掺合料，$f_b = f_{ce}$。由于所用粗集料为卵石，查表 5-17，可知回归系数 $\alpha_a = 0.49$，$\alpha_b = 0.13$。

故水胶比为：

$$\frac{W}{B} = \frac{\alpha_a f_b}{f_{cu} + \alpha_a \alpha_b f_b} = \frac{0.49 \times 1.16 \times 42.5}{49.87 + 0.49 \times 0.13 \times 1.16 \times 42.5} = 0.46$$

3）确定用水量。该混凝土所用卵石最大粒径为 31.5mm，坍落度要求为 35～50mm，查表 5-20，取 $m_{w0} = 170$kg。

4）计算水泥用量。由于未采用矿物掺合料，胶凝材料用量 m_{b0} 即为水泥用量 m_{c0}，则：

$$m_{c0} = m_{b0} = \frac{m_{w0}}{W/B} = \frac{170}{0.46}\text{kg} = 369.57\text{kg}$$

由表 5-21 查得最小胶凝材料用量为 $320kg/m^3$，已满足要求，故水泥用量可取 $370kg/m^3$。

5）选取砂率。查表 5-22，对于采用最大粒径为 31.5mm 的卵石配制的混凝土，砂率可选取 30%。

6）砂石材料用量。采用质量法计算，假定每立方米混凝土质量 $m_{cp}=2400\text{kg}$，则：

$$\begin{cases} 370 + m_{g0} + m_{s0} + 170 = 2400 \\ \dfrac{m_{s0}}{m_{g0}+m_{s0}} \times 100\% = 30\% \end{cases}$$

求得：$m_{s0} = 558\text{kg}$，$m_{g0} = 1302\text{kg}$。

故：$m_{c0}:m_{s0}:m_{g0}:m_{w0} = 370:558:1302:170 = 1:1.51:3.52:0.46$

（2）基准配合比的试配、调整与确定

根据初步配合比，先计算出 15L 混凝土的材料用量。然后称料拌和，反复调整直至和易性合格后，即可按规定方法测定混凝土拌合物的表观密度和制作强度检验试件，并将各项测量数值记录（见表 5-23），作为试拌调整计算的依据。

表 5-23　混凝土试拌调整记录

项目	材料用量/kg					坍落度/mm
	水泥	水	砂	石	总计	
拌 15L 混凝土的材料用量	5.55	2.55	8.37	19.53	36.00	10
第一次调整加料量	0.56	0.26	—	—	0.82	25
第二次调整加料量	0.28	0.13	—	—	0.41	45
总用料量	6.39	2.94	8.37	19.53	37.23	—

注：坍落度要求为 35~50mm。

经实测表观密度 $\rho_0 = 2400\text{kg/m}^3$，故每立方混凝土实际所需各项材料用量为：

水泥：$\dfrac{6.39}{37.23} \times 2400\text{kg} = 412\text{kg}$

水：$\dfrac{2.94}{37.23} \times 2400\text{kg} = 190\text{kg}$

砂：$\dfrac{8.37}{37.23} \times 2400\text{kg} = 540\text{kg}$

石：$\dfrac{19.53}{37.23} \times 2400\text{kg} = 1259\text{kg}$

以上求得的配合比即为基准配合比。

（3）试验室配合比的确定

在确定了初步的砂和石用量后，需要进行试拌以验证混凝土的工作性和强度是否满足要求。如果试拌结果不符合要求，则需要对砂和石的用量进行调整，以确保混凝土的配合比满足设计要求和施工条件。

（4）施工配合比

已知试验室配合比，其每立方米混凝土的用料量为水泥 412kg、河砂 540kg、卵石 1259kg、水 190kg。如果测得工地砂的含水率为 3%，卵石的含水率为 1%，则工地施工配合比可计算如下：

设工地搅拌机容量为 0.4m^3（出料），则每次拌和时可用水泥为 $0.4 \times 412\text{kg} = 165\text{kg}$，

为了施工的方便，每次投料以两包水泥（100kg）为准，按比例计算每次拌和所需干料为：

水泥 $m_{c0} = 100 \text{kg}$

河砂 $m_{s0} = \dfrac{540}{412} \times 100 \text{kg} = 131 \text{kg}$

卵石 $m_{g0} = \dfrac{1259}{412} \times 100 \text{kg} = 306 \text{kg}$

水 $m_{w0} = \dfrac{190}{412} \times 100 \text{kg} = 46 \text{kg}$

换算为工地用料（湿砂石）：

水泥 $m_{c0} = 100 \text{kg}$

河砂 $m_{s0} = 131 \times (1 + 3\%) \text{kg} = 135 \text{kg}$

卵石 $m_{g0} = 306 \times (1 + 1\%) \text{kg} = 309 \text{kg}$

水 $m_{w0} = (46 - 4 - 3) \text{kg} = 39 \text{kg}$

5.2　新型混凝土

新型混凝土是在传统混凝土基础上，采用新型材料、新工艺和新技术来提高其性能和延长其使用寿命的。

5.2.1　超高性能混凝土

超高性能混凝土（ultra-high performance concrete，简称 UHPC），是一种具有超高强度、超高耐久性和超高韧性的水泥基复合材料。

1. 定义及组成

超高性能混凝土是以硅酸盐水泥、硅灰、石英粉、钢纤维或合成纤维、高效减水剂、水等按一定比例混合制成的新型建筑材料。由于其材料成分的特殊性，UHPC 具有极高的抗压强度、抗拉强度及优异的耐久性。与传统混凝土不同，UHPC 不使用粗骨料，必须使用硅灰和纤维（钢纤维或复合有机纤维），水泥用量较大，水胶比很低。

UHPC 的设计理论基于最大堆积密度理论（densified particle packing），其组成材料不同粒径颗粒以最佳比例形成最紧密堆积，即毫米级颗粒（骨料）堆积的间隙由微米级颗粒（水泥、粉煤灰、矿粉）填充，微米级颗粒堆积的间隙由亚微米级颗粒（硅灰）填充。

2. 材料特性

UHPC 是一种具有显著抗压强度和耐久性的先进建筑材料，其抗压强度通常超过 150MPa，部分高性能产品甚至可达到 810MPa。这种高强度特性使得 UHPC 特别适用于承受高荷载或高应力的结构。

UHPC 的分子结构密实稳定，孔隙率极低，能有效阻止外界有害物质的侵蚀，因此在极端环境中也能表现出良好的性能，使用寿命可达 100 年以上。此外，UHPC 还具有优异的延展性，纤维与水泥基材料的有机结合实现了抗压和抗折的有机平衡，能够支撑整体结构的变形。

由于 UHPC 的高流动性和优异的力学性能，它可以通过模具制作出各种镂空的平面造型，实现不同的颜色质地和表面效果。同时，UHPC 属于环境友好型材料，其制备和施工过程中产生的污染较少，符合可持续发展的要求。UHPC 建筑如图 5-19 所示。

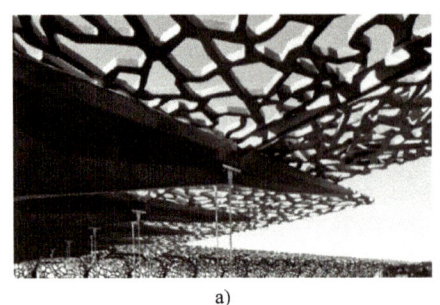
a)
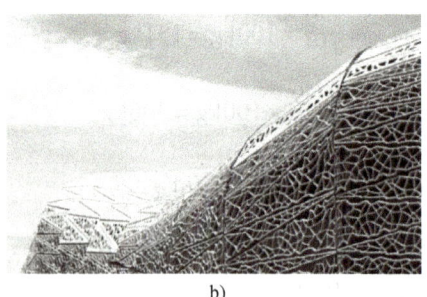
b)

图 5-19　UHPC 建筑

3. 制备方法

UHPC 的制备方法是一个复杂而精细的工艺过程，它涵盖了从原材料的精挑细选到最终产品的成型与养护等多个关键环节。在原材料的选择上，UHPC 主要依赖于高活性的硅灰、精选的石英砂、特定强度等级的水泥，以及经过严格筛选的钢纤维和化学外加剂。这些原材料的选择不仅要求品质上乘，还需根据具体的工程需求和材料性能进行科学配比，以确保 UHPC 具备卓越的力学性能和耐久性。

在制备过程中，精确的配合比设计是至关重要的一步。通过深入研究和实验验证，确定水泥、硅灰、石英砂、钢纤维及化学外加剂的最佳掺量比例，以最大限度地提升 UHPC 的抗压强度、抗折强度和韧性。同时，高效的搅拌技术也是制备高质量 UHPC 的关键。采用先进的搅拌设备，严格控制搅拌时间、速度和顺序，以确保原材料能够充分混合，形成均匀的混合物。

在成型阶段，科学的成型工艺与模具设计同样至关重要。通过合理的模具设计与严格的温度、湿度控制策略，不仅有助于 UHPC 形成精确的形状与尺寸，还能有效防止混凝土在成型过程中可能出现的开裂、变形等质量问题。成型完成后，恰当的养护措施对于保障 UHPC 性能的持续稳定发展具有决定性意义。通过精确调控养护环境的温度、时间及方式，促进混凝土的硬化进程与强度发展，从而进一步增强其耐久性与使用寿命，确保 UHPC 材料在实际应用中展现出最佳的综合性能。

4. 应用范围

UHPC 作为一种具有革命性意义的建筑材料，其应用范围广泛且深远，展现了其在现代工程技术与建筑美学融合中的独特价值与潜力。

在桥梁工程中，UHPC 被广泛应用于主梁、桥面板及连接构件等关键部位，不仅显著提升了桥梁的承载能力、抗疲劳性能及耐久性，还实现了桥梁结构的轻量化设计，降低了建设成本与维护难度。此外，UHPC 在高层建筑与重型结构中的应用同样引人注目，其高强度与良好的韧性为结构安全提供了坚实保障，同时满足了现代建筑对美学与功能性的双重追求。

在隧道与地下工程中，UHPC 凭借其出色的耐久性与抗渗性能，成为衬砌结构、防水层及加固材料的理想选择，有效提升了隧道工程的整体稳定性与安全性。此外，UHPC 还广泛应用于预制构件与装配式建筑领域，通过精确的模具成型与高效的施工技术，实现了建筑结构的快速搭建与个性化定制，推动了建筑产业的现代化转型。

值得注意的是，UHPC 在艺术品与雕塑创作中也展现出独特的魅力。其细腻的质感、丰富的色彩表现及优异的加工性能，为艺术家们提供了广阔的创作空间，使得 UHPC 成为当代雕塑与公共艺术领域的新兴材料。

5.2.2 再生骨料混凝土

1. 定义及组成

再生骨料混凝土也称为再生混凝土，是利用废弃混凝土块或其他建筑废弃物作为骨料，经过回收、破碎、清洗、等级划分等处理加工后，按一定的配比与水泥、砂、水等搅拌配制而成的新型环保混凝土材料（图 5-20）。这种混凝土材料的关键作用在于能够作为建筑材料进行循环利用，从而实现资源的节约和环境的保护。

图 5-20　建筑垃圾加工成的再生骨料

再生骨料是废弃混凝土经过破碎筛分等一系列处理加工得到的骨料颗粒。这些骨料颗粒由原始骨料、残留砂浆与二者之间的界面组成。由于残留砂浆本身多孔隙裂纹，破碎处理过程中又难免对原始骨料造成损伤，从而导致了再生骨料同天然骨料之间的性能差异。再生骨料表面粗糙、多棱角，表观密度及堆积密度小，吸水率高，压碎指标大。这些特性使得再生骨料在混凝土中的性能与普通骨料有所不同。

2. 材料特性

再生骨料混凝土作为一种创新的环保型建筑材料，其材料特性显著区别于传统混凝土，体现了资源循环利用与环境保护的双重优势。

在物理性能方面，再生骨料混凝土的表观密度与堆积密度相对较低，这归因于再生骨料内部丰富的孔隙结构与表面裂缝，这些特征同时也导致了其较高的吸水率。相较于天然骨料，再生骨料的压碎指标偏大，表明其抗压性能有所减弱，这可能与再生骨料中原始骨料与残留砂浆的界面黏结强度不足有关。

从力学性能来看，再生混凝土的抗压强度与抗折强度普遍低于同配合比的传统混凝土，且随着再生骨料掺量的增加，这一差距愈发明显。同时，再生混凝土的弹性模量也相对较低，意味着在受力作用下，变形潜力更大。这些力学性能的差异，要求在实际应用中需对再生混凝土的配合比与施工工艺进行精细化调整，以满足特定的工程需求。

在工作性能方面，再生骨料的高吸水率对混凝土拌合物的工作性产生了显著影响，如降低了拌合物的坍落度，增加了施工难度。然而，通过增加用水量、优化外加剂种类与掺量等措施，可有效改善再生混凝土的工作性能，提升施工效率。

在耐久性能方面，再生混凝土的抗渗性、抗冻性及抗碳化性能相对较弱，这与其内部的孔隙结构、骨料与砂浆的界面黏结强度及可能的化学侵蚀作用密切相关。为提升再生混凝土的耐久性能，需采取一系列技术措施，如加入高性能外加剂、优化骨料级配、加强养护管理等。

3. 制备方法

再生骨料混凝土的制备需要对废弃混凝土块进行回收与初步处理，将废弃混凝土块从建筑废弃物中分离出来，经过破碎机的机械破碎，分解为不同粒径的再生骨料。这些骨料随后进入清洗阶段，通过水力冲刷与筛分技术，有效去除附着在骨料表面的泥土、杂质与残留砂浆，从而确保再生骨料的清洁度与纯度。清洗后的再生骨料需进行严格的分级处理，以满足不同工程对骨料粒径的特定需求。分级过程中，利用振动筛分机与风选设备，将再生骨料按照预设的粒径范围进行精细划分，确保骨料级配的合理性与均匀性。

在再生骨料混凝土的配合比设计与拌和阶段，需根据工程需求与再生骨料的具体性能，精确计算水泥、水、可能的天然骨料、外加剂及掺合料的用量，以确保混凝土的强度、工作性能与耐久性能满足设计要求。配合比设计完成后，采用先进的拌和设备与技术，将各组分充分混合均匀，形成具有良好流动性的混凝土拌合物。

经过运输与浇筑，再生骨料混凝土被应用于各类建筑工程中。在施工过程中，还需根据具体情况采取相应的养护措施，以促进混凝土的硬化与强度发展，确保工程质量与耐久性。

4. 应用范围

再生骨料混凝土的应用范围广泛且多样，涵盖了建筑工程、道路建设、园林景观等领域。

在建筑工程领域，再生骨料混凝土凭借其良好的物理性能和可加工性，被广泛应用于承重结构、非承重墙体、楼板、楼梯等结构。其独特的力学性能与耐久性能够满足不同建筑结构的需求，同时，其环保特性也符合当前绿色建筑的发展趋势，有助于提高建筑的环保评级和可持续性。此外，再生骨料混凝土还可用于生产预制构件与建筑制品，如墙板、楼板、梁、柱等，进一步拓展了其在建筑工程中的应用范围。

在道路建设领域，再生骨料混凝土同样展现出巨大的应用潜力。它可以用于路基、路面基层和垫层等结构层，提供良好的承载能力和稳定性。此外，再生骨料混凝土还可用于生产路缘石、排水设施等道路附属构件，进一步丰富了它在道路建设中的应用场景。其优异的耐久性和抗磨损性能，使得再生骨料混凝土在重载交通和恶劣气候条件下仍能保持较好的使用性能。

在园林景观领域，再生骨料混凝土的应用主要体现在人行道、花坛、树池等硬质景观的构造上。其独特的质感和色彩为园林景观增添了自然与现代的交融之美，同时，其环保属性也与园林景观的可持续设计理念相契合。再生骨料混凝土的应用不仅提升了园林景观的美观度与实用性，还促进了资源的循环利用与环境的友好保护。

5.2.3 汉麻混凝土

1. 定义及组成

汉麻混凝土（hempcrete）是一种创新的生物复合建筑材料，主要由来源于汉麻茎秆芯部分的汉麻纤维（图5-21）与矿物黏合剂（如石灰）复合，并辅以适量的水拌和而成。汉麻纤维在混凝土中起到骨架作用，而矿物黏合剂则负责将纤维颗粒黏

图 5-21 汉麻和汉麻纤维

合在一起，形成坚固的结构。这种复合材料结合了生物纤维的天然优势与矿物粘合剂的稳定性，形成了一种既环保又高性能的建筑材料。

2. 材料特性

汉麻混凝土（图5-22）是一种轻质水泥状材料，其质量约为普通混凝土的1/8，但强度却是普通混凝土的数倍至十数倍。这种轻质高强的特性使得汉麻混凝土在建筑结构中能够承担较大的荷载，同时减轻建筑物的自重，有利于提升建筑物的整体性能和降低施工难度。

汉麻混凝土中的黏合剂并非用于填充汉麻颗粒间的空隙，而是涂覆颗粒并使它们彼此黏合，使得汉麻混凝土固化后仍留有大量气孔，密度约为传统混凝土的15%。这些

图5-22　汉麻混凝土

气孔赋予了汉麻混凝土优异的隔热和隔声性能，使其成为理想的建筑隔声、隔热材料。此外，汉麻混凝土的热惯量较高，能够快速储存热量并逐渐释放，因此在昼夜温差大的环境中也能保持室内温度的稳定。

汉麻混凝土是超级透气的，并且能够调节湿度。当湿度较高时，汉麻混凝土会吸收空气中的水分进入墙壁；当湿度下降时，它又会将水分释放到空气中。这种性能使得汉麻混凝土能够有效阻止霉菌的生长，并使湿度保持在阻止细菌生长的水平，同时不吸引白蚁等害虫。

汉麻混凝土在生产和使用过程中对环境的影响极小，甚至具有固碳和储碳的能力。汉麻植物生长时会从大气中吸收大量的二氧化碳，制成混凝土墙壁后，汉麻混凝土仍可继续吸收二氧化碳。因此，汉麻混凝土是一种低碳环保的建筑材料，有助于减少温室气体的排放。

3. 制备方法

制备汉麻混凝土的过程相对简单，但需要精确控制各组分的比例和混合工艺。首先，将汉麻纤维进行预处理，包括清洗、干燥和切割，以确保其质量和长度符合要求。然后，将预处理后的汉麻纤维与矿物黏合剂（如石灰）和水按一定比例混合，形成均匀的混合物。在混合过程中，需要充分搅拌以确保各组分均匀分布。最后，将混合物倒入模具中，经过压实、固化等工艺步骤，最终得到汉麻混凝土制品。

4. 应用范围

汉麻混凝土的应用范围广泛，涵盖了建筑、道路、桥梁等领域。在建筑领域，汉麻混凝土可以用于墙体、屋顶、地板等结构的建造，提供优异的隔热、隔声和透气性能。同时，它还可以用于室内装修和家具制造，为家居环境增添自然与舒适的氛围。在道路和桥梁建设中，汉麻混凝土可以用于路面铺装、护坡和固定钢筋等结构部位，提高道路的耐久性和安全性。此外，汉麻混凝土还可以用于园林景观、户外雕塑等建筑内外装修和建筑结构，为城市美化贡献力量。随着人们对环保、节能和可持续发展的重视，汉麻混凝土的应用前景将更加广阔。

5.2.4　智能混凝土

1. 定义及组成

智能混凝土是在保留传统混凝土基本力学性能的基础上，通过添加智能型组分（如传感器、驱动器和微处理器等）而形成的一种具有特殊功能的混凝土。这些智能型组分赋予

了混凝土传递信息、自行判断和执行命令等能力，从而赋予了混凝土更为丰富的功能特性。智能混凝土不仅能够感知并传递自身内部的应力、应变、温度及湿度等关键状态信息，还具备自我判断与响应外部环境变化的能力，进而实现结构的健康监测、自动调节与损伤修复等多重功能。智能混凝土作为建筑材料领域的一项创新成果，代表了传统混凝土技术与现代智能科技的深度融合。

2. 材料特性

智能混凝土具有显著的自感知特性。这意味着它能够实时、准确地感知并传递自身内部的应力、应变、温度、湿度等关键状态信息。这种感知能力是通过嵌入在混凝土中的传感器实现的，如光纤传感器、电阻应变片、压电元件等。这些传感器能够捕捉到混凝土内部的微小变化，并将这些信息转化为电信号或其他可识别的形式，为后续的分析与调控提供精准的数据支持。

智能混凝土还具备自适应特性。它可以根据感知到的信息，自动调整其性能以适应外部环境的变化。如一些智能混凝土能够自动调节其温度或湿度，以适应室内环境的需求。这种自适应能力是通过在混凝土中嵌入驱动器实现的，如形状记忆合金、电磁铁等。这些驱动器能够根据传感器反馈的信息，执行相应的调节动作，从而保持混凝土结构的稳定性和耐久性。

自修复特性是智能混凝土的另一大亮点。当混凝土出现裂缝或损伤时，智能混凝土能够自动释放修复剂进行修复，恢复甚至提高材料性能。这种自修复能力是通过在混凝土中嵌入含有修复剂的空心纤维管、空心胶囊或多孔纤维网等实现的。一旦混凝土发生开裂，这些修复剂就会流出并渗入裂缝中，与混凝土发生化学反应或物理作用，从而实现裂缝的愈合。

除了上述特性外，智能混凝土还具有多功能性。它可以根据具体需求实现多种功能，如吸收和反射电磁波，提高结构抗御地震和强风的能力等。这些功能的实现是通过在混凝土中嵌入具有特定功能的智能型组分实现的，如导电增强介质、形状记忆合金等。

3. 应用范围

在公共建筑、地下建筑及高层建筑等领域，智能混凝土可以维护设施的安全性、稳定性。通过嵌入传感器，智能混凝土能够实时监测结构的应力、应变、温度等状态信息，为结构安全评估和维护提供重要依据。例如，在高层建筑中，智能混凝土可以提高建筑的抗震性能，通过自适应调节来减轻地震对建筑物的影响。同时，智能混凝土还可以改善建筑的隔声性能，提高居民的生活质量。

在道路、桥梁等交通基础设施建设中，智能混凝土的应用同样广泛。它可以提高交通工程的安全性、使用寿命及维护效率。通过实时监测道路的应力、应变、温度等状态信息，智能混凝土能够及时发现并修复潜在损伤，从而延长道路的使用寿命。此外，智能混凝土还可以应用于高速公路称重系统，通过嵌入传感器来跟踪车辆的位置、重量和速度，为交通管理提供便捷。

在水利设施中，如水库、大坝等，智能混凝土的应用也具有重要意义。它可以实时监测结构的健康状况，及时发现并预警潜在的安全隐患。同时，智能混凝土的自适应特性可以使其根据环境变化自动调节性能，从而保持结构的稳定性和耐久性。例如，大坝混凝土智能养护技术就是利用物联网、云计算、大数据等现代信息技术对混凝土的状态进行实时监测和分析，然后采取相应的养护措施来延长混凝土的使用寿命。

在航空航天领域，智能混凝土同样具有潜在的应用价值。例如，在飞机跑道和航天器外壳等部位，智能混凝土可以实时监测结构的应力、应变等状态信息，为航空航天器的安全运行提供重要保障。此外，智能混凝土还可以作为月球和火星等行星上的基础设施材料，为人类未来的太空探索提供更为稳定的支持。

5.2.5 橡胶混凝土

1. 定义及组成

橡胶混凝土又称胶质混凝土，是在制备水泥砂浆或混凝土时，将橡胶颗粒（通常来源于废旧轮胎等橡胶制品的回收利用）作为骨料或添加剂，与水泥、砂子、石子等传统混凝土材料一起拌和成型、固化而成的复合材料。这种混凝土不仅具有传统混凝土的基本性能，还因橡胶颗粒的加入而赋予了其独特的性能特点。

2. 材料特性

橡胶颗粒的加入显著提高了混凝土的耐久性。橡胶颗粒本身具有良好的耐磨性和抗老化性能，能够抵抗外界环境的侵蚀和破坏。因此，橡胶混凝土在长期使用过程中能够保持较好的性能稳定性，减少维修和更换的频率，降低维护成本。

橡胶颗粒还赋予了混凝土一定的弹塑性，这使得橡胶混凝土在受到外力作用时能够发生一定的变形而不易开裂，从而提高了其抗裂性能。同时，弹塑性的增加也使得橡胶混凝土能够更好地适应地基的变形和沉降，提高建筑物的整体稳定性。

橡胶混凝土的抗渗性能也得到了显著提升。橡胶颗粒能够堵塞混凝土中的微小孔隙，减少水分和有害物质的渗透。这一特性使得橡胶混凝土在水利工程、地下室等需要防水防潮的场所具有广泛的应用价值。

3. 应用范围

在建筑领域，橡胶混凝土凭借其优异的抗裂性、耐久性和隔声减震性能，成为楼板、墙板、梁柱等结构构件的理想选择，有效提升了建筑物的整体性能和使用寿命。同时，其耐磨性和抗裂性也使其成为地面改造与修复的理想材料，为城市基础设施的维护与升级提供了有力支持。

在交通领域，橡胶混凝土的应用同样显著。作为路面修复材料，其坚固耐用的特性有效减少了维修次数和成本，提升了道路的通行能力和安全性。此外，橡胶混凝土在护坡、隔声墙及轨道交通设施中的应用，也充分展现了其良好的耐候性、耐磨损性和减震隔声性能，为交通系统的优化和升级提供了有力保障。

在环保领域，橡胶混凝土的应用更是具有重要意义。废旧轮胎属于工业有害固体废弃物，橡胶混凝土采用废旧轮胎等橡胶制品加工而成的橡胶颗粒作为原料，实现了废旧资源的再利用（图5-23）。这一特性不仅减少了环境污染，还符合可持续发展的理念。通过大量使用橡胶混凝土，可以有效降低对自然资源的依赖，减少废弃物的产生，从而保护生态环境。

图5-23 "黑色污染"废旧轮胎变废为宝

5.2.6 石墨烯增强混凝土

1. 定义及组成

石墨烯增强混凝土是一种将石墨烯添加到混凝土中制成的新型建筑材料。石墨烯是一种由碳原子构成的单层薄片（图5-24），具有出色的力学性能和导电性能。当石墨烯被添加到混凝土中时，它可以显著提高混凝土的强度、韧性和耐久性，从而增强建筑结构的整体性能。

石墨烯增强混凝土的组成主要包括传统混凝土材料和石墨烯。传统混凝土材料包括水泥、骨料（如砂、石等）、水及可能的其他添加剂（如减水剂、消泡剂等）。石墨烯则作为增强材料被均匀地分散在混凝土中，以发挥其优异的性能。

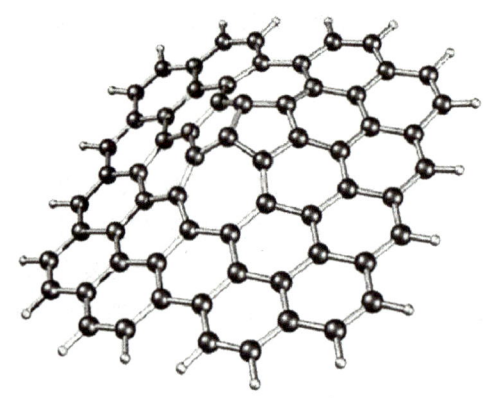

图 5-24　神奇的石墨烯

2. 材料特性

石墨烯的加入可以显著提高混凝土的强度，使其比传统混凝土高出50%以上。这意味着石墨烯增强混凝土能够承受更大的压力和拉力，从而提高了建筑结构的承载能力。同时，石墨烯的高韧性使得混凝土在受到外力冲击时不易破裂，能够有效减少建筑结构的损坏。

石墨烯具有出色的化学稳定性和耐蚀性，当添加到混凝土中时，可以显著提高混凝土的耐久性。石墨烯能够改善混凝土的孔径分布，减少水分和有害物质的渗透，从而延长混凝土的使用寿命。此外，石墨烯还能提高混凝土的抗氯离子渗透能力，进一步增强了其耐久性。

石墨烯具有优异的导电性和导热性，这使得石墨烯增强混凝土在需要导电或导热的应用场景中具有显著优势。例如，在需要埋设电缆或进行电磁屏蔽的场合，石墨烯增强混凝土可以提供良好的导电性能。同时，其优异的导热性能也有助于提高建筑物的热效率，降低能耗。

石墨烯增强混凝土不仅具有优异的性能，还符合环保和可持续发展的要求。石墨烯作为一种纳米材料，其添加量相对较少，但效果显著。这意味着在生产过程中可以减少其他材料的使用量，从而降低碳排放量和对环境的影响。同时，石墨烯增强混凝土的使用寿命更长，减少了建筑废弃物的产生，有助于实现资源的循环利用和可持续发展。

3. 应用范围

在建筑结构领域，石墨烯增强混凝土可以显著提高建筑物的承载能力和耐久性。由于石墨烯具有高强度和韧性，将其添加到混凝土中可以显著增强混凝土的力学性能，使建筑物能够承受更大的荷载和变形。此外，石墨烯的加入还可以提高混凝土的抗裂性能，减少裂缝的产生和扩展，从而延长建筑物的使用寿命。因此，石墨烯增强混凝土在高层建筑、桥梁、隧道等需要承受极端荷载和恶劣环境的建筑结构中具有广泛的应用前景。

在基础设施建设中，石墨烯增强混凝土也发挥着重要作用。例如，在公路、铁路、水利设施等基础设施建设中，石墨烯增强混凝土可以提高道路的耐久性和抗渗性，减少路面的破损和维修成本。同时，石墨烯的加入还可以提高混凝土的抗冻融性能，使其在寒冷地区也能保持良好的使用性能。因此，石墨烯增强混凝土在基础设施建设中的应用可以有效提升基础设施的质量和安全性。

在海洋工程中，石墨烯增强混凝土可以抵抗海水的侵蚀和腐蚀，提高海洋平台的稳定性和安全性。在极地工程中，石墨烯增强混凝土可以承受极低温度和极端气候条件的考验，为极地科研和探险活动提供可靠的保障。

5.3 建筑砂浆

建筑砂浆是将砌筑块体材料（如砖、石、砌块）黏结为整体的砂浆，主要由无机胶凝材料、细骨料（砂）和水按适当比例配合、拌制并经硬化而成的工程材料，有时也掺入某些掺合料（如石灰膏、黏土膏、粉煤灰等无机材料，以及皂化松香、微沫剂、纸浆废液等有机材料）以改善其性能。建筑砂浆分为施工现场拌制的砂浆或由专业生产厂生产的商品砂浆，在建筑工程中起着黏结、衬垫和传递应力的作用。

5.3.1 砂浆的分类

建筑砂浆的分类方式有多种，以下是几种常见的分类方法：

1. 按胶凝材料分类

石灰砂浆：由石灰膏、砂和水按一定配比制成，一般用于强度要求不高、不受潮湿的砌体和抹灰层。

水泥砂浆：由水泥、砂和水按一定配比制成，具有较高的强度和耐久性，常用于潮湿环境或水中的砌体、墙面或地面等。

混合砂浆：在水泥或石灰砂浆中掺加适当掺合料（如粉煤灰、硅藻土等）制成，以节约水泥或石灰用量，并改善砂浆的和易性。常用的混合砂浆有水泥石灰砂浆、水泥黏土砂浆和石灰黏土砂浆等。

2. 按用途分类

砌筑砂浆：主要用于砌筑砖、石、砌块等块体材料，形成墙体、柱体等结构。

抹面砂浆：用于建筑物内外表面的抹面，提高墙面的平整度和美观度。

装饰砂浆：通过添加矿物颜料等材料，涂抹在建筑表面起装饰作用，美化建筑外观。

防水砂浆：涂刷在建筑物表面或顶棚上，起到防水的作用，保障建筑的安全。

保温砂浆：在建筑外墙和屋顶上涂刷一层砂浆，可以起到隔热保温的作用。

吸声砂浆：具有吸收声音的功能，常用于剧院、音乐厅等需要降低噪声的场所。

防辐射砂浆：用于需要防辐射的场所，如核电站、医院放射科等。

3. 按和易性分类

干硬性砂浆：其稠度较低，主要用于需要较高强度或不易变形的部位。

塑性砂浆：具有较好的流动性，易于铺展和填充，常用于需要较高平整度和美观度的部位。

流动性砂浆：稠度较高，主要用于需要快速填充和抹平的场合。

4. 按强度等级分类

根据抗压强度的大小，建筑砂浆可分为不同的强度等级，如 M5、M7.5、M10、M15、M20 等。不同强度等级的砂浆适用于不同的工程部位和用途。

5.3.2 砂浆的技术性质

砂浆的技术性质包括新拌砂浆的和易性、硬化砂浆的强度、黏结力、变形性能、抗冻性和耐久性等指标。

1. 新拌砂浆的和易性

和易性是指新拌制的砂浆拌合物的工作性。和易性良好的新拌砂浆，容易在粗糙的砖、石、砌块、结构等基面上铺设成均匀的薄层并能与基面材料很好地黏结；又便于施工操作，提高劳动生产率和保证工程质量。砂浆和易性包括流动性和保水性两个方面的性质。

（1）流动性

砂浆的流动性是指砂浆在自重或外力作用下流动的性质，也称稠度，用砂浆稠度测定仪测定其稠度，以沉入度值来表示。测定砂浆的沉入度值，是以标准圆锥体在砂浆内自由沉入10s，沉入深度即为砂浆的稠度值。沉入度大，砂浆的流动性好，但流动性过大，砂浆容易分层、析水；若流动性过小，则不便于施工操作，灰缝不易填充密实，将会降低砂浆硬化后的强度。

砂浆的流动性应根据砂浆和砌体种类、施工方法和气候条件来选择。一般而言，用于多孔吸水砌体材料的抹面砂浆、高温干燥气候和手工操作的砂浆，流动性应大些；而用于密实砌体材料的砌筑砂浆、寒冷气候和机械施工的砂浆，流动性应小些。

砂浆的流动性是衡量其性能的重要指标之一，对施工性能有着重要影响。影响砂浆流动性的因素有原材料的种类及用量、用水量、外加剂品种与掺量、砂子的粗细程度及级配、搅拌时间、环境的温湿度等。

1）原材料：胶凝材料（水泥、石灰等）和掺加料（粉煤灰、矿渣粉等）的种类及用量直接影响砂浆流动性。

2）用水量：适量水分提高砂浆流动性，过多则砂浆过稀，过少则砂浆过稠。

3）外加剂：种类和掺量影响砂浆流动性，如减水剂提高砂浆流动性，增稠剂降低砂浆流动性。

4）砂子：粗细程度和级配影响砂浆流动性，细骨料易提高砂浆流动性，级配良好使颗粒分布均匀。

5）搅拌时间：过长导致颗粒团块，降低砂浆流动性；过短则颗粒未充分混合。

6）环境温湿度：高温干燥使砂浆变稠，低温潮湿可能使砂浆过稀。

（2）保水性

保水性是指新拌砂浆保持水分的能力，它反映新拌砂浆在停放、运输和使用过程中，各组成材料是否容易分离的性能。保水性良好的砂浆，能很好保持其中的水分不致很快流失，在砌筑和抹面时容易铺成均匀密实的砂浆薄层，保证砂浆与基面材料有良好的黏结力和较高的强度。

保水性好的砂浆，在存放、运输和使用过程中，砂浆的保水性用分层度表示，通过砂浆分层度测定仪测定。先测定搅拌均匀砂浆的沉入度，再将砂浆装入内径150mm、高300mm的分层度筒，静置30min后，取底部100mm的砂浆拌和2min，再次测定沉入度，两次沉入度之差即为该砂浆的分层度值。

砂浆的分层度以在10~20mm为宜。分层度过大，砂浆易产生离析，不便于施工和水泥硬化，因此水泥砂浆分层度不应大于30mm，水泥混合砂浆分层度一般不会超过20mm；但分层度过小或接近于零，砂浆干稠，容易产生干缩裂缝。

2. 硬化砂浆的强度和强度等级

砂浆以抗压强度作为强度指标。砂浆的强度等级是以六块边长为70.7mm的立方体试块，在标准养护条件（温度为20℃±2℃，相对湿度对水泥混合砂浆为60%~80%，对水泥砂浆90%以上）下，养护28d龄期的抗压强度平均值来确定。

水泥砂浆及预拌砌筑砂浆的强度等级可分为M5、M7.5、M10、M15、M20、M25、M30；水泥混合砂浆的强度等级可分为M5、M7.5、M10、M15。

砂浆的强度等级是衡量其抗压强度、黏结性和耐久性的关键指标，直接决定了其在各类建筑结构和施工环境中的适用性。不同强度等级的砂浆因其抗压强度、黏结性和耐久性的差异，适用于不同类型的建筑结构和施工环境。

1）低强度等级的砂浆，如M5和M7.5，因其较低的抗压强度和黏结性，通常被应用于非承重或次要承重结构的砌筑中，如分隔墙、临时建筑及轻质结构。这些砂浆在施工环境方面，更适用于对强度要求不高的场合，如室内装修中的抹灰层处理或修补工作。

2）中等强度等级的砂浆，如M10和M15，则因其适中的强度特性和良好的黏结性能，成为一般承重结构砌筑的首选材料。这些砂浆广泛应用于多层住宅、小型商业建筑及轻工业厂房的墙体和柱子等结构中。在施工环境方面，它们更适用于常规气候条件下的建筑施工，能够满足一般性的强度要求。

3）高强度等级的砂浆，如M20、M25和M30，则因其卓越的抗压强度、黏结性和耐久性，被广泛应用于高层建筑、大型桥梁、隧道及水电站等需要承受较大荷载和复杂应力的结构中。这些砂浆在施工环境方面，更适用于对强度、黏结性和耐久性要求极高的场合，如极端气候条件下的施工或需要承受化学腐蚀的环境。

砂浆强度是衡量其性能的重要指标，受多种因素的共同影响，主要包括原材料质量、配合比、施工工艺、养护条件、基面材料的吸水率及外加剂种类等。

1）原材料质量：水泥的优劣、砂子的级配及泥含量直接影响砂浆强度。优质水泥和合理级配的砂子能提高砂浆的密实度和强度。

2）配合比：砂、水、水泥的比例决定砂浆性能，优化配合比可显著提升强度。水泥用量需适中，过多或过少均不利。

3）施工工艺：搅拌均匀、施工规范是确保砂浆强度的关键。不规范施工会降低砂浆强度。

4）养护条件：养护时间、温度和湿度影响砂浆强度发展。需及时养护，保持适宜条件。

5）基面材料吸水率：底面材料吸水性能影响砂浆硬化速度和干缩率，选择吸水性能好的材料有利于砂浆强度。

6）外加剂种类：适量外加剂可改善砂浆性能，提高强度。添加过量或种类不当则可能产生不利影响。

3. 砂浆的其他性能

（1）砂浆的黏结力

砂浆的黏结力是指其将砖石等块状材料牢固地连接在一起的能力。黏结力的大小直接影响砌体的强度、耐久性和抗震性。砂浆的黏结力随其抗压强度的增大而提高,但同时还受到砖石表面状态、清洁程度、湿润状况及施工养护条件等因素的影响。例如,当砖石表面粗糙且清洁时,砂浆能够与其形成更好的黏结,从而提高砌体的整体强度。

(2) 砂浆的变形性能

砂浆在凝结硬化过程中、承受荷载及温湿度条件变化时,均会产生变形。如果砂浆产生的变形过大或者不均匀,会导致砌体质量下降,甚至引起沉陷或裂缝。这种变形性能对于建筑结构的稳定性和安全性具有重要影响。特别是用轻骨料拌制的砂浆,其收缩变形通常比普通砂浆更大,因此在使用时需要特别注意控制其变形量。

(3) 砂浆的抗冻性

在寒冷地区或受冻融影响较多的建筑部位,砂浆的抗冻性显得尤为重要。抗冻性是指砂浆在冻融循环作用下保持其结构稳定性和性能的能力。对于有冻融次数要求的砌筑砂浆,经过冻融试验后,其质量损失率和抗压强度损失率均需满足一定的标准。例如,质量损失率不得大于5%,抗压强度损失率不得大于25%。这些标准确保了砂浆在寒冷环境下的稳定性和耐久性。

(4) 砂浆的耐久性

耐久性是指砂浆在使用过程中能够抵抗各种环境因素和外界作用力的破坏,保持其原有性能和结构完整性的能力。如果砂浆的耐久性不足,会导致建筑出现裂缝、渗漏、剥落等问题,严重时甚至会影响建筑的整体稳定性。影响砂浆耐久性的因素众多,包括原材料质量、配合比设计、施工工艺及环境条件等。为了提高砂浆的耐久性,需要采用优质的原材料、合理的配合比设计、规范的施工工艺及良好的养护条件。

5.3.3 预拌砂浆

预拌砂浆是在工厂里按合理配比拌和而成的,可以产品形式进行交易,也称为商品砂浆。按照产品状态和生产工艺特点,预拌砂浆可分为湿拌砂浆(湿拌砂、湿砂浆)和干混砂浆(干砂浆、干拌砂浆、干粉砂浆)两大类。

1. 湿拌砂浆

湿拌砂浆是指水泥、细骨料、保水增稠材料、外加剂和水,以及根据需要掺入的矿物掺合料等组分按一定比例,在搅拌站经计量、拌制后,采用搅拌运输车运送至使用地点,放入专用容器储存,并在规定时间内使用完毕的砂浆拌合物。

湿拌砂浆的类型主要包括湿拌砌筑砂浆、湿拌抹灰砂浆、湿拌地面砂浆和湿拌防水砂浆。湿拌砌筑砂浆主要用于砌体的砌筑,将块材黏结成整体;湿拌抹灰砂浆主要用于墙体表面覆盖以起到保护和装饰作用;湿拌地面砂浆主要用于地坪表面找平以起到保护和装饰作用;湿拌防水砂浆则用于抗渗防水部位以起到保护和一般防水作用。其代号见表5-24。湿拌抹灰砂浆按施工方法分为普通抹灰砂浆和机喷抹灰砂浆,其型号见表5-25。

表 5-24 湿拌砂浆的品种和代号

品种	湿拌砌筑砂浆	湿拌抹灰砂浆	湿拌地面砂浆	湿拌防水砂浆
代号	WM	WP	WS	WW

表 5-25　湿拌砂浆分类

项目	湿拌砌筑砂浆	湿拌抹灰砂浆		湿拌地面砂浆	湿拌防水砂浆
		普通抹灰砂浆（G）	机喷抹灰砂浆（S）		
强度等级	M5、M7.5、M10、M15、M20、M25、M30	M5、M7.5、M10、M15、M20		M15、M20、M25	M15、M20
抗渗等级	—	—		—	P6、P8、P10
稠度[①]／mm	50、70、90	70、90、100	90、100	50	50、70、90
保塑时间/h	6、8、12、24	6、8、12、24		4、6、8	6、8、12、24

① 可根据现场气候条件或施工要求确定。

湿拌砂浆具有品种多、备料快、施工快等优点。同时，由于其在工厂内集中拌制，因此保水性好、和易性好、耐久性好，有利于实现文明施工。此外，湿拌砂浆还能减少现场拌制砂浆时产生的粉尘污染，有利于环境保护。

2. 干混砂浆

干混砂浆是指经干燥筛分处理的细集料与水泥、保水增稠材料，以及根据需要掺入的外加剂、矿物掺合料等组分按一定比例在专业生产厂混合而成的固态混合物，在使用地点按规定比例加水或配套液体拌和使用。

干混砂浆按用途主要分为干混砌筑砂浆、干混抹灰砂浆、干混地面砂浆、干混普通防水砂浆、干混陶瓷砖黏结砂浆、干混界面砂浆、干混聚合物水泥防水砂浆，干混自流平砂浆，干混耐磨地坪砂浆，干混填缝砂浆、干混饰面砂浆和干混修补砂浆，其代号见表5-26。干混砌筑砂浆按施工厚度分为普通砌筑砂浆和薄层砌筑砂浆，干混抹灰砂浆按施工厚度或施工方法分为普通抹灰砂浆、薄层抹灰砂浆和机喷抹灰砂浆，其型号见表5-27。

表 5-26　干混砂浆的品种和代号

品种	干混砌筑砂浆	干混抹灰砂浆	干混地面砂浆	干混普通防水砂浆	干混陶瓷砖黏结砂浆	干混界面砂浆
代号	DM	DP	DS	DW	DTA	DIT
品种	干混聚合物水泥防水砂浆	干混自流平砂浆	干混耐磨地坪砂浆	干混填缝砂浆	干混饰面砂浆	干混修补砂浆
代号	DWS	DSL	DFH	DTG	DDR	DRM

表 5-27　部分干混砂浆分类

项目	干混砌筑砂浆		干混抹灰砂浆			干混地面砂浆	干混普通防水砂浆
	普通砌筑砂浆（G）	薄层砌筑砂浆（T）	普通抹灰砂浆（G）	薄层抹灰砂浆（T）	机喷抹灰砂浆（S）		
强度等级	M5、M7.5、M10、M15、M20、M25、M30	M5、M10	M5、M7.5、M10、M15、M20	M5、M7.5、M10	M5、M7.5、M10、M15、M20	M15、M20、M25	M15、M20
抗渗等级	—	—	—	—	—	—	P6、P8、P10

干混砂浆具有生产质量有保证、施工性能与质量优越、品种多且能满足多种功能性要求及高质环保等优点。由于干混砂浆是在工厂内生产，有固定的场所、成套的设备、精确的计量和完善的质量控制体系，因此其产品质量稳定可靠。同时，干混砂浆的施工性能好，能提高施工效率和质量，降低维修返工的机会和建筑物的长期维护费用。此外，干混砂浆还能减少现场扬尘污染，有利于工人身体健康和环境保护。

【创新思维培养】

智能混凝土：未来建筑的新选择

在科技日新月异的今天，我们的生活方式正经历着前所未有的变革。从智能手机到智能家居，智能技术已经渗透到我们生活的方方面面。而在这场智能化浪潮中，建筑材料领域也迎来了一位新星——智能混凝土。它不仅仅是一种建筑材料，更是未来建筑的智慧之选。

智能混凝土，顾名思义，是一种融合了现代科技与传统混凝土的新型建筑材料。它通过在混凝土中加入各种智能元件，如传感器（图5-25）、执行器等，使混凝土能够感知环境变化、自我监测、自我修复，甚至能够与外界进行交互。这种创新性的材料，让建筑物变得更加智能、更加安全、更加环保。

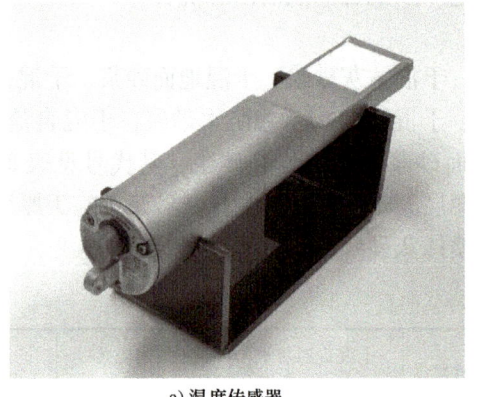 

a) 湿度传感器　　　　　　　　b) 压力传感器

图5-25　智能混凝土内置的湿度传感器和压力传感器

智能混凝土的制作过程并不复杂，但需要在传统混凝土的基础上加入一些特殊的智能元件（图5-26）。这些元件可以是微小的传感器，用于监测混凝土内部的应力、温度等参数；也可以是执行器，用于在混凝土出现裂缝或损伤时自动进行修复。此外，智能混凝土还可以根据实际需求，加入其他功能性的材料，如导电材料、导热材料等，以实现更多的智能功能。

图5-26　智能混凝土制作过程

智能混凝土的应用场景非常广泛。在桥梁、隧道等基础设施建设中，智能混凝土可以实时监测结构的健康状况，及时发现并处理潜在的安全隐患。在高层建筑中，智能混凝土可以自动调节室内温度、湿度等参数，提高居住和办公的舒适度。在智能家居领域，智能混凝土还可以与智能家居系统无缝对接，实现更加智能化的家居体验。

此外，智能混凝土在环保领域也有着广阔的应用前景。通过监测和分析混凝土内部的环境参数，我们可以更加精准地控制建筑物的能耗和排放，实现节能减排的目标。同时，智能混凝土还可以用于制作各种环保型建筑材料，如绿色墙体、生态屋顶等，为城市绿化和可持续发展做出贡献。

【工程素质培养】

某中学一栋砖混结构教学楼，在主体结构完工，进行屋面施工时，屋面局部倒塌。经审查设计方案，未发现任何问题。对施工方面审查发现：所设计为 C20 的混凝土，施工时未留试块，事后鉴定其强度仅 C7.5 左右，在断口处可清楚看出砂石未洗净，骨料中混有鸽蛋大小的黏土块粒和树叶等杂质。此外梁主筋偏于一侧，梁的受拉区 1/3 宽度内几乎无钢筋。

【事故原因分析】

骨料的杂质对混凝土强度有重大的影响，必须严格控制杂质含量。树叶等杂质固然会影响混凝土的强度，而泥黏附在骨料的表面，妨碍水泥石与骨料的黏结，降低混凝土强度，还会增加拌和水量，加大混凝土的干缩，降低抗渗性和抗冻性。泥块含量对混凝土性质的影响严重。

【经验与教训】

在建筑施工领域，责任意识和职业道德是确保工程项目成功的关键要素。本案例中的施工方在工程质量控制方面的失职行为，如未按规定留取混凝土试块，未能及时发现并纠正混凝土强度不足的问题，表明了施工人员责任心的缺失和职业道德的忽视。同时，混凝土强度不达标、骨料中杂质过多及梁主筋布置不当等问题，都直接指向了施工过程中对工程质量要求的放松。

【材料与生态】

生态混凝土：绿化与防护双重

在城市化浪潮席卷全球的今天，我们享受着现代文明带来的便利，同时也面临着环境污染、资源枯竭等严峻挑战。在这样的背景下，一种名为"生态混凝土"的绿色建材悄然兴起，它不仅承载着建筑的功能需求，更承载着人类对于和谐共生的美好愿景。

生态混凝土又称植生混凝土或绿化混凝土，是一种具有特殊功能的新型混凝土材料，它不仅具备传统混凝土的结构和强度特点，还能够为植物生长提供空间和营养，实现绿化和生态恢复的目的。生态混凝土通常由多孔混凝土、有机质、保水材料等组成，其内部含有大量的连通孔隙，能够有效地渗透水分和空气，有利于植物根系的穿透和生长，是一种多孔轻质的新型环保地面铺装材料。

生态混凝土具备三个特点：强度高，材料本身具有与普通混凝土相当的强度；构造独特，具备类似于"沙琪玛"一样的骨架，具有较多的连通孔隙，能够为植物的穿透生长提供条件；低碱环境，种植混凝土碱度较低，适宜植物生长，将其护砌至坡面，在合适的条件下能够实现安全防护与生态绿化一体化，具备三重防护的功效。图 5-27 所示为生态混凝土透水砖。

图 5-27　生态混凝土透水砖

生态混凝土的材质主要以表面存在较多孔洞的岩石及有机生物化肥组成，其基本构成元素以稳定剂为主，并将多种建筑性材料借助水泥完成胶结。

生态混凝土有利于土壤表层的植物生长，不会将植物生长空间封死，在原有土表进行铺盖会最大限度地保证地表植物的良性健康生长，可以促使植物在固定间隔范围之内进行生长，使其分布更加合理。

生态混凝土护坡是模仿自然坡面对边坡进行人工保护性的一种方式（图 5-28），其主要原理是利用人为建筑材料所拥有的重量，构成不同植物之间的错节生长，保护了当地的生态环境稳定性，借助植物涵养水源与固定土壤的特点保障了整体合力的安全

图 5-28　生态混凝土护坡

性，并在水系、陆地与人类生活区之间架起一条能力传递纽带，既可以保证边岸生态环境的稳定与持续发展，又可以为人类生活带来稳定性，还可以保护陆地环境。

【工程能力训练】

❖ 单项选择题

1. 【一级建造师考试真题】混凝土养护要求正确的是（　　）。
   A. 现场施工一般采用加热养护　　B. 矿渣硅酸盐水泥拌制的混凝土不少于 14d
   C. 在终凝后开始养护　　D. 有抗渗要求的不少于 14d
2. 【一级造价师考试真题】在配制水泥砂浆时，每立方米砂子用了强度等级为 32.5 级的普通水泥 360kg、水 320kg，则此水泥砂浆的强度等级为（　　）。
   A. M5　　　　B. M10　　　　C. M15　　　　D. M20
3. 【二级造价师考试真题】关于预拌砂浆下列说法正确的有（　　）。
   A. 预拌砂浆应由专业化工厂生产　　B. 预拌砂浆分为干混砂浆和湿拌砂浆
   C. 干混砂浆只有普通干混砂浆　　D. 特种砂浆可以选择湿拌
4. 混凝土的强度等级是根据（　　）确定的。
   A. 抗压强度　　B. 抗拉强度　　C. 抗折强度　　D. 抗剪强度
5. 以下外加剂常用于提高混凝土的流动性的是（　　）。

A. 减水剂　　　B. 缓凝剂　　　C. 早强剂　　　D. 防水剂

6. 以下不是影响混凝土抗压强度主要因素的是（　　）。
A. 水泥强度　　B. 水胶比　　　C. 骨料种类　　D. 搅拌时间（非极端情况）

7. 混凝土初凝时间是指从加水搅拌到（　　）状态的时间。
A. 混凝土开始失去塑性　　　　B. 混凝土完全失去塑性
C. 混凝土开始硬化　　　　　　D. 混凝土达到最终强度

8. 以下养护方法中，（　　）常用于提高混凝土的耐久性的是（　　）。
A. 自然养护　　　　　　　　　B. 蒸汽养护
C. 水中养护　　　　　　　　　D. 覆盖养护（保持湿润）

9. 以下骨料主要用于配制高强度混凝土的是（　　）。
A. 粗砂　　　　B. 细石　　　　C. 碎石　　　　D. 片石

10. 砌筑砂浆的强度用（　　）来表示。
A. 边长　　　　B. 抗压强度值　C. 强度等级　　D. 抗拉强度

11. 砂浆的流动性主要取决于（　　）。
A. 水泥种类　　B. 砂子种类　　C. 用水量　　　D. 搅拌速度

12. 以下砂浆常用于砌筑外墙的是（　　）。
A. 水泥砂浆　　B. 石灰砂浆　　C. 混合砂浆　　D. 防水砂浆

13. 以下因素中不会影响砂浆的黏结力的是（　　）。
A. 砂浆的流动性　　　　　　　B. 砂子的含泥量
C. 砂浆的抗压强度　　　　　　D. 基面的清洁度

❖ **填空题**

1. 混凝土拌合物的和易性包括_____、_____和_____三个方面的含义。
2. 测定混凝土拌合物和易性的方法有_____法或_____法。
3. 混凝土主要由水泥、水、骨料（砂、石）及必要时加入的_____组成。
4. 混凝土的抗压强度主要取决于其水胶比，水胶比越小，混凝土的强度通常_____。
5. 为了提高混凝土的耐久性，常加入适量的_____或_____，以减少混凝土的渗透性。
6. M5水泥砂浆中，"M"代表砂浆的_____，"5"表示砂浆的28d抗压强度标准值为_____。
7. 砂浆的保水性是指砂浆保持水分的能力，保水性不良的砂浆，在存放、运输和使用过程中容易_____，影响砂浆的黏结力。

❖ **名词解释**

1. 混凝土的强度等级
2. 混凝土的外加剂
3. 混凝土的初凝和终凝时间
4. 混凝土的耐久性
5. 砂浆的和易性

❖ **问答题**

1. 试述混凝土中的四种基本组成材料在混凝土中所起的作用。
2. 混凝土施工中为什么要进行振捣？
3. 如何控制混凝土的坍落度？
4. 简述混凝土拌合物的工作性及其影响因素。
5. 为什么要在混凝土中加入外加剂？
6. 简述混凝土裂缝产生的原因及预防措施。

7. 为什么砂浆需要具有良好的保水性？

❖ 计算题

1. 已知实验室配合比为 1:2.1:4，$W/B = 0.60$，混凝土混合物的表观密度 $\rho_0 = 2400 \text{kg/m}^3$，工地采用 800L（出料）搅拌机进行搅拌，当月实际测得卵石含水率为 2.5%，砂子含水率为 4%。问每次各种材料投量为多少？

2. 浇筑钢筋混凝土梁，要求配制强度为 C20 的混凝土，用强度等级为 42.5 的普通硅酸盐水泥和碎石，如水胶比为 0.60，请问是否能满足强度要求？

第6章 建筑金属材料

【知识目标】

了解钢材的分类及钢材微观结构对其性能的影响,以及土木工程中其他金属材料(如铝、铜及其合金);熟悉钢材的锈蚀和防护机理;掌握钢材的主要技术性能(包括钢材的抗拉性能、塑性韧性、疲劳强度、冷弯性能和焊接性能等)、钢材冷加工及热处理的强化机理,以及土木工程中常用钢材的标准规格和选用;能够在工程设计与施工中正确选择和合理使用建筑钢材。

【思维导图】

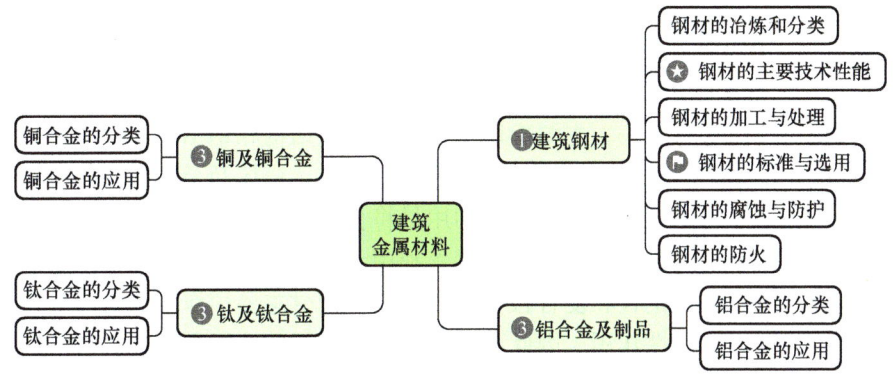

XT06-详细思维导图

【工程案例导入】

探秘"鸟巢":钢结构下的奥运梦想

国家体育场,因其独特的外形设计酷似鸟巢,故而得名"鸟巢"(图6-1),坐落在北京奥林匹克公园的中心地带,是2008年北京奥运会的主体育场,以及2022年北京冬奥会和冬残奥会开闭幕式场馆。鸟巢占地20.4万 m^2,建筑面积达到25.8万 m^2,可容纳9.1万名观众,其中包括8万个正式座位和1.1万个临时座位。"鸟巢"不仅是中国现代建筑技术的杰出代表,更是全球建筑史上的标志性建筑之一。

鸟巢的钢结构建筑特点尤为突出。整个建筑采用了大量的高强度钢材,通过精密的计算和设计,形成了一个稳定而复杂的结构体系。钢结构的轻盈和强度,使得鸟巢在拥有巨大体积的同时，保持了良好的抗震和承重能力。此外，钢结构的灵活性和可塑性，也为鸟巢的外观设计提供了无限可能，使其呈现出独特的双曲面马鞍形，既满足了体育场馆的功能需求，又赋予了建筑独特的艺术美感。

在鸟巢的建设过程中，钢结构的应用不仅提高了施工效率，缩短了建设周期，还大大降低了建筑自重，减少了对地基的压力，从而实现了更加环保和可持续的建筑理念。鸟巢的成功实践，不仅展示了中国现代建筑技术的创新实力，也为全球建筑领域提供了新的灵感和启示，推动了钢结构建筑技术的不断发展和创新。

图 6-1　鸟巢

除了作为体育赛事的举办地，"鸟巢"还承载着更多的功能和价值。它是中国文化的重要展示窗口，是中外游客的必游之地，更是北京这座城市的标志性符号。在这里，人们可以感受到奥运精神的传承和发扬，可以领略到中国现代建筑技术的独特魅力。

6.1　建筑钢材

在土木工程中，金属材料有着广泛的用途。金属材料可分为黑色金属和有色金属两大类。黑色金属是指以铁元素为主要成分的金属及其合金，如生铁、碳素钢、合金钢等；有色金属则是以其他金属元素为主要成分的金属及其合金，如铝合金、铜合金等。在各种金属材料中，钢材是最重要的建筑材料之一，主要应用于钢筋混凝土结构和钢结构。近年来，随着金属建筑体系的兴起，一些厂房、大型商场、仓库、体育设施、机场乃至别墅、多层及高层住宅相继采用钢结构体系，可以预计，建筑钢材的用量将会越来越大。

建筑钢材是指用于钢筋混凝土结构的钢筋、钢丝和用于钢结构的各种型钢，以及用于围护结构和装修工程的各种深加工钢板和复合板等。由于建筑钢材主要用作结构材料，钢材的性能往往对结构的安全起着决定性作用，因此我们应对各种钢材的性能有充分的了解，以便在设计和施工中合理地选择和使用。

6.1.1　钢材的冶炼和分类

1. 钢材的冶炼

钢的主要化学成分是铁元素和碳元素，因此又被称为铁碳合金，此外有少量的硅、锰、磷、硫、氧、氮等元素。碳含量（指质量分数，下同）大于2%的铁碳合金称为生铁或铸铁，碳含量在2%以下，含有害杂质较少的铁碳合金便可称为钢，常用建筑钢材的碳含量一般在1.3%以下。

钢是由生铁冶炼而成的。生铁中碳、硫、磷等杂质的含量较高，强度低，塑性及韧性差，不易进行焊接、锻造、轧制等加工，所以必须进行冶炼。炼钢的过程就是把熔融的生铁进行氧化，使碳的含量降低到预定的范围，磷、硫等杂质的含量也降低到允许范围。在炼钢过程中，由于采用的炼钢方法不同，除掉碳及磷、硫、氧、氮等杂质的程度也不同，所得到钢材的质量也有差异。目前国内主要有氧气转炉炼钢法、平炉炼钢法和电炉炼钢法三种炼钢方法。

（1）氧气转炉炼钢法

以熔融铁液为原料，不需燃料，而是向转炉内吹入高压氧气，使铁液中硫、磷等有害杂质迅速氧化，而被有效除去。该法特点是冶炼速度快，钢质较好，且成本较低。常用来生产优质碳素钢和合金钢。目前，氧气转炉炼钢法是最主要的一种炼钢方法。

（2）平炉炼钢法

平炉炼钢法是以固体或液态生铁、铁矿石或废钢铁为原料，以煤气或重油为燃料，依靠废钢铁及铁矿石中的氧与杂质起氧化作用而成渣，熔渣浮于表面，使下层钢液与空气隔绝，避免空气中的氧、氮等进入钢中。平炉炼钢法冶炼时间长，有足够的时间调整和控制其成分，去除杂质更为彻底，故钢的质量好。平炉炼钢法可用于炼制优质碳素钢、合金钢及其他有特殊要求的专用钢。其缺点是能耗高，成本高。

（3）电炉炼钢法

电炉炼钢法的主要原料是废钢及生铁，利用电能加热进行高温冶炼。该法熔炼温度高，且温度可自由调节，清除杂质较彻底，因此电炉钢的质量最好，但成本也最高。电炉炼钢法主要用于冶炼优质碳素钢及特殊合金钢。

2. 钢材的分类

钢材的分类根据不同的需要采用不同的分类方法，常用的分类方法有以下几种。

（1）根据化学成分分类

根据化学成分的不同可以分为碳素钢和合金钢两类。

1）碳素钢。碳素钢是指碳含量小于2%的铁碳合金。碳素钢是除铁元素、碳元素和限量以内的硅、锰、磷、硫等杂质外，不含其他合金元素的钢。根据碳含量的多少可分为三种：

① 低碳钢：碳含量一般小于0.25%。这种钢材强度较低，但塑性和韧性较好，易于冷加工和焊接。例如，建筑中常用的普通碳素结构钢Q235，其碳含量较低，常用于制作钢筋、钢板等，在建筑框架结构、桥梁的非关键部位等发挥作用。

② 中碳钢：碳含量在0.25%~0.60%。它的强度较高，有一定的韧性和塑性，通过热处理可以获得较好的综合力学性能。如45钢（碳含量约0.45%）常用于制造机械零件，如齿轮、轴等，在机床、汽车等机械制造领域应用广泛。

③ 高碳钢：碳含量大于0.60%。它的硬度高、耐磨性好，但塑性和韧性较差。如T10钢（碳含量约1.0%）常用于制作刀具、量具等工具，在五金加工等行业很常见。

2）合金钢。合金钢是在碳素钢的基础上，为了改善钢的性能，在冶炼时有目的地加入一种或多种合金元素（如铬、镍、钼、钨、钒等）的钢。根据合金元素含量的多少可分为以下三种。

① 低合金钢：合金元素总含量小于5%。它具有较高的强度、良好的韧性和焊接性能。例如，Q345低合金钢，其强度比普通碳素结构钢高，常用于建筑中的大型结构件、压力容器等，能承受较大的载荷。

② 中合金钢：合金元素总含量在5%～10%。它的性能特点取决于具体的合金元素及其含量，常用于制造一些要求较高强度和特殊性能的机械零件或工具。

③ 高合金钢：合金元素总含量大于10%。这类钢材具有特殊的物理和化学性能，如不锈钢（铬含量一般大于12%）具有良好的耐蚀性，在化工、食品加工、医疗器械等领域广泛应用，如304不锈钢（美国牌号，相当于我国的06Cr19Ni10不锈钢）常用于制作餐具、医疗器械外壳等。

土木工程中所用的钢材主要是碳素钢中的低碳钢和合金钢中的低合金钢。

(2) 根据脱氧程度分类

1) 沸腾钢。脱氧不完全的钢是沸腾钢，用F表示。在炼钢过程中，仅加入弱脱氧剂（如锰铁）脱氧，钢液中仍保留有相当数量的氧。当钢液浇铸后，钢液中的氧与碳反应，生成一氧化碳气体，这些气体逸出时会使钢液产生"沸腾"现象，因此称为沸腾钢（图6-2a）。

沸腾钢的生产工艺简单，成本较低。由于其氧含量较高，钢的质地较为纯净，表面质量好，在冲压、拉伸等冷加工过程中有较好的塑性。

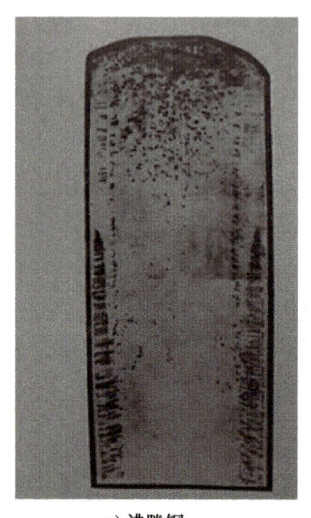
a) 沸腾钢

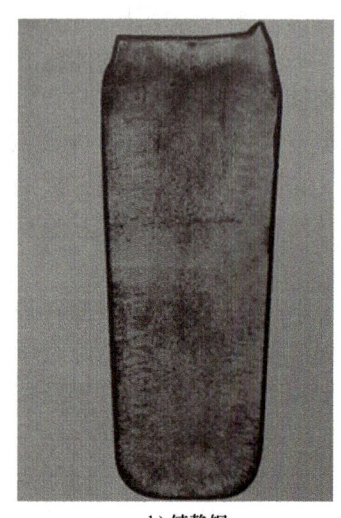
b) 镇静钢

图6-2 两种钢锭的纵剖面图

沸腾钢的内部组织不够致密，成分和性能不均匀，偏析较大。它的强度和韧性相对较低，尤其是在承受动荷载和低温环境下性能较差。同时，由于脱氧不完全，其耐蚀性也不如其他脱氧程度高的钢。

沸腾钢主要用于对强度要求不高，但对表面质量和冷加工性能有一定要求的产品，如普通的建筑用薄板、钢丝等。例如，一些民用建筑中的非承重薄钢板构件，像简易房的墙板等可以使用沸腾钢。

2) 镇静钢。脱氧完全的钢称为镇静钢，用Z表示，是在炼钢过程中加入强脱氧剂（如硅铁、锰铁和铝等）进行脱氧，使钢液中的氧含量降低到很低的程度。在浇铸时，钢液平静地凝固，没有沸腾现象，所以称为镇静钢（图6-2b）。

镇静钢的组织致密，成分和性能均匀，偏析小。它的强度、韧性和抗疲劳性能都比较好，并且在低温环境下也能保持较好的力学性能。同时，由于脱氧充分，其内部的非金属夹杂物较少，质量较高，耐蚀性也相对较好。镇静钢的生产工艺较为复杂，成本较高，由于在脱氧过程中加入了较多的脱氧剂，钢中会残留一些脱氧元素及其化合物，可能会对钢的某些性能产生一定的影响。

镇静钢广泛应用于对力学性能和质量要求较高的场合，如大型桥梁、高层建筑的关键结构部件、机械制造中的重要零件（如轴、齿轮等）及高压容器等。例如，在建造跨海大桥时，用于主桥结构的钢材一般采用镇静钢，以确保桥梁在复杂的海洋环境和巨大的荷载作用下的安全性和耐久性。

3）半镇静钢。脱氧程度介于沸腾钢和镇静钢之间的钢材称为半镇静钢，用 b 表示。它在炼钢过程中加入的脱氧剂数量和脱氧程度使得钢液在浇铸时有微弱的沸腾现象，但不像沸腾钢那样剧烈。

半镇静钢的成本比镇静钢低，同时又比沸腾钢的性能好。它的组织相对致密，性能也比较均匀，强度和韧性等力学性能介于沸腾钢和镇静钢之间。半镇静钢的生产控制要求比较严格，脱氧程度需要精确把握，否则容易出现质量波动。

半镇静钢主要用于一些对性能有一定要求，但又需要考虑成本的场合，如建筑结构中的部分次要构件、一些普通的机械零件等。例如，在一些小型工业厂房的结构梁中可以采用半镇静钢，既能满足一定的强度要求，又能降低成本。

4）特殊镇静钢。在炼钢过程中，采用比镇静钢更充分、更彻底脱氧工艺的钢材称为特殊镇静钢，用符号 TZ 表示。除了加入常规的脱氧剂（如硅、锰、铝等）外，还会采用一些特殊的脱氧措施或添加其他合金元素来进一步降低钢中的氧含量和杂质含量，从而获得更高质量的钢材。

特殊镇静钢具有良好的强度、韧性和延展性，化学成分均匀且纯净度高，能在复杂应力条件下有效抵抗变形和破坏。但其工艺控制要求严格，生产难度较大。由于采用更严格的脱氧工艺，生产过程复杂，导致生产成本大幅增加。

在超高层建筑和大型桥梁的关键结构部位，特殊镇静钢发挥着重要作用。例如，在一些跨海大桥的主缆、斜拉索锚固区等部位，需要承受巨大的拉力和复杂的环境作用。特殊镇静钢的高强度和良好的耐蚀性能够保证这些结构在长期使用过程中的稳定性和安全性。

（3）根据品质分类

硫元素（S）和磷元素（P）都是钢材中的有害成分。一般来说，硫元素和磷元素的含量越少，钢材质量性能越好。根据它们含量的多少可以将钢材分为如下几类：

1）普通钢：硫含量不大于 0.050%，磷含量不大于 0.045%。普通钢价格相对较低，常用于对性能要求不是特别高的场合，如一些建筑结构中的次要部件。

2）优质钢：硫含量不大于 0.035%，磷含量不大于 0.035%。它的质量比普通钢好，力学性能和加工性能更稳定，用于制造一般的机械零件等。

3）高级优质钢：硫含量不大于 0.025%，磷含量不大于 0.025%。这种钢材的纯度更高，质量优良，常用于制造对性能和质量要求较高的零件，如高精度的机床零件、航空航天零部件等。

4）特级优质钢：硫含量不大于 0.015%，磷含量不大于 0.025%。

磷元素在一定程度上能够提高钢材的强度和抗生锈能力，故可以使用高磷钢，这时候要适当降低碳元素的含量，以保证必要的塑性和韧性。

（4）根据用途分类

1）结构钢。建筑及工程用结构钢：用于建筑工程中的各种结构，如梁、柱、框架等。如 HRB400 钢筋是一种热轧带肋钢筋，广泛应用于钢筋混凝土结构中，提供结构的强度支撑。机械制造用结构钢：主要用于制造机械零件。

2）工具钢。刀具钢用于制造各种刀具。模具钢分为冷作模具钢和热作模具钢。量具钢用于制造量具，如卡尺、千分尺等，要求量具钢具有高硬度、高耐磨性和尺寸稳定性。

3）特殊性能钢。

① 不锈钢：具有抵抗大气、水、酸、碱和盐等介质腐蚀的能力。如304不锈钢、316不锈钢（美国牌号，相当于我国的06Cr17Ni12Mo2，含钼元素，耐蚀性更强），常用于海洋环境下的设备、化工管道等。

② 耐热钢：在高温下具有良好的抗氧化性能和强度。例如，在锅炉、汽轮机等高温设备中使用的耐热钢，能够在高温环境下长时间稳定工作。

③ 耐磨钢：具有高耐磨性，常用于矿山机械、工程机械等领域的耐磨部件。

6.1.2 钢材的主要技术性能

钢材的技术性能主要包括力学性能和工艺性能两个方面。其中，力学性能是钢材最重要的性能指标，包括抗拉性能、冲击韧性、耐疲劳性等；工艺性能包括冷弯性能及焊接性能。

1. 钢材的力学性能

（1）抗拉性能

V14-低碳钢的受拉过程

抗拉性能是指钢材在承受拉力作用时抵抗破坏的能力。拉伸是建筑钢材的主要受力形式，所以拉伸性能是表示钢材性能和选用钢材的重要指标。通过拉伸试验可以测定钢材的抗拉性能相关指标，将低碳钢制作成规定规格的试件，放在材料试验机上进行拉伸试验，可以绘制图6-3所示的应力-应变关系曲线。从图中

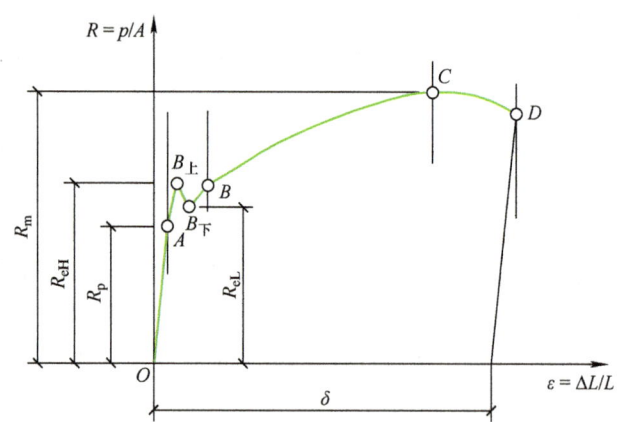

图6-3 低碳钢拉伸时的应力-应变关系曲线

可以看出，低碳钢受拉至断裂，经历了四个阶段：弹性阶段（OA）、屈服阶段（AB）、强化阶段（BC）和缩颈阶段（CD）。其力学性能可由弹性模量、屈服强度、抗拉强度和伸长率等指标来反映。

1）弹性阶段（OA）。该阶段应力较小，钢材的应力和应变是呈正比的线性关系。钢材表现为弹性行为，当外力施加时它会发生变形，一旦外力去除，钢材能完全恢复到原来的尺寸和形状。与A点对应的应力称为弹性极限，以R_p表示。在弹性阶段，应力和应变的比值为常数，即弹性模量，用E表示，即$E = R/\varepsilon$。弹性模量反映了钢材抵抗弹性变形的能力，是计算结构受力变形的重要参数。弹性模量越大，钢材在相同应力下的弹性变形越小。土木工程中常用钢材的弹性模量为$(2.0 \sim 2.1) \times 10^5$MPa。

2）屈服阶段（AB）。当应力超过弹性极限后，钢材的应变会急剧增加，开始产生明显的塑性变形。当应力达到$B_上$后塑性变形急剧增加，应力-应变曲线出现一个小平台，这种现象称为屈服，这一阶段称为屈服阶段。屈服强度是指当金属材料呈现屈服现象时，在试验期间达到塑性变形发生而力不增加的应力点。屈服阶段最高点$B_上$所对应的应力称为上屈服强度，上屈服强度是试样发生屈服而应力首次下降前的最大应力；最低点$B_下$点所对应的应力称为下屈服强度，下屈服强度是不计初始瞬时效应时的最小应力。上屈服强度与试验过程

中的许多因素有关,下屈服强度比较稳定且容易测试,所以采用下屈服强度作为钢材的屈服强度,用 R_{eL} 表示。钢材受力大于 R_{eL} 后,会出现较大的塑性变形,已不能满足使用要求,因此屈服强度是设计中钢材强度取值的依据,是工程结构计算中非常重要的一个参数。常用低碳钢的 $R_{eL} = 185 \sim 235 \text{MPa}$。

3)强化阶段(BC)。钢材超过屈服强度后,内部晶粒重新排列,抵抗变形的能力进一步提高。此时,应力随应变的增加而继续增加,但增加的速率逐渐减缓。在应力-应变图上,曲线从 $B_下$ 点开始上升至最高点 C,这一过程称为强化阶段。这一阶段钢材不仅塑性变形能力仍在增加,而且抵抗变形的能力也在不断增强。对应于最高点 C 的应力值 R_m 称为钢材的抗拉强度。常用钢材的 $R_m = 375 \sim 500 \text{MPa}$。抗拉强度不能直接作为设计依据,只是衡量钢材抵抗拉断破坏的强度指标,直接反映钢材内部组织的优劣,与疲劳强度有比较密切的关系。

屈服强度与抗拉强度的比值,即屈强比,是衡量钢材性能的一个重要指标,能够反映钢材在屈服之后到断裂之前的强度储备情况。屈强比越小,说明钢材屈服强度相对极限强度较低,在钢材屈服后,还有较大的强度储备可以承受额外的荷载,这对于结构的安全性是非常有利的。但这也说明此时钢材的利用率低,造成钢材浪费,导致造价增高。如果屈强比适当提高,可以在保证结构安全的前提下,使钢材的强度得到更有效的利用,减少钢材的用量,从而降低成本。常用碳素结构钢的屈强比为 0.58~0.63,低合金结构钢为 0.65~0.75。

4)缩颈阶段(CD)。当应力达到最高点 C 之后,钢材试件抵抗变形的能力明显降低,塑性变形急剧增加,应力逐渐下降,试件被明显拉长。试件薄弱处的断面将显著减小,产生缩颈现象直到被拉断。

试件拉断后,标距的伸长量与原始标距长度之比称为断后伸长率,用百分数表示。如图 6-4 所示,将断后的两截试件紧密对接在一起,测量出拉断后的标距长度 L_1,其与试件原始标距长度 L_0 的差即为试件塑性变形伸长值。断后伸长率 A 按下式计算:

$$A = \frac{L_1 - L_0}{L_0} \times 100\% \tag{6-1}$$

式中　A——断后伸长率(%);
　　　L_0——试件的原始标距长度(mm);
　　　L_1——试件拉断后的标距长度(mm)。

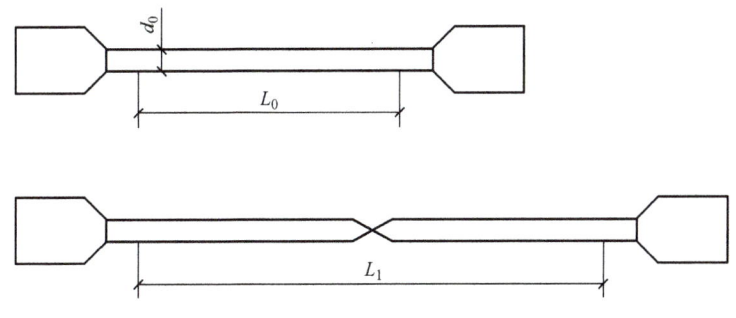

图 6-4　试件拉伸前和断裂后标距的长度

钢材在外力作用下发生塑性变形而不破坏的性能,称为塑性。建筑用钢材应具有良好的塑性,使结构在使用中能通过塑性变形而避免突然断裂。伸长率越大,说明钢材在断裂前能够承受更大的塑性变形。塑性好的钢材在受到外力作用时，能够通过自身的变形来吸收能量，这在许多工程应用中非常重要。例如，在抗震结构设计中，使用伸长率高的钢材可以使结构在地震作用下产生较大的变形而不断裂，从而消耗地震能量，保护建筑物的整体安全。常用低碳钢的伸长率 $A = 20\% \sim 30\%$。

中碳钢和高碳钢拉伸试验的 σ-ε 曲线如图6-5所示，与低碳钢相比有明显不同，无明显屈服阶段，应力随应变持续增加，直至断裂，伸长率小。由于在外力作用下屈服现象不明显，不易直接测出屈服强度，规定以产生残余变形达试件原始标距长度 L_0 的 0.2% 时所对应的应力值，作为其屈服强度，称为条件屈服强度，用 $\sigma_{0.2}$ 表示。

（2）冲击韧性

冲击韧性是指钢材在冲击荷载作用下抵抗破坏的能力。它是通过冲击试验来测定的，将带有 V 型或 U 型缺口的标准试件放置在试验机的支座上，然后用摆锤冲击试件（图6-6）。在冲击试验机的一次摆锤冲击

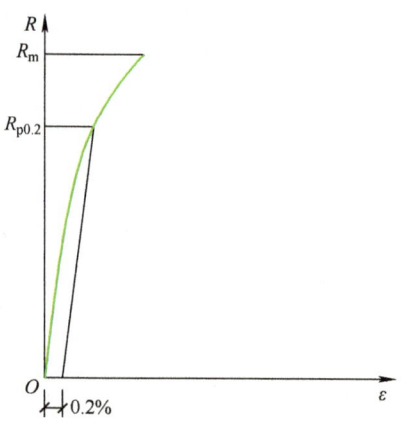

图6-5 中碳钢、高碳钢的 σ-ε 曲线

下，以破坏后缺口处单位面积上所消耗的能量来表示钢材的冲击韧度 a_k。试验时将试件放置在固定支座上，然后以摆锤冲击试件刻槽处的背面，使试件承受冲击弯曲而断裂。钢材的冲击韧度 a_k 按下式计算：

$$a_k = \frac{mg(H-h)}{A} \tag{6-2}$$

式中　　m——摆锤质量（kg）；

g——重力加速度（m/s²）；

H、h——摆锤冲击前后的高度（m）；

A——试件缺口处截面面积（cm²）。

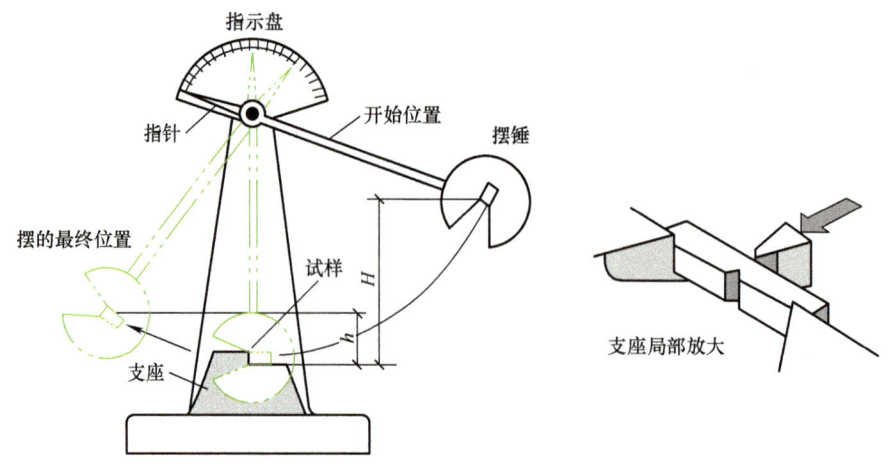

图6-6　冲击韧性试验

钢材的冲击韧性受很多因素影响，主要影响因素有以下方面：

① 化学成分：钢材中有害元素硫、磷含量较高时，则冲击韧性下降。
② 冶炼质量：脱氧不完全、存在化学偏析现象的钢，冲击韧性小。
③ 冷加工及时效：钢材经冷加工及时效处理后，冲击韧性降低。
④ 环境温度影响：如图 6-7 所示，在较高温度环境下，冲击韧度值随温度下降而缓慢降低，破坏时呈韧性断裂。当温度降至某一范围内，随着温度的下降，冲击韧度值大幅度降低，钢材开始发生脆性断裂，这种现象称为钢材的冷脆性，此时的温度称为脆性临界温度。脆性临界温度越低，表明钢材的低温冲击性能越好。在严寒地区使用的钢材，设计时必须考虑其冷脆性。由于脆性临界温度的测定较复杂，通常根据气温条件在 -20℃ 或 -40℃ 时测定的冲击韧度，来推断其脆性临界温度范围。

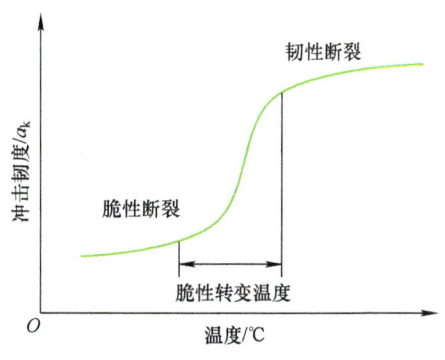

图 6-7　钢材冲击韧度与温度的关系

（3）耐疲劳性

疲劳破坏是钢材在低于其屈服强度的交变应力长期作用下发生的突然断裂现象。钢材的耐疲劳性用疲劳强度来表示。疲劳强度是指在疲劳试验中，试件在交变应力（应力的大小和方向随时间周期性变化）作用下，能够承受无数次循环而不发生破坏的最大应力值。一般把钢材承受 $10^6 \sim 10^7$ 次交变荷载作用时不发生破坏的最大应力作为疲劳强度。

交变应力作用下，钢材表面或内部的微观缺陷（如夹杂物、晶界、表面划痕等）处会产生应力集中。在这些应力集中区域，局部应力可能会超过钢材的屈服强度，导致材料发生微观塑性变形。随着交变应力的持续作用，这些微观塑性变形区域会逐渐形成微小裂纹。一旦裂纹形成，在交变应力的作用下，裂纹会沿着与最大主应力垂直的方向逐步扩展。在这个过程中，裂纹尖端的应力集中现象会更加严重，促使裂纹不断向前延伸。当裂纹扩展到一定程度，剩余的承载截面无法承受交变应力时，钢材就会突然发生断裂。

钢材的疲劳强度与其内部组织状态、化学偏析、杂质含量及各种缺陷有关，钢材表面光洁程度和腐蚀情况等会影响疲劳强度。

（4）硬度

钢材的硬度是指钢材在表面局部体积内抵抗硬物压入表面的能力，即材料抵抗局部变形，特别是塑性变形、压痕或划痕的能力。测定钢材硬度采用压入法，即以一定的静荷载 P 把一定的压头压在金属表面，然后测定压痕的面积或深度来确定硬度。根据试验方法和适用范围的不同，硬度可分为布氏硬度、洛氏硬度、维氏硬度等，建筑钢材常用的为布氏硬度和洛氏硬度。

1）布氏硬度。测定方法是将一个直径为 D（mm）的硬质合金球，以荷载 P（N）将其压入试件表面，经规定的持续时间（10～15s）后卸除荷载，即产生直径为 d（mm）的压痕，如图 6-8 所示。试件单位压痕面积 F 上所承受

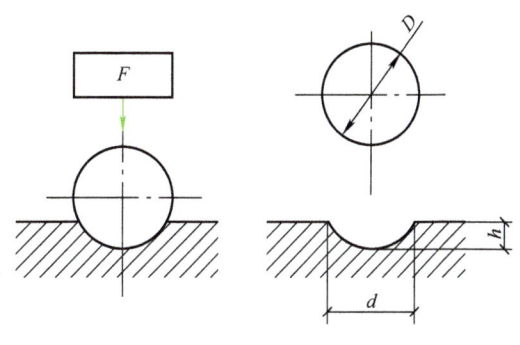

图 6-8　布氏硬度试验

的荷载 P 即为钢材的布氏硬度值,用 HBW 表示。布氏硬度法比较准确,但压痕较大,不宜用于成品检验。

2) 洛氏硬度。测定方法是用硬质合金球或金刚石圆锥体做压头,在一定荷载下压入被测试样表面,经规定持续时间后卸除荷载,测量残余压痕深度 h。h 的数值越大,表示试样越软;反之,表示试样越硬。根据残余压痕深度 h 值计算洛氏硬度值,用 HR 表示。洛氏硬度法的压痕小,所以常用于判断工件的热处理效果。

钢材的硬度实际上是材料的强度、韧性、弹性、塑性和变形强化等一系列性能的综合反映,材料的强度越高,塑性变形抵抗能力越强,硬度值也就越大。因此,当已知钢材的硬度时,即可估计钢材的抗拉强度。

2. 钢材的工艺性能

良好的工艺性能可以保证钢材顺利通过各种加工,而使钢材制品的质量不受影响。钢材的工艺性能主要包括冷弯性能及焊接性能。

(1) 冷弯性能

钢材的冷弯性能是指钢材在常温下承受弯曲变形的能力。钢材的冷弯性能指标以试件弯曲的角度 α 和弯曲压头直径 d 对试件厚度(或直径)a 的比值(d/a)来表示。

钢材的冷弯试验是通过直径(或厚度)为 d 的试件,采用标准滚顶的弯曲压头直径 d($d = na$),弯曲到规定的弯曲角(180° 或 90°)时,观察钢材试件弯曲处的外表面是否出现裂纹、断裂等缺陷来判定钢材冷弯性能的好坏(图 6-9)。钢材弯曲时的弯曲角度越大、弯曲压头直径越小,则表示其冷弯性能越好。

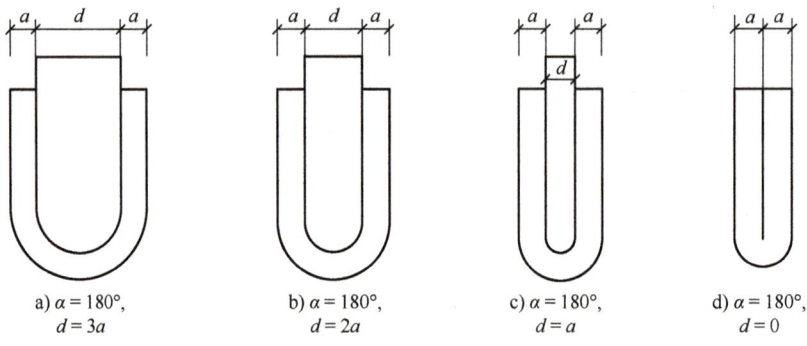

图 6-9 钢材冷弯试验

相对于伸长率而言,冷弯试验是对钢材塑性更严格的检验。在冷弯试验中,试件的弯曲处会产生不均匀塑性变形,这能在一定程度上揭示钢材是否存在内部组织的不均匀、内应力、夹杂物、未熔合和微裂纹等缺陷。冷弯性能还能反映钢材的冶炼质量和焊接质量。

在建筑行业中,冷弯性能非常重要。例如,在钢结构建筑中使用的冷弯薄壁型钢,这种钢材可以通过冷弯加工成各种形状的构件,如 C 型钢、Z 型钢等。良好的冷弯性能确保在加工过程中钢材不会出现裂纹等缺陷,并且在建筑使用过程中,这些冷弯构件能够承受一定的弯曲变形而不损坏,保证建筑结构的安全。

(2) 焊接性能

钢材焊接是一种将两块或多块钢材通过加热、加压或两者并用的方法,使钢材达到原子间结合的连接方法,这是一种永久性的连接方式。建筑工程中的钢结构90%以上通过焊接的方法进行连接。焊接基本方法有两种:电弧焊,焊接接头是由基体金属和焊条金属通过电弧高温熔化连接成一体;接触对焊,是通过电流把被焊金属接头端面加热至熔融后,立即将其对接加压而成一体。

钢材焊接性能是指金属材料对焊接加工的适应性,主要指在一定的焊接工艺条件下获得优质焊接接头的难易程度。钢材的焊接性能主要包括接合性能和使用性能两个方面。接合性能是指在一定焊接工艺条件下,钢材产生焊接缺陷的敏感性。这主要涉及焊接过程中可能出现的裂纹、夹渣、未熔合等缺陷。使用性能是指在一定焊接工艺条件下,钢材的焊接接头对使用要求的适应性。这包括焊接接头的强度、韧性、硬度等力学性能,以及耐蚀性、耐热性等化学性能。

焊接的质量取决于焊接工艺、焊接材料及钢材本身的焊接性能。钢材焊接性能的好坏,主要取决于钢材的化学成分。其中,碳元素的影响最为显著。钢材中碳含量增加,淬硬倾向就增大,塑性则下降,容易产生焊接裂纹。因此,常把钢材中碳含量的多少作为判别钢材焊接性能的主要标志。一般认为碳含量小于0.25%的碳素钢具有良好的焊接性能,碳含量大于0.45%的钢材焊接性能较差。加入过多的合金元素(硅、锰、钒、钛)均会降低钢材的焊接性能。硫、磷能使焊缝处出现热脆并产生裂纹。

为了确保钢材的焊接性能符合要求,需要进行一系列检测和评估工作。这包括:

1)外观检测:通过观察焊接接头的外观特征(如焊缝表面是否平整、光滑,是否存在焊瘤、凹陷等缺陷)来评估焊接质量。

2)无损检测:利用超声波检测、X射线检测等无损检测方法对焊接接头进行内部缺陷检测。这些方法可以检测出焊缝内部的裂纹、夹渣等缺陷,确保焊接接头的质量符合要求。

3)力学性能试验:对焊接接头进行拉伸试验、冲击试验等力学性能试验,以评估其强度、韧性等力学性能指标。

6.1.3 钢材的加工与处理

1. 钢材的冷加工

钢材冷加工是指在常温下对钢材进行冷拉、冷轧、冷拔等各种加工。在冷加工过程中,钢材产生的塑性变形使钢材内部的晶格结构发生变化,从而使其屈服强度和硬度显著提高,这种现象称为冷加工强化。

V15-钢材的冷加工与时效强化

钢材的冷加工强化机理主要基于位错运动。在塑性变形过程中,位错(晶体中原子排列不规则的线缺陷,由原子面间相对滑移产生)在晶体中运动,并通过各种机制发生增值,使位错密度不断增加。随着位错密度的增加,位错之间的距离越来越小,甚至发生交叉,导致位错运动的阻力增大,塑性变形抗力提高。这种阻力增大的现象反过来又加速了位错在晶体中的塞积,进一步提高了位错密度。因此,在冷加工过程中,塑性变形时位错密度的提高和变形抗力的增大相互促进,很快导致金属强度和硬度的提高,由于塑性变形中产生了内应力,因此也会导致其塑性降低。

(1)冷拉

冷拉是指在常温下,采用张拉机械设备对钢材进行拉伸,使其张拉应力超过原来的钢筋屈服强度,产生塑性变形,以达到提高钢筋屈服强度和节约钢材的目的。经过冷拉处理的钢材，其屈服强度可提高 20%～30%，钢筋的长度增加 4%～10%，在保证钢材性能的前提下，减少钢材的使用量，达到节约钢材的目的。冷拉过程还具有除锈和调直的作用，可以改善钢材的表面质量和形状。根据张拉时控制参数的不同，冷拉有单控和双控之分。单控是指在张拉时，只控制其冷拉伸长率；双控是指既控制其冷拉应力，又控制其冷拉伸长率。对于材质不均匀的钢筋，建议采用双控方法以确保冷拉质量。

（2）冷拔

冷拔是将光圆钢筋在常温下使其多次通过比其直径小 0.5～1mm 的硬质合金拔丝模孔的过程（图 6-10）。每次冷拔断面缩小应在 10% 以下，可经多次拉拔。钢筋在冷拔过程中，不仅受拉，还受到周围模具的挤压，因而冷拔的作用比冷拉更为强烈。经冷拔后的钢材表面光洁，屈服强度可提高 40%～60%，但冷拔后的钢筋塑性大大降低，具有硬钢的性质。

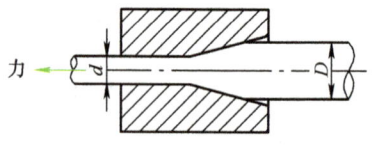

图 6-10　钢筋冷拔

（3）冷轧

冷轧是以热轧钢卷为原料，在常温状态下，经酸洗去除氧化皮后进行连续冷变形加工，从而得到所需厚度和性能的钢板或钢带。冷轧可以提高钢材的强度及其与混凝土的握裹力。钢筋在冷轧时，纵向和横向同时产生变形，因而能较好地保持塑性和内部结构的均匀性。

2. 时效强化

冷加工后的钢材，随着时间的推移，钢材的屈服强度、抗拉强度与硬度进一步提高，塑性、韧性继续下降的现象称为时效，时效过程中内应力消减了，所以弹性模量可以基本恢复。需要注意的是，即使没有经过冷加工处理的钢材，长时间放置也会出现时效，但不如冷加工后表现明显。引起时效强化的原因是钢材中的碳和氮随着时间的延长从纯铁中析出，形成自由碳化物和氮化物，对钢材的塑性变形起遏制作用。

时效处理有自然时效和人工时效两种方法。将冷加工过的钢材在常温下放置 15～20d，称为自然时效，它适用于强度较低的钢材。对强度较高的钢材，自然时效效果不明显，可将冷加工过的钢材加热至 100～200℃并保持一定时间，这称为人工时效。

钢材经过冷加工和时效处理之后，其性能有很大变化，在应力-应变曲线上有明显的体现。如图 6-11 所示，第一次普通加载，不经过冷加工和时效处理，应力-应变曲线为 $OBDE$。K 点是曲线上超过屈服点之后的任意一点，如果在 K 点处卸载，这时候曲线会沿着与 BO 几乎平行的路径 KO' 返回，这是因为过了屈服点之后，钢材既有弹性变形也有塑性变形，恢复的变形都是弹性变形，故 KO' 与 BO 平行，塑性变形是不可恢复的，故有 OO' 这部分残余变形。这时候如果重新加载，钢材的应力-应变曲线则为 $O'KDE$，屈服点在 K 点处，极限强度点在 D 点处，所以经过冷加工之后钢材的屈服强度提高了，而极限强度没有变化，还可以看出塑性变形区域变小了，因此钢材的塑性降低。如果卸载之后没有立即加载，而是经过时效处理后再

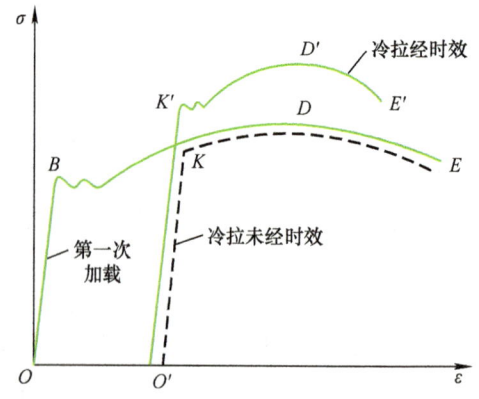

图 6-11　钢筋冷拉时效后应力-应变曲线

加载，这时候钢材的应力-应变曲线是 $OK'D'E'$，屈服点在 K' 点处，极限强度点在 D' 点处，所以经过冷加工和时效处理之后，钢材的屈服强度和极限强度都提高了，塑性变形进一步降低。

3. 钢材的热处理

钢材的热处理是一种通过对钢材进行加热、保温、冷却等操作来改变钢材组织结构，从而获得所需性能的工艺方法，是钢材质量控制和性能优化的重要手段之一。其主要目的是提高钢材的强度、硬度、韧性、耐磨性等力学性能，提高零件的使用寿命和可靠性；同时，也可以改善钢材的加工性能，如切削性能、冲压性能等。钢材的热处理方法有退火、正火、淬火和回火。

V16-钢材的热处理

（1）退火

退火工艺过程通常包括加热、保温和冷却三个步骤，是指将钢材加热到一定温度，保温一段时间，然后缓慢冷却至室温的热处理过程。根据加热温度的不同分为完全退火和不完全退火。通过退火处理，可以消除钢材在铸造、锻造或轧制过程中产生的组织缺陷；有助于使钢材内部的化学成分更加均匀，从而提高其整体性能；退火过程中，钢材内部的晶粒会得到细化，从而提高其强度和韧性，以降低钢材的硬度，使其更容易进行后续的切削、弯曲等加工操作；钢材的塑性和韧性会得到提高，从而增强其抵抗变形和断裂的能力。

（2）正火

正火是指将钢材加热到临界点以上保温适当时间后，在自由流动的空气中均匀冷却的热处理工艺。正火是退火的一种特例，两者的主要区别是冷却速度不同，正火在空气中冷却的速度比退火冷却要快。与退火相比，正火后钢材的强度、硬度较高，而塑性较低。正火的主要目的是细化晶粒、消除组织缺陷等。

（3）淬火

淬火是指将钢材加热到基本组织转变温度以上（900℃以上）并保持一段时间，使其组织部分或者全部转变为奥氏体，然后把钢材浸入冷水或者矿物油中快速冷却，奥氏体即转变为马氏体的热处理工艺。淬火后使钢材的硬度、强度和耐磨性显著提高，但会使钢材的塑性和韧性显著降低。经淬火后钢材的脆性和内应力很大，因此淬火后一般要及时进行回火处理。

（4）回火

经过淬火之后的钢材不能直接使用，淬火的高温和急速冷却使得钢材内部存在内应力，组织不稳定，塑性很差，容易变形和开裂，将淬火后的钢材重新加热到临界温度以下的适当温度，保温若干时间，然后冷却至室温，这种工艺称为回火。经过回火之后的钢材，内应力消除，硬度降低，塑性和韧性得到提高。

6.1.4 钢材的标准与选用

建筑工程用钢有钢结构用钢和钢筋混凝土用钢两类：前者常见的主要有型钢（图6-12）、钢管（图6-13）和钢板（图6-14）；后者常见的主要有钢筋、钢丝和钢绞线。这些型材基本上都是由碳素结构钢和低合金钢经热轧或冷轧、冷拔及热处理等工艺加工而成的。

a) 槽钢　　　　　　　　　　b) 角钢

c) 工字钢　　　　　　　　　d) 钢轨

图 6-12　常见型钢

a) 方钢管　　　　　　　　　b) 圆钢管

图 6-13　常见钢管

 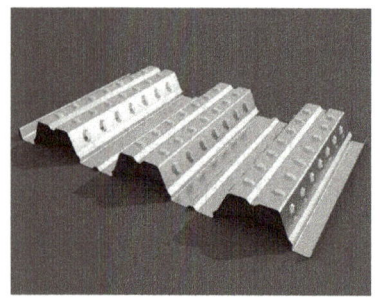

a) 光滑钢板　　　　　　　　b) 压型钢板

图 6-14　常见钢板

1. 土木工程常用钢种

（1）碳素结构钢

碳素结构钢是建筑用钢最常用的钢种之一，适用于一般结构工程中，可以加工成各种型钢、钢筋和钢丝。

1）碳素结构钢的牌号及表示方法。根据《碳素结构钢》（GB/T 700—2006）的规定，我国碳素结构钢分四个牌号，即Q195、Q215、Q235、Q275。其牌号由代表屈服强度的字母Q、屈服强度数值、质量等级符号、脱氧方法符号四部分组成。Q为屈服强度汉语拼音首字母，根据钢材厚度≤16mm时的屈服强度值，共有195MPa、215MPa、235MPa和275MPa四种，钢结构常用的是235MPa的钢材。

碳素结构钢根据硫、磷含量分为A、B、C、D四个质量等级，A级钢只保证屈服强度、抗拉强度和伸长率的要求，有时也可以附加冷弯试验的要求，但不保证冲击韧度，化学成分上保证硅元素、硫元素和磷元素的含量，但碳元素和锰元素可以不作为交换条件，因此钢材脆性大，不能用于焊接结构；B、C、D级钢均保证屈服强度、抗拉强度、伸长率、冷弯试验和冲击韧度（分别对应+20℃、0℃、-20℃的冲击韧度）等技术性能，化学成分上保证各种元素的含量要求。根据脱氧程度的不同钢材分为沸腾钢（F）、镇静钢（Z）和特殊镇静钢（TZ）。

例如，Q235AF表示屈服强度为235MPa的A级沸腾钢。随着牌号的增大，碳含量逐渐增大，钢材强度提高，塑性、韧性下降。相同牌号的钢材，质量等级越高，钢材性能越好，如Q235B要优于Q235A。需要注意的是，镇静钢和特殊镇静钢的符号Z、TZ可以省略不写。

2）碳素结构钢的技术性能。根据《碳素结构钢》的规定，各种牌号的碳素结构钢化学成分、力学性能、冷弯性能试验指标应分别符合表6-1～表6-3的要求。

表6-1 碳素结构钢的化学成分

牌号	统一数字代号[①]	等级	厚度（或直径）/mm	化学成分（质量分数）（%），不大于					脱氧方法
				C	Mn	Si	S	P	
Q195	U11952	—	—	0.12	0.50	0.30	0.040	0.035	F、Z
Q215	U12152	A	—	0.15	1.20	0.35	0.050	0.045	F、Z
	U12155	B					0.045		
Q235	U12352	A	—	0.22	1.40	0.35	0.050	0.045	F、Z
	U12355	B		0.20[②]			0.045		
	U12358	C		0.17			0.040	0.040	Z
	U12359	D					0.035	0.035	TZ
Q275	U12752	A	—	0.24	1.50	0.35	0.050	0.045	Z
	U12755	B	≤40	0.21			0.045	0.045	Z
			>40	0.22					
	U12758	C		0.20			0.040	0.040	Z
	U12759	D					0.035	0.035	TZ

① 为镇静钢、特殊镇静钢牌号的统一数字。沸腾钢牌号的统一数字代号如下：Q195F——U11950；Q215AF——U12150，Q215BF——U12153；Q235AF——U12350，Q235BF——U12353；Q275AF——U12750。

② 经需方同意，Q235B的碳含量可不大于0.22%。

表 6-2 碳素结构钢的力学性能

牌号	等级	拉伸试验											冲击试验	
		屈服强度 R_{eH}[①]/MPa					抗拉强度 R_m[②]/MPa	断后伸长率 A（%）					温度 /℃	V型冲击吸收能量（纵向）（J）
		钢筋厚度（直径）/mm						钢材厚度（直径）/mm						
		≤16	>16~40	>40~60	>60~100	>100~150	>150~200		≤40	>40~60	>60~100	>100~150	>150~200		
		≥							≥						≥
Q195	—	195	185					315~430	33					—	—
Q215	A	215	205	195	185	175	165	335~450	31	30	29	27	26	—	—
	B													+20	27
Q235	A	235	225	215	205	195	185	370~500	26	25	24	22	21	—	—
	B													+20	27[③]
	C													0	
	D													−20	
Q275	A	275	265	255	245	225	215	410~540	22	21	20	18	17	—	—
	B													+20	
	C													0	
	D													−20	

① Q195 的屈服强度值仅供参考，不作交货条件。
② 厚度大于 100mm 的钢材，抗拉强度下限允许降低 20MPa。宽带钢（包括剪切钢板）抗拉强度上限不作交货条件。
③ 厚度小于 25mm 的 Q235B 级钢，如供方能保证冲击吸收功值合格，经需方同意，可不做检验。

表 6-3 碳素结构钢的冷弯性能试验指标

牌号	试样方向	冷弯试验180°，$B=2a$[①]	
		钢材厚度（或直径）[②]/mm	
		≤60	>60~100
		弯芯直径 d	
Q195	纵	0	—
	横	0.05a	
Q215	纵	0.05a	1.5a
	横	a	2a
Q235	纵	a	2a
	横	1.5a	2.5a
Q275	纵	1.5a	2.5a
	横	2a	3a

① B 为试样宽度，a 为试样厚度（或直径）。
② 钢材厚度（或直径）大于 100mm 时，弯曲试验由双方协商确定。

从表 6-1~表 6-3 中可以看出：碳素结构钢随着牌号的增大，碳含量和锰含量增加，强度和硬度提高，但伸长率下降，塑性和韧性降低，冷弯性能逐渐变差；同一钢号的钢材，质量等级越高，其硫、磷含量越低，钢材质量越好；特殊镇静钢优于镇静钢。

碳素结构钢的钢号和材质在选用时应根据结构的工作条件、承受的荷载类型、受荷大小、连接方式等各方面进行综合考虑，并以冶炼方法和脱氧程度来区分其品质。

3）碳素结构钢的应用。碳素结构钢因具有性能稳定、易加工、成本低等特点，在土木工程中得到广泛的使用。

① Q195 和 Q215 这两种钢材的强度不高，但是有较好的塑性和韧性，冷弯性能很好，方便冷加工，常用作薄板、钢丝、钢钉、铆钉及螺栓等。

② Q235 钢强度适中，有良好的承载能力，又有较好的塑性和韧性，综合性能好，能满足一般钢结构和钢筋混凝土结构建筑的要求，因此是土木工程中应用最广泛的钢种，用于制作成型钢、板材和钢筋混凝土用钢筋等。其中 Q235A 可用于承受静荷载作用的钢结构；Q235B 可用于承受动荷载作用的焊接的普通钢结构；Q235C 可用于承受动荷载作用的焊接的重要钢结构；Q235D 可用于低温承受动荷载作用的焊接的钢结构。

③ Q275 钢强度更高，又硬又脆，常用于制作耐磨构件、机械零件和工具等，一般不用于建筑结构。

④ 沸腾钢脱氧不完全，钢材内缺陷较严重，因此应用时受到限制，如下情况不应采用沸腾钢。对于焊接结构，直接承受动荷载或振动荷载且需要验算疲劳的结构；工作温度低于 -20℃时的直接承受动荷载或振动荷载但可不验算疲劳的结构，以及承受静荷载的受弯及受拉的重要承重结构；工作温度等于或低于 -30℃的所有承重构件。对于非焊接结构，工作温度等于或低于 -20℃的直接承受动荷载且需要验算疲劳的结构。

（2）低合金高强度结构钢

低合金高强度结构钢是一种在碳素结构钢的基础上，添加了总量小于 5% 的合金元素（如锰、硅、钒、铌和钛等）的钢材。这些合金元素的加入，使钢材的强度、韧性、焊接性、耐蚀性等性能得到显著提高，而其碳含量一般较低，这样可以保证钢材具有良好的塑性和韧性。低合金高强度结构钢是脱氧完全的镇静钢，其强度高于碳素结构钢。

1）低合金高强度结构钢的牌号及表示方法。根据《低合金高强度结构钢》（GB/T 1591—2018）的规定，低合金高强度结构钢的牌号由代表屈服强度的字母 Q、屈服强度数值、交货状态代号、质量等级符号四个部分按顺序组成。根据最小上屈服强度数值的不同，分为 Q355、Q390、Q420、Q460、Q500、Q550、Q620、Q690 八个牌号。交货状态为热轧时，交货状态代号可以省略；交货状态为正火或正火轧制状态时，交货状态代号均用 N 表示；质量等级根据有害杂质的含量分为 B、C、D、E、F 五个等级。例如：Q355ND 表示最小上屈服强度为 355MPa、交货状态为正火或正火轧制、质量等级为 D 级的低合金高强度结构钢。

2）低合金高强度结构钢的性能。低合金高强度结构钢在力学性能上，屈服强度和抗拉强度较高，能承受较大荷载，其常温与低温韧性良好，低温下也不易脆断。加工性能方面，焊接性佳，碳当量低，焊接接头质量好且热影响区性能稳定，冷加工性能尚可，不过成形力要求较大。耐蚀性强，合金元素形成氧化膜抵御腐蚀介质。抗疲劳性能好，在交变荷载下能承受较多循环次数，可有效分散应力集中，适用于多种对性能要求高的结构。根据《低合金高强度结构钢》的规定，低合金高强度结构钢的化学成分、力学性能应分别满足表 6-4 ~ 表 6-9 的规定。

3）低合金高强度结构钢的应用。低合金高强度结构钢是一种具有高强度、良好韧性及耐蚀性等优秀性能的钢材，其碳含量低于同类正常合金钢，同时添加了钒、钛、铌、钼等微

表 6-4 正火、正火轧制钢材的牌号及化学成分

牌号		化学成分（质量分数）(%)											
钢级	质量等级	C ≤	Si ≤	Mn	P[①] ≤	S[①] ≤	Nb	V	Ti[③]	Cr	Ni	Cu	Mo	N	Als[④]
Q355N	B	0.20	0.50	0.90~1.65	0.035	0.035	0.005~0.05	0.01~0.12	0.006~0.05	0.30	0.50	0.4	0.10	0.015	0.015
	C	0.20	0.50	0.90~1.65	0.030	0.030	0.005~0.05	0.01~0.12	0.006~0.05	0.30	0.50	0.4	0.10	0.015	0.015
	D	0.20	0.50	0.90~1.65	0.030	0.025	0.005~0.05	0.01~0.12	0.006~0.05	0.30	0.50	0.4	0.10	0.015	0.015
	E	0.18	0.50	0.90~1.65	0.025	0.020	0.005~0.05	0.01~0.12	0.006~0.05	0.30	0.50	0.4	0.10	0.015	0.015
	F	0.16	0.50	0.90~1.65	0.020	0.010	0.005~0.05	0.01~0.12	0.006~0.05	0.30	0.50	0.4	0.10	0.015	0.015
Q390N	B	0.20	0.50	0.90~1.70	0.035	0.035	0.01~0.05	0.01~0.20	0.006~0.05	0.30	0.50	0.40	0.10	0.015	0.015
	C	0.20	0.50	0.90~1.70	0.030	0.030	0.01~0.05	0.01~0.20	0.006~0.05	0.30	0.50	0.40	0.10	0.015	0.015
	D	0.20	0.50	0.90~1.70	0.030	0.025	0.01~0.05	0.01~0.20	0.006~0.05	0.30	0.50	0.40	0.10	0.015	0.015
	E	0.20	0.50	0.90~1.70	0.025	0.020	0.01~0.05	0.01~0.20	0.006~0.05	0.30	0.50	0.40	0.10	0.015	0.015
Q420N	B	0.20	0.60	1.00~1.70	0.035	0.035	0.01~0.05	0.01~0.20	0.006~0.05	0.30	0.80	0.40	0.10	0.015	0.015
	C	0.20	0.60	1.00~1.70	0.030	0.030	0.01~0.05	0.01~0.20	0.006~0.05	0.30	0.80	0.40	0.10	0.015	0.015
	D	0.20	0.60	1.00~1.70	0.030	0.025	0.01~0.05	0.01~0.20	0.006~0.05	0.30	0.80	0.40	0.10	0.025	0.015
	E	0.20	0.60	1.00~1.70	0.025	0.020	0.01~0.05	0.01~0.20	0.006~0.05	0.30	0.80	0.40	0.10	0.025	0.015
Q460N[②]	C	0.20	0.60	1.00~1.70	0.030	0.030	0.01~0.05	0.01~0.20	0.006~0.05	0.30	0.80	0.40	0.10	0.015	0.015
	D	0.20	0.60	1.00~1.70	0.030	0.025	0.01~0.05	0.01~0.20	0.006~0.05	0.30	0.80	0.40	0.10	0.025	0.015
	E	0.20	0.60	1.00~1.70	0.025	0.020	0.01~0.05	0.01~0.20	0.006~0.05	0.30	0.80	0.40	0.10	0.025	0.015

注：钢中应至少含有铝、铌、钒、钛等细化晶粒元素中一种，单独或组合加入时，应保证其中至少一种合金元素含量不小于表中规定含量的下限。

① 对于型钢和棒材，磷和硫含量上限值可提高 0.005%。
② V、Nb、Ti 的总含量≤0.22%，Mo、Cr 的总含量≤0.30%。
③ 最高可到 0.20%。
④ 可用全铝 Alt 替代，此时全铝最小含量为 0.020%。当钢中添加了铌、钒、钛等细化晶粒元素且含量不小于表中规定含量的下限时，铝含量下限值不限。

表 6-5 热机械轧制钢材的牌号及化学成分

牌号	钢级 质量等级	化学成分（质量分数）（%）												
		C	Si	Mn	P[①]	S[①]	Nb	V	Ti[②]	Cr	Ni	Cu	Mo	N	B	Als[③] ≥
		≤														
Q355M	B	0.14[④]	0.50	0.16	0.035	0.035	0.01~0.05	0.01~0.10	0.006~0.05	0.30	0.50	0.40	0.10	0.015	—	0.015
	C				0.030	0.030										
	D				0.030	0.025										
	E				0.025	0.020										
	F				0.020	0.010										
Q390M	B	0.15[④]	0.50	1.70	0.035	0.035	0.01~0.05	0.01~0.12	0.006~0.05	0.30	0.50	0.40	0.10	0.015	—	0.015
	C				0.030	0.030										
	D				0.030	0.025										
	E				0.025	0.020										
Q420M	B	0.16[④]	0.50	1.70	0.035	0.035	0.01~0.05	0.01~0.12	0.006~0.05	0.30	0.80	0.40	0.20	0.015	—	0.015
	C				0.030	0.030								0.025		
	D				0.030	0.025										
	E				0.025	0.020										
Q460M	C	0.16[④]	0.60	1.70	0.030	0.030	0.01~0.05	0.01~0.12	0.006~0.05	0.30	0.80	0.40	0.20	0.015	—	0.015
	D				0.030	0.025								0.025		
	E				0.025	0.020										
Q500M	C	0.18	0.60	1.80	0.030	0.030	0.01~0.11	0.01~0.12	0.006~0.05	0.60	0.80	0.55	0.20	0.015	0.004	0.015
	D				0.030	0.025								0.025		
	E				0.025	0.020										
Q550M	C	0.18	0.60	2.00	0.030	0.030	0.01~0.11	0.01~0.12	0.006~0.05	0.80	0.80	0.80	0.30	0.015	0.004	0.015
	D				0.030	0.025								0.025		
	E				0.025	0.020										

（续）

牌号		化学成分（质量分数）（%）													
钢级	质量等级	C	Mn	S①	P①	Nb	V	Ti②	Cr	Ni	Cu	Mo	N	B	Als③
		≤													≥
Q620M	C	0.18	2.60	0.030	0.030	0.01~0.11	0.01~0.12	0.006~0.05	1.00	0.80	0.80	0.30	0.015	0.004	0.015
	D			0.025	0.030								0.025		
	E			0.020	0.025										
Q690M	C	0.18	2.00	0.030	0.030	0.01~0.11	0.01~0.12	0.006~0.05	1.00	0.80	0.80	0.30	0.015	0.004	0.015
	D			0.025	0.030								0.025		
	E			0.020	0.025										

注：钢中应至少含有铝、铌、钒、钛等细化晶粒元素中一种，单独或组合加入时，应保证其中至少一种合金元素含量不小于表中规定含量的下限。

① 对于型钢和棒材，磷和硫含量上限值可提高 0.005%。
② 最高可到 0.20%。
③ 可用全铝 Alt 替代，此时全铝最小含量为 0.020%。当钢中添加了铌、钒、钛等细化晶粒元素且含量不小于表中规定含量的下限时，铝含量下限不限。
④ 对于型钢和棒材，Q355M、Q390M、Q420M 和 Q460M 的最大碳含量可提高 0.02%。

表 6-6 热轧钢材的拉伸性能

牌号		上屈服强度 R_{eH}①/MPa（≥）									抗拉强度 R_m/MPa			
		公称厚度或直径/mm												
钢级	质量等级	≤16	>16~40	>40~63	>63~80	>80~100	>100~150	>150~200	>200~250	>250~400	≤100	>100~150	>150~250	>250~400
Q355	B、C	355	345	335	325	315	295	285	275	265②	470~630	450~600	450~600	450~600②
	D													
Q390	B、C、D	390	380	360	340	340	320	—	—	—	490~650	470~620	—	—
Q420③	B、C	420	410	390	370	370	350	—	—	—	520~680	500~650	—	—
Q460③	C	460	450	430	410	410	390	—	—	—	530~700	—	—	—

① 当屈服不明显时，可用规定塑性延伸强度 $R_{p0.2}$ 代替上屈服强度。
② 只适用于质量等级为 D 的钢板。
③ 只适用于型钢和棒材。

表 6-7 热轧钢材的伸长率

牌号		断后伸长率 A（%），≥						
钢级	质量等级	试样方向	公称厚度或直径/mm					
			≤40	>40~63	>63~100	>100~150	>150~250	>250~499
Q355	B、C、D	纵向	22	21	20	18	17	17[①]
		横向	20	19	18	18	17	17[①]
Q390	B、C、D	纵向	21	20	20	19	—	—
		横向	20	19	19	18	—	—
Q420[②]	B、C	纵向	20	19	19	19	—	—
Q460[②]	C	纵向	18	17	17	17	—	—

① 只适用于质量等级为 D 的钢板。
② 只适用于型钢和棒材。

表 6-8 正火、正火轧制钢材的拉伸性能

牌号		上屈服强度 R_{eH}[①]/MPa，≥							抗拉强度 R_m/MPa				断后伸长率 A（%），≥				
钢级	质量等级	公称厚度或直径/mm															
		≤16	>16~40	>40~63	>63~80	>80~100	>100~150	>150~200	>200~250	≤100	>100~200	>200~250		≤16	>16~40	>40~63	>63~80	>80~200	>200~250
Q355N	B、C、D、E、F	355	345	335	325	315	295	285	275	470~630	450~600	450~600	22	22	22	21	21	21
Q390N	B、C、D、E	390	380	360	340	340	320	310	300	490~650	470~620	470~620	20	20	20	19	19	19

(续)

牌号	质量等级	上屈服强度 R_{eH}/MPa，≥								抗拉强度 R_m/MPa			断后伸长率 A(%)，≥					
		公称厚度或直径/mm																
		≤16	>16~40	>40~63	>63~80	>80~100	>100~150	>150~200	>200~250	≤100	>100~200	>200~250	≤16	>16~40	>40~63	>63~80	>80~200	>200~250
Q420N	B、C、D、E	420	400	390	370	360	340	330	320	520~680	500~650	500~650	19	19	19	18	18	16
Q460N	C、D、E	460	440	430	410	400	380	370	370	540~720	530~710	510~690	17	17	17	17	17	16

注：正火状态包含正火加回火状态。
① 当屈服不明显时，可用规定塑性延伸强度 $R_{p0.2}$ 代替上屈服强度。

表6-9 热机械轧制（TMCP）钢材的拉伸性能

牌号	质量等级	上屈服强度 R_{eH}[①]/MPa，≥						抗拉强度 R_m/MPa					断后伸长率 A(%)，≥
		公称厚度或直径/mm											
		≤16	>16~40	>40~63	>63~80	>80~100	>100~120[②]	≤40	>40~63	>63~80	>80~100	>100~120[②]	
Q355M	B、C、D、E、F	355	345	335	325	320	320	470~630	450~610	440~600	440~600	430~590	22
Q390M	B、C、D、E	390	380	360	340	335	335	490~650	480~640	470~630	460~620	450~610	20
Q420M	B、C、D、E	420	400	390	380	370	365	520~680	500~660	480~640	470~630	450~620	19
Q460M	C、D、E	460	440	430	410	400	385	540~720	530~710	510~690	500~680	490~660	17
Q500M	C、D、E	500	490	480	460	450	—	610~770	600~760	590~750	540~730	—	17
Q550M	C、D、E	550	540	530	510	500	—	670~830	620~810	600~790	590~780	—	16
Q620M	C、D、E	620	610	600	580	—	—	710~880	690~880	670~860	—	—	15
Q690M	C、D、E	690	680	670	650	—	—	770~940	750~920	730~900	—	—	14

注：机械轧制（TMCP）状态包含热机械轧制（TMCP）加回火状态。
① 当屈服不明显时，可用规定塑性延伸强度 $R_{p0.2}$ 代替上屈服强度。
② 对于型钢和棒材，厚度或直径不大于150mm。

量元素以提高强度。这种钢材被广泛应用于大型钢结构建筑，如体育馆、会展中心、火车站、高层建筑等。此外，它还可用于桥梁、高速公路等基础设施的建设，能够承受较大的荷载和变形，确保结构的安全性和稳定性。如在跨海大桥建设中，Q390、Q420 等钢材能够抵御海风、海浪等复杂环境的侵蚀，同时承受车辆行驶等产生的巨大荷载。并且，其良好的焊接性能有利于桥梁构件的现场拼接，确保桥梁结构的整体性。

2. 钢结构用钢

钢结构中采用的型材主要包括热轧成型的钢板和型钢，以及冷弯（或冷压）成型的薄壁型钢（图 6-12 ~ 图 6-14）。

（1）热轧钢板

热轧钢板是一种通过高温轧制工艺生产的钢材产品，具有广泛的应用领域和良好的机械性能。热轧钢板的生产流程包括加热、除磷、粗轧、精轧、冷却等步骤。这些步骤确保了钢板的尺寸精度和物理性能。在生产过程中，钢板会经过高压水除磷和计算机控制的冷却速率处理，以提高其表面质量和平整度。

热轧钢板的厚度范围通常在 0.35 ~ 200mm，宽度可达 600mm 以上，根据不同的分类标准，热轧钢板可以分为多种类型，如按厚度可分为薄板、中板和厚板，按材质可分为碳素结构钢、低合金高强度钢、合金结构钢等。钢板的表示方法是在符号"—"后加"厚×宽×长"，如—8×600×1200，单位为 mm。

热轧钢板强度相对较低，但具有良好的韧性和延展性，能够承受较大的变形而不易断裂，且具有良好的冲压性能和焊接性能，易于加工成各种形状和尺寸的零件。热轧钢板常用于建筑结构的梁、柱、框架等部件，能够支撑和连接建筑物的各个部分，承担建筑的重量和荷载；还可用于建筑围护结构，如墙板、屋面板等。热轧钢板经过加工处理后，可以具有良好的保温、隔热和防水性能，满足建筑的使用要求。

（2）热轧型钢

热轧型钢是用加热钢坯轧成的各种几何断面形状的钢材。在热轧过程中，钢坯被加热到高温状态，一般在 1000 ~ 1250℃，使其具有良好的塑性，然后通过轧辊的轧制作用，逐步形成所需的型钢形状。据型钢截面形式的不同，热轧型钢可分为角钢、钢管、槽钢、工字钢、H 型钢和 T 型钢等（图 6-15）。

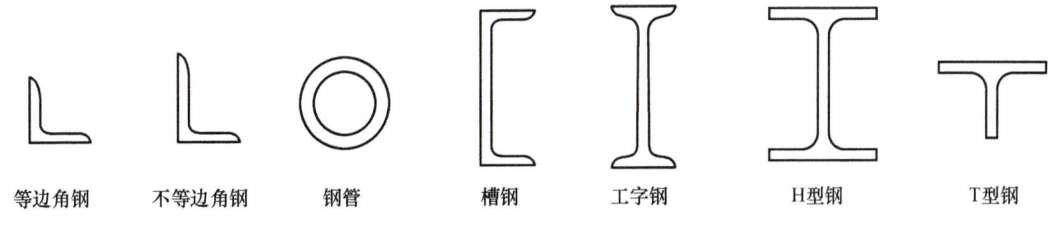

图 6-15 型钢

1）角钢。角钢俗称角铁，是两边互相垂直成角形的长条钢材。按边宽分为等边角钢和不等边角钢。

① 等边角钢：两边的宽度相等，其规格用符号"∠"加"边宽×边厚"的尺寸表示，如∠50×5，表示边长为 50mm、边厚为 5mm 的等边角钢。它在受力均匀的结构中应用较多。

② 不等边角钢：两边宽度不相等，其规格用符号"∠"加长边宽度×短边宽度×边厚，

如∠100×80×8。不等边角钢适用于两个方向受力不同的结构。

2) 工字钢。工字钢也称为钢梁，是一种截面为工字形的长条钢材。工字钢分为普通工字钢和轻型工字钢。普通工字钢：截面尺寸相对较高、较窄，对截面两个主轴的惯性矩相差较大，应用范围有限。轻型工字钢：在相同高度下，轻型工字钢翼缘窄、腹板薄、重量轻。

普通工字钢用型号表示，型号是用腰高（h）、腿宽（b）和腰厚（d）的毫米数来表示，如Ⅰ160×88×6。其中"Ⅰ"是工字钢的符号，"160"表示腰高为160mm，"88"表示腿宽为88mm，"6"表示腰厚为6mm。轻型工字钢也是用型号来表示其尺寸，如QL100×55×4.5。其中"Q"是轻型工字钢的符号，用于和普通工字钢区分，其余数字含义与普通工字钢相同。

3) H型钢。H型钢由工字钢发展而来，是一种截面形状为"H"形的钢材。它由腹板和两翼缘组成，腹板垂直于翼缘，且翼缘内外两侧互相平行，这是它与普通工字钢的主要区别之一。这种特殊的结构使得H型钢在承受荷载时能够更有效地发挥材料的力学性能。在相同的截面面积下，H型钢比普通工字钢具有更高的抗弯强度和侧向稳定性，因为它的翼缘受力更加均匀，能够更好地抵抗弯曲和扭转。H型钢按翼缘宽度分为：

① 宽翼缘H型钢（HW）：其翼缘宽度B与高度H基本相同或相近，截面形状接近正方形。这种类型的H型钢具有很高的强度和良好的双向抗弯性能，适用于承受较大的集中荷载和双向弯矩的结构，如重型工业厂房的柱子和大梁、高层钢结构建筑的框架柱等。

② 中翼缘H型钢（HM）：$B=(1/2\sim1/3)H$。它在单向抗弯性能和整体稳定性方面表现较好，常用于对单向受力要求较高的结构，如一般工业厂房的梁、桥梁的主梁等。

③ 窄翼缘H型钢（HN）：$B=(1/3\sim1/2)H$。它的侧向稳定性稍差，但在某些对空间有限制或只需要承受单向弯矩的情况下比较适用，如在一些轻型建筑结构或对结构高度有严格要求的场合。

H型钢可以剖分为T型钢供应，代号分别为TW、TM、TN。H型钢和T型钢的表示方法均为"高度H×宽度B×腹板厚度t_1×翼缘厚度t_2"，如HM390×300×10×16，对应的T型钢为TM195×300×10×16，单位均为mm。

4) 槽钢。槽钢是一种截面为凹槽形的长条钢材。其规格以腰高（H）×腿宽（B）×腰厚（D）的毫米数表示。如100×48×5.3表示腰高为100mm，腿宽为48mm，腰厚为5.3mm的槽钢，或称10#槽钢。腰高相同的槽钢，如有几种不同的腿宽和腰厚，也需在型号右边加a、b、c等予以区别，如25a#、25b#、25c#等。

5) 钢管。钢管是一种具有中空截面的长条钢材。生产方法分为无缝钢管和焊接钢管。无缝钢管是由整支圆钢穿孔而成的，没有焊缝。它的强度相对较高，能够承受较大的压力。焊接钢管是通过将钢带或钢板卷曲成型，然后通过焊接制成的钢管。根据焊接方法的不同，又可分为电弧焊钢管、高频或低频电阻焊钢管等。焊接钢管成本相对较低，生产效率高，常用于一般用途，如建筑中的脚手架钢管。其规格用符号"ϕ"加"外径×厚度"来表示，如ϕ1400×5，单位为mm。

(3) 薄壁型钢

薄壁型钢是用薄钢板经冷弯或冷轧成型的型钢。厚度一般为1.5~5mm，截面形状多样，常见的有C形、Z形、U形、方形、矩形和圆形等。与普通型钢相比，薄壁型钢的壁厚较薄，这使得它的自重较轻。薄壁型钢具有较高的强度重量比。虽然壁厚较薄，但其通过合

第6章 建筑金属材料

理的截面形状设计，在承受轴向力、弯矩和剪力时能表现出良好的力学性能。例如，在承受弯矩时，C形或Z形薄壁型钢的翼缘和腹板能够协同工作，有效抵抗弯曲变形。

轻钢住宅、轻钢厂房等建筑结构采用薄壁型钢作为框架，具有施工速度快、自重轻、抗震性能好等优点。

3. 钢筋混凝土结构用钢

钢筋是用于钢筋混凝土结构中的线材。按照生产方法、外形、用途不同，工程中常用的钢筋主要有热轧光圆钢筋、热轧带肋钢筋、低碳钢热轧圆盘条、预应力钢丝及钢绞线、热轧带肋钢筋、热处理钢筋等品种。钢筋具有强度较高、塑性较好、易于加工等特点，广泛应用于钢筋混凝土结构中。

（1）热轧钢筋

热轧钢筋是建筑工程中用量较大的钢材品种之一，主要用于钢筋混凝土结构和预应力钢筋混凝土结构的配筋。热轧钢筋按其表面形状不同分为光圆钢筋和带肋钢筋。截面通常为圆形，钢筋的公称尺寸是与其公称截面面积相等的圆的直径。

1）热轧光圆钢筋。热轧光圆钢筋由碳素结构钢轧制，其表面是光滑的圆形截面钢筋。它的横截面积形状规则，没有肋纹（图6-16）。热轧光圆钢筋按屈服强度特征值为300MPa，钢筋牌号用HPB300表示。其公称直径范围为6～22mm，推荐的钢筋公称直径有6mm、8mm、10mm、12mm、16mm、20mm等。在《钢筋混凝土用钢 第1部分：热轧光圆钢筋》（GB 1499.1—2024）中，对于热轧光圆钢筋的力学性能和工艺性能的规定，见表6-10。

图6-16 热轧光圆钢筋

表6-10 热轧光圆钢筋的力学性能和工艺性能

牌号	下屈服强度 R_{eL} /MPa	抗拉强度 R_m /MPa	断后伸长率 A （%）	最大力总延伸率 A_{gt} （%）	冷弯试验180°
	不小于				
HPB300	300	420	25	10.0	$d=a$

注：d——弯心直径，a——钢筋公称直径。

热轧光圆钢筋属于低强度钢筋，具有塑性好、伸长率高、弯折成形和焊接容易等特点，因此被广泛用作中小型钢筋混凝土结构的主要受力钢筋和其他各种钢筋混凝土结构的箍筋，以及钢、木结构的拉杆、水泥混凝土路面的传力杆等。盘条钢筋还可作为冷拔低碳钢丝的原料。

2）热轧带肋钢筋。热轧带肋钢筋由普通合金钢或低碳钢在高温下经热轧工艺制成，其横截面通常为圆形，且外表带有两条纵肋和沿长度方向均匀分布的横肋（图6-17）。根据横肋的形状和与纵肋的相交情况，热轧带肋钢筋

图6-17 热轧带肋钢筋

可分为月牙肋钢筋和等高肋钢筋。其中月牙肋钢筋横肋的纵截面呈月牙形，且与纵肋不相交；而等高肋钢筋的横肋则等高且间距相等。根据晶粒度又分为普通热轧钢筋（HRB）和细晶粒热轧钢筋（HRBF）。按屈服强度特征值分为400、500和600三个级别。

钢筋混凝土用热轧带肋钢筋的公称直径范围为 6～50mm，推荐的公称直径为 6mm、8mm、10mm、12mm、16mm、20mm、25mm、32mm、40mm、50mm。热轧带肋钢筋的材料强度高，具有良好的可加工性，易于进行切割、弯曲等加工操作，由于钢筋表面带有纵肋和横肋，加强了钢筋与混凝土之间的黏结力，提高了结构的整体性能。试验证明，用热轧带肋钢筋作为钢筋混凝土结构的受力钢筋，比使用光圆钢筋可节省钢材40%～50%。

根据《钢筋混凝土用钢 第2部分：热轧光圆钢筋》（GB 1499.1—2024），热轧带肋钢筋的力学性能和工艺性能分别见表6-11和表6-12。

表6-11 热轧带肋钢筋的力学性能

牌号	下屈服强度 R_{eL}/MPa	抗拉强度 R_m/MPa	断后伸长率 A（%）	最大力总延伸率 A_{gt}（%）	R_m^o/R_{eL}^o	R_{eL}^o/R_{eL}
	不小于					不大于
HRB400 HRBF400	400	540	16	7.5	—	—
HRB400E HRBF400E	400	540	—	9.0	1.25	1.30
HRB500 HRBF500	500	630	15	7.5	—	—
HRB500E HRBF500E	500	630	—	9.0	1.25	1.30
HRB600	600	730	14	7.5	—	—

表6-12 热轧带肋钢筋的工艺性能

牌号	公称直径 d/mm	弯曲压头直径
HRB400 HRBF400 HRB400E HRBF400E	6～25	4d
	28～40	5d
	>40～50	6d
HRB500 HRBF500 HRB500E HRBF500E	6～25	6d
	28～40	7d
	>40～50	8d
HRB600	6～25	6d
	28～40	7d
	>40～50	8d

热轧带肋钢筋在建筑工程中发挥着重要作用，具体应用领域包括：

① 混凝土结构中的加筋材料：热轧带肋钢筋主要用于加固钢筋混凝土结构中的梁、柱、板等构件，可有效提高结构的抗震性能、承载性能和抗拉强度。

② 地下工程支撑材料：由于热轧带肋钢筋具有优良的成形性能和施工性能，因此在地下工程中常用于隧道支护、地铁工程、地下室施工等。

③ 高速公路建设：热轧带肋钢筋可用于公路路基改造、桥梁施工等，有效提高道路的

承载力和耐久性。

目前我国钢筋混凝土结构的主筋多采用HRB400。HRB500钢筋虽然强度高，但塑性和焊接性较差，多用于预应力钢筋。

（2）冷轧带肋钢筋

冷轧带肋钢筋是用热轧盘条经多道冷轧减径，一道压肋并经消除内应力后形成的一种带有二面或三面月牙形的钢筋（图6-18）。根据《冷轧带肋钢筋》（GB/T 13788—2017）的规定，冷轧带肋钢筋，根据延性高低分为两类，即冷轧带肋钢筋和高延性冷轧带肋钢筋。冷轧带肋钢筋的牌号由"CRB + 钢筋的抗拉强度最小值"构成，分为CRB550、CRB650、CRB800三个牌号。高延性冷轧带肋钢筋的牌号由"CRB + 钢筋抗拉强度特征值 + H"构成，分为CRB600H、

图6-18 冷轧带肋钢筋

CRB680H、CRB800H三个牌号。C、R、B、H分别为冷轧、带肋、钢筋、高延性四个词的英文首字母。CRB550和CRB600H为普通钢筋混凝土用钢筋，CRB650、CRB800、CRB800H为预应力混凝土钢筋，CRB680H既可为普通钢筋混凝土用钢筋，也可为预应力混凝土钢筋。CRB550、CRB600H、CRB680H钢筋的公称直径范围为4～12mm。CRB650、CRB800、CRB800H钢筋的公称直径为4mm、5mm、6mm。

冷轧带肋钢筋的屈服强度和抗拉强度都比较高，相比普通热轧光圆钢筋有明显的优势。这使得在结构设计中，使用冷轧带肋钢筋可以减少钢筋的用量，从而降低成本。此外，因为其表面带有月牙形肋，与混凝土之间的黏结性能良好。在混凝土构件承受外力时，钢筋不容易从混凝土中拔出，保证了结构的整体性和稳定性。

冷轧带肋钢筋广泛应用于对强度和耐久性要求较高的工程中，如高层建筑、桥梁、隧道等。此外，它还可以用于现浇楼板、屋面板的主筋和分布筋，剪力墙中的水平和竖向分布筋，以及梁柱中的箍筋等。在预制构件方面，CRB650和CRB800级冷轧带肋钢筋可全面取代冷拔低碳钢丝作为预应力构件的主筋。

（3）预应力混凝土用钢丝和钢绞线

1）预应力混凝土用钢丝。预应力混凝土用钢丝是一种用于预应力混凝土结构的高强钢丝。它是由优质碳素结构钢或其他合金钢经冷加工或冷拉拔制成，主要用于给混凝土预先施加压应力，以提高混凝土结构的抗裂性、刚度和耐久性。按加工状态分，有冷拉钢丝和消除应力钢丝。冷拉钢丝是经过冷拉工艺直接得到的钢丝；消除应力钢丝是在冷拉后经过消除应力处理的钢丝，其性能更加稳定，应力松弛性能更好。按外形分，有光面钢丝、刻痕钢丝和螺旋肋钢丝。

预应力混凝土钢丝具有强度高、耐蚀性强、稳定性好和使用方便等特点，被广泛应用于桥梁、建筑、道路等工程结构的预应力混凝土构件中。如在桥梁建设中用于桥梁的主梁、桥墩和桥面等关键部位，提高桥梁的承载能力和耐久性；在高层建筑中用于构建与纵向受力有关的结构，如预应力混凝土柱、墙等构件，提高结构的强度和稳定性。

随着建筑技术的不断进步和工程需求的不断提高，预应力混凝土钢丝的生产和应用也面

临着一些新的发展趋势和挑战。例如，采用低合金化和更高碳含量的原材料来提高盘条性能，采用新工艺来提高盘条的组织性能，以及开发新的组织（如贝氏体钢等）。同时，如何进一步提高预应力混凝土钢丝的强度和耐久性，降低生产成本，也是当前和未来需要解决的问题。

2）预应力混凝土用钢绞线。预应力混凝土用钢绞线是由冷拉光圆钢丝及刻痕钢丝捻制的用于预应力混凝土结构的钢绞线（图6-19）。《预应力混凝土用钢绞线》（GB/T 5224—2014）规定，钢绞线分为标准型钢绞线、刻痕钢绞线、模拔型钢绞线三种。标准型钢绞线是由冷拉光圆钢丝捻制成的钢绞线；刻痕钢绞线是由刻痕钢丝捻制成的钢绞线；模拔型钢绞线是捻制后再经冷拔制成的钢绞线。

图6-19 预应力混凝土用钢绞线

根据钢丝的结构分为八种结构类型：
① 1×2 表示用两根钢丝捻制的钢绞线。
② 1×3 表示用三根钢丝捻制的钢绞线。
③ 1×3I 表示用三根刻痕钢丝捻制的钢绞线。
④ 1×7 表示用七根钢丝捻制的钢绞线。
⑤ 1×7I 用六根刻痕钢丝和一根光圆中心钢丝捻制的钢绞线。
⑥ （1×7）C 表示用七根钢丝捻制又经拔模的钢绞线。
⑦ 1×19S 表示用十九根钢丝捻制的 1+9+9 西鲁式钢绞线。
⑧ 1×19W 表示用十九根钢丝捻制的 1+6+6/6 瓦林吞式钢绞线。

预应力混凝土用钢绞线具有高强度、低松弛率和良好耐久性等特点。相较于普通钢材，预应力钢绞线的强度可提高 2~6 倍，从而显著节约钢材用量，降低工程成本。同时，其低松弛率保证了在长期荷载作用下，钢绞线的应力变化较小，结构稳定性更高。此外，预应力钢绞线还具有良好的耐蚀性，能够在恶劣环境中长期使用而不易受损。

在桥梁建设领域，预应力钢绞线是大跨度桥梁不可或缺的材料，广泛应用于悬索桥的主缆、斜拉桥的斜拉索及预应力混凝土梁桥的预应力筋等关键部位，为桥梁的稳定性和承载能力提供了坚实保障。在高层建筑领域，预应力钢绞线被用于预应力混凝土柱、梁和楼板等构件，有效控制了建筑物的变形和裂缝，显著提升了结构的安全性和耐久性；同时，也广泛应用于大型工业建筑和体育场馆等需要承受重载和大跨度的预应力构件中。此外，在岩土锚固工程中，钢绞线作为锚杆或锚索的主要受力部件，被广泛应用于边坡加固、深基坑支护等工程，有效固定土体或岩石，防止滑坡和坍塌等地质灾害的发生，为工程安全提供了有力支持。

6.1.5 钢材的腐蚀与防护

1. 钢材的腐蚀

钢材表面与周围介质发生反应而引起破坏的现象称为腐蚀，最常见的即锈蚀，在潮湿空气中或者有侵蚀性介质存在的环境中腐蚀速度非常快。钢材表面生锈形成铁锈，会减小钢材有效截面面积，降低承载能力。同时，铁锈会破坏钢筋与混凝土之间的黏结力，局部的锈斑、锈坑还会产生应力集中，增大钢材的缺陷，加速结构的破坏。在交变荷载作用下，还会出现锈蚀疲劳，导致结构发生脆性断裂。

根据钢材与周围介质作用原理的不同，可以将腐蚀分为化学腐蚀和电化学腐蚀两种，电化学腐蚀相比化学腐蚀更常见一些，钢材在大气中的实际腐蚀总是两种作用协同工作的结果。

（1）化学腐蚀

化学腐蚀是指钢材与干燥气体及非电解质液体直接发生化学反应而产生的腐蚀。这种腐蚀多数是氧化反映，由氧化作用使钢材表面形成疏松的氧化物。在干燥环境中，钢材腐蚀进展缓慢。但在温度或湿度较高的环境中，化学腐蚀进展加快。在常温下，化学腐蚀的产物一般会覆盖在钢材表面，阻止进一步的腐蚀，化学腐蚀过程中没有电流的产生。

（2）电化学腐蚀

电化学腐蚀是指钢材与电解质溶液接触（如海水、潮湿的土壤、酸雨等），形成微电池而产生的腐蚀。潮湿环境中钢材表面会被一层电解质水膜所覆盖，而钢材本身含有铁、碳等多种成分，由于这些成分的电极电位不同，形成许多微电池。在阳极区，铁被氧化成为Fe^{2+}离子进入水膜；在阴极区，溶于水膜中的氧被还原为OH^-离子。随后两者结合生成不溶于水的$Fe(OH)_2$，并进一步氧化成为疏松、易剥落的红棕色铁锈$Fe(OH)_3$。钢材在大气中的腐蚀，实际上是化学腐蚀和电化学腐蚀共同作用所致，但以电化学腐蚀为主。

2. 钢材的防护

钢筋的腐蚀原因既有其成分和材质等方面的内在因素，又有环境介质的外部影响，因钢筋的防腐措施应该从多方面考虑。

（1）涂金属保护层

采用电镀或者其他方式在钢材表面镀耐蚀性好的金属材料，把钢材与周围的介质隔离，从而起到保护钢材的作用。常用的方法有镀锌（如白铁皮）、镀锡（如马口铁）、镀铜和镀铬等，镀金属之前注意钢材表面的除锈。

（2）涂非金属保护层

在钢材表面涂非金属保护层，提高钢材的耐蚀性。常用的方法有喷涂涂料、搪瓷、塑料等。涂料一般分为底漆、中间漆和面漆，底漆要求有较好的附着能力和防锈能力，中间漆属于防锈漆，面漆要求有较好的牢度和抵抗外界环境的能力。常用的底漆有红丹底漆、环氧富锌漆、铁红环氧底漆和云母氧化底漆等，常用的中间漆有红丹防锈漆和铁红防锈漆等，常用的面漆有灰铅漆、调和漆、醇酸磁漆和酚醛磁漆等。在涂防锈漆之前，注意钢材表面除锈和三层漆的合理选择。

（3）电化学保护法

有些钢结构如轮船外壳、地下管道等不适宜涂保护层，这时候可以采用电化学保护法，金属单质不能获得电子，所以只要把被保护金属作为发生还原反应的阴极，即可起到防腐蚀作用。一种方法是在钢结构附近埋设一些废钢铁，并加直流电源，将阴极接在被保护的钢结构上，阳极接在废钢铁上，通电时只要电流足够强大，废钢铁则成为阳极而被腐蚀，钢结构成为阴极被保护；第二种方法是在被保护的钢结构上连接一块更加活泼的金属，外加活泼金属作为阳极被腐蚀，钢结构作为阴极被保护。

（4）使用耐候钢

耐候钢是在普通碳素钢中加入铜、铬、镍、钼等耐蚀性好的合金元素得到的耐外界大气腐蚀的钢材，它属于低合金钢，耐蚀性介于普通钢和不锈钢。耐候钢能够在钢材表面生成一种防腐保护膜，它的耐蚀性高达普通钢的2~8倍，可以很好地保护内部钢材免受外界的侵害，长期暴露在大气中使用的钢结构如桥梁、塔架等通常采用耐候钢。

（5）混凝土包裹

钢筋混凝土结构中用到大量的钢筋，外层混凝土的包裹可以防止钢筋锈蚀。因为水泥水化后产生大量的$Ca(OH)_2$，故混凝土正常情况下是碱性环境，pH值约等于12，在这种强碱性环境下，钢筋表面能形成一种钝化保护膜，理论上来说钢筋是不生锈的。但是随着混凝土碳化的进行，其pH值会降低，失去对钢筋的保护作用。另外，混凝土中氯离子达到一定含量后会破坏钝化保护膜，钢筋将受到腐蚀。对于混凝土用钢筋的防锈，主要是保证混凝土的保护层厚度，提高混凝土的密实度，同时，在二氧化碳含量高的工业区采用硅酸盐水泥或者普通硅酸盐水泥，限制含氯盐外加剂的掺和量。另外，使用环氧树脂涂层钢筋或镀锌钢筋也是有效的防锈措施。

6.1.6 钢材的防火

钢材本身不会起火燃烧，但其材性受温度影响很大，在高温下强度和弹性模量会快速衰减，导致钢构件及其组成的结构承载力迅速降低。耐火试验与火灾案例表明，在250℃的高温下，钢材的冲击韧性会下降。超过300℃时，钢材的屈服强度与极限强度会显著下降。实际火灾下，荷载情况不变，钢结构失去静态平衡稳定性的临界温度为500℃左右，而一般火场温度达到800~1000℃。

钢结构防火保护的基本原理：采用绝热或吸热材料阻隔火焰或热量，推迟钢结构的升温速率。防火方法以包裹法为主，即以防火涂料、不燃性板材或混凝土和砂浆包裹钢构件。

（1）防火涂料

防火涂料涂覆在钢材表面，在火灾发生时能够起到隔热、阻止热量传递的作用。防火涂料可以分为膨胀型和非膨胀型。膨胀型防火涂料在受热时会膨胀形成一层厚厚的泡沫状炭质层，这层炭质层的导热系数很低，能够有效隔离热量，减缓钢材温度的上升速度。例如，一些膨胀型防火涂料的膨胀倍数可以达到数十倍，就像给钢材穿上了一层厚厚的隔热服。非膨胀型防火涂料主要是通过自身的高熔点和低热传导性来达到防火目的。

在很多钢结构建筑中，如工业厂房、展览馆等，都会在钢结构表面涂覆防火涂料。根据建筑的防火要求和钢材的使用部位，确定防火涂料的类型和涂层厚度。例如，对于一些重要的承重钢结构构件，可能需要涂覆较厚的膨胀型防火涂料，以保证在火灾发生时能够为人员疏散和消防救援提供足够的时间。

（2）防火板包覆

使用防火板将钢材包裹起来，防火板本身具有良好的耐火性能，能够阻止火焰和热量直接作用于钢材。防火板的材料有多种，如纤维增强水泥板、石膏板等。这些板材在高温下能够保持一定的完整性，起到隔热屏障的作用。

在一些钢结构住宅或商业建筑中，对于楼梯间等重要的疏散通道周围的钢结构，采用防火板包覆的方式进行防火保护。例如，用纤维增强水泥防火板将钢结构柱包裹起来，这种防火板具有较高的强度和良好的耐火性能，能够有效保护钢结构在火灾中不至于迅速升温而失去承载能力。

（3）混凝土包覆

混凝土是一种良好的防火材料，它的热传导性相对较低。将钢材浇筑在混凝土中，混凝土能够为钢材提供隔热保护。在火灾发生时，混凝土能够吸收大量的热量，减缓钢材温度的上升。而且混凝土在高温下有一定的强度保留，还能继续对钢材起到约束作用，维持钢结构的稳定性。

在高层建筑的钢结构核心筒中，常常采用混凝土包覆钢结构柱的方式。混凝土在平时也能增强结构的刚度和稳定性，在火灾发生时更是能为钢结构提供有效的防火保护，确保建筑的整体安全性。

（4）水冷却系统

通过在钢材内部或周围设置水冷却管道，在火灾发生时，启动水冷却系统，水吸收热量并带走热量，从而保持钢材的温度在安全范围内。这种系统可以是自动控制的，当温度传感器检测到温度升高到一定程度时，自动开启冷却循环。

在一些大型的钢结构石油化工装置中，由于火灾风险高，采用水冷却系统对钢结构进行保护。例如，在炼油厂的大型储油罐的钢结构支撑框架上设置水冷却管道，一旦发生火灾，水冷却系统能够迅速启动，防止钢结构因高温而损坏，保障装置的安全。

6.2 铝合金及制品

1. 铝合金

铝合金是以铝为基础加入一种或数种其他元素（如铜、镁、硅、锰等）构成的合金。这些合金元素的加入可以显著改变铝的性能。例如，加入铜可以提高铝合金的强度和硬度，同时还能改善其耐热性；加入镁可以增强铝合金的韧性和耐蚀性。

铝合金按其成分和加工方法主要分为变形铝合金和铸造铝合金两大类。变形铝合金可以通过压力加工（如轧制、挤压、锻造等）制成各种形状的材料。它又分为可热处理强化和不可热处理强化两种。可热处理强化的变形铝合金通过淬火和时效处理等工艺，可以显著提高其强度，不可热处理强化的变形铝合金主要靠加工硬化来提高强度。铸造铝合金，主要用于制造各种形状复杂的铸件，它的流动性好，能够填充复杂的型腔。根据主要合金元素的不同，铸造铝合金可分为铝-硅系、铝-铜系、铝-镁系和铝-锌系等。建筑中应用较多的是变形铝合金。

2. 铝合金的应用

铝合金具有低密度、良好的强度和韧性、优良的耐蚀性、良好的导热性和导电性、可加工性等优秀性能，被广泛应用于建筑结构和建筑装饰中。

（1）铝合金门窗

铝合金门窗是指采用铝合金挤压型材为框、梃、扇料制作的门窗（图6-20）。铝合金门窗具有良好的气密性、水密性和保温性，其气密性能有效阻止室外空气的渗透，对于保持室内温度和空气质量十分重要。铝合金门窗的强度较高，能够承受一定的风压和外力冲击，这对于高层建筑的门窗尤为重要，与传统的木质门窗相比，铝合金门窗不易变形，使用寿命长。铝合金门窗的材质轻便，便于安装和操作，相比钢材门窗，其质量较轻，安装过程中对建筑结构的负担较小，而且门窗的开启和关闭更加灵活。铝合金门窗按开启方式的不同分为平开窗（门）、对开窗（门）、推拉窗（门）、旋转窗（门）、悬挂窗、百叶窗等。

图 6-20　铝合金门窗及铝合金门窗横断面

（2）铝合金幕墙

铝合金幕墙是建筑外墙装饰和围护的一种重要方式（图 6-21），具有优异的隔热性能、隔声性能和采光性能。铝合金作为幕墙框架材料，具有良好的承载能力，可以支撑玻璃、石材等幕墙面板。其较轻的质量使得幕墙体系对建筑主体结构的附加荷载较小，在高层建筑中应用时不会对建筑结构造成过大的压力。铝合金幕墙框架的加工精度高，能够保证幕墙的平整度和整体稳定性。通过精确的切割、加工和组装，可以实现幕墙系统的精密拼接，使建筑外立面看起来更加整洁、美观。

 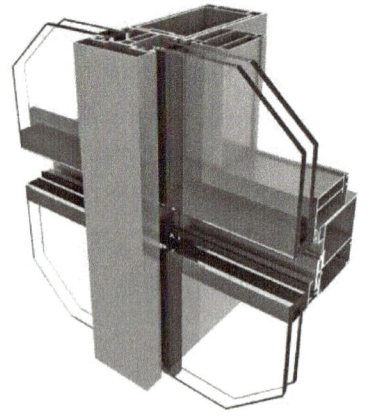

图 6-21　铝合金幕墙及常见构造

（3）建筑装饰应用

铝合金可以制作成各种装饰条、压条、铝合金板（图 6-22）和建筑构件，用于建筑外立面、室内天花和墙面等部位的装饰。例如，在建筑外立面的檐口、腰线处使用铝合金装饰条，可以增加建筑的层次感和立体感；在室内，铝合金装饰条可以用于划分空间、装饰墙角等。铝合金板在装饰工程中按照装饰效果的不同分为铝合金花纹板、铝合金波纹板、铝合金压型板等。

（4）建筑能源及环保应用

铝合金在建筑能源及环保领域的应用也越来越广泛。例如，铝合金制成的太阳能集热板、太阳能光伏板（图6-23）等，能够将太阳能转化为电能或热能，为建筑提供清洁能源。此外，铝合金还常用于制作建筑中的隔声、隔热材料等，能够有效地降低建筑能耗和碳排放。

图6-22　铝合金板外墙装饰

图6-23　铝合金太阳能光伏板

6.3　铜及铜合金

1. 铜合金

铜合金是以铜为基本元素，在铜中加入锌、锡、镍等一种或数种微量元素制作而成的。铜合金与纯铜相比，性能有很大提高。

铜合金按添加元素分为黄铜、青铜、白铜。黄铜以锌为主要添加元素，具有美观的黄色，根据锌含量的不同，黄铜的性能也会有所差异。例如，锌含量低于36%的黄铜合金具有良好的冷加工性能。青铜原指铜锡合金，但现在除黄铜和白铜以外的铜合金都称为青铜。青铜的硬度高、耐磨性好，且具有良好的耐蚀性。白铜是一种镍铜合金，呈银白色，有金属光泽，具有优良的耐蚀性和机械性能。

2. 铜合金的应用

（1）建筑装饰

铜合金因其独特的金属光泽和良好的加工性能，被广泛用于建筑装饰中。它可以制成各种形状和规格的装饰板材、线条、浮雕等，用于建筑物的内外墙面、屋顶、门窗、栏杆、楼梯等部位的装饰。

（2）建筑构件

铜合金可以用于制作建筑的承重构件，如梁、柱等，这些构件不仅具有足够的强度和稳定性，还能提高建筑物的整体安全性和耐久性。此外，铜合金还可以用于制作建筑的连接件、紧固件等，这些构件能够确保建筑结构的稳定性和安全性。

(3) 管道系统

在建筑给排水系统中，铜合金管道因其良好的耐蚀性和卫生性能而得到广泛应用。铜合金管道能够有效地防止水质的二次污染，保障饮用水的安全和卫生。

(4) 电气系统

铜合金具有良好的导电性能，被广泛应用于电线、电缆、母线槽等电气部件的制造中。这些电气部件不仅具有优良的导电性能，还能确保电气系统的安全、稳定和可靠运行。

6.4 钛及钛合金

1. 钛合金

钛合金是以钛为基础加入铝、钒、镍、钼、铬等其他元素组成的合金。钛合金具有高强度、耐蚀性好、耐热性高、低温性能好、生物相容性好等优点。钛合金按照不同的分类标准可以分为多种类型，按退火组织可分为 α 钛合金、β 钛合金和 α+β 钛合金；按用途则可分为耐热合金、高强合金、耐蚀合金、低温合金及特殊功能合金等。

2. 钛合金的应用

钛合金材料在建筑领域的应用广泛且多样，不仅在外墙装饰上展现出其美观大方、寿命长且维护成本低的优势，其独特的金属光泽和丰富色彩，为建筑外观增添了非凡的视觉魅力；作为屋顶材料，钛合金凭借其轻质高强度的特性，不仅增强了屋顶的坚固耐用性，还有效减轻了建筑的整体负荷；在室内装饰方面，钛合金被用于制作门窗、栏杆、扶手等家具和装饰物品，极大地提升了室内空间的美观度。此外，钛合金还因其卓越的加工性能和耐蚀性，成为艺术雕塑和纪念碑等建筑艺术品的理想材料，这些艺术品不仅具有极高的审美价值，更因钛合金的耐久性而得以长久保存。

阿布扎比机场是世界上第一个将钛作为建筑结构材料使用的机场，其结构用钛量达 800t。中国北京的国家大剧院穹顶使用了约 100t 的钛合金材料，展示了钛合金作为建筑材料的无限魅力。西班牙古根海姆博物馆使用了 0.3mm 厚的钛板，用量达 60t，其坚固又美观的设计被评为"地球上最美丽的博物馆"。

【创新思维培养】

钛金属赋能国家大剧院：稳构·靓颜·绿循环

钛应用于土木工程领域（图 6-24），主要基于钛的一系列特性。钛的密度小，约为钢的 60%，铜的 50%，铝的 1.7 倍，但具有和普通钢几乎相同的强度，作为建筑可以减重 70%~75%，容易吊顶，并可使建筑物的重心下移，提高建筑物的整体抗震能力；与其他金属建筑材料相比，钛的热胀系数小，约为不锈钢的 50%，铝的 30%，与玻璃、砖、水泥和石头接近；钛的热应力非常低，是不锈钢的 1/2，铝的 1/3。钛可作为整体材料使用，不需要接缝来补偿热胀冷缩；钛本身具有闪亮的银白色光泽，通过处理，可获得不同的图案和色彩；最重要的一点，钛具有良好的耐蚀性，能抵御城市污染、工业辐射和极端的侵蚀，还能实现 100% 的回收，可称得上是绿色环保材料。

在北京人民大会堂西侧的绿色公园内，一泓碧水环绕着一座椭圆形的银色的国家大剧院，由玻璃幕墙和钛金属板等制成的外壳与日月星辰交相辉映（图 6-25）。国家大剧院中心

第6章 建筑金属材料

图 6-24 钛合金板及钛合金棒材

建筑为半椭球形钢结构壳体，东西长轴 212.2m，南北短轴 143.64m，高 46.68m，地下最深 32.50m，周长达 600 余 m。国家大剧院壳体结构由一根根弧形钢梁组成，如此巨大的钢架结构中间却没有用一根柱子支撑，重达 6750t 的钢结构要完全依靠自身的力学结构体系来保证安全稳定。

图 6-25 国家大剧院

该项目的屋面的外装饰面板采用 18398 块钛金属板和 1226 块透明钢化玻璃共同组成，其中钛金属的最大跨度达 212m，板厚度仅为 0.44m，两种材质经巧妙拼接呈现出唯美的曲线，造出舞台帷幕徐徐拉开的视觉效果。这如果按照传统的方案就要有上千个点穿透屋面系统，这将很难保证大穹顶的防水性能。为此，国家大剧院的穹顶屋面系统，在国内首次引进了"铝镁锰直立锁边金属屋面"系统。其最大的特点是，外层装饰板的支承结构不是穿透屋面固定在主体结构上，而是用连接夹具直接连接固定在铝镁锰板的立边上。实现了无穿透式连接，很好地实现了屋面系统的各项物理性能，特别是对防止屋面漏水起到了决定性的作用。

国家大剧院的设计理念体现了现代建筑的创新精神。这座由法国建筑师保罗·安德鲁设计的建筑，以其独特的"湖中明珠"造型，与周围的传统建筑形成鲜明对比，展现了现代建筑与传统环境的和谐共存。

【工程素质培养】

2021 年 11 月 23 日 13 时 20 分许，浙江省金华市经济技术开发区在建工程湖畔里项目酒店（图 6-26）宴会厅钢结构屋面在进行刚性保护层混凝土浇捣施工时发生坍塌事故。该事故导致 6 人死亡，6 人受伤，直接经济损失达 1097.55 万元。经调查，事故原

图 6-26 事故建筑物示意

因主要是屋面钢结构设计存在重大错误,且施工未按经施工图审查的设计图进行,导致钢结构屋面荷载过大而坍塌。

【事故原因分析】

事故发生的直接原因是屋面钢结构设计存在重大错误,结构设计计算荷载取值与建筑构造做法不一致,钢梁按排架设计,未与混凝土结构进行整体计算分析;未经施工图审查的设计图施工,将钢结构屋面构造中 20mm 厚水泥砂浆找平层改为 50mm 厚细石混凝土,且浇筑细石混凝土超厚,进一步增加了屋面荷载。因上述原因造成钢梁跨中拼接点高强螺栓滑丝、钢梁铰接支座锚栓剪切和拉弯破坏,导致⑪、⑫轴二榀屋面钢梁坍塌(图 6-27)。

除此之外,该工程还存在挂靠、转包、违法分包、未按图纸施工等问题,这些原因共同导致了钢梁跨中拼接点高强螺栓滑丝、钢梁铰接支座锚栓剪切和拉弯破坏,最终引发了坍塌事故。

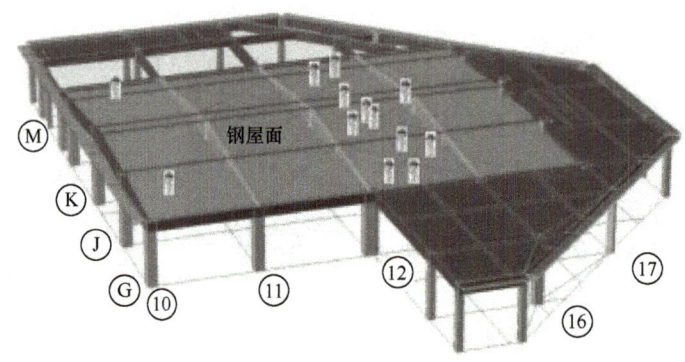

图 6-27 工程事故原因分析

【经验与教训】

安全生产是工程建设的生命线,任何环节的疏忽都可能导致灾难性的后果。此次事故暴露出设计、施工等环节存在的严重问题,提醒我们要始终坚持质量第一、安全第一的原则,确保每一个工程都能经得起历史和人民的检验。

【材料与生态】

废钢新生,绿建同行

在繁忙的现代工业社会,废旧钢铁常常被视为废弃物,然而它们实际上蕴含着巨大的再生潜力。通过一系列精细的分类回收与加工处理,这些废旧钢铁能够焕然一新,成为再生钢铁原料,为建筑、交通等领域注入绿色动力。

再生钢铁的制造,是一场从废弃物到宝贵资源的转变(图 6-28)。废旧钢材首先被细心地分类收集,不同种类的钢材被区分开来,以确保后续加工的高效与精准。接着,这些废钢经过清洗、切割、破碎等一系列工序,去除油污、锈蚀等杂质,恢复其原有的金属光泽。在经历高温熔炼的洗礼后,废旧钢铁在炉火中重获新生,经过铸造、轧制等流程,最终成为符合标准的再生钢铁原料。再生钢材的质量很大程度上受到废钢的品质和生产过程的控制。通常,再生钢材的物理性能稍逊于原生钢材。

为了确保再生钢铁原料的质量,我国制定了严格的国家标准《再生钢铁原料》(GB/T

第6章 建筑金属材料

a) 废旧钢铁

b) 再生钢铁

图 6-28 废旧钢铁与再生钢铁

39733—2020）。该标准详细规定了再生钢铁原料的分类、技术要求、检验方法、验收规则，以及运输和质量证明书等方面的内容，为再生钢铁原料的生产和使用提供了有力的技术支撑和保障。

在建筑行业中，再生钢铁原料的应用前景广阔。它可以被制作为钢筋、钢管、钢板等建材，用于楼梯、栏杆、屋架等建筑构件的制造，为建筑结构的稳固与安全贡献力量。同时，再生钢铁还被广泛应用于桥梁、隧道等公路交通建设工程中，为交通基础设施的完善与升级提供有力支持。这些应用不仅降低了建设成本，还显著提升了工程的环保性能，体现了再生钢铁作为绿色建材的独特魅力。

采用再生钢铁原料替代传统钢铁原材料，具有显著的环保效益。它能够减轻对原材料的采掘压力，消纳大量废旧钢铁，减少工业垃圾的堆积，降低环境污染。同时，再生钢铁的生产过程相比原生钢铁能耗更低，碳排放更少，有助于降低整个钢铁生产行业的碳足迹。这一绿色转型不仅符合可持续发展的理念，也体现了人类对于环境保护的深刻认识与积极行动。

【工程能力训练】

❖ 单项选择题

1. 【一级建造师考试真题】下列金属材料中，属于有色金属的（　　）。
   A. 奥氏体不锈钢　　B. 镍合金　　C. 合金钢　　D. 非合金钢
2. 【一级建造师考试真题】合金铸钢不包括（　　）。
   A. 耐热铸钢　　B. 耐低温铸钢　　C. 耐蚀铸钢　　D. 耐磨铸钢
3. 【一级建造师考试真题】在标准规定范围内，冷弯型钢的表面允许存在的缺陷是（　　）。
   A. 裂纹　　B. 折叠　　C. 端面分层　　D. 表面划痕
4. 下列钢材中，塑性及焊接性均最好的为（　　）。
   A. Q215　　B. Q275　　C. Q235　　D. Q255
5. 随钢材中碳质量分数的提高，其性能的变化为（　　）。
   A. 强度、硬度、塑性都提高　　B. 强度提高，塑性下降
   C. 强度下降，塑性上升　　D. 强度、塑性都下降

❖ 填空题

1. 钢筋进行冷加工时效处理后，其屈强比＿＿＿＿＿＿＿。
2. 钢材的牌号 Q235AF 中的 A 表示＿＿＿＿＿＿＿。

3. 钢材抗拉性能的三项主要技术指标是_____、_____、_____，结构设计中一般以_____作为强度取值的依据。

❖ **问答题**

1. 低碳钢的应力-应变曲线分为哪几个阶段？各阶段的特点是什么？
2. 钢材的屈强比有什么工程意义？
3. 什么是冲击韧性？影响钢材冲击韧性的主要因素有哪些？
4. 简述钢材冷加工强化的机理。
5. 钢材的腐蚀有哪几种？怎么防止钢材的腐蚀？

第7章 墙体及屋面材料

【知识目标】

了解烧结多孔砖与空心砖技术性质及应用特点;熟悉砖的分类,烧结砖、蒸养砖的生产过程、应用及相关技术性能指标,常用的屋面材料的类型及性能特点;掌握砌块、墙用板材的种类和性能。能够根据工程需要合理选择砌墙砖、砌块和板材的种类。

【思维导图】

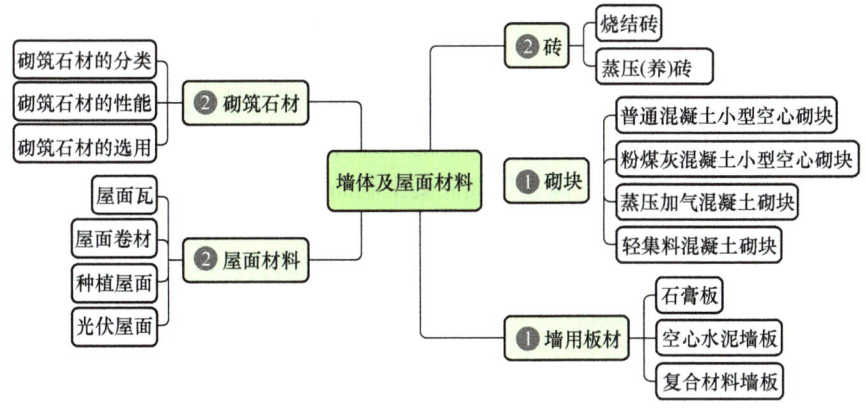

XT07-详细思维导图

【工程案例导入】

古韵悠长:大雁塔的建筑艺术

大雁塔(图7-1)坐落于陕西省西安市,是一座具有悠久历史和深厚文化底蕴的古代砌体结构建筑。作为唐代著名的佛塔,大雁塔不仅承载着丰富的文化,也展现了我国古代砌体结构建筑的精湛技艺。

大雁塔始建于唐代,历经千年风雨,依然屹立不倒。这座高达60m的七层楼阁式方塔,采用了青砖和土墼(湿土夯制的风干砖)作为主要建筑材料。在建造过程中,工匠们巧妙地将中国传统木建筑的结构元素与砖砌建筑相结合,创造出了独特的仿木砖结构。这种结构不仅使得塔身坚固稳定,还具有一定的装饰性,展现了我国古代建筑技艺的高超水平。

大雁塔的砌体结构不仅具有出色的实用性,更在艺术表现力上达到了极高的水平。塔身

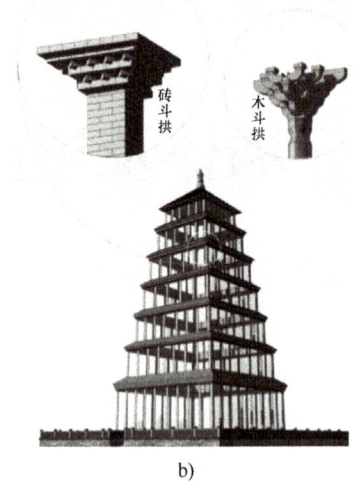

a)　　　　　　　　　　b)

图7-1　大雁塔及其结构

的每一层壁面都采用了砖砌扁柱和阑额的设计，柱子上方施加大型砖斗拱，在提高其稳定性的同时，还增添了建筑的视觉效果。同时，每层四面正中位置设有砖拱构成的券门洞，既实用又具有装饰性，成为塔体结构的一个显著特点。通过对大雁塔砌体结构的研究与分析，可以发现，这一古代建筑在材料选择、结构设计、施工工艺等方面均展现出了极高的水平。大雁塔不仅是古典文化的象征，更是我国古代砌体结构建筑的重要代表，为现代建筑技术的发展提供了宝贵的参考和启示。

墙体材料是指用来砌筑、拼装或用其他方法构成承重或非承重墙体的材料，这些材料通常具有质轻、强度高、隔热、隔声、保温等优良性能，部分高端品种还具备防火、防水、耐磨等特性。常见类型包括混凝土制品、蒸压加气混凝土制品、烧结制品、板材及新型墙体材料。它们不仅满足了建筑的实用性和美观性要求，还体现了环保、节能、可持续发展的理念。随着科技的进步和环保意识的提高，墙体材料正不断向更高效、更环保、更美观的方向发展，为现代建筑提供更加优质的选择。同时，这些材料的应用也推动了建筑行业的可持续发展和绿色建筑的普及。

7.1　砖

砖是一种常用的建筑材料，通常由黏土、页岩、煤矸石或粉煤灰等为主要原料，经过成型、干燥和焙烧等工艺过程制成。砖具有良好的耐久性、隔热性、隔声性、防火性、环保性，且易于加工和砌筑。

砖按生产工艺分为烧结砖和非烧结砖。烧结砖是将原料经过高温焙烧而成，如黏土砖、页岩砖、煤矸石砖等。非烧结砖通过压制、蒸养等工艺制成，无须高温焙烧，如粉煤灰砖、混凝土砖等。砖按形状分为标准砖、多孔砖和空心砖。标准砖是建筑中最常用的砖型，通常是指尺寸为240mm×115mm×53mm的长方体砖。多孔砖砖体上有许多小孔，孔洞率一般在15%以上。空心砖内部有较大的孔洞，孔洞率通常在30%以上。砖按材质分为黏土砖、页岩砖、煤矸石砖、粉煤灰砖、混凝土砖等。黏土砖以黏土为主要原料，经搅拌、成型、干燥、焙烧而成。页岩砖利用页岩为原料，经破碎、混合、成型、干燥和焙烧等工艺制成。煤矸石砖以采煤过程中排出的煤矸石为主要原料，其性能与黏土砖相近。粉煤灰砖由粉煤灰、石灰、石膏和骨料等混合，经坯料制备、压制成型、高压或常压养护而成。混凝土砖以水泥、砂、石等为主要原料，加水搅拌、成型、养护制成。

7.1.1 烧结砖

1. 烧结普通砖

以黏土、页岩、煤矸石、粉煤灰、建筑渣土、淤泥（江河湖淤泥）、污泥等为主要原材料，经焙烧而成主要用于建筑物承重部位的普通砖，称为烧结普通砖。《烧结普通砖》（GB/T 5101—2017）规定：按主要原料分为黏土砖（N）、页岩砖（Y）、煤矸石砖（M）、粉煤灰砖（F）、建筑渣土砖（Z）、淤泥砖（U）、污泥砖（W）、固体废弃物砖（G）。

V17-烧结
普通砖的生产

（1）烧结普通砖的生产

1）原料。普通黏土砖的主要原料为粉质或砂质黏土，其主要化学成分为 SiO_2、Al_2O_3、Fe_2O_3 和结晶水，由于地质生成条件的不同，可能还含有少量的碱金属和碱土金属氧化物等。另外，页岩、煤矸石、粉煤灰等的化学成分与黏土相似。因此，它们也可作为原料来制造烧结砖。但由于页岩、煤矸石、粉煤灰的可塑性不及黏土，所以制砖时常常需要加入一定量的黏土，以满足制坯时对可塑性的需要。

2）生产过程。普通黏土砖的生产工艺比较简单，其步骤为：采土→配料调制→制坯→干燥→焙烧→成品。

3）焙烧。焙烧是制造烧结普通砖成品的关键环节。对普通黏土砖来说，一般是将焙烧温度控制在 900~1100℃，使砖坯烧至部分熔融而烧结。焙烧时火候要控制适当，以免出现欠火砖和过火砖。如果焙烧温度过高或时间过长，则易产生过火砖。过火砖的特点为色深、敲击声脆、强度较高、吸水率小、耐久性好，但多弯曲变形，易产生酥砖和螺旋纹砖。如果焙烧温度过低或时间不足，则易产生欠火砖。欠火砖的特点为色浅、敲击声哑、强度低、吸水率大、耐久性差等。过火砖和欠火砖均为不合格产品。

普通黏土砖有红砖和青砖之分。当砖窑中焙烧时为氧化气氛，因生成三氧化铁（Fe_2O_3）而使砖呈红色，称为红砖。若在氧化气氛中烧成后，再在还原气氛中闷窑，红色 Fe_2O_3 还原成青灰色氧化亚铁（FeO），称为青砖。青砖一般比红砖致密、耐碱、耐久性好，但由于价格高，目前生产应用较少。

按焙烧方法不同，烧结黏土砖又可分为内燃砖和外燃砖。内燃砖是将煤渣、粉煤灰等可燃性工业废料掺入制坯黏土原料中，当砖坯在窑内被烧制到一定温度后，坯体内的燃料燃烧而瓷结成砖。与外燃砖相比，内燃砖可以节省大量的燃料和 5%~10% 的黏土原料，强度可提高约 20%，且内燃砖燃烧均匀，表观密度小、导热系数低、隔声保温性能好。

（2）烧结普通砖的技术性质

《烧结普通砖》对烧结普通砖的尺寸允许偏差、外观质量、强度等级、耐久性能等主要技术性能指标均做了具体规定。

1）尺寸允许偏差。烧结普通砖的外形为直角六面体，其公称尺寸为 240mm×115mm×53mm。通常将 240mm×115mm 的平面称为大面，240mm×53mm 的平面称为条面，115mm×

53mm 的平面称为顶面。考虑砌筑灰缝厚度 10mm，则 4 块砖长、8 块砖宽、16 块砖厚均为 1m，1m³ 砌体需砖 512 块。其尺寸允许偏差应符合表 7-1 的规定。

表 7-1　烧结普通砖尺寸允许偏差　　　　　　　　　　（单位：mm）

公称尺寸	指　　标	
	样本平均偏差	样本极差 ≤
240	±2.0	6.0
115	±1.5	5.0
53	±1.5	4.0

2）外观质量。砖的外观质量主要要求其两条面高度差、弯曲、杂质凸出高度、缺楞掉角尺寸、裂纹长度及完整面六项内容满足表 7-2 中的规定。

3）强度。烧结普通砖按抗压强度分为 MU30、MU25、MU20、MU15、MU10 五个等级，各等级的强度值应符合表 7-3 中的规定。

表 7-2　烧结普通砖外观质量　　　　　　　　　　（单位：mm）

项　　目		指标
两条面高度差，≤		2
弯曲，≤		2
杂质凸出高度，≤		2
缺楞掉角的三个破坏尺寸，不得同时大于		5
裂纹长度，≤	大面上宽度方向及其延伸至条面的长度	30
	大面上长度方向及其延伸至顶面的长度或条顶面上水平裂纹的长度	50
完整面，不得少于		一条面和一顶面

注：1. 为砌筑挂浆而施加的凹凸纹、槽、压花等不算作缺陷。
　　2. 凡有下列缺陷之一者，不得称为完整面：缺损在条面或顶面上造成的破坏面尺寸同时大于 10mm×10mm；条面或顶面上裂纹宽度大于 1mm，其长度超过 30mm；压陷、粘底、焦花在条面或顶面上的凹陷或凸出超过 2mm，区域尺寸同时大于 10mm×10mm。

表 7-3　烧结普通砖强度等级　　　　　　　　　　（单位：MPa）

强度等级	抗压强度平均值 $\bar{f}$，≥	强度标准值 f_k，≥
MU30	30.0	22.0
MU25	25.0	18.0
MU20	20.0	14.0
MU15	15.0	10.0
MU10	10.0	6.5

4）耐久性能。砖的耐久性能由抗冻试验、泛霜试验、石灰爆裂实验和吸水率试验来确定。

泛霜是砖在使用中的一种析盐现象。砖内过量的可溶盐受潮吸水溶解后，随水分蒸发向砖表面迁移，并在过饱和下结晶析出，使砖表面呈白色附着物，或产生膨胀，使砖面与砂浆抹面层剥离。对于优等砖，不允许出现泛霜，合格砖不得严重泛霜。砖的泛霜现象在内燃砖中存在比较普遍。泛霜会造成外粉刷剥落，砖体表面粉化掉屑，破坏砖与砂浆之间的黏结，甚至使砖的结构松散、强度下降，影响建筑物正常使用。其中，轻微泛霜就能对清水墙建筑外观产生比较明显的影响。中等泛霜的砖用于建筑的潮湿部位时，7~8 年后砖体表面将产生粉化脱离，在干燥的环境中使用10年也会脱落。严重泛霜的破坏性更大。

石灰爆裂是指砖中夹杂有石灰石，砖吸收水分后，由于石灰逐渐熟化膨胀而产生的爆裂现象。这种现象影响砖的质量，石灰爆裂现象有一定的潜伏期，当石灰爆裂在砖砌墙后发生时，将会严重影响砌体的强度、美观和使用寿命，甚至使建筑物完全报废。《烧结普通砖》中针对不同等级的砖的爆裂有如下规定：不允许出现最大破坏尺寸大于15mm爆裂区域；破坏尺寸大于2mm且小于等于15mm的爆裂区域，每组砖样不得多于15处，其中大于10mm的不得多于7处；试验后抗压强度损失不得大于5MPa。

抗风化性能是指砖在长期受风、雨、冻融等综合条件下抵抗破坏的能力。开口孔隙率小、水饱和系数小的烧结制品，其抗风化能力强。抗风化性能是普通黏土砖重要的耐久性指标之一。砖的抗风化性能通常用抗冻性、吸水率及饱和系数三项指标划分。

抗冻性是指经15次冻融循环后不产生裂纹、分层、掉皮、缺棱、掉角等冻坏现象，且质量损失率小于2%，强度损失率小于规定值25%。吸水率是指常温泡水24h的质量吸水率。普通砖的饱和系数是指常温24h吸水率与5h沸煮吸水率之比。

自然条件不同，对烧结普通砖的风化作用的程度不同，我国以风化指数将风化区进行了划分，其中黑龙江、吉林、辽宁、内蒙古、新疆、宁夏、甘肃、青海、陕西、山西、河北、北京、天津、西藏为严重风化区，其余省区为非严重风化区。严重风化区中前五个地区所用的普通烧结砖，其抗冻性试验必须合格，严重风化区的其他省区及非严重风化区用烧结普通砖的抗风化性能符合表7-4的规定时，可不做抗冻性试验，否则必须进行抗冻性试验。

表7-4 烧结普通砖抗风化性能

砖种类	严重风化区				非严重风化区			
	5h沸煮吸水率（%），≤		饱和系数，≤		5h沸煮吸水率（%），≤		饱和系数，≤	
	平均值	单块最大值	平均值	单块最大值	平均值	单块最大值	平均值	单块最大值
黏土砖、建筑渣土砖	18	20	0.85	0.87	19	20	0.88	0.90
粉煤灰砖	21	23	0.85	0.87	23	25	0.88	0.90
页岩砖、煤矸石砖	16	18	0.74	0.77	18	20	0.78	0.80

5）产品标记。砖的产品标记按产品名称的英文缩写、类别、强度等级和标准编号顺序进行标记。标记示例：烧结普通砖，强度等级MU15，一等品的黏土砖，其标记为：FCB N MU15 GB/T 5101。

(3）烧结普通砖的应用

烧结普通砖是传统的墙体材料，具有较高的强度和耐久性，又因其多孔而具有保温绝热、隔声吸声等优点，因此适宜做建筑围护结构，被大量应用于砌筑建筑物的内墙、外墙、柱、拱、烟囱、沟道及其他构筑物，也可在砌体中置适当的钢筋或钢丝以代替混凝土构造柱和过梁。

烧结普通砖，因其毁田取土，能耗大、块体小、施工效率低、砌体自重大，抗震性差等缺点，在我国主要大、中城市及地区已被禁止使用。

2. 烧结多孔砖与烧结空心砖

因烧结普通砖有自重大、体积小、生产能耗高、施工效率低等缺点，墙体材料逐渐向轻质化、多功能方向发展，用烧结多孔砖和烧结空心砖（图7-2）代替烧结普通砖，可减少墙体自重30%～35%，节约黏土20%～30%，墙体施工功效提高40%，并改善砖的隔热隔声性能。

烧结多孔砖和烧结空心砖的生产工艺与烧结普通砖相同，但由于胚体有孔洞，增加了成型的难度，因而对原料的可塑性要求很高。

a) 烧结多孔砖　　　　　　b) 烧结空心砖

图7-2　烧结多孔砖与烧结空心砖

（1）烧结多孔砖和多孔砌块

烧结多孔砖和多孔砌块是以黏土、页岩、煤矸石、粉煤灰、淤泥（江河湖淤泥）以及其他固体废弃物等为主要原料，经焙烧而成的建筑材料，主要用于建筑承重部位。其孔洞率通常不低于33%。孔尺寸小而数量多，且为竖向孔。烧结多孔砖各部位名称如图7-3所示。

根据《烧结多孔砖和多孔砌块》（GB 13544—2011）的规定，烧结多孔砖和多孔砌块按主要原料分为黏土砖和黏土砌块（N）、页岩砖和页岩砌块（Y）、煤矸石砖和煤矸石砌块（M）、粉煤灰砖和粉煤灰砌块（F）、淤泥砖和淤泥砌块（U）、固体废弃物砖和固定废弃物砌块（G）。烧结多孔砖和多孔砌块的外形一般为直角六面体。其长度、宽度、高度尺寸应符合下列要求：砖的规格尺寸为290mm、240mm、190mm、180mm、140mm、115mm、90mm；砌块的规格尺寸为490mm、440mm、390mm、340mm、290mm、240mm、190mm、180mm、140mm、115mm、90mm；其他规格尺寸由供需双方协商确定。砖的孔洞尺寸应符合：圆孔直径≤22mm，非圆孔内切圆直径≤15mm，手抓孔尺寸为（30～40）mm×（75～85）mm。

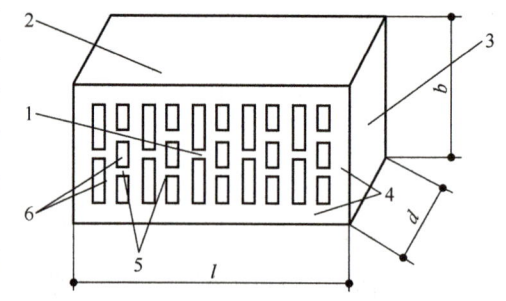

图7-3　烧结多孔砖各部位名称
1—大面（坐浆面）　2—条面　3—顶面
4—外壁　5—肋　6—孔洞
l—长度　b—宽度　d—高度

《烧结多孔砖和多孔砌块》（GB 13544—2011）对其尺寸允许偏差、外观质量、强度等级、孔型孔洞率及孔洞排列、泛霜、石灰爆裂、抗风化性能等做出了相关规定。

烧结多孔砖和多孔砌块根据抗压强度分为MU30、MU25、MU20、MU15、MU10五个强度等级（表7-5）。砖的产品标记按产品名称、品种、规格、强度等级、密度等级和标准编号顺序编写。标记示例：规格尺寸290mm×140mm×90mm，强度等级MU25、密度1200级的黏土烧结多孔砖，其标记为：烧结多孔砖 N 290×140×90 MU25 1200 GB 13544—2011。

表7-5　烧结多孔砖和多孔砌块的强度等级　　　　　　　　　　（单位：MPa）

强度等级	抗压强度平均值 f，≥	强度标准值 f_k，≥
MU30	30.0	22.0
MU25	25.0	18.0
MU20	20.0	14.0
MU15	15.0	10.0
MU10	10.0	6.5

（2）烧结空心砖和空心砌块

烧结空心砖和空心砌块是以黏土、页岩、煤矸石、粉煤灰淤泥（江河湖等淤泥）、建筑渣土及其他固体废弃物为主要原料，经焙烧而成的砖。烧结空心砖的孔洞率很高，一般不低于35%，孔洞尺寸较大而少且多为矩形条孔或其他形状的水平孔。这种大孔洞结构使砖的自重更轻，为相同体积实心砖的30%～50%。烧结空心砖主要用于建筑非承重部位，如框架结构建筑中的填充墙，室内装修中的隔断墙等。

烧结空心砖和空心砌块按主要原料分为黏土空心砖和空心砌块（N）、页岩空心砖和空心砌块（Y）、煤矸石空心砖和空心砌块（M）、粉煤灰空心砖和空心砌块（F）、淤泥空心砖和空心砌块（U）、建筑渣土空心砖和空心砌块（Z）、其他固体废弃物空心砖和空心砌块（G）。

烧结空心砖和空心砌块的外形为直角六面体，混水墙用空心砖和空心砌块，应在大面和条面上设有均匀分布的粉刷槽或类似结构，深度不小于2mm。烧结空心砖各部位名称如图7-4所示。《烧结空心砖和空心砌块》（GB/T 13545—2014）规定，烧结空心砖的长度、宽度、高度尺寸应符合下列要求：长度为390mm、290mm、240mm、190mm、180（175）mm、140mm，宽度为190mm、180（175）mm、140mm、115mm，高度为180（175）mm、140mm、115mm、90mm，其他规格尺寸由供需双方协商确定。烧结空心砖分为：800、900、1000、1100四个密度等级。产品标记按产品名称、类别、规格、密度等级、强度等级和标准编号顺序进行编写。标记示例：规格尺寸290mm×190mm×90mm，密度等级800，强度等级MU7.5的页岩空心砖，其标记为：烧结空心砖Y（290×190×90）800 MU7.5 GB/T 13545—2014。

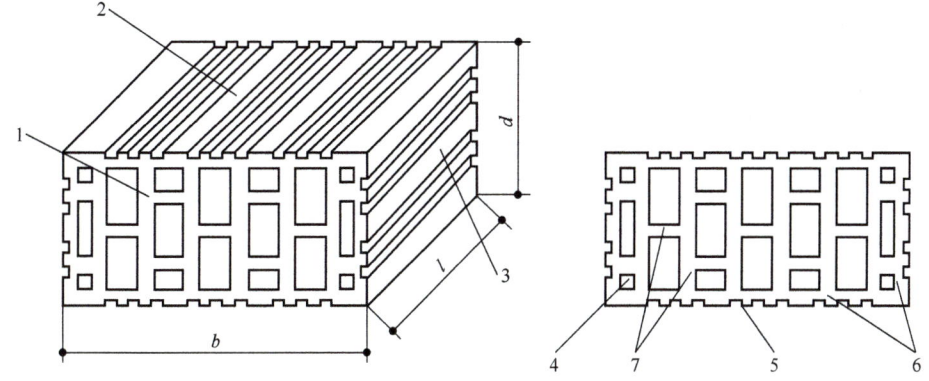

图7-4　烧结空心砖各部位名称

1—顶面　2—大面　3—条面　4—壁孔　5—粉刷槽　6—外壁　7—肋
l—长度　b—宽度　d—高度

烧结空心砖的强度等级应满足表 7-6 的要求。

表 7-6 烧结空心砖的强度等级

强度等级	抗压强度/MPa		
	抗压强度平均值 $\bar{f}$，≥	变异系数 $\delta \leq 0.21$ 强度标准值 f_k，≥	变异系数 $\delta > 0.21$ 单块最小抗压强度值 f_{min}，≥
MU10	10.0	7.0	8.0
MU7.5	7.5	5.0	5.8
MU5.0	5.0	3.5	4.0
MU3.5	3.5	2.5	2.8

7.1.2 蒸压（养）砖

蒸压（养）砖为非烧结砖，经常压蒸汽养护硬化而成的蒸养砖（蒸养粉煤灰砖、蒸养矿渣砖、蒸养煤渣砖）；经高压蒸汽养护硬化而成的蒸压砖（蒸压灰砂砖、蒸压粉煤灰砖、蒸压矿造砖）。

由于蒸压（养）砖生产不用黏土，综合利用工业废渣，制砖工艺简单，砖的技术性能可超过烧结普通砖，所以近年来在全国各地发展迅速。

1. 蒸压灰砂砖

蒸压灰砂砖（简称灰砂砖）是以石灰和砂为主要原料，经配料制备、压制成型、蒸压养护而成的实心砖或空心砖（图 7-5）。

a) 实心砖

b) 空心砖

图 7-5 蒸压灰砂砖

（1）灰砂砖的技术性质

根据《蒸压灰砂实心砖和实心砌块》（GB/T 11945—2019）的规定，灰砂砖的尺寸为 240mm×115mm×53mm，按抗压强度和抗折强度分为 MU30、MU25、MU20、MU15、MU10 五个强度等级，见表 7-7。根据尺寸偏差和外观质量、强度及抗冻性、吸水率及线性干燥收缩率、碳化系数与软化系数、放射性核素限量划分为合格品和不合格品两种。

表 7-7 灰砂砖的强度等级

强度等级	抗压强度/MPa	
	平均值，≥	单块最小值，≥
MU30	30.0	25.5
MU25	25.0	21.2
MU20	20.0	17.0
MU15	15.0	12.8
MU10	10.0	8.5

（2）灰砂砖的应用

灰砂砖与其他墙体材料相比，强度较高，蓄热能力显著，隔声性能十分优越，属于不可燃建筑材料，可用于多层混合结构的承重墙体，其中MU15、MU20、MU25、MU30灰砂砖可用于基础及其他部位，MU10可用于防潮层以上的建筑部位。长期在高于200℃温度下，受急冷、急热或有酸性介质的环境禁止使用蒸压灰砂砖。

2. 蒸压（养）粉煤灰砖

蒸压（养）粉煤灰砖是以粉煤灰、生石灰为主要原料，可掺加适量石膏等外加剂和其他集料，经坯料制备、压制成型、高压（常压）蒸汽养护等工艺过程而制成的砖。蒸压砖、蒸养砖只是养护工艺不同，但蒸压粉煤灰砖强度高，性能趋于稳定，而蒸养粉煤灰砖砌筑的墙体易出现裂缝。

（1）粉煤灰砖的技术性质

根据《蒸压粉煤灰砖》（JC/T 239—2014）的规定，蒸压粉煤灰砖的尺寸为240mm×115mm×53mm，按抗压强度和抗折强度分为MU30、MU25、MU20、MU15、MU10五个强度等级，见表7-8。根据外观质量、尺寸偏差、强度等级、抗冻性、线性干缩值、碳化系数、吸水率、放射性核素限量分为合格品和不合格品。

表7-8 粉煤灰砖的强度等级

强度等级	抗压强度/MPa		抗折强度/MPa	
	平均值，≥	单块最小值，≥	平均值，≥	单块最小值，≥
MU30	30.0	24.0	4.8	3.8
MU25	25.0	20.0	4.5	3.6
MU20	20.0	16.0	4.0	3.2
MU15	15.0	12.0	3.7	3.0
MU10	10.0	8.0	2.5	2.0

（2）粉煤灰砖的应用

粉煤灰砖可用于工业与民用建筑的墙体和基础，但用于基础或用于易受冻融和干湿交替作用的建筑部位必须使用MU15及以上强度等级的砖。粉煤灰砖不得用于长期受热（200℃以上）、受急冷急热和有酸性介质侵蚀的建筑部位。

3. 蒸压（养）砖的干缩性

蒸压（养）砖作为一种硅酸盐制品，在建筑工程中展现出独特的物理特性，其中干缩性尤为显著。这一特性是指材料在干燥过程中，随着水分的蒸发，体积会产生相应的收缩。相较于传统的红砖，蒸压（养）砖，如蒸压灰砂砖和蒸压粉煤灰砖等，在标准状态下的干缩值通常较高，为红砖的3~6倍。然而，值得注意的是，当蒸压（养）砖的实际含水率接近其平衡含水率时，其实际干缩值与红砖的差异并不显著。

蒸压（养）砖的干缩性受多种因素的制约与影响。首先，原材料的质量对蒸压（养）砖的干缩性具有决定性影响。采用优质原材料生产的蒸压（养）砖，其干缩性相对较小。其次，生产工艺的优化也是降低蒸压（养）砖干缩性的有效途径。通过调整生产工艺参数，如烧结温度和压力，可以显著改善蒸压（养）砖的物理性能，从而减小其干缩性。此外，养护条件也对蒸压（养）砖的干缩性产生重要影响。适当的养护温度和湿度有助于降低蒸压（养）砖的干缩性，养护条件不佳则可能导致砖体内部应力分布不均，增大出现干缩裂缝的风险。

在实际应用中，为了减小蒸压（养）砖的干缩效应对建筑结构的影响，需要采取一系列措施。首先，应严格控制蒸压（养）砖上墙前的含水率，避免因含水率过高或过低而产生的较大干缩变形。其次，可以在墙体中设置竖向控制缝，以释放因干缩产生的内部应力，防止墙体开裂。此外，还可以通过优化原材料选择、改进生产工艺和加强养护条件管理等方式，进一步降低蒸压（养）砖的干缩性。

7.2 砌块

砌块是用于砌筑形体大于砌墙砖的人造块材，一般为直角六面体。砌块按其主规格尺寸可分为大型砌块（高度大于980mm）、中型砌块（高度为380～980mm）和小型砌块（高度大于115mm，小于380mm）。砌块高度一般不大于长度或宽度的6倍，长度不超过高度的3倍。根据需要也可生产各种异型砌块。

砌块按其外观形状可分为实心砌块（空心率＜25%）和空心砌块（空心率≥25%）。空心砌块有单排方孔、单排圆孔和多排扁孔三种形式，其中多排扁孔对保温较有利。砌块按它在组砌中的位置与作用可以分为主砌块和各种辅助砌块；按用途分为承重砌块和非承重砌块。

砌块通常根据所用原料及生产工艺命名，如普通混凝土空心砌块、轻集料混凝土空心砌块、粉煤灰空心砌块、加气混凝土砌块等。

砌块是一种新型墙体材料，可以充分利用地方资源和工业废渣，并可节省黏土资源和改善环境。砌块具有生产工艺简单、原料来源广泛、适应性强、制作及使用方便、墙体功能改善等特点，因此发展较快。

7.2.1 普通混凝土小型空心砌块

普通混凝土小型砌块是以水泥、矿物掺合料、砂、石、水等为原材料，经搅拌、振动成型、养护等工艺制成的小型砌块，包括空心砌块和实心砌块。

普通混凝土小型砌块外形为直角六面体，长度尺寸为400mm减砌筑时竖灰缝厚度，砌块高度尺寸为200mm减砌筑时水平灰缝厚度，条面是封闭完好的砌块。其常用块型的规格尺寸见表7-9。

表7-9 普通混凝土小型砌块的规格尺寸

长度/mm	宽度/mm	高度/mm
390	90、120、140、190、240、290	90、140、190

注：其他规格尺寸可由供需双方协商确定。采用薄灰缝砌筑的块型，相关尺寸可作相应调整。

根据《普通混凝土小型砌块》（GB/T 8239—2014）的要求，砌块的强度等级按承重砌块和非承重砌块可分为不同等级，见表7-10。

表7-10 普通混凝土小型砌块的强度等级

砌块种类	承重砌块（L）	非承重砌块（N）
空心砌块（H）	7.5、10.0、15.0、20.0、25.0	5.0、7.5、10.0
实心砌块（S）	15.0、20.0、25.0、30.0、35.0、40.0	10.0、15.0、20.0

混凝土小型空心砌块可用于多层建筑的内墙和外墙。这种砌块在砌筑时一般不宜浇水，但在气候特别干燥炎热时，可在砌筑前稍喷水湿润。砌块因失水而产生的收缩会导致墙体开裂，为了控制砌块建筑的墙体裂缝，其相对含水率应符合规定；用于清水墙的砌块，还应满足抗渗性要求。

7.2.2　粉煤灰混凝土小型空心砌块

粉煤灰空心砌块又称粉煤灰硅酸盐砌块，是一种新型墙体材料。它主要以粉煤灰（燃煤电厂排出的主要固体废物）、石灰为主要原料，并加入石膏、煤渣、硬矿渣等骨料，按照一定的比例加水搅拌，振动成型，再经蒸汽养护而制成的小型空心砌块。其中粉煤灰用量不应低于原材料质量的20%，水泥用量不应低于原材料质量的10%。

主要规格为390mm×190mm×190mm，其中承重墙体最小外壁厚应不小于30mm，肋厚应不小于25mm。

根据《粉煤灰混凝土小型空心砌块》（JC/T 862—2008）的规定，粉煤灰空心砌块按孔的排数分为单排孔（1）、双排孔（2）、多排孔（D），按用途分为承重砌块和非承重砌块，按抗压强度分为MU3.5、MU5、MU7.5、MU10、MU15和MU20六个等级（表7-11）。碳化系数通常不小于0.8，抗冻性能要求经过规定次数（如15次）的冻融循环后，其强度损失率不应超过25%，且外观质量（如缺棱掉角等情况）应符合相应标准，干燥收缩率应不大于0.06%，软化系数应不小于0.8。

砌块按下列顺序进行标记：代号（FHB）、分类、规格尺寸、密度等级、强度等级和标准编号。标记示例：规格尺寸为390mm×190mm×190mm、密度等级为800级、强度等级为MU5的双排孔砌块，标记为FHB 2 390×190×190 800 MU5 JC/T 862—2008。

表7-11　粉煤灰混凝土小型空心砌块的强度等级

强度等级	砌块抗压强度/MPa	
	平均值，≥	单块最小值，≥
MU3.5	3.5	2.8
MU5	5.0	4.0
MU7.5	7.5	6.0
MU10	10.0	8.0
MU15	15.0	12.0
MU20	20.0	16.0

蒸养粉煤灰砌块属硅酸盐类制品，其干缩值比水泥混凝土大，弹性模量低于同强度的水泥混凝土制品。以炉渣为集料的粉煤灰砌块，其体积密度一般为1300~1550kg/m^3，导热系数为0.465~0.582W/(m·K)。蒸养粉煤灰砌块适用于一般工业与民用建筑的墙体和基础。但不宜用于长期受高温（如炼钢车间）和经常受潮湿的承重墙，也不宜用于有酸性介质侵蚀的建筑部位。

7.2.3　蒸压加气混凝土砌块

蒸压加气混凝土砌块是以硅质材料（如石英砂、粉煤灰、矿渣等）和钙质材料（如生石灰、水泥）为主要原料，掺入适量调节材料（如石膏）及发气剂（通常为铝粉）。经过磨细、配料、搅拌、浇注、发气膨胀、预养切割、蒸压养护等工艺过程制成的一种多孔、轻质的块状墙体材料。

1. 技术性质

根据《蒸压加气混凝土砌块》（GB 11968—2006）的规定，蒸压加气混凝土砌块的尺寸偏差和外观质量应满足表7-12的规定。

表7-12　蒸压加气混凝土砌块的尺寸偏差和外观质量

项目			指标	
			优等品（A）	合格品（B）
尺寸允许偏差/mm	长度	L	±3	±4
	宽度	B	±1	±2
	高度	H	±1	±2
缺棱掉角	最小尺寸/mm，不大于		0	30
	最大尺寸/mm，不大于		0	70
	大于以上尺寸的缺棱掉角个数，不多于		0	2
裂纹长度	贯穿一棱二面裂纹长度不得大于裂纹所在面的裂纹方向尺寸总和的		0	1/3
	任一面上的裂纹长度不得大于裂纹方向尺寸的		0	1/2
	大于以上尺寸的裂纹条数，不多于		0	2
爆裂、粘模和损坏深度/mm，不大于			10	30
平面弯曲			不允许	
表面疏松、层裂			不允许	
表面油污			不允许	

根据《蒸压加气混凝土砌块》（GB 11968—2006）的规定，蒸压加气混凝土砌块按抗压强度分为A1.0、A2.0、A2.5、A3.5、A5.0、A7.5、A10 七个级别；按干密度分为B03、B04、B05、B06、B07、B08 六个级别。各级别强度和干密度的具体要求应分别满足表7-13和表7-14的规定。

表7-13　蒸压加气混凝土砌块的立方体抗压强度

强度级别	立方体抗压强度/MPa	
	平均值，≥	单位最小值，≥
A1.0	1.00	0.8
A2.0	2.00	1.6
A2.5	2.50	2.0
A3.5	3.50	2.8
A5.0	5.00	4.0
A7.5	7.50	6.0
A10.0	10.0	8.0

表7-14　蒸压加气混凝土砌块的干密度级别

干密度级别		B03	B04	B05	B06	B07	B08
干密度/(kg/m^3)	优等品（A）≤	300	400	500	600	700	800
	合格品（B）≤	325	425	525	625	725	825

砌块按尺寸偏差与外观质量、干密度、抗压强度和抗冻性分为优等品（A）和合格品（B）两个等级。砌块的强度级别见表7-15。

表7-15 砌块的强度级别

干密度级别		B03	B04	B05	B06	B07	B08
强度级别	优等品（A）	A1.0	A2.0	A3.5	A5.0	A7.5	A10.0
	合格品（B）			A2.5	A3.5	A5.0	A7.5

产品标记由产品名称（代号ACB）、强度等级、干密度等级、规格尺寸、产品等级和标准标号组成。比如强度等级为A7.5、干密度等级为B07、优等品（A），规格尺寸为600mm×200mm×150mm的蒸压加气混凝土砌块，其标记为：ACB A7.5 B07 600×200×150A GB 11968。

2. 蒸压加气混凝土砌块的特性

（1）轻质多孔

其内部具有大量均匀而细小的气孔，这些气孔使得砌块的体积密度较小。一般来说，蒸压加气混凝土砌块的干体积密度为300~800kg/m³，相比传统的黏土砖（1600~1800kg/m³）要轻很多。这使得建筑物的自重减轻，从而在基础设计等方面可以节省成本。

由于气孔的存在，它还具有良好的保温隔热性能。空气是热的不良导体，这些气孔能够有效阻止热量的传递。例如，在寒冷地区使用蒸压加气混凝土砌块作为墙体材料，可以减少室内热量向外散失，降低采暖能耗；在炎热地区则能阻止外界热量传入室内，起到一定的隔热效果。

（2）防火性能良好

蒸压加气混凝土砌块是一种无机材料，本身不可燃。在火灾发生时，它不会像一些有机保温材料那样燃烧产生有毒有害气体，而且能够在一定时间内保持结构完整性，为人员疏散和消防救援提供宝贵的时间。根据其厚度等因素，耐火极限可以达到2~8h。

（3）隔声性能较好

它的多孔结构也有助于吸收和隔离声音。声音在传播过程中，遇到这些气孔会发生反射、折射和吸收，从而降低声音的传播强度。对于一些对噪声控制要求较高的建筑环境，如住宅、学校、医院等，使用蒸压加气混凝土砌块可以有效减少外界噪声的干扰。

（4）可加工性强

由于其质地相对较软，在施工过程中可以很方便地进行切割、钻孔等操作。如在安装水电管道时，可以根据管道的位置和尺寸对砌块进行现场加工，以适应各种复杂的施工要求。

3. 蒸压加气混凝土砌块的应用

蒸压加气混凝土砌块广泛应用于工业与民用建筑的填充墙、隔墙、保温层、隔热层、防火层等，是一种高效、节能、经济的建筑材料。蒸压加气混凝土砌块的孔隙率大，吸水性高，长时间浸水易渗漏，平常易受潮，受潮后抗冻性会变差。在施工时，应注意砌块的砌筑方法和黏结材料的选择，以确保墙体的质量和稳定性。

7.2.4 轻集料混凝土砌块

轻集料混凝土砌块是将轻集料、水泥和适量的水、外加剂等按一定比例混合搅拌后，经过成型和养护工序制成的空心率大于25%的砌块。轻集料包括陶粒、浮石、火山渣、煤渣、膨胀珍珠岩等。这些轻集料一般具有质量轻、孔隙率大的特点。

轻集料混凝土小型空心砌块的外观尺寸、强度等级与密度等级的相关要求要符合《轻集料混凝土小型空心砌块》（GB/T 15229—2011）中的要求。其按抗压强度分为 MU2.5、MU3.5、MU5.0、MU7.5、MU10.0 五个强度等级，见表 7-16，按干表观密度分为 700、800、900、1000、1100、1200、1300、1400 八个密度等级，见表 7-17。

表 7-16 轻集料混凝土砌块的强度等级

强度等级	砌块抗压强度/MPa		密度等级范围/(kg/m³)
	平均值	最小值	
MU2.5	≥2.5	≥2.0	≤800
MU3.5	≥3.5	≥2.8	≤1000
MU5.0	≥5.0	≥4.0	≤1200
MU7.5	≥7.5	≥6.0	≤1200① ≤1300②
MU10.0	≥10.0	≥8.0	≤1200① ≤1400②

注：当砌块的抗压强度同时满足 2 个强度等级或 2 个以上强度等级要求时，应以满足要求的最高强度等级为准。
① 除自然煤矸石掺量不小于砌块质量 35% 以外的其他砌块。
② 自然煤矸石掺量不小于砌块质量 35% 的砌块。

表 7-17 轻集料混凝土砌块的密度等级　　　　　　　　（单位：kg/m³）

密度等级	干表观密度范围	密度等级	干表观密度范围
700	≥610，≤700	1100	≥1010，≤1100
800	≥710，≤800	1200	≥1110，≤1200
900	≥810，≤900	300	≥1210，≤1300
1000	≥910，≤1000	1400	≥1310，≤1400

轻集料混凝土小型空心砌块主要用于建筑物的墙体，包括内墙和外墙。在内墙使用时，可以有效隔声，提供相对安静的室内环境；在外墙使用时，能够发挥其保温隔热的优势，并且减轻建筑的整体重量。

7.3　墙用板材

墙用板材是一种用于搭建室内或室外墙面的新型墙体材料，其主要作用有美化空间，增强墙体功能（如隔声、隔热、保温、防潮和防火等），显著提升室内环境的舒适度和安全性。

墙用板材类型多样，常见的有石膏板、加气混凝土板、玻璃纤维增强水泥板、预制钢筋混凝土板等。

7.3.1　石膏板

由于石膏具有防火、轻质、隔声、抗震性好等特点，石膏类板材在内墙板中占有较大的比例，常见的类型有纸面石膏板、纤维石膏板及石膏空心板三种类型。

1. 纸面石膏板

纸面石膏板是以建筑石膏为主要原料,掺入纤维、外加剂和适量的轻质填料等,加水拌成料浆,浇注成型、凝固、烘干而制成的。

纸面石膏板分普通纸面石膏板(图7-6a)、耐水纸面石膏板和耐火纸面石膏板三类。

纸面石膏板是以石膏料浆为夹芯,两面用纸做护面而成的一种轻质板材。普通纸面石膏板用于内墙、隔墙和吊顶(图7-6b)。

耐水纸面石膏板采用耐水的护面纸,并在建筑石膏料浆中掺入适量耐水外加剂制成耐水芯材,适用于连续相对湿度不超过95%的使用场所,如卫生间、浴室等。

耐火纸面石膏板的芯材是在建筑石膏料浆中掺入适量无机耐火纤维增强材料后制作而成。耐火纸面石膏板的主要技术要求是其在高温明火下燃烧时,能在一定时间内保持不断裂。

a) 纸面石膏板　　　　　　　　　　　　b) 纸面石膏板吊顶

图7-6　纸面石膏板及其应用

2. 纤维石膏板

纤维石膏板是以石膏为主要原料,以玻璃纤维或纸筋等为增强材料,经铺浆、脱水、成型、烘干等加工而成的一种板材(图7-7)。

纤维石膏板的抗弯强度和弹性模量都高于纸面石膏板,主要用作建筑物的非承重内隔墙、顶棚吊顶和内墙贴面等。

3. 石膏空心板

石膏空心板是以熟石膏为胶凝材料,掺入适量的水、粉煤灰或水泥和少量的纤维,同时掺入膨胀珍珠岩为轻质集料,经搅拌、成型、抽芯、干燥等工序制成的空心板材(图7-8)。其形状与混凝土空心楼板类似,通常为7孔或9孔的条形板材。

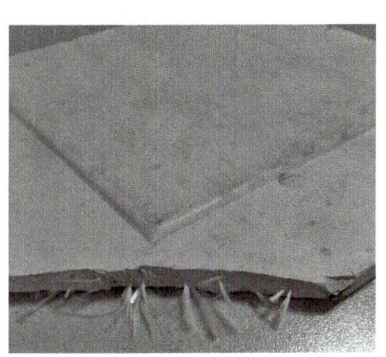 

图7-7　纤维石膏板　　　　　　　　　　图7-8　石膏空心板

石膏空心板具有重量轻、强度高、隔热隔声、防水防潮、施工简便等特点，主要用于工业与民用建筑的内隔墙，如住宅、办公楼、商店、旅馆等建筑物的非承重内墙。其墙面可做喷浆、涂料、贴瓷砖、贴壁纸等各种饰面，以满足不同的装修需求。

7.3.2 空心水泥墙板

空心水泥墙板是以水泥、工业废渣（如粉煤灰、矿渣、钢渣、炉渣）、轻质材料（如陶粒）、增强材料等为主要原料，经过混合、成型、养护等工艺制成的轻质墙体板材（图7-9）。这种墙板内部具有空心结构，从而实现了轻质、高强、保温、隔热、隔声、防火、防水等多种优良性能。

空心水泥墙板常见的类型有水泥陶粒空心墙板、水泥粉煤灰空心墙板等。它主要用于公共建筑、民用建筑的室内隔断和墙体分隔材料，不仅提高了建筑效率，降低了施工成本，还优化了室内环境，提升了居住的舒适度和安全性。空心水泥墙板还具有良好的环保性能，符合现代建筑对绿色、节能、环保的要求，是未来建筑墙体材料的重要发展方向。

图7-9　空心水泥墙板

7.3.3 复合材料墙板

复合材料墙板是指用两种或两种以上材料，根据功能要求组合而成的墙板，如饰面层、抗水层、保温层、结合层等。复合墙板多为轻质高强的夹心墙板，具有环保节能、轻质抗震、防火、保温、隔声、施工快捷等优点，是现代建筑理想的节能型墙体材料。

1. 纤维水泥板

纤维水泥板是以水泥为基本材料和胶黏剂，以矿物纤维水泥和其他纤维（如植物纤维、玻璃纤维等）为增强材料，经过制浆、成型、养护等工序而制成的板材。

（1）玻璃纤维增强水泥板

玻璃纤维增强水泥（glass fiber reinforced concrete，简称GRC）板是一种新型墙体材料，是以玻璃纤维为增强材料，以水泥净浆或水泥砂浆为基体，经成型、养护而形成的一种复合材料板材（图7-10）。具有高强度、轻质、防火、防水、耐蚀及良好的隔声性能，广泛应用于工业与民用建筑中的非承重和半承重构件，可用来制造外墙板、复合墙板、顶棚、永久性模板等。

（2）石棉水泥板

石棉水泥板是以石棉做增强材料，水泥净浆为基材制作而成的板材（图7-11）。现有平板和半波板两种；按其物理性能又分为一类板、二类板和三类板三类；按其尺寸偏差可分为优等品和合格品两种。其规格品种多，能适应各种需要。

第7章 墙体及屋面材料

图 7-10 玻璃纤维增强水泥板

图 7-11 石棉水泥板

2. 钢丝网架夹芯墙板

钢丝网架夹芯墙板简称 GBF 夹芯板，是一种新型轻质板材。在特制的三维空间强化钢丝网架中，分别填充憎水膨胀珍珠岩制品、加气轻质混凝土或矿（岩）棉质品（板芯），构成钢丝网架夹芯墙板（图 7-12）。钢丝网架夹芯墙板在施工现场安装固定后，在芯板的两侧铺抹或喷涂防裂水泥砂浆，可形成完整的建筑构件。

钢丝网架夹芯墙板具有强度高、重量轻、防火性能优异、保温隔热、隔声降噪、

图 7-12 钢丝网架夹芯墙板

耐腐蚀、绿色环保等优良性能，并具有组合性强、易于搬运、适用面广、施工简便等特点。适用于外围护墙、内隔墙、屋面、吊顶以及旧建筑改造中的墙体加固与翻新等。

3. 金属夹芯板

金属夹芯板是一种金属复合板材，主要由两层金属面板和中间夹有的非金属材料构成，常见的类型有铝塑复合墙板、彩色压型钢板复合墙板和超轻隔热夹芯板等。

（1）铝塑复合墙板

铝塑复合墙板是以经过化学处理的涂装铝板为表层材料，用聚乙烯塑料或高矿物为芯材，在专用铝塑板生产设备上加工而成的复合材料（图 7-13）。它由性质截然不同的两种材料（金属和非金属）组成，可以充分获得两种材料的优异性能，如豪华性、装饰性、耐候、耐蚀、耐撞击、易加工成型、易搬运安装、防火性能、隔声性能好等。

铝塑复合墙板应用于建筑外墙能够改变建筑立面的外观，提供持久的装饰效果；用

图 7-13 企口铝塑复合墙板

于室内墙壁及顶棚装修，提供美观、舒适的室内环境。铝塑复合墙板可用于旧楼的改造和翻

新工程，提高建筑的外观和性能。

（2）彩色压型钢板复合墙板

彩色压型钢板复合墙板是以波形彩色压型钢板为面板，以轻质保温材料（如聚苯乙烯泡沫板、矿渣棉板、岩棉板、玻璃棉板、聚氨酯泡沫塑料等）为芯层，通过复合工艺加工而成的轻质保温墙板（图7-14）。这种墙板俗称"三明治"墙板，因其独特的结构和材料组合而具有质量轻、保温隔热性好、立面美观、耐久性和耐蚀性好、强度高、隔声性能较好、防水防潮等多种优越性能。

图7-14　彩色压型钢板复合墙板

彩色压型钢板复合墙板主要应用于建筑的外墙装饰，为建筑增添美观与时尚感；此外，在室内装修中，还常被用作隔断墙，以满足不同空间的功能需求。

（3）超轻隔热夹芯板

超轻隔热夹芯板是以彩色镀锌钢板为外表面用材，经过数道辊轧，使其成为压型板，然后与液体聚氨酯发泡而成的泡沫塑料板直接复合而成。它具有轻质、高强、保温、隔热、隔声、耐水等优良的物理性能和可加工性。超轻隔热夹芯板分普通板和承重板两种。

超轻隔热夹芯板适用于大、中、小型建筑的外墙和屋面，以及别墅和活动房屋，也适合于大跨度的冷库等。

7.4　砌筑石材

石材是使用历史最悠久的建筑材料之一。其浑然天成的纹路及瑰丽色彩变化，向来为人类所钟爱，与人类日常生活密切相关。古代世界重要的建筑，诸如埃及金字塔、希腊神殿、罗马教堂、中国长城、俄罗斯冬宫等，都以石材作为主要建材。由于石材具有相当高的强度、良好的耐磨性和耐久性、较强的装饰性，并且资源丰富，易于就地取材，且现代岩石开采与加工技术在不断进步，因此，在大量使用钢材、混凝土和高分子材料的现代建筑中，石材的使用仍然相当普遍和广泛。

建筑石材有天然石材和人造石材两大类。

天然石材是指从天然岩石体中开采未经加工或经加工制成块状、板状或特定形状的材料。经精细加工后的石材制品色泽温润、美观而豪华，粗略加工后的石材朴实自然、坚固而稳定，可以用作衬面材料、台阶、栏杆和纪念碑等；未加工的毛石可以用来砌筑基础、桥涵、挡土墙、堤岸、护坡及隧道衬砌等；散粒状石材可以用作混凝土和砂浆的骨料及筑路材料；特定种类的岩石是生产石膏、石灰和水泥的原材料。

人造石材是利用各种方法加工制造的具有类似天然石材性质、纹理和质感的合成材料，如人造大理石、花岗石等。广义而言，各种混凝土也属于这一类。由于人造材料可以人为控制其性能，形、花色图案等，并具有轻质高强、耐污染、耐蚀、施工方便等优点，在现代建筑中得到广泛应用。本节如未做特别说明，石材专指天然石材。

7.4.1 砌筑石材的分类

岩石是由各种不同地质作用所形成的天然固态矿物组成的集合体。组成岩石的矿物称为造岩矿物。由单一造岩矿物组成的岩石称为单矿岩。如石灰岩主要是由方解石（结晶 $CaCO_3$）组成的单矿岩。大多数岩石是由多种造岩矿物组成的，称为多矿岩。如花岗岩是由长石、石英、云母等矿物组成的多矿岩。同一类岩石由于产地不同，其矿物组成、颗粒结构都有差异，因而其颜色、强度、耐久性等性能也有差别。岩石的性质是由其矿物的性质及含量等因素决定的。

1. 按岩石的形成分类

根据岩石的成因，按地质分类法，天然岩石可分为岩浆岩、沉积岩和变质岩三大类。石材由岩石加工而成，根据组成砌筑石材的岩石的形成地质条件，砌筑石材可分为岩浆岩石材、沉积岩石材和变质岩石材。

（1）岩浆岩石材

岩浆岩又称火成岩，是地壳内的熔融岩浆在地下或喷出地面后冷凝而成的岩石。根据岩浆岩的冷却条件不同，可分为深成岩、喷出岩、火山岩三种。

1）深成岩是岩浆在地壳深处，在很大的覆盖压力下缓慢冷却而成的岩石，其特性是构造致密，重度大，抗压强度高，吸水率小，抗冻性好，耐磨性好，耐久性很好。建筑上常用的深成岩有花岗岩、闪长岩、辉长岩等，可用于基础等石砌体及装饰。

2）喷出岩是熔融的岩浆喷出地表后，在压力降低、迅速冷却的条件下形成的岩石。当喷出的岩浆层厚时，形成的岩石的特性近似深成岩；当喷出的岩浆层较薄时，则形成的岩石常呈多孔结构。建筑上常用的喷出岩有玄武岩、辉绿岩等，可用于基础、桥梁等石砌体。

3）火山岩又称火山碎屑岩。火山岩都是轻质多孔结构的材料。砌筑石材常用的火山岩有浮石等。浮石可用作轻质骨料，配制轻骨料混凝土用作墙体材料。

（2）沉积岩石材

沉积岩又称水成岩。沉积岩是由原来的母岩风化后，经过风吹搬迁、流水冲移及沉积成岩作用，在离地表不太深处形成的岩石。与火成岩相比，其特性是结构致密性较差，重度较小，孔隙率及吸水率均较大，强度较低，耐久性也较差。建筑上常见沉积岩有石灰岩、砂岩、页岩等，可用于基础、墙体、挡土墙等石砌体。

（3）变质岩石材

变质岩是由原生的火成岩或沉积岩，经过地壳内部高温、高压等变化作用后而形成的岩石。其中沉积岩变质后，性能变好，结构变得致密，坚实耐久，如石灰岩变质为大理石；而火成岩变质后，性质反而变差，如花岗岩变质成的片麻岩，易产生分层剥落，使耐久性变差。建筑上常用的变质岩有大理岩、片麻岩、石英岩、板岩等。片麻岩可用于一般建筑工程的基础、勒脚等石砌体。

2. 按外形分类

建筑上使用的天然石材分为砌筑石材、板材和颗粒状石料等。

（1）砌筑石材

砌筑石材按其加工的外形规则程度分为毛石、料石，如图 7-15 所示。

毛石，又称片石或块石，是指以开采所得，未经加工的形状不规则的石块。毛石按其表

a) 毛石　　　　　　　　　　　　　　b) 料石

图 7-15　毛石和料石

面的平整程度分为乱毛石和平毛石两类：乱毛石各个面的形状不规则；平毛石是乱毛石略经加工后，形状较整齐，大致有两个平行面的毛石。建筑用毛石，一般要求石块中部厚度不小于 150mm，长度为 300～400mm，质量为 20～30kg，强度不宜小于 10MPa，软化系数不应小于 0.8。毛石常用于砌筑基础、勒脚、墙身、堤坝、挡土墙等，也可用于配制片石混凝土等。

料石，是指以人工斩凿或机械加工而成，形状比较规则的六面体石材。料石常用致密的砂岩、石灰岩、花岗岩等开采凿制，至少应有一个面的边角整齐，以便相互合缝。按料石表面加工的平整程度可分为以下四种：

1）毛料石：一般不加工，厚度不小于 200mm，叠砌面凸凹深度≤25mm。可用于桥墩台的镶面工程、涵洞的拱圈与帽石、隧道衬砌的边墙，也可用作高大的或受力较大的桥墩台的填腹材料。

2）粗料石：外形较方正，截面的宽度、高度不小于 200mm，而且不小于长度的 1/4，叠砌面凸凹深度≤20mm。

3）半细料石：外形较方正，规格尺寸同粗料石，叠砌面凸凹深度≤10mm。常用作镶面的石料。

4）细料石：外形较方正、规则，规格尺寸同粗料石，其叠砌面凸凹深度≤2mm。制作为长方形的称为条石，长、宽、高大致相等的称为方料石，楔形的称为拱石。主要用于镶面。

（2）板材

板材是用结构致密的岩石经凿平或锯解而成的，一般厚度为 10～30mm、长度和宽度为 300～1200mm 的板状石材。作为饰面用的板材，一般由大理岩或花岗岩加工制成。饰面板材要求耐久、耐磨、无裂缝或水纹、色彩丰富、外表美观。

板材根据加工方法分为剁斧板材（表面粗糙，具有规则的条状斧纹）和机刨板材（表面平整，具有相互平行的刨纹）。

板材根据用途分为粗磨板材（表面平滑无光，主要用于建筑物外墙面、柱面、台阶及勒脚部位）和磨光板材（表面光滑如镜，主要用于室内外墙面、柱面）。

（3）颗粒状石料

颗粒状石料一般包括碎石、卵石和石渣等。

碎石是指天然岩石经人工或机械破碎而成的粒径大于 5mm 的颗粒状石料。其性质取决于母岩的品质，主要用于配制混凝土或作道路、基础等的垫层。

卵石是指母岩经自然条件风化、磨蚀、冲刷等作用而形成的表面较光滑的颗粒状石料。其用途同碎石，还可作为装饰混凝土（如粗露石混凝土等）的骨料和园林庭院地面的铺砌材料等。

石渣是指天然大理岩或花岗石等的残碎料。因其具有多种颜色和装饰效果，故可作为人造大理石、水磨石、斩假石、水刷石等的骨料，还可用于制作干黏石制品。

7.4.2 砌筑石材的性能

天然石材因形成条件各异，常含有不同种类的杂质，矿物成分也会有所变化，所以，即使是同一类岩石，它们的性质也可能有很大的差别。因此，在使用时都必须进行检查和鉴定，以保证工程质量。天然石材的技术性质可分为物理性能、力学性能和工艺性能。

1. 物理性能

（1）表观密度

石材按照表观密度的大小分为重质石材和轻质石材两类。轻质石材的表观密度 $\leq 1800 kg/m^3$，可作为建筑物的基础、贴面、地面、屋外墙、桥梁和水工构筑物；重质石材的表观密度 $>1800 kg/m^3$，常用作墙体材料。

石材的体密度与其矿物组成和孔隙率有关，并对其抗压强度、耐久性等产生影响。其体密度的大小常间接地反映石材的致密程度与孔隙多少。在通常情况下，同种石材的表观密度越大，则抗压强度越高，吸水率越小，耐久性好，导热性好。

（2）吸水性

岩石吸水性的大小与其孔隙率及孔隙特征有关。岩浆深成岩及许多变质岩的孔隙率很小，故吸水率很小，如花岗岩的吸水率通常小于 0.5%。沉积岩由于形成条件、密实程度与胶结情况有所不同，因而孔隙率与孔隙特征的变动很大，导致石材吸水率的波动也很大，如致密石灰岩的吸水率可小于 1%，而多孔贝壳灰岩的吸水率高达 15%。

吸水率低于 1.5% 的岩石称为低吸水性岩石；吸水率为 1.5%～3% 的岩石称为中吸水性岩石；吸水率高于 3.0% 的岩石称为高吸水性岩石。

石材的吸水性对其强度与耐水性有很大影响。石材吸水后，会降低颗粒之间的黏结力，从而使强度降低，抗冻性变差，导热性增加，耐水性和耐久性下降。

（3）耐水性

石材的耐水性以软化系数表示：软化系数 >0.9 的为高耐水性；软化系数在 0.75～0.9 的为中耐水性；软化系数在 0.6～0.75 的为低耐水性；软化系数 <0.6 的，不允许用于重要建筑物中。当岩石中含有较多的黏土或易溶物质时，耐水性较低，如黏土质砂岩等。

（4）抗冻性

抗冻性是指石材抵抗冻融破坏的能力，是衡量石材耐久性的重要指标。其值用石材在水饱和状态下按规范要求所能经受的冻融循环次数表示。先将石材在 -15℃ 的温度下冻结后，再在 20℃ 的水中融化，这样的过程为一次冻融循环。能经受的冻融循环次数越多，则抗冻性越好。一般室外工程饰面石材的抗冻循环应大于 25 次。石材抗冻性与吸水性有密切的关系，吸水率大的，其抗冻性也差。另外，抗冻性还与吸水饱和程度、冻结温度有关。

石材在吸水饱和状态下，经规定次数的冻融循环作用后，若无贯穿裂缝且质量损失不超过5%，强度损失不超过25%，则为抗冻性合格。根据经验，吸水率＜0.5%的石材可视为是抗冻的，可不进行抗冻试验。

（5）耐热性

石材的耐热性与其化学成分及矿物组成有关。如含有石膏的石材，在100℃以上时就开始破坏；含有碳酸镁的石材，温度高于725℃会发生破坏；含有碳酸钙的石材，温度达827℃时开始破坏。石材经高温后，由于热胀冷缩、体积变化而产生内应力或因组成矿物发生分解和变异等导致结构破坏。如由石英和其他矿物所组成的结晶石材，像花岗岩等，当温度达到700℃以上时，由于石英受热发生膨胀，强度迅速下降。

（6）石材的安全性

少数天然石材中可能含有某些放射性元素，若超过国家规定的标准是不安全的，它们对人体健康有害。用于室内及人口密集处的石材，应满足《建筑材料放射性核素限量》（GB 6566—2010）的要求。其中A类石材产品的应用不受限制；B类产品不可用于Ⅰ类民用建筑的内饰面，可用于Ⅱ类民用建筑、工业建筑的内饰面，以及其他一切建筑物的外饰面。

（7）导热性

石材的导热性用导热率表示，主要与其致密程度有关。相同成分的石材，玻璃态比结晶态的导热率小。具有封闭孔隙的石材，导热性差。

2. 力学性能

天然石材的力学性质主要包括抗压强度、冲击韧性、硬度及耐磨性等。

（1）抗压强度

石材的抗压强度是以三个边长为70mm的立方体试块的抗压破坏强度平均值表示。根据《砌体结构设计规范》（GB 50003—2011）的规定，石材共分为7个强度等级，MU100、MU80、MU60、MU50、MU40、MU30、MU20。抗压试件也可以采用表7-18所列各种边长尺寸的立方体，但应对其试验结果乘以相应的换算系数。此外，根据工程特殊要求，也可以用抗弯强度作为选用时的参考指标。

表7-18　石材强度的换算系数

立方体边长/mm	200	150	100	70	50
换算系数	1.43	1.28	1.14	1	0.86

矿物组成对石材抗压强度有一定影响。例如，花岗岩中的石英是很坚硬的矿物，其含量越高，花岗岩的强度也越高；而云母为片状矿物，易于分裂成柔软薄片，其含量越高，则花岗岩的强度也越低。岩石的结构和构造对抗压强度也有很大影响。如结晶质石材的强度较玻璃质的高；具有层状、带状或片状构造的石材，其垂直于层理方向的抗压强度较平行于层理方向的高。

（2）冲击韧性

石材的冲击韧性决定于岩石的矿物组成与构造。石英岩、硅质砂岩脆性较大。含暗色矿物较多的辉长岩、辉绿岩等具有较高的韧性。通常，晶体结构的岩石较非晶体结构的岩石，具有较高的韧性。

（3）硬度

石材的硬度取决于石材矿物组成的硬度、结构与构造。由致密、坚硬矿物组成的石材，其硬度较高；结晶质结构硬度高于玻璃质结构；构造紧密的岩石硬度以莫氏硬度表示，岩石的硬度与抗压强度有很好的相关性，一般抗压强度高的其硬度也大。岩石的硬度越大，其耐磨性越好，但表面加工越困难。

(4) 耐磨性

石材的耐磨性可用磨耗率表示。石材的耐磨性是指它抵抗撞击、边缘剪力和摩擦联合作用的能力。石料的耐磨性取决于其矿物组成、结构及构造。石材的组成矿物越坚硬，构造越致密，抗压强度和冲击韧性越高，则石材的耐磨性越好。可能遭受磨损作用的场所，如台阶、地面、楼梯踏步等处，应采用具有高耐磨性的石材。

3. 工艺性能

石材的工艺性能主要是指石材开采和加工的难易程度及可能性，包括加工性、磨光性与抗钻性。

(1) 加工性

加工性是指石材加工的难易程度。强度、硬度、韧性较高的石材，不易加工；质脆而粗糙，有颗粒交错结构，含有层状或片状构造，以及已风化的岩石，都难以满足加工要求。

(2) 磨光性

磨光性是指石材能否磨成平整光滑表面的程度。致密、均匀、细粒的岩石，一般都有良好的磨光性，可以磨成光滑亮洁的表面。疏松多孔、有鳞片状构造的岩石，磨光性不好。

(3) 抗钻性

抗钻性是指石材钻孔时的难易程度。影响石材抗钻性的因素很多，主要与其强度、硬度有关。一般石材的强度越高、硬度越大，越不易钻孔。

由于用途和使用条件的不同，对石材的性质及其指标的要求有所不同。用于基础、桥梁、隧道及石砌工程的石材，一般要求其抗压强度、抗冻性与耐水性必须达到一定标准。

7.4.3 砌筑石材的选用

1. 石材的选用原则

在建筑设计和施工中，应根据建筑物类型、环境条件、使用要求和经济等选择使用合适的石材。一般应考虑以下几点。

(1) 经济性

天然石材的密度大、运输不便、运费高，应综合考虑地方资源，尽可能做到就地取材。难于开采和加工的石料，将使材料成本提高，选材时应加以注意。

(2) 适用性

适用性主要考虑石材的技术性能能否满足使用要求。可根据石材在建筑物中的用途、部位及所处环境，选定技术性质满足要求的岩石。如承重用石材（基础、勒脚、柱、墙等）主要考虑其强度等级、耐久性、抗冻性等技术性能；围护结构用石材应考虑是否具有良好的绝热性能；装饰构件用的石材需考虑其本身的色彩与环境的协调及可加工性等；用作地面、台阶等的石材应考虑坚韧耐磨；对处在高温、高湿、严寒等特殊条件下的构件，还要分别考虑所用石材的耐久性、耐水性、抗冻性及耐化学侵蚀性。

(3) 安全性

天然石材是构成地壳的基本物质，可能含有放射性的物质。根据《天然石材产品放射性防护分类控制标准》（JC 518—1993），天然石材按放射性水平分为 A、B、C 三类。A 类最安全，可在任何场合下使用；B 类的放射性高于 A 类，不可用于居室内饰面，但可用于其他一切建筑物的内外饰面；C 类放射性较高，只可用于建筑物的外饰面；放射性超过 C 类标准控制的石材，只可用于海堤、桥墩及碑石等远离密集人群的地方。

2. 石材的使用维护

天然石材在使用过程中受周围环境的影响，如大气中的阳光、水分、温度、空气中有害气体和杂质的侵蚀，以及各种生物或外力的作用等，会发生风化而逐渐破坏。

水是石材发生破坏的主要原因，它能软化石材并加剧其冻害，且能与有害气体结合成酸，使石料发生分解与溶蚀。大量的水流还能对石材起冲刷与冲击作用，从而加速石材的破坏。因此，使用石材时应特别注意水的影响性。

（1）合理选材

石材的风化与破坏速度主要取决于石材抵抗破坏因素的能力，所以合理选用石材品种，是防止破坏的关键。如用于室外的石材不可忽视其抗风化性能的优劣；处于高温、高湿、严寒等特殊环境条件中的石材应考虑所用石材的耐热、抗冻及耐化学腐蚀性等。

（2）表面处理

可在石材表面涂刷憎水性涂料，如各种金属皂、石蜡等，使石材表面由亲水性变为憎水性，并与大气隔绝，以延缓风化过程的发生。

7.5 屋面材料

屋面材料是用于覆盖建筑屋顶的材料，在建筑中起着至关重要的作用。它们不仅保护建筑内部免受风雨、日晒等自然因素的侵袭，还影响着建筑的保温、隔热、防水和美观性能。常见的屋面材料类型包括：瓦类，如黏土瓦、琉璃瓦、水泥瓦、彩钢瓦等，各具特色与适用场景；卷材类，如沥青防水卷材、高聚物改性沥青防水卷材、合成高分子防水卷材，在防水功能上表现卓越；板材类，如金属屋面板、塑料屋面板、木质屋面板等。

随着科技的进步和环保意识的提高，屋面材料正朝着高性能、环保、节能和智能化等方向发展。未来的屋面材料将更加注重保温隔热性能的提升，以减少能源消耗；同时，环保材料的研发和应用也将成为主流，以满足绿色建筑的需求。此外，智能化技术的应用也将为屋面材料带来新的发展机遇，如智能感应、自动调节等功能，将进一步提升建筑的舒适性和安全性。

7.5.1 屋面瓦

屋面瓦是利用各种瓦材作为防水材料，通过瓦与瓦之间的搭接错缝来达到防水目的的屋面系统中的重要元素。屋面瓦不仅具有遮风挡雨、室内采光的作用，还具备重要的装饰效果。常见的类型有陶土瓦、琉璃瓦、水泥瓦、沥青瓦、金属瓦等。

1. 陶土瓦

中国古代早在西周时期就有使用陶土瓦的记录。陶土瓦（图 7-16）是将黏土和其他合成物制作成湿坯，然后干燥，最后通过高温烧制而成。烧制过程中，温度一般控制在 1200 度以下，以确保黏土固化为陶而不至于瓷化。

陶土瓦具有可塑性强、颜色多样（如红色、棕色、灰色等）、物理及化学性能稳定（如防水、防火、保温、隔声等）、使用寿命长、价格低等优点，能够有效降低工程造价，满足不同的建筑设计需求。近年来，陶土瓦在我国建筑行业得到了广泛的应用。然而，随着国家对土地资源的保护力度逐年加大，一些陶土及黏土建材制品（包括陶土瓦）开始在部分城市限制使用。

2. 琉璃瓦

琉璃瓦（图 7-17）是采用优质矿石原料，经过筛选粉碎，高压成型，高温烧制而

图 7-16 陶土瓦屋面

成，具有强度高、平整度好、吸水率低、抗折、抗冻、耐酸、耐碱、永不褪色等显著优点。琉璃瓦多用于具有民族色彩的宫殿式大屋顶建筑中，是宫殿、庙宇建筑最耀眼的部分。其制作过程为：取土→塑制成型→烧制→上釉→再次烧制。

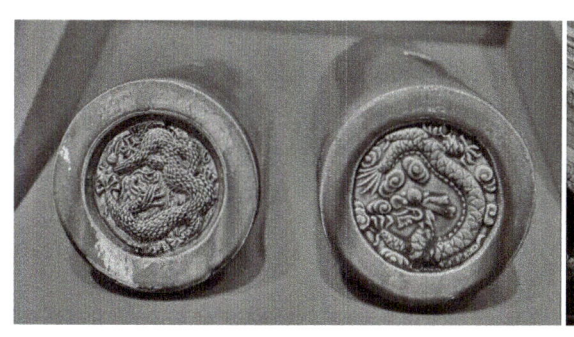 

图 7-17 琉璃瓦

琉璃的色彩种类很多，有黄、绿、青、蓝、黑、白、翡翠等十几种。早在南北朝时期，中国就已在建筑上使用琉璃瓦件作为装饰物。到元代时，皇宫建筑开始大规模使用琉璃瓦。明代时，琉璃瓦的使用更加普遍，十三陵与九龙壁都是琉璃瓦建筑史上的杰作。清代时，对不同等级的建筑所用的琉璃瓦有严格的规定。

琉璃瓦的种类繁多，根据形状和用途的不同，可以分为以下几种：

1）琉璃筒瓦：用于宫殿高级亭榭，与瓦的主轴垂直的截面，呈半圆弧形。

2）琉璃檐口筒瓦：用于屋檐口，一头呈半圆弧形，在靠近半圆弧的一头有钉孔，供固定檐口琉璃筒瓦之用；另一头则是有花纹装饰的圆形瓦当。

3）琉璃板瓦：用于中等档次建筑，与主轴垂直的截面呈 1/4（宋式）或 1/6（清式）圆弧形。

4）琉璃檐口板瓦：用于装饰檐口，一头呈 1/4 圆弧形，靠屋檐的一头则有垂尖式或鱼唇式装饰。

5）琉璃当沟瓦：用于屋顶两坡相交处。

6）琉璃正吻：用于屋顶正脊与垂脊相交处，多为龙头式样。

7）琉璃走兽：铺盖在垂脊下端，有龙、凤、狮子、海马、天马、押鱼、狻猊、獬豸、斗牛、行什等。

琉璃瓦的用途主要是作为古代建筑或现代中式建筑的装饰构件，一般用于宫殿、陵寝、寺庙、王府、祭祀建筑等建筑的屋顶，也用于影壁，还通过造型设计制成花窗、栏杆等琉璃制品，广泛用于庭院装饰、平改坡、钢结构工程中。

琉璃瓦不仅具有实用价值，还具有深厚的文化价值。它是中国古代建筑文化的重要组成部分，体现了中国古代劳动人民的智慧和创造力。同时，琉璃瓦的色彩和造型也寓意着吉祥、富贵和权力等美好寓意，是中国传统文化的重要载体之一。

3. 水泥瓦

水泥瓦又称混凝土瓦，是一种利用水泥砂浆等材料经过高压成型而制成的屋顶瓦片。在制作过程中，有时还会添加一些纤维材料（如玻璃纤维）来增强其韧性。其生产工艺包括通过辊压或高压经优质模具压滤成型，因此具有密度大、强度高、防雨抗冻性能好、表面平整、尺寸准确等特点。水泥瓦色彩多样，使用年限长，且造价相对便宜，因此在建筑领域得到了广泛应用。

根据其外观形态分类，常见的水泥瓦有波形瓦、平板瓦及S形瓦。

（1）波形瓦

波形瓦（图7-18）是水泥瓦中比较常见的一种类型，呈波浪状，有大波、中波和小波之分。大波瓦的波峰间距较大，通常在50～80mm，中波瓦波峰间距在30～50mm，小波瓦则在20～30mm。这种波形设计使得雨水能够顺着瓦的凹槽快速流淌，排水性能良好。在降雨量较大的地区，波形水泥瓦可以有效地将雨水排离屋面，减少屋面漏水的风险。它适用于屋面坡度较大的建筑，一般要求屋面坡度在20%～50%。

（2）平板瓦

平板瓦（图7-19）外观较为平整，形状类似长方形。平板瓦的尺寸一般较为规整，长度通常在300～400mm，宽度在200～300mm。它的优点是铺设后屋面外观比较简洁、整齐，在一些追求现代简约风格的建筑上应用较多，它也适用于坡度较小的屋面，一般屋面坡度在10%～30%。不过由于其排水主要依靠屋面的坡度，在排水性能方面相对波形瓦稍弱一些。

图7-18 波形水泥石棉瓦

图7-19 平板水泥瓦屋面

（3）S形瓦（西班牙瓦）

S形瓦（图7-20）结合了波形瓦和平板瓦的特点，形如字母S，中间有一定的弧度，两边有较为平缓的坡面。S形的设计增强了瓦片之间的固定性,使得整个屋顶更加稳固。S形瓦的装饰性较强,其独特的形状在铺设后可以使屋面呈现出优雅的曲线。其排水性能较好,雨水可以从两边的坡面滑落。S形瓦适用于中高端住宅、欧式风格建筑等,屋面坡度一般在20%~40%较为合适。

4. 沥青瓦

沥青瓦是以玻璃纤维毡为胎基,经浸渍和涂覆优质氧化沥青后,上表面覆彩色矿物粒料,下

图7-20　S形水泥瓦

表面覆细砂或覆盖聚乙烯膜等隔离材料所制成的瓦状屋面防水片材,也被称为玻纤胎沥青瓦。沥青瓦具有重量轻、防水性能优越、耐久性强、施工简便、环保节能等特点,能适应于坡度为5°~90°的任何形状屋面及球形屋面,但并不适用于平屋面。

沥青瓦常见的类型有平瓦型、鱼鳞型及马赛克型。

（1）平瓦型沥青瓦

平瓦型沥青瓦（图7-21）的形状比较扁平,类似传统的平板瓦。它的表面平整,矿物粒料分布均匀,能够呈现出简洁、大方的屋面外观。它可用于屋面坡度较小的建筑,一般屋面坡度在18%~22%;也可用于一些现代风格的住宅、小型仓库等建筑的屋面。

（2）鱼鳞型沥青瓦

鱼鳞型沥青瓦（图7-22）的形状像鱼鳞一样,一片瓦片的边缘部分会覆盖在下一片瓦片的主体部分上,形成紧密的搭接。它的造型独特,具有很强的装饰性,常用于对建筑外观要求较高的项目,如别墅、高档住宅、景观建筑等。它适合的屋面坡度范围较广,一般在20%~60%。

图7-21　平瓦型沥青瓦

图7-22　鱼鳞型沥青瓦

（3）马赛克型沥青瓦

马赛克型沥青瓦（图7-23）是由多个小块的沥青瓦组合而成,类似于马赛克的拼接方式。这些小块的形状可以是方形、菱形等几何形状。马赛克型沥青瓦能够营造出丰富多变的

屋面图案，适用于需要突出创意和个性的建筑，如艺术工作室、特色餐厅等建筑的屋面。它对屋面坡度的适应性也比较强，一般在20%～50%。

5. 金属瓦

金属瓦是以金属为基础材料制作的屋面瓦，原材料主要包括基板、彩砂覆面和黏合剂等。基板采用镀铝锌或锌铝镁钢板，耐蚀性强，是金属瓦使用寿命的基础条件。彩砂覆面采用高温烧结陶化彩石颗粒，以天然彩砂为原料经高温陶化工艺处理，保色性强，

图7-23 马赛克型沥青瓦

同时能起到消声隔噪的效果。黏合剂采用丙烯酸树脂胶，能够增强瓦片与覆面彩砂的结合强度，防止雨水渗漏，有效延长瓦片寿命。金属瓦具有形状、颜色丰富，防火等级高，质量轻，易于安装，耐蚀性强，环保可回收等特点，通常用于别墅、住宅等建筑的屋面。

根据其制作工艺和原材料的不同，金属瓦可以分为多种类型，如石面金属瓦、漆面金属瓦和金属本色瓦等。其中，石面金属瓦以镀铝锌钢板为基材，黏合天然玄武岩颗粒作为表面；漆面金属瓦则采用镀铝锌钢板、镀锌钢板、铝镁锰合金等金属基材，表面做漆面喷涂处理；金属本色瓦则直接使用纯铜板、钛锌板等金属板材制作，表面不做涂层处理。

7.5.2 屋面卷材

卷材屋面是指以不同的施工工艺将不同种类的卷材固定在屋面上，起到防水作用的屋面，能适应一定程度的结构振动和胀缩变形。所用卷材有传统的沥青防水卷材、高聚物改性沥青防水卷材和合成高分子防水卷材三大系列。

1. 沥青防水卷材

沥青防水卷材是以沥青为主要浸涂材料所制成的卷材，其品种甚多。按有无芯材（基胎）可以分为有胎卷材（浸渍）和无胎卷材（辊压）两类。有胎沥青防水卷材是以原纸、纤维毡、纤维布、金属箔、塑料膜等材料中的一种或数种复合为胎基，浸涂沥青、改性沥青或改性焦油，并用隔离材料覆盖其表面所制成的防水卷材，即含有增强材料的油毡。按芯材（基胎）种类可分为纸胎卷材和布胎卷材两类。

《石油沥青纸胎油毡》（GB/T 326—2007）规定，石油沥青纸胎油毡按卷重和物理性能分为Ⅰ型、Ⅱ型和Ⅲ型。Ⅰ型、Ⅱ型油毡适用于辅助防水、保护隔离层、临时性建筑、防潮及包装等。Ⅲ型油毡适用于屋面工程的多层防水。沥青纸胎防水卷材是传统的防水卷材，它抗拉能力低、耐久性较差，但由于其资源丰富、价格较低，在我国的建筑防水工程中仍然采用。

近年来，通过对油毡胎体材料加以改进、开发，已由最初的纸胎油毡发展成为石油沥青玻璃布胎油毡、玻璃纤维布胎沥青油毡和铝箔面油毡等一系列沥青防水卷材。

石油沥青玻璃布胎油毡是以玻璃纤维布为胎基，浸涂石油沥青，在两面撒布粉状隔离材料所制成的。其抗拉强度高，耐久性好，柔韧性好，耐蚀性强，耐久性比纸胎油毡高一倍以上。

玻璃纤维布胎沥青油毡是以玻璃纤维薄毡为胎基，浸涂石油沥青，在其表面涂撒布矿物粉料或覆盖聚乙烯膜等隔离材料而制成的防水卷材材料。它具有耐水性好、耐蚀性强、抗拉强度高、柔软性好等优点。

铝箔面油毡是以玻璃纤维毡为胎基，浸涂氧化沥青，在其表面用压纹铝箔贴面，底面撒布细颗粒矿物材料或覆盖聚乙烯（PE）膜所制成的一种具有热反射和装饰功能的防水卷材。按物理性能分为优等品（A）、一等品（B）、合格品（C）三个等级。铝箔面油毡具有很强的阻隔蒸汽渗透的能力，与带孔玻璃纤维毡配合或单独使用，宜用于隔汽层，采用热沥青玛蹄脂粘贴。

2. 高聚物改性沥青防水卷材

高聚物改性沥青是在沥青中添加橡胶或者塑料树脂进行改性的，由于沥青存在低软化点、高针入度和低温脆性等固有缺点，限制了它作为防水材料的使用范围。在沥青中添加了高分子聚合物改性后，大大改善了其上述性能，其耐候性及与基底龟裂的适应性等有了明显的提高。

改性沥青防水卷材是以改性沥青为涂盖层，纤维织物或纤维毡为胎体，粉状、片状、粒状或薄膜材料为覆盖层材料制成可卷曲的片状防水材料。改性沥青防水卷材改善了普通沥青防水卷材温度稳定性差、延伸率小等缺点，具有高温不流淌、低温不脆裂、拉伸强度较高、延伸率较大等特点。改性沥青防水卷材一般可分为弹性体聚合物改性沥青防水卷材、塑性体聚合物改性沥青防水卷材、橡塑共混体聚合物改性沥青防水卷材三大类，其中前两类防水卷材应用较多。

（1）弹性体聚合物改性沥青防水卷材

弹性体改性沥青防水卷材是以聚酯毡、玻纤毡、玻璃增强聚酯毡为胎基，苯乙烯-丁二烯-苯乙烯（SBS）热塑性弹性体做改性剂，两面覆以隔离材料所制成的防水卷材，简称SBS防水卷材。

SBS防水卷材按胎基分为聚酯毡（PY）和玻纤毡（G）、玻纤增强聚酯毡（PYG）三类；按上表面隔离材料分为聚乙烯（PE）膜、细砂（S，颗粒不超过0.6mm）及矿物粒料（M）三种，下表面隔离材料为细砂、聚乙烯膜；按材料性能分为Ⅰ型和Ⅱ型。SBS卷材供应时产品公称宽度为1000mm，聚酯毡胎体卷材厚度为3mm、4mm、5mm，玻纤毡胎体卷材厚度为3mm、4mm，玻纤增强聚酯胎卷材厚度为5mm，每卷卷材面积为$15m^2$、$10m^2$、$7.5m^2$。

与沥青油毡相比，SBS防水卷材具有以下特点：

1）具有优异的耐高、低温性能和耐久性。SBS防水卷材可耐较高的温度而不会产生显著变形，当加热到90℃并恒温2h后观察，卷材表面无起泡、不流淌。根据SBS掺量的不同，当温度降低到-40~-18℃时，卷材仍具有一定的柔韧性，有些可在-50℃环境中仍保持连续结构而不脆断。由于SBS的约束作用及覆面材料的保护作用，SBS防水卷材的使用寿命也较长，通常可达到10年以上。

2）具有良好的机械力学性能。SBS防水卷材具有较高的拉伸强度、延伸率和弹性变形能力，较强的耐疲劳性能，对基层结构和环境的变化适应性很好。

3）施工方便。SBS 防水卷材通常比较柔软，容易铺贴于各种平面、斜面、立面或形状复杂的表面。它上表面有黏结较牢靠的覆面层而无须在施工现场再做覆面层；下表面通常粘贴一层自粘胶或热塑膜，施工粘贴时揭去隔离膜或利用喷灯烘烤使热塑膜熔融而直接与基层黏结，无须外涂黏结剂。

就其应用效果来看，SBS 防水卷材（图 7-24）的最大优点是低温柔韧性好，特别适合于寒冷地区各种室外工程的防水，也适合于频繁变形部位及要求高温下抗变形能力较强的结构防水。

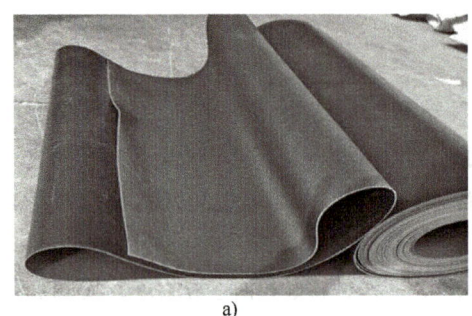
a)
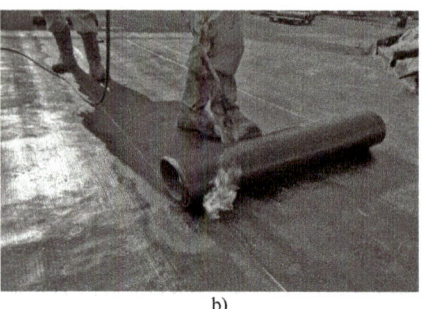
b)

图 7-24　SBS 防水卷材

（2）塑性体改性沥青防水卷材

塑性体改性沥青防水卷材是以聚酯毡或玻纤毡为胎基，无规聚丙烯（APP）或非晶态聚 α-烯烃（APAO、APO）为改性剂制成的建筑防水卷材，统称 APP 防水卷材。APP 防水卷材按材料性能分为Ⅰ型和Ⅱ型。

与 SBS 防水卷材相比，APP 防水卷材具有下列特性：更高的耐热性和耐紫外线性能，其温度适用范围为 -50～130℃，130℃高温不流淌；低温柔韧性较差，在低温下容易变得更脆，因此不适用于寒冷地区。

3. 合成高分子防水卷材

合成高分子防水卷材是以合成橡胶、合成树脂或者二者的共混体为基料，并加入适量的化学助剂及填充料，然后经过一系列工序加工制成的可卷曲的片状防水材料。合成高分子防水卷材可以分为橡胶系列（如三元乙丙橡胶、聚氨酯、丁基橡胶等）、塑料系列（聚乙烯、聚氯乙烯等）和橡胶塑料共混系列三大类。

合成高分子防水卷材有许多优点，如拉伸性能好、抗撕裂强度高、断裂延伸率大、弹性好、抗老化、耐腐蚀，并且具有很好的温度稳定性，因此成为高档新型防水材料发展的主流方向，广泛应用于屋面防水工程中。在Ⅰ级屋面防水工程中，必须至少有一道厚度不小于 1.5mm 的合成高分子防水卷材；在Ⅱ级屋面防水工程中，可以采用一道或两道厚度不小于 1.2mm 的合成高分子防水卷材；在Ⅲ级屋面防水工程中，可以采用一道厚度不小于 1.2mm 的合成高分子防水卷材。

合成高分子防水卷材的主要品种有三元乙丙橡胶防水卷材、聚氯乙烯防水卷材、氯化聚乙烯防水卷材等。常用合成高分子防水卷材的特点及适用范围见表 7-19。

表 7-19 常见合成高分子防水卷材的特点和适用范围

卷材名称	特点	适用范围
三元乙丙橡胶防水卷材	耐臭氧性、耐化学腐蚀性好，防水能力强，耐候性好，弹性和抗拉强度大，对基层变形开裂的适应性强，质量轻，寿命长，使用温度范围宽，但价格较高	防水要求高、使用年限要求长的工程；单层使用或者复合使用
丁基橡胶防水卷材	具有较好的耐候性、耐油性，抗拉强度、延伸率和耐低温性稍低于三元乙丙橡胶防水卷材	防水要求较高的工程；单层或复合使用
聚氯乙烯防水卷材	具有较高的拉伸和撕裂强度，延伸率较大，耐老化性能好，原材料丰富，价格便宜	适用于外露或有保护层的防水工程；单层或复合使用
氯化聚乙烯防水卷材	具有良好的耐候、耐臭氧、耐热老化、耐油、耐化学腐蚀及抗撕裂性能	适用于紫外线强烈的炎热地区；单层或复合使用
氯化聚乙烯-橡胶共混防水卷材	既有氯化聚乙烯防水卷材的高强度和优异的耐臭氧、耐热老化性能，又有橡胶所特有的高弹性、高延伸性及良好的低温柔韧性	适用于寒冷地区及变形较大的防水工程；单层或复合使用
三元乙丙橡胶-聚乙烯共混防水卷材	热塑性弹性材料，具有良好的耐臭氧和耐老化性能，使用寿命长，低温柔韧性好，可在负温条件下施工	适用于寒冷地区及外露防水层；单层或复合使用

7.5.3 种植屋面

种植屋面（图 7-25）是指在建筑物的屋面或地下建筑顶面的防水层上铺以种植土或设置容器种植各类植物，是一种将建筑技术与绿化技术相结合的屋面形式。它可以有效利用建筑空间，实现绿化、美化环境，净化空气和调节温度等功能。

a)   b)

图 7-25 常见的种植屋面

1. 种植屋面的结构层次

种植屋面的结构层次如图 7-26 所示，主要包括以下部分：

1）屋面基层。这是种植屋面的基础部分，通常为建筑的混凝土屋面板。屋面基层需要有足够的强度和稳定性，以承受上面各层结构及植物、种植土等的重量。在施工种植屋面之前，要确保屋面基层表面平整，不平整的地方需要修补和找平。如果屋面基层有裂缝，需要先对裂缝进行处理，防止裂缝在后期使用过程中扩展，影响整个种植屋面的结构安全。

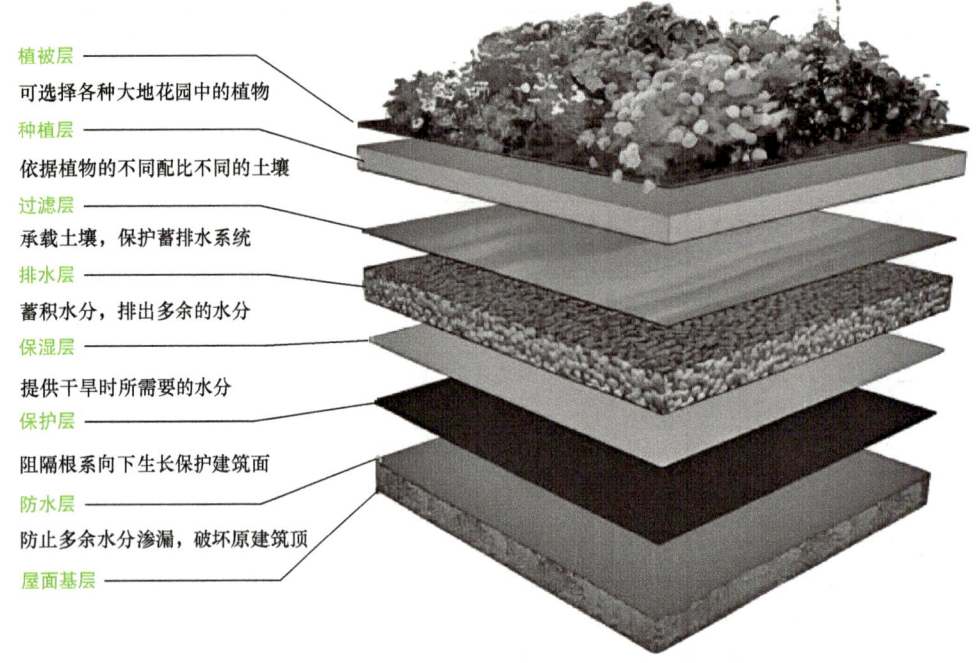

图 7-26 种植屋面结构层次

2）防水层。防水层是种植屋面的关键防线，防止雨水等水分渗透到建筑内部。由于种植屋面长期处于有水环境，且植物根系可能会对防水层造成破坏，所以需要选择高性能的防水材料。常用的防水材料有 SBS 防水卷材、高分子防水卷材（如三元乙丙橡胶防水卷材）和防水涂料（如聚氨酯防水涂料）等。

3）保护层（隔根层）。保护层主要是为了保护防水层免受后续施工过程中可能出现的机械损伤，同时也起到隔离作用，防止防水层和上面的排水层、种植土等直接接触，避免防水层被植物根系穿刺或化学物质腐蚀。常用的保护材料有水泥砂浆、细石混凝土、土工布等。

4）排水层。排水层的主要作用是排出种植土中多余的水分，避免植物根系因积水而腐烂。排水层材料应具有良好的排水性能和一定的抗压强度。常见的排水材料有陶粒、砾石、塑料排水板等。陶粒和砾石的粒径一般在 20～30mm，铺设厚度在 100～200mm，它们排水性能良好，还能起到一定的滤水作用。塑料排水板则具有排水速度快、排水效果好、质量轻等优点，安装方便，适合各种形状的屋面。排水板的厚度通常在几毫米到十几毫米，铺设时要注意排水方向和坡度。

5）过滤层。过滤层位于种植土和排水层之间，主要作用是防止种植土中的细颗粒物质随着水流进入排水层，造成排水堵塞。常用的过滤材料是土工布，土工布的孔径大小要适中，既能允许水分通过，又能有效阻挡土壤颗粒。

6）种植层。种植层是植物生长的基础，需要为植物提供必要的养分、水分和空气。种植土的成分要根据种植的植物种类和屋面环境进行调配。一般种植土由田园土、腐叶土、珍珠岩、蛭石等按一定比例混合而成。

7）植被层。植被层是种植屋面最直观的部分，根据屋面的功能（如景观观赏、隔热降温等）和环境条件（如光照、温度、湿度等）选择合适的植物。此外，在选择植物时，还要考虑植物的适应性、生长速度和根系特点，避免选择根系过于发达、生长速度过快的植物，以免对屋面结构造成破坏。

2. 种植屋面的分类

（1）按形式和组成元素分类

分为简单式种植屋面和花园式种植屋面。

简单式种植屋面主要以地被植物和低矮灌木为主，如草坪、地被花卉等。其结构相对简单，通常不涉及复杂的园林设计或建筑构造，造价相对较低，易于施工和维护，适用于对绿化要求不高或空间有限的建筑，如仓库、工业厂房等。

花园式种植屋面绿化层次丰富，包括乔木、灌木、地被植物等，并可能设有园路、座椅、花坛、水景等园林小品。这种屋面绿化形式不仅具有绿化功能，还能提供休闲和娱乐空间，景观效果好，能够提升建筑的整体品质和价值，适用于对绿化和景观效果要求较高的建筑，如商业楼、办公楼、高档住宅等。

（2）按使用功能分类

分为公共休憩型种植屋面、盈利型种植屋面、家庭式种植屋面和科研生产性种植屋面。

公共休憩型种植屋面主要用于提供休闲、娱乐和观景功能。通常设有步道、座椅、凉亭等设施，供人们休闲活动。能够增加城市绿地面积，提供人们亲近自然的机会，适用于公园、广场、学校等公共场所。

盈利型种植屋面通常与商业活动相结合，如屋顶咖啡厅、屋顶餐厅等。通过提供商品和服务获得经济效益，适用于商业建筑、购物中心等。

家庭式种植屋面主要服务于家庭用户，提供私人休闲空间。通常规模较小，绿化层次简单，能够增加住宅的绿化面积。

科研生产性种植屋面主要用于植物育种、蔬菜种植等科研或生产活动，需要特殊的绿化技术和设备支持。能够提供科研或生产的实践平台，促进科研和产业的发展，适用于科研机构、农业园区等。

（3）按位置分类

分为单层建筑种植屋面、多层和高层建筑种植屋面。

单层建筑种植屋面位于单层建筑顶部的屋面绿化。其结构相对简单，易于施工和维护，适用于单层建筑，如仓库、厂房等。

多层和高层建筑种植屋面位于多层或高层建筑顶部的屋面绿化。需要考虑其结构安全、荷载、排水等因素，施工和维护难度相对较大，适用于多层或高层建筑，如商业楼、办公楼等。

（4）按空间开敞程度分类

分为开敞式种植屋面、半开敞式种植屋面和封闭式种植屋面。

开敞式种植屋面完全开放，没有遮挡物，光照充足，适合种植喜阳植物，适用于光照条件好、空间开阔的建筑。

半开敞式种植屋面部分开放，有部分遮挡物，可以提供遮阳和避风的空间，适合种植多种植物，适用于需要遮阳或避风条件的建筑。

封闭式种植屋面完全封闭，有顶棚和围护结构，可以控制光照、温度和湿度等环境因素，适合种植对环境要求较高的植物，适用于对环境控制要求较高的建筑，如科研实验室等。

（5）按建筑结构分类

分为平屋顶种植屋面和坡屋顶种植屋面。

平屋顶种植屋面位于平屋顶上的屋面绿化，可以采用草坪、花坛、树池等绿化形式，广泛应用于商业楼、办公楼、住宅楼等。

坡屋顶种植屋面位于坡屋顶上的屋面绿化，需要考虑排水和防滑等问题，施工和维护难度相对较大，适用于传统坡屋顶建筑或需要特殊设计的建筑。

7.5.4 光伏屋面

光伏屋面是指在建筑物屋顶表面安装光伏组件，利用太阳能电池的光电效应，将太阳光直接转换为直流电的一种屋面系统。这些直流电可以通过逆变器转换为交流电，用于建筑物内部的用电设备，或者将多余的电量反馈给电网。

光伏与建筑的结合有附加式和一体化式两种形式。附加式是建筑与光伏系统相结合，把封装好的光伏组件（平板或曲面板）安装在居民住宅或建筑物的屋顶上，组成光伏发电系统（图7-27a）。一体化式是建筑与光伏器件相结合，是将光伏器件与建筑材料集成化，即光伏建筑一体化（BIPV），如将太阳能光伏电池制作成光伏玻璃幕墙、太阳能电池瓦、太阳能防水卷材等，集实用与装饰美化于一体，达到节能环保效果，是光伏屋面的发展趋势（图7-27b）。

a）附加式　　　　　　　　　　　　　b）一体化式

图7-27　光伏屋面

【创新思维培养】

绿色节能新选择：砂加气混凝土板材

在江苏省镇江市的南徐新城，宏伟壮观的镇江体育会展中心拔地而起。这座占地46万m^2、建筑面积18万m^2的现代化建筑，不仅承载着城市的文化体育功能，更成为绿色建筑的新典范。而这一切都离不开一种新型墙体材料——砂加气混凝土板材（简称砂加气板）的广泛应用。

砂加气板以其轻质高强、易于安装、绿色环保等特性，在镇江体育会展中心的墙体工程中大放异彩（图7-28）。它是由砂加气混凝土配置特殊防锈处理的钢筋网作为增强材料，添加发气剂后,经过搅拌、浇筑、切割、高温高压蒸汽养护等复杂工艺制成的。这种板材不仅具有优异的物理性能,还具有良好的保温、隔声、不燃等特性,为建筑的安全和舒适提供了有力保障。

图7-28 砂加气混凝土外墙及内隔墙

在镇江体育会展中心的建设过程中,砂加气板的应用尤为突出。特别是在综合训练馆工程中,由于建筑造型独特,整体向北倾斜65°(图7-29),导致部分填充墙同样为斜面墙,且倾斜角度不一,墙面为不规则曲面。面对这样的施工难题,传统砌体填充墙显然难以胜任,而砂加气板凭借其轻质高强、易于切割和安装的特性,成功解决了这一难题。它不仅满足了普通内外墙的要求,还能方便灵活地适用于大跨度、大高度、斜墙等复杂墙体工程,展现了其卓越的应用潜力。

图7-29 镇江体育会展中心综合训练馆倾斜外墙

尽管砂加气板的材料成本相对较高,为传统砌体材料的2~4倍,但其高效安装和绿色节能的特性使得总体经济成本相对可接受。据了解,砂加气板的安装效率极高,工期约为普通墙体工程的1/5。同时,板材表面平整,无须抹灰即可进行饰面施工,大大节省了施工时间和成本。更重要的是,砂加气板作为一种绿色建材,符合绿色建筑、节能环保的理念,对于推动建筑行业的可持续发展具有重要意义。

【工程素质培养】

砌体结构坍塌

湖南省凤凰县堤溪沱江大桥全长328.45m,前面宽度13m,设3%纵坡,桥型为4孔65m跨径等截面悬链线空腹式无铰拱桥,大桥桥墩高33m,且为连拱石拱桥。2007年7月15日完成主体工程后开始卸架,8月13日16点40分整个桥体坍塌,造成64人死亡,4人重伤,18人轻伤,直接经济损失3974.7万元。

【事故原因分析】

该事故的直接原因是大桥主拱圈砌筑材料未满足规范和设计要求，拱桥上部构造施工工序不合理，主拱圈砌筑质量差，降低了拱圈砌体的整体性和强度，随着拱上荷载的不断增加，造成1号孔主拱圈靠近0号桥台一侧3～4m宽范围内，即2号腹拱下的拱脚区段砌体强度达到破坏极限而坍塌，受连拱效应影响，整个大桥迅速坍塌。

此外，该工程还存在施工现场管理混乱、违规分包、监理单位监管不力、擅自修改主拱圈设计方案、盲目赶工等违法违规行为。这些原因共同导致了事故的发生。

【经验与教训】

湖南省凤凰县堤溪沱江大桥坍塌事故教训深刻，提醒我们工程质量与安全是生命线，不容丝毫懈怠。事故根源在于材料不达标、施工违规、管理混乱等多因素交织，凸显了责任意识的淡薄与职业道德的缺失。作为工程人，应以此为戒，坚守工程质量底线，秉持工匠精神，拒绝违规操作，确保每一项工程都成为经得起时间考验的精品。

【材料与生态】

光伏建筑一体化：迈向低碳未来的新篇章

随着人类活动日益频繁及社会快速发展，由二氧化碳排放引起的全球气候变化已成为人类面临的最大挑战之一。因此"控碳""低碳"的呼声越来越高。2020年，中央经济工作会议把做好"2030年碳达峰""2060年碳中和"工作列为2021年八大重点任务之一。建筑行业作为"排碳大户"，碳达峰碳中和推动企业进行低碳转型已成必然趋势，其低碳转型的重要一环便是使用可再生清洁能源代替传统化石能源。光伏建筑一体化作为一种将光伏与建筑结合的前沿技术，普遍被行业认为是未来光伏产业的主流发展方向。

以北京世园会中国馆为例，作为世园会标志性建筑，其屋架上的一块块金黄色玻璃即为薄膜光伏发电玻璃，是一种全新的光伏组件（图7-30）。中国馆结合自身大屋架的形式特点，在屋面南侧分布有1056块薄膜光伏发电玻璃，这种发电玻璃是将一种薄膜太阳能电池组件集成到建筑专用的钢化玻璃上，实现了建筑功能和发电效果的完美结合。薄膜太阳能电池的吸光层非常薄，其厚度为几百纳米至几微米，而一般晶体硅太阳能电池的厚度为150～200μm，因此，与晶硅电池相比，薄膜光伏发电玻璃更容易实现建筑光伏一体化。

a)   b)

图7-30 北京世园会中国馆及其光伏发电玻璃

中国馆采用的碲化镉薄膜电池发电技术在保证40%透光率的同时能够维持年发电量约8.3万kW·h，等同于200多万只日光灯连续工作1h的电量，相当于每年减少二氧化碳排放约 70.5t。

光伏建筑一体化作为未来光伏产业的主流发展方向,正以其独特的优势和广泛的应用前景引领着建筑行业的绿色革命。随着技术的不断进步和应用的不断推广,该技术将成为实现建筑行业低碳转型的重要力量,为我们迈向低碳未来提供有力的支持。

【工程能力训练】

❖ 单项选择题

1. 【一级建造师考试真题】下列关于砌体结构房屋受力特点的说法,正确的是(　　)。
   A. 抗压强度低　　　　　　B. 适宜于高层建筑
   C. 墙和柱的抗弯能力强　　D. 墙的稳定性要求用高厚比控制
2. 【一级建造师考试真题】石材幕墙的石材面板与金属挂件之间应采用(　　)黏结固定。
   A. 云石胶　　B. 干挂石材环氧胶黏剂　　C. 聚硫胶　　D. 硅酮结构胶
3. 【一级建造师考试真题】以下不是蒸压加气制品材料的是(　　)。
   A. 水泥　　B. 粗砂　　C. 粉煤灰　　D. 铝粉
4. 烧结普通砖的质量等级评价依据不包括(　　)。
   A. 尺寸偏差　　B. 砖的外观质量　　C. 泛霜　　D. 自重
5. 轻集料混凝土小型空心砌块中轻集料的最大粒径不宜大于(　　)mm。
   A. 40　　B. 20　　C. 10　　D. 5
6. 烧结空心砖抗压强度等级分为:MU10、MU7.5、MU5.0 和(　　)。
   A. MU20　　B. MU15　　C. MU3.5　　D. MU2.5

❖ 填空题

1. 墙体材料分为_____、_____、_____三大类。
2. 烧结普通砖根据_____、_____、_____和_____等分为合格品和不合格品。
3. 岩石按地质形成条件分为_____、_____、_____三大类。

❖ 问答题

1. 烧结普通砖的强度等级与质量等级是如何划分的?
2. 烧结普通砖的泛霜和石灰爆裂对砌筑工程有何影响?
3. 多孔砖和空心砖有什么异同?
4. 建筑防水卷材主要有哪些系列?

第8章 沥青与沥青混合料

【知识目标】

了解沥青的分类与组成,改性沥青、乳化沥青的概念与应用,沥青混合料的主要组成及结构类型;熟悉沥青的物理化学性质,沥青及沥青混合料的技术性质,沥青的改性与掺配;掌握石油沥青的选用原则和方法;具备结合工程实际选用沥青,并进行沥青混合料配合比设计的能力。

【思维导图】

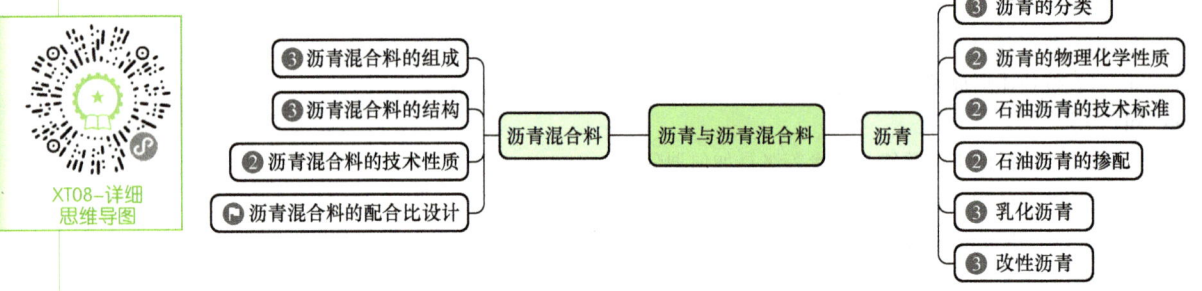

【工程案例导入】

世界上最漫长的科学实验

在科学的奇妙世界里,有那么一些实验,它们不急不躁,悠然地进行着,仿佛时间对它们来说并不是衡量变化的尺度。其中,沥青滴漏实验就是一个典型代表。这个实验以其耗时之长和过程之缓慢,堪称世界上持续时间最长的实验之一。那么,这项实验究竟有何魅力?让我们一起揭开其中的奥秘。

沥青滴漏实验最初由澳大利亚昆士兰大学的托马斯·帕内尔(Thomas Parnell)教授设计,旨在向学生证明物质的性质并不像表面看起来那么简单。帕内尔教授注意到,尽管沥青在室温下坚硬且脆,但实际上是黏性极高的液体。为了证明这一点,他设计了一个实验:将温热的沥青倒入一个封闭的玻璃漏斗中,等待其完全凝固后切开漏斗的下端,记录每一滴沥青滴落的时间。

于是，1927 年，帕内尔教授开始架设实验设备，并花费了三年时间等待沥青完全凝固。1930 年，他剪开了漏斗的封口，开始了这场漫长的等待。然而，直到 1938 年 12 月，第一滴沥青才滴落，其持续时间被估算为 96～108 个月。遗憾的是，帕内尔教授未能亲眼见证这一瞬间。第二滴沥青在 1947 年滴落，同样未能被帕内尔教授观测到。

帕内尔教授去世后，由于沥青滴落时间太长且并无太大的研究价值，实验装置被搁置一旁，于是便无人见证 1954 年第三滴沥青的滴落。直到 1961 年，物理学家约翰·梅因斯通（John Mainstone）教授来到昆士兰大学任教，发现了这个被遗忘在角落里的漏斗。梅因斯通教授对实验产生了浓厚兴趣，并说服学校展出这个实验装置（图 8-1），成为该实验的第二任负责教授。从 1961—2013 年，这 52 年间一共滴落了 5 滴沥青，但梅因斯通总是阴差阳错地错过。有时是因为他不在场，有时是因为摄像机出了故障。梅因斯通痛定思痛，更换了多个高清摄像头，还将实验过程放到网上进行直播，好让全世界的人们共襄盛举。由于媒体的报道，更多人开始关注这个耗时超长的实验，还有不少人慕名来到昆士兰参观，但并不是所有人都能理解梅因斯通。2005 年的时候，他更是因为这个实验被授予了"搞笑诺贝尔奖"。

图 8-1　昆士兰大学的沥青滴落实验装置

2013 年 8 月，约翰·梅因斯通去世，安德鲁·怀特教授接过了实验接力棒，并且有幸在第二年就经历了第九次沥青的滴落。但由于烧杯中沥青堆积得太高，导致第九滴被堵住。为了让实验进行下去，怀特打算换一个新的烧杯，但在更换过程中，不小心将滴落中的第九滴沥青扯断，摄像机第一次记录下沥青不完整的滴落过程。

根据前几次沥青滴落的时间和速度，怀特估计第十次沥青滴落会发生在 2027 年。而整个沥青滴落实验至少还能再进行 80 年时间。为了不错过下一滴沥青，人们专门创立了一个网站，用来对沥青滴落实验进行全球 24 小时直播，所以我们或许有幸成为这个持续近百年漫长实验中沥青滴落过程的下一个见证者。

沥青滴漏实验看似简单，但其背后蕴含着深刻的科学意义。它不仅以直观的方式向人们展示了物质性质的复杂性和多样性，打破了人们对物质表象的固有认知，更重要的是，它体现了科学研究中持之以恒、严谨细致的精神。这种长期的实验观察，为我们研究物质的流变特性等提供了宝贵的数据和研究思路，让我们明白，许多科学真理的揭示需要跨越漫长的时间，需要科研人员耐得住寂寞，坚守对科学的执着。

8.1　沥青

沥青是由不同相对分子质量的碳氢化合物及其非金属衍生物组成的黑褐色复杂混合物，是一种高黏度有机液体。它多半以液体或半固体的石油形态存在，表面呈黑色，可溶于二硫化碳、四氯化碳。沥青是一种防水防潮和防腐的有机胶凝材料，在多个领域有着广泛的应用。

据考古学发现，至少在 4000 年前，人类就已经开始使用沥青。最初，沥青被用作密封剂、黏合剂、建筑砂浆及装饰颜料等。例如，在旧石器时代中期的尼安德特人遗址中，发现沥青附着在石器上，可能是为了将木制或象牙柄固定在锋利的工具上。在美索不达米亚地区，沥青被用于建筑物的建造和芦苇船的防水。在中国，唐代工匠开采沥青浆用于长城的黏合，提升了结构的性能。

沥青矿床天然存在于世界各地——最著名的是特立尼达的彼奇沥青湖（图 8-2）和加利福尼亚的拉布雷亚焦油坑，但在死海、委内瑞拉、瑞士和加拿大艾伯塔省东北部也发现了重要的矿床。这些沉积物的化学成分和稠度差异很大。在某些地方，沥青从陆地来源自然挤出；在其他地方，它出现在可以硬化成土丘的液体池中；还有一些地方，它从水下渗漏中渗出，沿着沙滩和岩石海岸线以柏油球的形式冲刷。

图 8-2　全球最大的彼奇沥青湖

8.1.1　沥青的分类

沥青材料按产源可分为地沥青和焦油沥青两大类，地沥青是指通过对地表或地下开采所得到的沥青材料，主要包括天然沥青和石油沥青。焦油沥青可理解为由各种有机物（煤、泥炭、木材等）化工加工的"副产品"所得到的沥青材料，包括煤沥青、木沥青、页岩沥青（产源属地沥青、但生产方法同焦油沥青）等。

1. 天然沥青

天然沥青是一种在地球地壳中自然形成的有机物质，主要由沥青质、树脂等胶质及少量的金属、非金属等其他矿物杂质组成。这种沥青是石油在自然界长期受地壳挤压并与空气、水接触逐渐变化而形成的，以天然形态存在的石油沥青。四川广元龙门山一带是中国主要的天然沥青矿分布区，储量丰富且质量优良。根据天然沥青的形成环境，还可以分为岩沥青、湖沥青、海底沥青等类型。

在物理与化学属性层面，天然沥青的相分子质量大，黏度高，氮含量丰富，蜡含量低，具有耐候性和耐蚀性。天然沥青中蕴含的珊瑚状矿物质以超细粉形式与沥青共融了亿万年，极性强，不与沥青离析。在高温作用下，这些矿物质可以提高混合料的高温性能，增加沥青软化点和耐磨性。天然沥青的氮含量较普通沥青高出数倍至数十倍，增强了沥青的浸润性和对自由氧化基的高抵抗性，保障了混合料的抗水损和抗老化性能。天然沥青的蜡含量较低，这有助于降低蜡对沥青性能的不利影响，对于保障路面冬季不开裂、夏季不发软起关键作用。

在道路建设领域，天然沥青是道路建设的重要原料。它可以作为道路沥青混合料或直接铺设于道路上，提供防水、耐用和抗脏污的性能。天然沥青的高黏结性和稳定性，有助于提升道路的承载能力和使用寿命，减少维护和修复的频率。在建筑材料方面，天然沥青也发挥着重要作用。它可以用于生产水泥混合料，增强混凝土的韧性和抗裂性，从而提高建筑物的整体性能和耐久性。此外，天然沥青还被广泛用于防水材料的制造，如屋顶防水材料、沥青防水板和密封材料等，其优异的防水性能为建筑物提供了有效的保护。

2. 石油沥青

石油沥青是在原油提炼过程中将原油加热至高温，使其中的轻质组分蒸发，剩下的重质组分再经过氧化和聚合作用形成。在常温下通常为黑色或黑褐色的黏稠液体（图8-3）、半固体或固体（图8-4）。石油沥青主要由沥青质、树脂、油分等组成，其中沥青质是主要成分，赋予沥青良好的黏结性和耐久性。与天然沥青相比，石油沥青的矿物质含量通常较低。

图 8-3　液态石油沥青　　　　图 8-4　固态石油沥青

石油沥青的相对分子质量一般在3000左右，较天然沥青的小。石油沥青的黏度也较低，但依然能够提供良好的黏结性能。通过特殊处理，石油沥青也能具备较好的耐候性和耐蚀性，从而适应各种复杂的环境条件。

石油沥青按生产方法，可分为直馏沥青（直接蒸馏石油所得）、溶剂脱油沥青（石油提取油分后剩余）、氧化沥青（氧化处理以提高硬度和耐久性）和调和沥青（根据需求混合不同沥青）。从外观形态上，沥青有液体、固体、稀释液和乳化液之分。液体和固体沥青分别适应不同施工环境，而稀释液和乳化液则通过添加溶剂或乳化剂调整形态，满足特定施工要求。按用途，沥青分为道路、建筑和防水防潮三类。道路沥青需具备良好黏结性和耐磨性；建筑沥青用于防水、防潮和保温；防水防潮沥青则要求优异的耐水性和耐蚀性。

石油沥青广泛应用于道路建设、屋顶防水、桥梁和隧道的防水层，以及作为涂料和密封材料的组成部分。由于它的可塑性和黏结性，石油沥青是现代建筑工程中不可或缺的材料。石油沥青的生产和使用对环境有一定的影响，包括能源消耗和可能的有害气体排放。因此，近年来，对环保型沥青产品的需求日益增长，这些产品旨在减少对环境的影响。

3. 煤沥青

煤沥青是煤焦油蒸馏加工去除液体馏分后的残余物，是煤在高温干馏过程中得到的一种深褐色至黑色黏稠液体或半固体，占煤焦油总量的50%~60%。其主要成分为多环、稠环芳烃及其衍生物。

煤沥青一般为黏稠的液体、半固体或固体，色黑而有光泽（图8-5）。在室温下，它通常为黑色脆性块状物，有臭味，熔融时易燃烧，并有毒。煤沥青温度稳定

图 8-5　煤沥青

性较低,与矿质集料黏附性好,但气候稳定性差,含对人体有害成分较多。其塑性差,冬季易脆裂,夏季易软化老化,需无害化处理后使用。

根据软化点不同,煤沥青可分为低温(软)沥青、中温(普通)沥青和高温(硬)沥青,每一类别下又可细分为1号和2号两个品级,以适应不同应用场景的需求。这种分类方式主要基于煤沥青的黏度和热稳定性,低温沥青适用于道路铺设和建筑防水,高温沥青更适用于制造电极和碳素材料等。按生产方法分类,煤沥青可分为蒸馏煤沥青、调和煤沥青、氧化煤沥青和改质煤沥青。蒸馏煤沥青是通过直接蒸馏煤焦油获得的;调和煤沥青是通过不同种类煤沥青的混合调和而成;氧化煤沥青是经过氧化处理,以提高其硬度和稳定性;改质煤沥青是通过进一步加工和处理,改变其化学结构和物理性质,从而获得更优的性能。

煤沥青因其不透水的特性,常被用作屋顶、地下室等建筑的防水材料。它可以用于生产防水卷材和涂料,如环氧煤沥青涂料,在建筑物的防水层中发挥着重要作用。煤沥青的耐水性和耐蚀性,使得其生产的防水材料具有优异的防水效果,能够有效保护建筑物免受水侵蚀。

8.1.2 沥青的物理化学性质

作为从石油加工过程中得到的一种副产品,石油沥青凭借其独特的物理和化学性质,在建筑、道路铺设、防水工程等领域发挥着不可替代的作用。其技术性质的多样性和适应性,不仅决定了它在不同应用场景下的表现,也深刻影响着工程项目的质量、耐久性和经济性。

1. 沥青的颜色与状态

沥青通常为黑色或黑褐色,这是由于沥青中含有大量的碳元素和其他深色矿物成分所导致的。颜色的深浅可能因沥青的来源、生产工艺和老化程度等因素而有所差异。但一般来说,无论是天然沥青还是人工制造的沥青,其颜色都较为一致,且以黑色或黑褐色为主。

沥青的状态在不同温度和条件下会有所变化。在常温下,沥青通常呈固体或半固体状态,具有一定的硬度和韧性。这种状态下的沥青可以用于道路建设、防水材料等领域,因为其能够保持一定的形状和稳定性。然而,在高温下,沥青会熔化成液体状态。这种变化是由于沥青中的分子在高温下变得活跃,导致沥青的黏度降低,流动性增强。液态沥青在施工过程中具有更好的流动性和可塑性,能够更容易地填充和覆盖各种不平整的表面。但需要注意的是,液态沥青在高温下也容易挥发和氧化,因此需要严格控制施工温度和时间。

2. 沥青的组分

沥青是一种复杂的混合物,主要由碳氢化合物及其非金属衍生物组成。我国现行标准《公路工程沥青及沥青混合料试验规程》(JTG E20—2011)规定,沥青可按三组分和四组分两种分析方法。

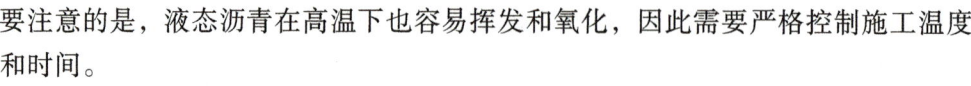

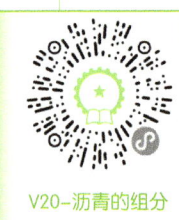

V20-沥青的组分

(1)三组分分析法

三组分分析法是将石油沥青分离为油分、树脂和沥青质三个组分。其组分性状见表8-1。

表 8-1 石油沥青三组分分析法的各组分性状

性状	外观特性	密度/(g/cm³)	相对分子质量	物化特性
油分	淡黄色透明液体	0.71~1.0	100~500	相对分子质量较小，相对密度较低，几乎溶于大部分有机溶剂，具有光学活性，常发现有荧光
树脂	红褐色黏稠半固体	1.0~1.1	600~1000	相对分子质量较大，相对密度较高，温度敏感性高，熔点低于100℃
沥青质	深褐色固体微粒	1.1~1.5	2000~6000	相对分子质量最大，相对密度最高，加热不熔化而碳化

油分是沥青中较轻的组分，具有良好的流动性和溶解性。它能够降低沥青的黏度，提高施工和易性，但过多的油分会降低沥青的稳定性。树脂是沥青中的相对分子质量中等的组分，具有一定的黏性和塑性。它在沥青中起到增黏和增强的作用，有助于提高沥青的黏结力和耐久性。沥青质是沥青中的重质组分，具有较高的相对分子质量和复杂的结构。它是沥青的主要骨架成分，赋予沥青良好的机械强度和稳定性。

三组分分析的优点是组分界限明确，组分含量能在一定程度上说明沥青的工程性能，但是它的主要缺点是分析流程复杂、分析时间很长。

（2）四组分分析法

四组分分析法是将沥青分离为沥青质、饱和分、芳香分和胶质。其组分性状见表 8-2。

表 8-2 石油沥青四组分分析法的各组分性状

性状	外观特性	密度/(g/cm³)	相对分子质量	主要化学结构
饱和分	无色液体	0.9	25~2000	烷烃、环烷烃
芳香分	黄色至红色液体	1.0	300~2000	芳香烃、含硫衍生物
胶质	棕色黏稠液体	1.1	1000~50000	多环结构，含有硫、氧、氮衍生物
沥青质	深棕色至黑色固体	1.15	1000~100000	缩合环结构，含有硫、氧、氮衍生物

饱和分是沥青中可溶于正庚烷或石油醚的组分，可在规定条件下用正庚烷或石油醚从液固色谱上脱附得到。芳香分是沥青中不溶于正庚烷而溶于甲苯的组分，是沥青中胶质、沥青质的分散质。胶质是沥青中的一种特殊形态，由微小颗粒分散在连续介质中形成，在沥青中起着重要的分散和稳定作用。沥青质是沥青中一种复杂的高分子碳氢化合物及其衍生物混合物，具有独特的化学结构，不溶于相对分子质量低的正构烷烃（如 C_5~C_7 正庚烷），但可溶于热苯。

除了上述主要成分外，沥青还含有一些微量元素和化合物，如硫、氮、氧等。这些元素虽然含量较低，但对沥青的性能也有一定影响。不同组分的含量会直接影响沥青的物理化学性质，如黏度、软化点、延度等。通过调整组分，可以优化沥青的性能，满足不同工程需求。

3. 沥青的化学稳定性

沥青作为一种复杂的有机混合物，其化学稳定性是决定其使用寿命和性能的关键因素。化学稳定性主要体现在沥青在不同环境条件下抵抗化学反应的能力，这包括对温度变化、紫外线照射、氧气和水的侵袭等的抵抗力。例如，沥青在高温下可能会发生软化，在低温下则可能变脆，这都会影响其结构的完整性。

沥青的化学稳定性受多种因素影响，包括其组成成分、温度变化、光照强度和氧气含量等。其中，沥青中的饱和烃、芳香烃和胶质含量是决定其稳定性的关键因素。在化学稳定性分析中，通常会使用热重分析（TGA）和差示扫描量热法（DSC）来评估沥青的热稳定性。

4. 沥青的物理力学性能

（1）沥青的黏度

黏度是表征沥青流动性和抵抗流动能力的重要物理参数，通常定义为液体在外力作用下流动阻力的大小。高黏度的沥青流动性差，低黏度的沥青则易于流动。

黏度通常用动力黏度、运动黏度或条件黏度表示。温度是影响沥青黏度的主要因素之一，随着温度的升高，沥青的黏度会降低；反之，随着温度的降低，沥青的黏度会升高。不同种类和来源的沥青具有不同的黏度特性，如煤沥青的黏度通常比石油沥青高。沥青在长时间的使用过程中会发生老化现象，导致黏度增大。

沥青的黏度可以通过多种方法进行测定，主要包括以下几种：

1）毛细管法。毛细管法是基于液体在毛细管中的运动是稳定层流的基础上建立的。它利用一定体积的液体在重力或压力的作用下流经毛细管所需的时间来测定沥青的运动黏度。根据施加的外力不同，毛细管法可分为重力型和加压型两类。

2）旋转法。旋转法是基于浸入流体中的物体旋转时，会受到流体的黏性力矩的作用的原理来测定黏度的。通过测量黏性力矩及旋转体的转速，可以求取沥青的黏度。旋转法通常使用旋转黏度计（图8-6）等仪器进行测量。

3）流出杯法。流出杯法是一种较简单的黏度测定方法，它利用流体从特定孔径中流出的时间来测定黏度。道路工程中常用的流出杯法黏度计有道路标准黏度计、恩格拉黏度计、赛波特黏度计等。但需要注意的是，这种方法测得的黏度只是条件黏度。

沥青在多个领域具有广泛应用，黏度的变化直接影响沥青的施工和易性及路面性能。在道路建设中，黏度是衡量沥青混合料性能的重要指标之一。

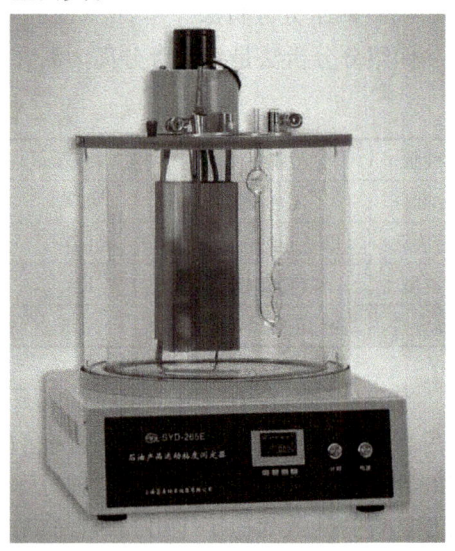

图8-6 沥青旋转黏度计

黏度适中的沥青混合料能够提供更好的路用性能和耐久性。此外，在防水材料、涂料等领域，黏度也是影响产品质量和性能的关键因素。

（2）沥青的针入度

针入度是评价沥青硬度和稠度的指标，通过标准针入试验测量。沥青针入度是指在一定条件下沥青针垂直插入沥青样品的深度，也称为针入深度。具体来说，在25℃和5s时间内，在100g的荷重下，标准圆锥体垂直穿入沥青试样的深度即为针入度，以1/10mm为单位。针入度反映了沥青的软硬程度和稠度，以及抵抗剪切破坏的能力，是评价沥青相对黏度的指标。

测试沥青针入度时，通常使用针入度测定仪（图 8-7）。测试步骤如下：制取试样，试样高度应高于预计针入度值的 10mm，室温冷却 11.5h，调整水温，将冷却的试样放入规定试验温度 ±0.1℃ 的水槽中 11.5h；取出试样，移入试验温度的平底玻璃皿的三脚架上，试样表面水层不少于 10mm；将盛有试样的平底玻璃皿置于针入度仪的平台上，慢放针连杆，用适当位置的反光镜或灯光反射观察，使针尖刚好与试件表面接触，拉下拉杆与针连杆顶端轻触，调整指针为零；按下启动按钮，计时开始，5s 后自动停止；拉下刻度盘拉杆与针连杆顶端接触，读取刻度盘指针或位移指示器读数，准确至 0.1mm；平行试验 3 次，注意测点间与盛样皿边缘距离不少于 10mm。

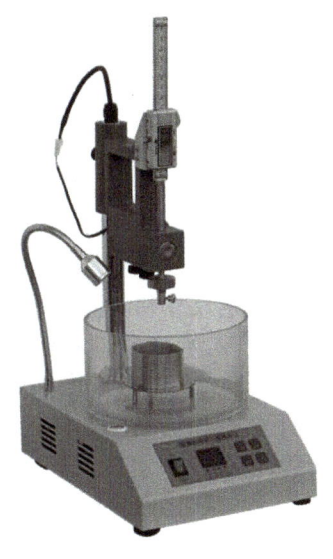

图 8-7 沥青针入度测定仪

针入度指数（PI）是沥青的另一重要指标，用于衡量沥青的抗变形能力和耐久性。PI 越大，表示沥青的硬度越大，耐久性也越高。针入度指数的范围通常是 $-10\sim20$，当 $PI<-2$ 时，沥青属于溶胶型结构（图 8-8a）；当 $PI>2$ 时，沥青属于凝胶型结构（图 8-8c）；介于其间的属于溶-凝胶型结构（图 8-8b）。

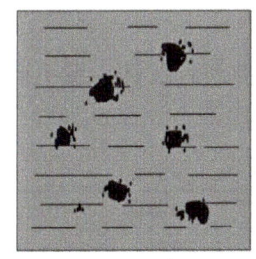   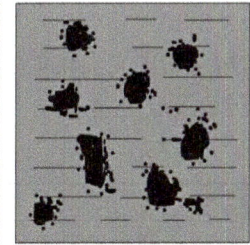   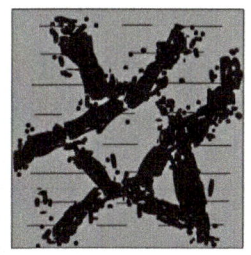

a) 溶胶型结构　　　　b) 溶-凝胶型结构　　　　c) 凝胶型结构

图 8-8 沥青的三种胶体结构

针入度越大，表示沥青越软，适用于温度较高的环境；针入度较小的沥青硬度较大，适合寒冷气候条件。针入度与沥青的温度敏感性密切相关，是沥青分级的重要依据。

(3) 沥青的延度

沥青延度是描述沥青材料在拉伸过程中所能承受的最大变形而不发生断裂的能力。延度是衡量沥青塑性变形能力的指标，通过拉伸试验测定。

沥青延度测试（图 8-9）通常使用沥青延度仪进行，该仪器包括一个锥形针头和一个带有刻度的延伸计。测试步骤如下：将沥青试样制成标准试件，并置于规定温度的恒温水槽中保温一定时间；将保温后的试件连同底板移入延度仪的水槽中，调整滑板使其指针正对标尺的零点；开动延度仪，以规定的速度拉伸试件，直至试件断裂；读取指针所指标尺上的读数，即沥青的延度。

延度越大，表明沥青的塑性越好，具有更好的柔韧性和抗裂性，能够更好地适应温度变化和车辆荷载，减少路面开裂，从而提高路面的耐久性和使用寿命。

(4) 沥青的软化点

沥青的软化点作为评估沥青温度敏感性和高温稳定性的关键指标，是指沥青在一定条件下开始软化的温度。

沥青软化点测定是评估沥青温度稳定性的重要手段，通常使用环球法，其测定方法如下：将沥青试样装入规定尺寸的金属环（或铜环）内，试样上放置规定尺寸和质量的标准钢球；将装有试样的金属环浸入水（5℃）或甘油（32.5℃）中，以（5±0.5）℃/min的速度加热；当沥青软化下垂，钢球下落至规定距离（25.4mm）时的温度，即沥青的软化点。

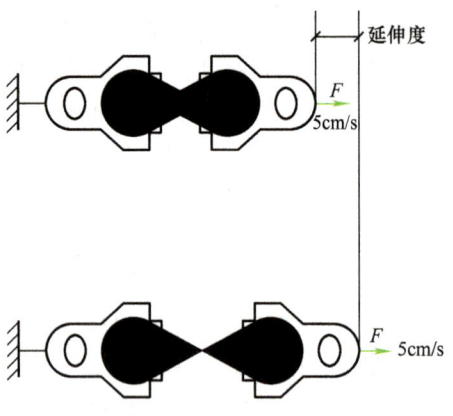

图8-9 沥青延度测试

沥青的软化点受到多种因素的影响，包括沥青的组成、相对分子质量分布、结构类型及制备工艺等。例如，含有较多蜡质成分的沥青通常具有较低的软化点，含有较多树脂和沥青质成分的沥青则具有较高的软化点。在道路建设中，沥青软化点的高低直接影响到路面的高温稳定性和耐久性。在防水材料领域，软化点高的沥青具有更好的防水性能和耐候性。在涂料制造中，软化点适中的沥青可以作为优质的涂料基料。

8.1.3 石油沥青的技术标准

1. 建筑石油沥青的技术标准

根据《建筑石油沥青》（GB/T 494—2010），建筑石油沥青按针入度不同划分为10号、30号和40号三个牌号，其技术要求见表8-3。

表8-3 建筑石油沥青技术要求

项目	质量指标		
	10号	30号	40号
针入度25℃，100g，5s/(0.1mm)	10~25	26~35	36~50
针入度（46℃，100g，5s）/(0.1mm)	报告[①]	报告[①]	报告[①]
针入度（0℃，200g，5s）/(0.1mm)	3	6	6
延度（25℃，5cm/min）/cm，不小于	1.5	2.5	3.5
软化点（环球法）/℃，不低于	95	75	60
溶解度（三氯乙烯）（%），不小于	99.5	99.5	99.5
闪点（开口杯法）/℃，不低于	260	260	260
蒸发后质量变化（163℃，5h）(%)，不大于	1	1	1
蒸发后25℃针入比[②]（%），不小于/℃	65	65	65

① 报告应为实测值。
② 测定蒸发损失后样品的25℃针入度与原25℃针入度之比乘以100后所得的百分比，称为蒸发后针入度比。

2. 道路石油沥青的技术标准

根据《公路沥青路面施工技术规范（JTG F40—2004）》，道路石油沥青分为30号、50号、70号、90号、110号、130号和160号，并根据沥青的性能指标，再划分为A、B、C三个等级，其技术要求见表8-4。

第8章 沥青与沥青混合料

表 8-4　道路石油沥青的主要技术要求

指标	单位	等级	沥青标号											
			160	130	110	90			70				50	30
针入度	0.1 mm		140~200	120~140	100~120	80~100			60~80				40~60	20~40
适用的气候			注[1]	注[1]	2-1	2-2	2-3	1-1	1-2	1-3	2-2	2-3	1-3	1-4	2-2	2-3	2-4	1-4	注[1]
针入度指数 PI		A	−1.5~1.0											
		B	−1.8~1.0											
软化点，不小于	℃	A	38	40	43	45			44				46	45	49	55
		B	36	39	42	43			42				44	43	46	53
		C	35	37	41	42							43	45	50
60℃动力黏度，不小于	Pa·s	A	—	60	120	160			140				180	160	200	260
10℃延度，不小于	cm	A	50	50	40	45	30	20	30	20	20	15	25	20	15	15	10
		B	30	30	30	30	20	15	20	15	15	10	20	15	10	10	8
15℃延度，不小于	cm	A/B	100										80	50
		C	80	80	60	50							40	30	20
蜡含量（蒸馏法），不大于	%	A	2.2											
		B	3.0											
		C	4.5											
闪点，不小于	℃		230			245							260	
溶解度，不小于	%		99.5											
密度（15℃）	g/cm³		实测记录											
TFOT（或 RTFOT）后														
质量变化，不大于	%		±0.8											
残留针入度比（25℃），不小于	%	A	48	54	55	57			61				63	65
		B	45	50	52	54			58				60	62
		C	40	45	48	50			54				58	60
残留延度（10℃），不小于	cm	A	12	12	10	8			6				4	
		B	10	10	8	6			4				2	—
残留延度（15℃），不小于	cm	C	40	35	30	20			15				10	

注：1. 按照现行《公路工程沥青及沥青混合料试验规程》（JTJ052）规定的方法执行。用于仲裁试验标求取 PI 时的 5 个温度的针入度关系的相关系数不得小于 0.997。
2. 经建设单位同意，表中 PI 值、60℃动力黏度、10℃延度可作为选择性指标，也可不作为施工质量检验指标。
3. 70 号沥青可根据需要要求供应商提供针入度范围为 60~70 或 70~80 的沥青，50 号沥青可要求提供针入度范围为 40~50 或 50~60 的沥青。
4. 30 号沥青仅仅适用于沥青稳定基层。130 号和 160 号沥青除寒冷地区可直接在次干路以下道路上直接应用外，通常用作乳化沥青、稀释沥青、改性沥青的基质沥青。
5. 老化试验以 TFOT 为准，也可以 RTFOT 代替。
6. 气候分区指现行《公路沥青路面施工技术规范》（JTJF40）附录 A 沥青路面使用性能气候分区。

8.1.4 石油沥青的掺配

1. 石油沥青的掺配设计

在工程中，由于一种牌号的沥青往往不能满足所有工程要求，因此常常需要用不同牌号的沥青进行掺配。掺配的主要目的是通过调整沥青的组分和性质，获得具有特定性能指标的沥青混合料，以满足不同工程环境和条件下的使用需求。

在进行沥青掺配时，为了不使掺配后的沥青胶体结构破坏，应选用表面张力相近和化学性质相似的沥青。试验证明，同产源的沥青容易保证掺配后的沥青胶体结构的均匀性。同产源是指同属石油沥青或同属于煤沥青。掺配方法上，需确保沥青加热至适宜温度，并进行充分的搅拌，以保证掺配均匀性。同时，对掺配后的沥青进行严格的质量控制，通过测定软化点、针入度、延度等关键指标，验证其是否满足工程要求。

当采用两种沥青进行掺配时，沥青掺配的比例可用下式估算：

$$Q_1 = \frac{T_2 - T}{T_2 - T_1} \times 100\% \qquad (8-1)$$

$$Q_2 = 100\% - Q_1 \qquad (8-2)$$

式中 Q_1——较软沥青的掺配比例（%）；

Q_2——较硬沥青的掺配比例（%）；

T——掺配后沥青软化点（℃）；

T_1——较软沥青软化点（℃）；

T_2——较硬沥青软化点（℃）。

【例 8.1】 某工程需用软化点为 85℃ 的石油沥青，现有 10 号及 60 号石油沥青，其软化点分别为 95℃ 和 45℃。试估算如何掺配才能满足工程需要？

【解】 较软的 60 号沥青软化点为 45℃，较硬的 10 号沥青软化点为 95℃，掺配后沥青软化点为 85℃，则

$$Q_1 = \frac{T_2 - T}{T_2 - T_1} \times 100\% = \frac{95 - 85}{95 - 45} \times 100\% = 20\%$$

$$Q_2 = 100\% - Q_1 = 100\% - 20\% = 80\%$$

故需用 20% 的 60 号沥青和 80% 的 10 号沥青掺配。

如果用三种沥青进行掺配，则可先算出两种沥青的配比，再掺入第三种沥青进行计算。

2. 不同类型土木工程对石油沥青掺配的需求

不同类型土木工程对石油沥青掺配的需求，因其工程性质、使用条件、环境条件及经济性要求的差异而呈现出显著的多样性和复杂性。

在道路工程中，高速公路与一级公路对沥青的性能要求极高，特别是在夏季温度高、重载交通频繁的路段，需要采用稠度大、黏度高的沥青，以提高路面的高温稳定性和抗车辙能力。在掺配时，工程师们往往会选择不同牌号的沥青进行掺配，以平衡高温和低温性能，确保路面的耐久性和行车安全。二级及以下公路虽然对沥青的性能要求相对较低，但仍需满足基本的耐久性和抗水损害性要求。在掺配时，工程师们更注重经济性和施工便利性，通常会选择成本较低、性能适中的沥青进行掺配，以达到经济性和实用性的双重目标。

在屋面防水工程中，由于屋面防水层直接暴露在自然环境中，因此需满足防水层的耐久性、抗裂性、抗渗漏性等要求。特别是在高温地区，需要选用软化点高、耐高温性能好的沥青，以避免夏季高温下沥青流淌、防水层失效的问题。而在寒冷地区，需选择抗低温开裂性能好的沥青，以确保防水层在冬季的稳定性和耐久性。因此，在掺配时，需根据具体的气候条件和使用要求，选择合适的沥青进行掺配，以达到最佳的防水效果。

地下防水工程要求沥青具有优异的抗渗性和耐久性，以防止地下水渗漏对建筑结构造成损害。在掺配时，需选择黏度大、抗渗性强的沥青进行掺配，以提高防水层的整体性能。而桥梁工程更注重沥青的抗疲劳性和抗裂性，以确保桥梁结构的稳定性和安全性。在掺配时，需选择具有优异抗疲劳性能和抗裂性能的沥青进行掺配，以满足桥梁工程的特殊需求。

8.1.5 乳化沥青

1. 乳化沥青的制备工艺

乳化沥青的制备工艺是沥青在土木工程中应用的关键环节之一，它涉及将沥青分散在水中形成稳定的乳液。在制备过程中，首先需要将沥青加热至适当的温度，通常为120～160℃，以降低其黏度，便于后续的乳化处理；接着，将加热后的沥青与乳化剂混合，乳化剂的选择至关重要，它决定了乳液的稳定性和最终的使用性能。常用的乳化剂包括阴离子型、阳离子型和非离子型表面活性剂，它们通过降低沥青与水之间的界面张力，促进沥青颗粒在水中的分散。在乳化过程中，沥青颗粒被乳化剂包裹形成微小的油滴，这些油滴在高速搅拌的作用下均匀分散在水中。为了确保乳液的稳定性，通常需要控制油滴的大小在1～10μm。此外，乳化沥青的制备工艺还包括调节pH值、添加稳定剂和防腐剂等步骤，以防止乳液在储存和运输过程中发生分层或变质。例如，阳离子型乳化沥青在pH=2～3时最为稳定，阴离子型乳化沥青则在pH=9～11时最为稳定。

生产好的乳化沥青须贮存于专用罐中，并进行定期检测，以确保其质量稳定。在贮存过程中，应注意防止乳液分层、聚结或变质。同时，乳化沥青的运输也需遵循相关规定，确保其在运输过程中的安全性和稳定性。

2. 乳化沥青的性能特点与优势

乳化沥青是将黏稠沥青经过热融和机械作用，以微滴状态分散于含有乳化剂及稳定剂的水中，形成水包油（O/W）型的沥青乳液。这一制备过程通过机械搅拌和化学稳定的方法，将通常高温使用的道路沥青液化成常温下黏度很低、流动性很好的一种道路建筑材料。

这种特性使得乳化沥青在常温下具有较低的黏度，流动性非常好，便于施工和渗透。同时，乳化沥青可以常温使用，也可以和冷、潮湿的石料一起使用，操作简便，节省热能。这一特性使得乳化沥青能够在各种气候条件下快速铺展，提高了施工效率和灵活性，尤其在雨季或寒冷地区也能正常施工。例如，在我国北部高速公路建设中，乳化沥青被广泛应用于路面的冷拌和冷铺技术，有效延长了道路的使用寿命，并减少了冬期施工的限制。

乳化沥青还具有良好的水稳定性，这使得它在多雨地区或需要频繁承受水损害的路面工程中表现出色。其水稳定性得益于乳化剂的稳定作用，能够有效防止水分渗透，从而减少路面的水损害。乳化沥青常被用于道路的预防性维护，通过喷洒乳化沥青层来提高路面的抗水损害能力，从而延长道路的维护周期。

乳化沥青的另一个显著优势是其对环境的友好性。由于其制备过程中不涉及高温加热，因此能够显著降低能源消耗和有害气体排放。据研究，使用乳化沥青可以减少约 30% 的 CO_2 排放量。此外，乳化沥青在施工过程中对环境的影响较小，因为它不产生烟雾和有害气体，这在城市道路施工中尤为重要。随着环保意识的增强和可持续发展战略的实施，乳化沥青作为一种环境友好型材料，其制备工艺的优化和应用领域的拓展，将对推动土木工程行业的绿色发展具有重要意义。

3. 乳化沥青的施工技术

乳化沥青作为一种水包油型的沥青乳液，在施工过程中，温度控制是关键因素之一。通常，乳化沥青的施工温度应保持在 10～40℃，以确保其良好的流动性和黏结性。例如，在一项针对高速公路路面维修的研究中，通过精确控制乳化沥青的温度，成功地提高了路面的耐久性和抗裂性。此外，施工时的环境湿度和风速也需严格监控，以避免水分过快蒸发或乳液被风吹散，影响路面质量。

乳化沥青的摊铺速度和厚度的控制同样关键，应根据工程设计要求和现场条件，采用合适的摊铺设备和工艺，确保路面平整度和密实度。例如，一项关于城市道路沥青铺设的案例分析显示，通过使用自动化的摊铺设备，不仅提高了施工效率，还显著提升了路面的施工质量。

乳化沥青的贮存和运输也需注意避免长时间的高温曝晒或低温冻结，以防止乳液破乳和性能下降。

4. 乳化沥青的应用

乳化沥青作为一种水包油型的沥青乳液，在土木工程中具有广泛的应用，尤其在道路建设和维修工程中表现突出。

在新建道路中，乳化沥青常被用作黏层油和透层油，以增强路面各层之间的黏结力，确保路面结构的整体性。黏层油用于增强路面各层之间的黏结力，透层油则能渗透到基层中，填补基层缝隙，提高基层的密实度和稳定性。此外，乳化沥青还可用于石屑封层、稀浆封层等工艺，用于新建道路的表面处治，以及道路的预防性养护。这些工艺不仅提高了路面的耐磨性、抗滑性和防水性，还有效延长了道路的使用寿命。对于出现病害的道路，乳化沥青也可用于裂缝修补、坑洞填补等维修工作，恢复路面的平整度和使用性能。

在防水工程中，乳化沥青优异的防水性能使其成为建筑屋面、地下室、隧道等防水工程的理想选择。乳化沥青防水涂料能够渗透到水泥混凝土毛细孔中，固化后形成致密的防水层，有效防止水分渗透和钢筋腐蚀问题。这种防水层不仅具有良好的耐候性、耐酸碱性和耐水性，还能长期保持防水效果，为建筑工程提供了可靠的防水保障。

8.1.6 改性沥青

改性沥青是掺加橡胶、树脂、高分子聚合物、磨细的橡胶粉或其他填料等外掺剂（改性剂），或采取对沥青轻度氧化加工等措施，使沥青或沥青混合料的性能得以改善制成的沥青结合料。

1. 改性沥青的改性原理

改性沥青的开发是沥青材料科学领域的一项重要进步，它通过引入聚合物、橡胶、塑料或其他添加剂，以达到改善其物理、化学性能及流变性质的目的，克服了传统沥青材料在极端温度条件下的性能局限性，提升了其路用性能和使用寿命。

改性沥青的机理涉及多个方面，包括但不限于分子间相互作用、化学键的形成与断裂、相变行为等。具体而言，改性剂分子的引入会改变沥青分子间的相互作用力，如范德华力、氢键等，从而影响沥青的宏观性质。此外，改性剂与沥青分子间可能发生的化学反应，如交联、接枝等，也会进一步稳固沥青的结构，提升其整体性能。

在改性沥青的制备过程中，改性剂的选择与添加量至关重要。这些改性剂通常以微粒、粉末或溶液的形式与基质沥青混合，通过物理或化学作用与沥青分子相结合。一方面，改性剂能够吸收沥青中的轻质组分，形成稳定的网络结构，从而增强沥青的黏度、弹性恢复能力和抗老化性能。另一方面，改性剂还能显著提高沥青的低温抗裂性和高温稳定性，使其在不同温度条件下均能保持优良的路面性能。

沥青改性剂的加入对于提升沥青的黏结力、抗裂性和耐久性具有显著效果，从而能够延长道路的使用寿命并大幅度降低维护成本。以 SBS（苯乙烯-丁二烯-苯乙烯嵌段共聚物）改性沥青为例，通过提高沥青的弹性模量和抗拉强度，使其在极端温度条件下依然能保持稳定的性能。

2. 改性沥青的种类

根据添加的改性剂材料的不同，改性沥青可以分为橡胶及热塑性弹性体改性沥青、塑料与合成树脂类改性沥青及共混型高分子聚合物改性沥青三大类。

（1）橡胶及热塑性弹性体改性沥青

这类沥青主要添加了橡胶类物质或热塑性弹性体作为改性剂。常见的橡胶类物质包括天然橡胶、丁苯橡胶、氯丁橡胶、顺丁橡胶、丁基橡胶等，热塑性弹性体则有 SBS、SIS（苯乙烯-异戊二烯-聚苯乙烯嵌段共聚物）等。这些改性剂的加入可以显著提高沥青的弹性、抗裂性和耐久性，使沥青在极端温度条件下仍能保持稳定的性能。例如，SBS 改性沥青因其优异的弹性恢复能力和高温稳定性，在市政道路建设中得到了广泛应用。

（2）塑料与合成树脂类改性沥青

这类沥青则主要添加了塑料或合成树脂类物质作为改性剂。常见的塑料类物质包括聚乙烯（PE）、聚氯乙烯（PVC）等，合成树脂则有环氧树脂、乙烯-乙酸乙烯聚合物（EVA）等。这些改性剂的加入可以增强沥青的硬度、耐磨性和抗老化性能，提高沥青的整体稳定性。例如，聚乙烯改性沥青因其良好的耐候性和耐化学腐蚀性，在桥梁、隧道等工程中得到了广泛应用。

（3）共混型高分子聚合物改性沥青

这类沥青是将两种或两种以上的聚合物同时加入到沥青中进行改性。这些聚合物可以是单独的高分子聚合物，也可以是事先经过共混形成的高分子互穿网络结构，即高分子合金。通过共混改性，可以进一步提升沥青的综合性能，如提高沥青的黏结性、抗水损能力和抗疲劳性能等。这种改性沥青在特定工程需求下具有显著优势。

3. 改性沥青的特点

改性沥青在极端温度条件下表现出较高的稳定性。无论是在高温环境下，还是在低温条件下，改性沥青都能保持其物理和化学性质的相对稳定，不易发生软化和硬化，从而确保了道路在各种气候条件下的良好使用性能。这种稳定性源于改性剂与沥青分子之间的相互作用，形成了更为紧密和稳定的结构。

改性沥青具有优异的弹性恢复能力和抗疲劳性能。在受到外力作用时，如车辆的反复碾压，改性沥青能够迅速恢复其原始形态，减少了路面的永久变形和裂缝的产生。这种弹性恢复能力有助于延长道路的使用寿命，减少维护成本。同时，改性沥青的抗疲劳性能也使其能够承受更多的交通荷载，提高了道路的承载能力。

改性沥青具有良好的耐久性和抗老化性能。在长期的使用过程中，改性沥青能够抵抗紫外线、氧气和水等环境因素的侵蚀，延缓了沥青的老化过程。这种耐久性有助于保持道路的良好使用状态，减少了因沥青老化而导致的路面损坏和维修需求。

改性沥青还具有良好的黏结性和抗水损能力。通过与集料的紧密黏附，改性沥青能够形成更为牢固的路面结构，提高了路面的整体稳定性。同时，改性沥青的抗水损害能力也使其能够在潮湿环境下保持稳定的性能，减少了因水分侵入而导致的路面损坏。

4. 改性沥青的应用

改性沥青作为一种经过特殊加工处理的沥青材料，因其独特的性能优势，在市政道路建设中得到了广泛应用。

改性沥青在道路表面铺装中发挥着重要作用。由于改性沥青具有卓越的稳定性、弹性恢复能力和抗疲劳性能，它常被用于机场跑道、高速公路、城市道路等交通路面的铺装。这些路面需要承受大量的交通荷载和复杂的气候条件，而改性沥青正是凭借其出色的性能，能够满足这些严苛的要求，确保道路的平整度和安全性。

改性沥青在桥面铺装和防水工程中也有着广泛的应用。桥梁作为重要的交通设施，其桥面铺装材料需要具备良好的耐久性和抗水损能力。改性沥青因其良好的黏结性和抗水损能力，能够紧密地黏结在桥面结构上，形成一道坚固的防水屏障，有效地防止水分渗透和侵蚀，从而延长桥梁的使用寿命。

改性沥青还被广泛应用于隧道工程、停车场、运动场等场合。在隧道工程中，改性沥青能够保持隧道的干燥和稳定，提高隧道的通行能力和安全性。在停车场和运动场中，改性沥青则能够提供良好的防滑性和耐磨性，确保车辆和行人的安全通行。

8.2 沥青混合料

沥青混合料是由沥青、矿质集料和添加剂按一定比例混合而成的复合材料，广泛应用于道路建设和维护。它结合了沥青的黏结性和集料的骨架作用，提供了良好的力学性能和耐久性。

8.2.1 沥青混合料的组成

沥青混合料主要由沥青、粗集料、细集料和填料组成。粗集料提供骨架结构；细集料填充空隙，填料改善混合料的性能；沥青则作为黏结剂将各组分结合在一起。

1. 沥青

在沥青混合料中，沥青的主要功能在于提供强大的黏结力，将各种集料、填料等材料牢固地结合在一起，形成一个稳定且强度适宜的整体结构。这种黏结力不仅确保了混合料在制备和施工过程中能够保持良好的均匀性和稳定性，还使得路面在承受交通荷载和环境因素作用时能够表现出优异的耐久性和抗变形能力。

沥青能够有效地防止混合料因受水分侵蚀而失去强度和稳定性，同时还可以防止混合料中的金属和矿物质受酸、碱等腐蚀物质的侵蚀而产生反应。这种保护作用不仅延长了路面的使用寿命，还减少了因维修和更换而带来的经济成本和环境影响。

此外，沥青还具有增加混合料弹性的作用。通过其黏弹性特性，沥青能够赋予混合料一定的柔性和弹性，从而在道路交通负荷的作用下能够更好地缓冲、消耗能量，降低道路面的反弹力。这一特性对于提高道路的舒适性和行车安全性具有重要意义。

2. 集料

集料作为沥青混合料的骨架，根据其粒径大小被细分为粗集料和细集料。

粗集料主要由粒径大于 2.36mm 的碎石、破碎砾石等构成，作为沥青混合料的骨架，承担着支撑和分散荷载的重任。其较大的粒径和坚硬的质地，使得粗集料能够在混合料中形成稳定的骨架结构，有效抵抗外部荷载的作用，防止路面出现变形和损坏。同时，粗集料之间的空隙可以被细集料和沥青填充，形成更为紧密的结构，进一步提升混合料的整体强度和稳定性。

细集料主要由粒径小于 2.36mm 的天然砂、人工砂及石屑等构成，主要起到填充和黏结的作用。其较小的粒径使得细集料能够充分填充粗集料之间的空隙，提高混合料的密实度和均匀性。此外，细集料中的石英石等硬质矿物质还具有良好的耐久性，能够增强沥青混合料的抗老化性。同时，细集料能够增加混合料的摩擦系数和内摩擦角，提高混合料的稳定性，防止在行车过程中发生分离和变形。细集料与沥青之间的良好黏结力，也进一步增强了混合料的整体强度和耐久性。

3. 矿粉

矿粉作为填充剂，能够高效地填充粗集料与细集料之间的微小空隙，这一特性极大地提升了混合料的密实度，有助于形成更为紧密、均匀的微观结构。密实度的提高，不仅增强了混合料的整体强度，还有效降低了水分渗透的可能性，从而延长了路面的使用寿命。

矿粉具有优异的吸附能力，能够大量吸附沥青中的油分，形成稳定的沥青胶浆体系。这一体系的形成，不仅增强了沥青与集料之间的黏结力，还提高了混合料的内聚力，使得混合料在承受外部荷载时能够表现出更佳的抵抗变形能力。此外，沥青胶浆的稳定存在，还有助于减少混合料在长期使用过程中的老化现象，保持其性能的持久性。

矿粉的加入还能够对混合料的流变性能产生积极影响。通过调节矿粉的用量和种类，可以精细地调控混合料的黏度、流动性和可塑性，从而满足不同施工条件下的需求。例如，在高温季节，适当增加矿粉含量可以降低混合料的流动性，防止施工过程中的摊铺和压实困难；在低温环境下，则可以通过优化矿粉配比，提高混合料的可塑性，确保其良好的施工性能。

8.2.2 沥青混合料的结构

沥青混合料按其强度构成原则的不同可分为按嵌挤原则构成的结构和按密实级配原则构成的结构两大类。

按嵌挤原则构成的沥青混合料的结构强度，是以矿质颗粒之间的嵌挤力和内摩阻力为主、沥青结合料的黏结作用为辅而构成的。沥青贯入式路面、沥青表面处治及沥青碎石路面均属此类结构。这类路面是以较粗的、颗粒尺寸均匀的矿料构成骨架，沥青结合料填充其空隙，并把矿料黏结成一个整体。这类沥青混合料结构强度受自然因素（温度）的影响较小。

按密实级配原则构成的沥青混合料的结构强度，是以沥青与矿料之间的黏结力为主，矿质颗粒间的嵌挤力和内摩阻力为辅而构成的。沥青混凝土路面和沥青碎石混合料路面属于此类。这类沥青混合料的结构强度受温度的影响较大。

按密实级配原则构成的沥青混合料，其结构通常可按下列三种方式组成（图8-10）：

1）悬浮-密实结构。这种结构由连续级配矿质混合料组成的密实混合料，由于材料从大到小连续存在，并且各有一定数量，实际上同一档较大颗粒都被较小一档颗粒挤开，大颗粒犹如以悬浮状态处于较小颗粒之中。这种结构通常按最佳级配原理进行设计，因为密实度与强度较高，但受沥青材料的性质和物理状态的影响较大，故稳定性较差。

2）骨架-空隙结构。这种结构中较粗石料彼此紧密相接，较细粒料的数量较少，不足以充分填充空隙。因此，混合料的空隙较大，石料能够充分开成骨架。在这种结构中，粗集料之间的内摩阻力起着重要的作用，其结构强度受沥青的性质和物理状态的影响较小，因而稳定性较好。

3）骨架-密实结构。这种结构是综合以上两种方式组成的结构。混合料中既有一定数量的粗集料形成骨架，又根据粗集料空隙的多少加入细集料，形成较高的密实度。间断级配即是按此原理构成。

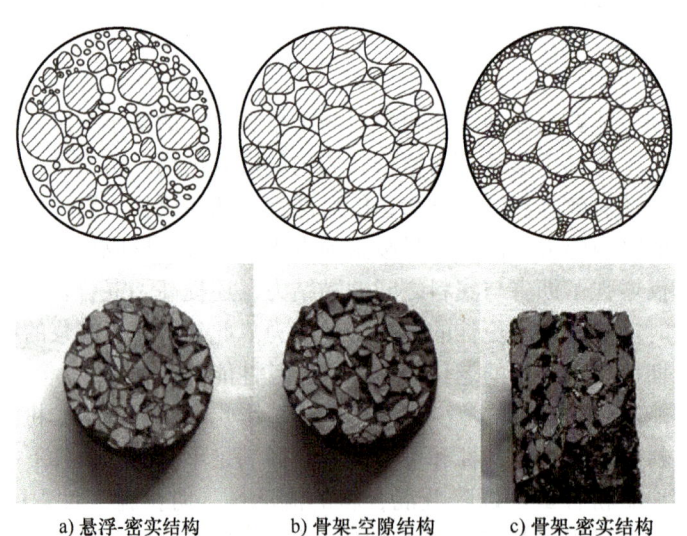

a) 悬浮-密实结构　　b) 骨架-空隙结构　　c) 骨架-密实结构

图8-10　沥青混合料的三种结构

8.2.3　沥青混合料的技术性质

对于道路沥青混合料，为保证耐久、行车安全和舒适，需满足一定的技术要求。

1. 高温稳定性

沥青混合料的高温稳定性是指其在高温条件下，能够抵抗车辆荷载的反复作用，不发生显著永久变形，从而保证路面平整度的特性。沥青混合料的高温稳定性是确保道路在炎热季节不发生车辙、推移等病害的关键性能指标，是沥青混合料性能的重要指标之一，对于道路工程的长期使用效果具有重要意义。

评估沥青混合料的高温稳定性，通常采用以下实验方法：

(1) 车辙试验

试验通过模拟车辆荷载在沥青路面上形成的车辙变形,来评估沥青混合料的高温稳定性。

试验采用标准方法成型沥青混合料板型试件,在规定的试验温度和轮碾条件下,沿试件表面同一轨迹反复碾压行走,测定试件表面在试验过程中形成的车辙深度。试验以产生 1mm 车辙变形所需碾压次数(动稳定度)作为评价沥青混合料抗车辙能力的指标。动稳定度值越大,相应沥青混合料的高温稳定性越好。

(2) 马歇尔稳定度试验

马歇尔稳定度试验通过测定沥青混合料试件在规定温度和加荷速度下的破坏荷载和垂直变形,来评估其高温稳定性。

试验需制备标准尺寸的沥青混合料试件,然后在规定的温度和加荷速度下进行破坏荷载试验。试验以破坏荷载(单位为 kN)和最大破坏荷载时的垂直变形(以 0.1mm 计)作为评价指标。破坏荷载越大,垂直变形越小,表明沥青混合料的高温稳定性越好。

除此之外,还有旋转压实剪切试验(GTM)、单轴贯入试验、闭式三轴压缩试验等。

提高材料的高温稳定性,可以采取以下措施:

1) 选用优质沥青。选择具有高软化点、高黏度、低针入度等优良物理性能指标的沥青材料。

2) 优化集料级配。通过合理的集料级配设计,形成紧密的嵌挤结构,提高混合料的密实度和稳定性。

3) 使用高温稳定剂。在材料中加入高温稳定剂,如抗氧化剂、抗热分解剂等,可以进一步提高其高温稳定性。

4) 改进制造工艺。采用先进的制造工艺和技术,如热处理、表面处理等,可以提高材料的高温稳定性。

5) 改善施工工艺。加强施工过程中的温度控制、压实度控制等关键环节的管理,确保施工质量符合规范要求。

2. 低温抗裂性

沥青混合料的低温抗裂性是指其在低温条件下应具有一定的柔韧性,以保证在低温时不产生裂缝的能力,是评价沥青混合料在寒冷地区使用性能的重要指标之一。沥青混合料在低温环境下会发生体积收缩,而在基层结构与周围材料的约束作用下,其不能自由收缩,从而在路面结构层中产生温度应力。当温度应力超过沥青混合料的允许应力时,沥青混合料就会被拉裂,导致沥青路面出现裂缝。低温裂缝主要包括横向收缩裂缝、温度疲劳裂缝、反射裂缝及冻缩裂缝等。

评估沥青混合料的低温抗裂性,通常采用以下实验方法:

(1) 低温弯曲试验

低温弯曲试验通过模拟低温条件下沥青混合料受到弯曲荷载时的变形情况,来评估其低温抗裂性。将混合料样品制备成规定尺寸的棱柱体试件,将试件放入恒温槽中,以一定速率(通常为每分钟降温 3℃)降温至所需低温。在试件跨中施加集中荷载,直至试件破坏,记录并储存试件加载过程中荷载、跨中挠度等数据。根据荷载-跨中挠度数据,计算试件的弯曲应变能密度、最大弯拉强度、最大弯拉应变等参数,以评估其低温抗裂性。

(2) 低温劈裂试验

低温劈裂试验通过模拟低温条件下沥青混合料受到劈裂荷载时的变形情况，来评估其低温抗裂性。将混合料样品制备成规定尺寸的圆柱体或立方体试件，将试件放入恒温槽中降温至所需低温。在试件上施加劈裂荷载，直至试件破坏，记录试件的破坏荷载和变形情况。根据破坏荷载和变形情况，计算试件的劈裂强度和变形量，以评估其低温抗裂性。

(3) 低温收缩试验

低温收缩试验通过测量沥青混合料在低温条件下的收缩变形量，来评估其低温抗裂性。将混合料样品制备成规定尺寸的试件。将试件放入恒温槽中降温至所需低温，测量试件在降温过程中的收缩变形量。试验以试件的收缩变形量作为评价指标，变形量越小，表明沥青混合料的低温抗裂性越好。

(4) 低温蠕变试验

蠕变是指材料在恒定应力作用下，随时间产生的变形。低温蠕变试验通过测量沥青混合料在低温条件下的蠕变变形量，来评估其低温抗裂性。将混合料样品制备成规定尺寸的试件，将试件放入恒温槽中降温至所需低温，在试件上施加恒定应力，测量随时间产生的蠕变变形量。试验以试件的蠕变变形量作为评价指标，变形量越小，表明沥青混合料的低温抗裂性越好。

提高沥青混合料的低温抗裂性，可以采取以下措施：

1) 选用优质沥青。选择稠度较低、劲度较小的沥青及松弛性能较好的橡胶类改性沥青。
2) 优化集料级配。选择形状规则、硬度适中、与沥青黏附性好的集料，并优化其级配设计。
3) 调整配合比。通过合理的配合比设计，提高混合料的密实度和稳定性，同时控制沥青用量和孔隙率等指标。
4) 加强施工质量控制。在施工过程中，加强温度控制、压实度控制等关键环节的管理，确保施工质量符合规范要求。
5) 采用应力吸收层。在路面面层与基层之间或面层上用沥青-橡胶混合料铺设一层应力吸收薄膜，以吸收和分散温度应力，从而提高沥青混合料的低温抗裂性。

3. 耐久性

沥青的耐久性是指沥青材料抵抗各种自然因素及交通荷载应力的性能，是评价沥青及其混合料质量和使用寿命的重要指标。作为衡量其在长期应用过程中抵抗老化及磨耗作用的关键能力，耐久性是确保道路结构完整性和延长使用寿命的重要因素。该性质主要体现在沥青材料经历加工热拌、日常使用及环境因素作用下的抗老化或硬化能力，以及集料在车轮荷载与冻融循环下的抗磨损与级配保持能力，还有沥青与集料间黏结力的维持情况。

沥青在长期使用过程中，会受到氧化、蒸发、光的作用及水的影响等因素的共同作用，导致其性能逐渐下降。因此，评价沥青耐久性的核心在于模拟这些老化过程，并观察沥青在老化前后的性能变化。

常用的沥青耐久性评价方法是加热质量损失试验和加热后残渣性质试验。加热质量损失试验是通过将沥青样品置于一定温度下加热一定时间，然后测量其质量损失来评估其老化程度，这一试验能够直观地反映沥青在高温下的稳定性以及抗老化能力。加热后残渣性质试验则是通过观察沥青加热后残渣的针入度、软化点、延度等物理性能指标的变化来评估其耐久性，这些指标能够全面地反映沥青在老化过程中的性能变化，包括其软硬程度、热稳定性及塑性等。此外，还有一些更为复杂的评价方法，如红外光谱分析、热重分析等。

提高沥青的耐久性，可以采取以下措施：

1）选用优质沥青。选择具有良好高温稳定性、低温抗裂性和抗老化性能的沥青是提高耐久性的基础。

2）添加抗老化剂。通过添加抗老化剂（如专用炭黑）来延缓沥青的老化进程。炭黑粒径细微、表面积大，它弥散于沥青中，易于被热-氧作用产生的游离基吸附，从而阻止沥青老化的链式反应，使老化进程受到抑制。同时，炭黑还能起到遮光作用，减少紫外线对沥青的老化作用。

3）优化配合比设计。通过合理的配合比设计，提高沥青混合料的密实度和稳定性，减少水分渗透和裂缝的产生，从而提高耐久性。

4）改善施工工艺。采用先进的施工工艺和设备，确保沥青混合料的拌和、摊铺、压实等过程符合规范要求，提高路面的整体质量。

5）加强后期维护。定期对路面进行养护管理，及时清除路面污垢和修补损坏部位，保持路面的清洁和粗糙度，延长路面的使用寿命。

4. 抗滑性

沥青抗滑性是指沥青混合料或沥青路面抵抗车辆轮胎滑动的能力，是评价道路安全性能的关键指标之一。沥青路面在车辆制动或转向时，轮胎与路面之间产生的摩擦力，这种摩擦力的大小直接影响到车辆的行驶稳定性和安全性。在道路交通中，良好的抗滑性能够确保车辆在行驶过程中保持稳定，特别是在雨天、雪天或路面湿润等恶劣气候条件下，抗滑性的重要性尤为凸显。

沥青路面的抗滑性能可以通过多种方法进行检测和评价，包括制动距离法、偏转轮拖车法（横向力系数测试）、纹理深度测试法（如手工铺砂法、电动铺砂法、激光构造深度仪法）及摆式仪法等。这些方法能够客观地反映路面的抗滑性能，为道路养护和管理提供科学依据。

提高沥青路面的抗滑性能，可以采取以下措施：

1）优化集料选择。选择硬度大、耐磨性好、磨光值高的集料，如花岗岩、玄武岩等坚硬的酸性石料。

2）合理选择沥青表层结构。根据道路等级、交通量及气候条件等因素，合理选择沥青表层结构类型，如复合集料密级配沥青混凝土、开级配多碎石沥青混凝土或改性沥青混凝土等。

3）采用抗滑剂。在沥青混合料中加入一定量的抗滑剂，以提高沥青与集料之间的黏结力和路面的摩擦系数。

4）改善施工工艺。优化施工过程中的拌和、摊铺、碾压等工艺环节，以提高路面的宏观构造和微观纹理质量。

5）加强运营养护。定期对路面进行养护管理，及时清除路面污垢和修补损坏部位，保持路面的清洁和粗糙度。

8.2.4 沥青混合料的配合比设计

沥青混合料配合比设计的核心任务是根据沥青混合料的技术要求，选择粗集料、细集料、矿粉和沥青材料,并确定这些组成材料相互配合的最佳组成比例,以确保沥青混合料既满足技术要求,又符合经济原则。

1. 沥青混合料配合比设计的基本原则

在沥青混合料的配合比设计中,遵循基本原则与方法是确保工程质量与耐久性的关键。首先,必须根据工程的具体要求和预期的使用条件,选择合适的沥青类型和集料。例如,高速公路的沥青混合料通常需要较高的抗车辙能力,须选择高黏度的沥青和经过严格级配的集料。其次,要确保混合料具有足够的空隙率,以防止水分侵入和冻融破坏,同时也要保证足够的沥青含量以提供足够的黏结力。在设计过程中,通常会采用马歇尔稳定度试验来评估混合料的抗压强度和稳定性,确保其满足规范要求。此外,配合比设计还应考虑环境因素,如温度变化对沥青性能的影响,以及施工过程中可能出现的材料损耗。通过科学的配合比设计,可以有效提高沥青混合料的性能,延长道路使用寿命,减少维护成本,从而实现经济效益与环境可持续性的双重目标。

2. 沥青混合料配合比设计思路

(1) 确定沥青混合料的类型和使用等级

根据路面的使用要求和交通荷载等级,确定沥青混合料的使用等级,如 AC-13、AC-20 等。根据沥青混合料使用的公路等级、路面类型、结构层次、气候条件及其他要求,选择沥青混合料的类型,并参照相关规范推荐的级配作为沥青混合料的设计级配。

(2) 确定各组成材料的最佳含量范围

1) 粗集料。粗集料的含量需根据混合料的类型和使用要求来确定。一般来说,粗集料的含量在总混合料中占有较大比例,以形成稳定的骨架结构。然而,具体的含量范围需根据集料的粒径分布、强度及耐磨性等因素进行综合考虑。

2) 细集料。细集料的含量则主要根据填充空隙的需要来确定。细集料应能够充分填充粗集料之间的空隙,形成紧密的结构。同时,细集料的含量还需考虑到其对混合料整体性能的影响,如提高混合料的密实度、增强沥青与集料之间的黏结力等。

3) 矿粉。矿粉的掺量在总混合料中占有一定的比例,但具体数值需根据工程要求进行确定。对于基层、底层等要求不高的道路,矿粉的掺量可适当降低;对于高等级公路等要求较高的工程,矿粉的掺量则需适中提高。同时,还需考虑到矿粉的种类、来源,以及其对混合料性能的影响等因素。

4) 沥青。沥青的含量需控制在一定范围内,具体数值需根据气候、交通量、施工方法及集料的性质等因素进行调整。不同型号的沥青材料具有不同的技术指标,适用于不同等级、不同类型的路面。通常,沥青的含量范围在 5%~8%,但这一范围并非固定不变,而是需要根据实际情况进行灵活调整。

(3) 确定沥青混合料的配合比

测定矿料的密度、吸水率、筛分情况和沥青的密度。采用图解法或数解法求出已知级配的粗集料、细集料和矿粉之间的比例关系。通过试验和调整,确定最佳配合比。这通常包括室内目标配合比设计、生产配合比设计及路面施工试铺对配合比设计的调整。在室内目标配合比设计阶段,可采用马歇尔试验确定沥青最佳用量。具体方法是:按所设计的矿料配合比配制五组矿质混合料,每组按规范推荐的沥青用量范围加入适量沥青,并按 0.5% 的间隔递增,拌和均匀,制成马歇尔试件。进行试验,测出试件的密实度、稳定度和流值等,并确定出最佳沥青用量。

（4）验证沥青混合料的路用性能

沥青混合料配合比设计完成后，需要对其路用性能进行验证，包括高温稳定性、低温抗裂性、水稳定性及疲劳耐久性等。只有确保各项路用性能满足使用要求，才能确保路面的行驶质量与使用寿命。

（5）考虑经济性和可持续性

在配合比设计的过程中，还需要考虑材料的可用性和成本等因素，以实现经济和可持续发展的目标。

3. 沥青混合料配合比设计实例

现需设计某高速公路用三层式沥青混凝土路面，下面层采用 5 cm 厚 AC-20 沥青混凝土，原材料拟采用 AH-70 石油沥青、石灰岩碎石、天然砂和石灰岩矿粉。

AC-20 沥青混凝土是沥青混凝土路面的重要结构层，要求具有较高的高温稳定性和抗渗性。为了保证工程质量，必须进行严格的配合比试验。如何准确测定稳定度和流值、如何选择合理的空隙率及采用何种矿料级配是沥青混凝土配合比试验的关键问题，通过试验确定矿料级配和最佳沥青用量，使沥青混合料性能满足设计要求。

（1）沥青混合料矿料组成设计

沥青混合料配合比设计首先要确定沥青混合料中使用的各种矿料，根据本工程实际使用的原材料为石灰岩碎石、石灰岩石屑、天然砂及石灰岩矿粉，按《公路工程沥青及沥青混合料试验规程》（JTG E20—2011）和《公路工程集料试验规程》（JTG 3432—2024）的规定方法选取样品，拌和，筛分。

（2）沥青混合料矿料配合比设计

经筛分析试验，各集料的分计筛余百分率列于表 8-5，求出各矿料级配比例，列入表中。

表 8-5 沥青混合料矿料级配范围

混合料种类						AC-20C 沥青混凝土			
矿质混合料筛孔尺寸/mm	1～3cm 碎石	0.5～1cm 碎石	石屑	砂	矿粉	混合矿料通过百分率（%）	级配范围		级配中值
	48.0%	8.0%	30.0%	8.0%	6.0%		下限	上限	
0.075	0.0	0.0	3.5	1.1	91.7	6.6	3	7	5.0
0.15	0.0	0.0	4.4	9.6	99.7	8.1	5	13	9.0
0.3	0.0	0.0	6.6	28.6	100.0	10.3	8	18	13.0
0.6	0.0	0.0	11.2	86.4	100.0	16.3	13	25	19.0
1.18	0.0	0.0	18.4	100.0	100.0	19.5	18	32	25.0
2.36	0.0	0.0	51.4	100.0	100.0	29.4	25	42	33.5
4.75	0.0	21.9	100.0	100.0	100.0	45.8	32	52	42.0
9.5	6.6	100.0	100.0	100.0	100.0	55.2	43	63	53.0
13.2	24.1	100.0	100.0	100.0	100.0	63.6	53	73	63.0
16	39.8	100.0	100.0	100.0	100.0	71.0	62	80	71.0
19	59.4	100.0	100.0	100.0	100.0	80.5	75	90	82.5
26.5	95.9	100.0	100.0	100.0	100.0	98.0	95	100	97.5
31.5	100.0	100.0	100.0	100.0	100.0	100.0	100	100	100.0

据此计算合成级配,绘制设计混合料的级配范围及合成级配曲线,如图 8-11 所示。

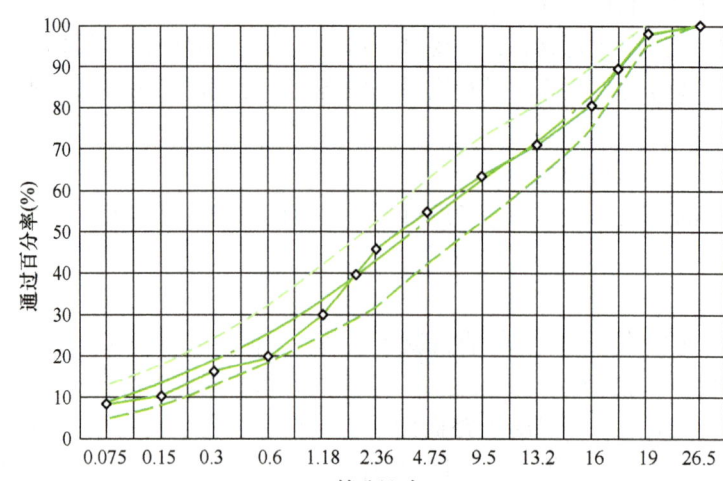

图 8-11 沥青混合料矿料级配范围及合成级配曲线
—◇—混合料通过百分率　---下限　----上限　-·-级配中值

(3)马歇尔试验

按此配比根据经验选定油石比在 3.5% ~5.5%,以 0.5% 间隔,成型制作不同油石比的马歇尔试件,并分别进行马歇尔试验。

1)制备试样。按确定的矿质混合料配合比,计算各种矿质材料的用量。根据规范推荐的沥青用量范围(或经验的沥青用量范围),估计适宜的沥青用量。以估计的沥青用量为中值,按 0.3% 间隔变化,取五个不同的沥青用量,用小型拌和机与矿料拌和,按规范规定的击实次数成型马歇尔试件;按沥青混合料马歇尔试验的试验方法,测定物理指标和力学指标。

2)测定物理指标。为确定沥青混合料的沥青最佳用量,须测定沥青混合料下列物理指标,见表 8-6。

表 8-6　马歇尔试验成果数据

油石比 (%)	沥青用量 (%)	密度 /(g/cm³)	空隙率 (%)	饱和度 (%)	稳定度 /kN	流值 /0.1mm	试验方法	蜡的相对密度
3.0	2.91	2.412	5.9	54.6	8.2	14.1	水中重法	0.86
3.5	3.38	2.429	4.5	64.8	9.8	18.5		
4.0	3.85	2.437	3.4	73.6	10.4	25.1		
4.5	4.31	2.430	3.0	77.9	9.4	33.1		
5.0	4.76	2.414	2.9	80.1	7.2	47.6		

(4)确定沥青最佳用量

绘制沥青用量与物理-力学指标关系图,以沥青用量为横坐标,以视密度、空隙率、饱和度、稳定度和流值为纵坐标,将试验结果绘制成沥青用量与各项指标的关系曲线,如图 8-12 所示。

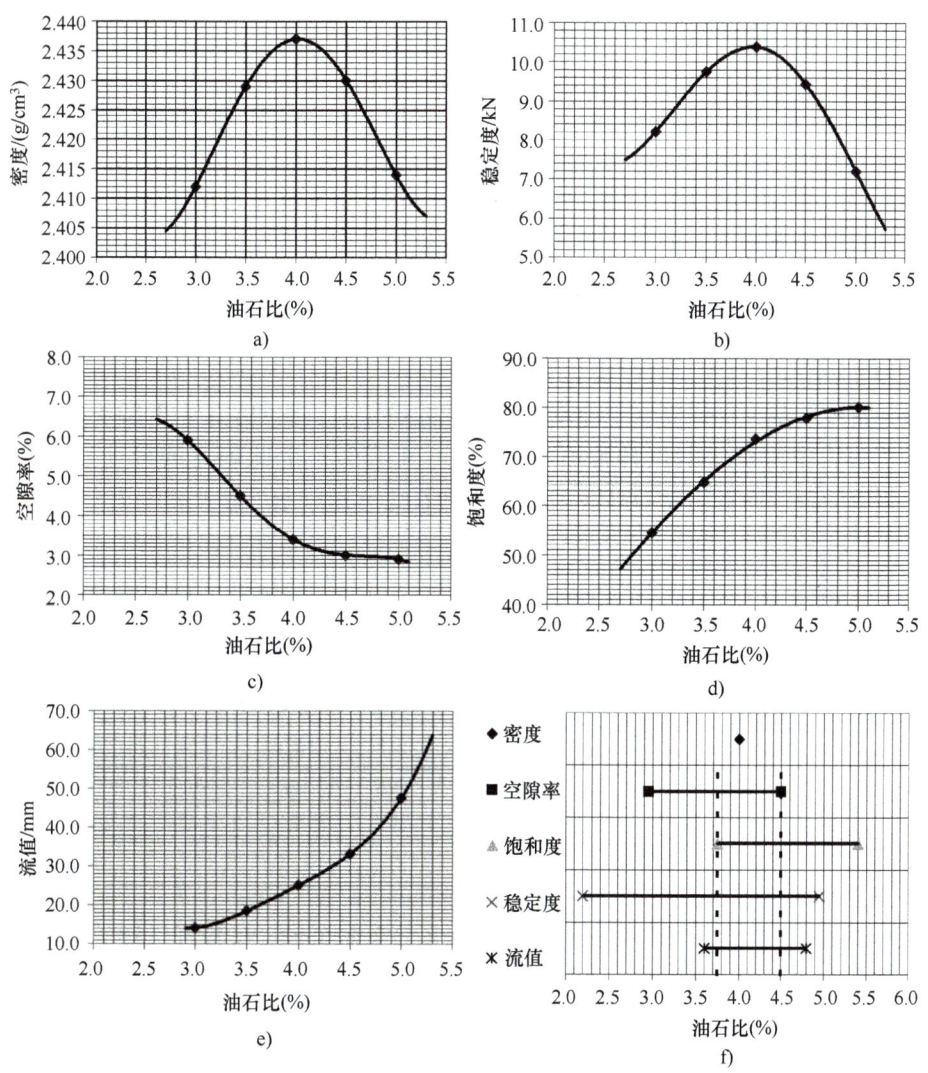

图 8-12　沥青用量与各项指标关系曲线

1）根据稳定度、密度和空隙率确定最佳沥青用量初始值 1（OAC_1）。从图中取相应于稳定度最大值的沥青用量 a_1，相应于密度最大值的沥青用量 a_2，和相应于规定空隙率范围的中值的沥青用量 a_3，求取三者的平均值作为最佳沥青用量的初始值 OAC_1，即：

$$OAC_1 = (a_1 + a_2 + a_3)/3 \tag{8-3}$$

2）根据符合各项技术指标的沥青用量范围确定最佳沥青用量初始值 2（OAC_2）。按图 8-12 中求出各指标符合沥青混合料技术标准的沥青用量范围 $OAC_{min} \sim OAC_{max}$，其中值为 OAC_2，即：

$$OAC_2 = (OAC_{min} + OAC_{max})/2 \tag{8-4}$$

3）根据 OAC_1 和 OAC_2 综合确定沥青最佳用量（OAC）。按最佳沥青用量的初始值 OAC_1 在图中求出相应的各项指标值，检查其是否符合规定的马歇尔设计配合比技术标准。

同时检验 VMA 是否符合要求，如能符合要求，由 OAC_1 和 OAC_2 综合决定最佳沥青用量 OAC。如不能符合，应调整级配，重新进行配合比设计马歇尔实验，直至各项指标符合要求为止。

4）根据气候条件和交通特性调整最佳沥青用量。由 OAC_1 和 OAC_2 综合决定最佳沥青用量 OAC 时，还宜根据实践经验和道路等级、气候条件，考虑从下述情况进行调整：一般可取 OAC_1 和 OAC_2 的中值作为沥青最佳用量 OAC；对热区道路及车辆渠化交通的高速公路、一级公路、城市快速路、主干路，预计有可能造成较大车辙的情况时，可在中限值 OAC_2 与下限 OAC_{min} 范围内决定，但一般不宜小于中限值 OAC_2 的 0.5%；对于寒区道路及一般道路，最佳沥青用量可以在中限值 OAC_2 与上限值 OAC_{max} 范围内确定，但一般不宜大于中限值 OAC_2 的 0.3%。

按最大密度、最大稳定度、空隙率中值确定的最佳油石比 OAC_1 = 3.83%；按各项指标全部合格范围的中值确定的最佳油石比 OAC_2 = 4.13%；由此确定的最佳油石比 OAC = 3.98%；相应的最佳沥青用量 OAC = 3.83%。油石比选择数据可参考表 8-7。

表 8-7 油石比选择数据

项目	密度	空隙率	饱和度	稳定度	流值	左界 OAC_{min}	右界 OAC_{max}
标准	2.437	3~6	70~85	>7.5	20~40		
对应油石比下限 x 轴	4.0	2.95	3.75	2.2	3.6	3.75	4.5
对应油石比上限 x 轴	4.0	4.5	5.4	4.95	4.8	3.75	4.5
a_1、a_2、a_3 对应油石比	4.0	3.5	—	4.0	—	—	—
y 轴	4.5	3.5	2.5	1.5	0.5	0	0
		3.5	2.5	1.5	0.5	4	4

（5）配合比设计检验

1）浸水马歇尔试验。采用油石比 3.98% 制备马歇尔试件，按规程进行了 AC-20 型沥青混合料浸水马歇尔试验，试验结果见表 8-8，其残留稳定度为 86.3%，满足沥青混合料配合比设计检验指标中马歇尔残留稳定度大于 80% 的要求。

2）冻融劈裂试验。采用油石比 3.98% 制备马歇尔试件，按规程进行了 AC-20 型沥青混合料冻融劈裂试验，试验结果见表 8-8，其冻融劈裂强度比为 84.7%，满足沥青混合料配合比设计检验指标中冻融劈裂强度比大于 75% 的要求。

表 8-8 AC-20 型沥青混合料水稳定性检验结果

项目	油石比（%）	规范要求	混合料检验结果	试验方法
残留稳定度（%）	3.98	不小于 80	86.3	沥青混合料马歇尔稳定度试验（T 0709—2011）
残留强度比（%）	3.98	不小于 75	84.7	沥青混合料抗冻融劈裂试验（T 0729—2000）

3）车辙试验。采用油石比 3.98% 制备车辙试件，按规程进行 AC-20 型沥青混合料车辙试验，试验温度为 60℃，轮压 0.7MPa，试验结果见表 8-9，其动稳定度 DS = 2369 次/mm，满足沥青混合料配合比设计检验指标中沥青混合料车辙试验动稳定度大于 1000 次/mm 的

要求。

表 8-9　AC-20 型沥青混合料车辙试验结果

试验温度	油石比（%）	试验项目	规范要求	试验结果	试验方法
60℃	3.98	平均动稳定度（次/mm）	不小于 1000	2369	沥青混合料车辙试验（T 0719—2011）
		变异系数（%）	不大于 20	14.3	

4）弯曲试验。采用油石比 3.98% 制备车辙试件，按规程进行了 AC-20 型沥青混合料弯曲试验，试验温度为 -10℃，控温精度为 ±0.1℃，加载速率 50mm/min，试验结果见表 8-10。

表 8-10　AC-20 型沥青混合料弯曲试验结果

项目	单位	检验结果	试验方法
弯曲试验破坏应变（$\mu\varepsilon$）	—	2739.1	沥青混合料弯曲试验 （T 0715—2011）
抗弯拉强度	MPa	12.57	
弯曲劲度模量	MPa	4513	
应变能	kJ/m^2	187.1	

5）渗水试验。采用油石比 3.98% 制备车辙试件，按规程进行了 AC-20 型沥青混合料渗水试验，试验结果见表 8-11，结果表明用轮碾法成型的试件不透水，满足沥青混合料配合比设计检验指标要求。

表 8-11　AC-20 型沥青混合料试件渗水试验结果

项目	油石比（%）	渗水系数要求/(mL/min)	实测值	试验方法
渗水系数（mL/min）	3.98	不大于 120	不透水	沥青混合料渗水试验（T 0730—2011）

（6）结论

上述检验结果表明，所设计 AC-20 沥青混合料目标配合比级配满足 AC-20 马歇尔试验配合比设计技术要求和 AC-20 配合比设计检验指标要求。即采用 10~15mm 碎石:5~10mm 碎石:3~5mm 石屑:0~3mm 砂:矿粉 = 48:8:30:8:6。制备的 AC-20 沥青混合料，其最佳油石比为 3.98%，最佳沥青用量 OAC = 3.83%，最大密度为 2.437g/cm^3。

【创新思维培养】

彩色透水沥青：城市街道的华丽变身

在城市的喧嚣与繁忙之中，道路不仅是交通的脉络，更是城市风貌与文化底蕴的生动展现。然而，传统的灰暗、沉闷路面往往让人心生压抑，缺乏生机与活力。试想，当你漫步于城市的街头巷尾，脚下不再是单调的灰色或黑色，而是被绚烂的红色、宁静的蓝色、生机的绿色所点缀，甚至在某些路段上，还能欣赏到如山水画、动植物等精美图案，那份愉悦与惊喜，定能让你的心情随之飞扬。

这便是彩色沥青的独特魅力。它不仅仅是一场视觉盛宴，更重要的是，通过色彩的巧妙运用，它清晰地划分出人行道与车道，起到了交通引导的重要作用，让驾驶员和行人都能一目了然地了解交通规则，从而有效减少交通事故的发生。彩色沥青以其绚丽的色彩和精妙的设计，为城市增添了一抹抹生动的色彩，让街道在美观与安全之间找到了完美的平衡点。

而透水沥青，则是这场城市绿色革命中的另一位重要角色。它的环保特性，体现在对雨水的智慧管理上，仿佛为城市安装了一套高效的雨水收集与处理系统。在雨季，透水沥青凭借其卓越的透水能力，迅速吸纳并渗透雨水，有效减缓了地表径流的速度，大幅度降低了城市内涝的风险，为城市的防洪体系起了一道坚不可摧的屏障。

不仅如此，透水沥青的铺设还显著减少了雨水冲刷路面所带来的扬尘问题，其粗糙的表面设计不仅有效降低了车辆行驶时的噪声，还减少了尾气排放，为城市空气质量的持续改善贡献了一分力量。多孔的透水结构更是赋予了透水沥青另一项神奇的功能——它促进了地表与空气之间的热交换，使得地表温度得到有效降低，为城市披上了一层凉爽的轻纱，有效缓解了城市热岛效应带来的不适与困扰。

此外，透水沥青的多孔结构还如同一个天然的过滤器，能够有效过滤雨水中的杂质，从而减少城市污水的排放量，为城市水环境的保护与改善做出了积极的贡献。更令人欣喜的是，这些被透水沥青吸收的雨水被巧妙地储存在地下，成为城市宝贵的自然资源，可用于绿化浇灌、道路清洗及景观补水等多个领域，实现了雨水的循环利用，展现了其节水环保的智慧。

当彩色与透水两大特性相遇，彩色透水沥青便应运而生。它不仅是城市的一道亮丽风景线，更是环保与艺术的完美结合（图 8-13）。无论是繁忙的主干道，还是悠闲的人行道、自行车道，甚至是公园、广场、停车场，彩色透水沥青的身影无处不在。它让道路不再是单纯的交通工具，而是成为城市文化与生态的重要载体。让我们共同期待，未来更多的城市能够拥抱这种环保、美观、实用的新型路面材料，携手共创一个更加美丽、宜居、和谐的城市环境！

图 8-13　彩色透水沥青路面

【工程素质培养】

某高速公路项目是国家重点交通建设项目，全长 120km，设计时速为 120km/h，采用双向六车道标准建设。该项目于 2018 年开工建设，2020 年底正式通车。然而，在通车后不到两年的时间内，部分路段出现了较为严重的沥青路面早期破损现象，主要表现为裂缝、坑槽、车辙及推移等，严重影响了道路的使用性能和行车安全。

【事故原因分析】

材料质量问题：经检测发现，部分批次的沥青混合料中沥青含量偏低，矿料级配不合理，导致混合料的高温稳定性不足，易于产生车辙。基层强度不足或水稳定性差，易受水分侵蚀而发生软化，进而影响面层的稳定性。

设计与施工缺陷：路面结构设计未充分考虑地区气候特点和交通荷载条件，特别是未充分考虑极端天气（如高温、暴雨）对路面结构的影响。施工过程中存在压实不足、温度控制不当等问题，影响了沥青混合料的密实度和强度。路面排水系统设计不合理，排水不畅，导致雨水在路面滞留，加速了路面的水损害。

环境因素：该地区夏季高温多雨，冬季寒冷干燥，极端温差大，加剧了沥青路面的热胀冷缩，促进了裂缝的形成。随着经济的发展，重载车辆日益增多，超出了原设计的承载能力，加速了路面的磨损和破坏。

养护管理不到位：路面养护计划缺乏科学性，未能及时发现并处理初期病害，导致病害扩展恶化。养护技术水平和设备落后，难以满足高效、高质量的养护需求。

【经验与教训】

为避免类似事故的再次发生，建议采取以下措施：

加强材料质量控制，确保沥青混合料和基层材料的性能指标符合设计要求，严格把控原材料进场检验。根据地区特点和交通荷载条件，合理设计路面结构，优化施工工艺，确保施工质量和效率。优化路面排水设计，确保雨水快速排出，减少水损害。建立科学的养护计划，采用先进的养护技术和设备，及时发现并处理路面病害。加强对重载车辆的管理，合理限制超载行为，减轻对路面的损害。

【材料与生态】

从刺鼻到清新：净味改性沥青的变革

提到沥青，我们脑海中往往会浮现道路铺设过程中散发出的刺鼻气味。然而，随着科技的进步和环保意识的增强，传统的沥青材料已经不能满足现代道路建设的需求。净味改性沥青的出现，正是为了改变这一现状，让道路建设变得更加环保、健康。

净味改性沥青，顾名思义，是一种在改性沥青基础上，通过添加特定净味剂而制成的绿色环保型特种沥青产品。这种沥青不仅继承了改性沥青的优良性能，如耐高温性、抗疲劳性、优异的黏结能力和路面承载能力等，还显著降低了在沥青生产和路面施工过程中产生的烟气排放。

在沥青的生产和铺设过程中，由于高温作用，传统沥青会向空气中释放有毒有害的烟气和刺激性气味。这些气体不仅污染了环境，还对施工人员的身体健康构成了威胁。而净味改性沥青则通过添加具有化学反应活性的微量添加剂，与沥青在高温和氧气协同作用下热裂解生成的空气污染物分子产生化学反应，生成质量更重的大分子化合物，从而抑制小分子向空气中逃逸。这一过程有效地减少了沥青烟气中有害气体的释放，降低了对环境和人体的危害。

与普通沥青相比，净味改性沥青在施工铺设过程中能够减少刺激性气体排放量约60%。这一显著的减排效果，使得净味改性沥青在通风不良的隧道施工、城市繁华路段等特殊环境中有着广阔的应用前景。它不仅能够减少沥青烟气对人带来的健康影响，还能够提升道路建设的环保水平，符合绿色低碳的发展潮流。

值得一提的是，净味改性沥青的生产工艺过程简单，对不同油源生产的道路沥青均具有良好的烟气减排效果。这意味着，它可以在沥青生产企业和道路工程企业中批量生产使用，具有很强的通用性和市场潜力。此外，净味改性沥青的添加剂用量少，对沥青自身性能无不良影响，且成本可控。与同样具有绿色环保特点的温拌沥青施工工艺相比，生产净味改性沥青添加的净味剂用量仅为温拌剂的1%左右，具有明显的成本优势。

净味改性沥青是一种高性能、环保的道路材料。它的出现不仅解决了传统沥青铺设过程中产生的难闻气味问题，还提升了道路建设的环保水平和施工质量。随着科技的不断进步和环保意识的不断提高，相信净味改性沥青将会在未来的道路建设中发挥更加重要的作用。

【工程能力训练】

❖ **单项选择题**

1. 【一级建造师考试真题】沥青材料在外力作用下发生变形而不被破坏的能力是沥青的（　　）性能。
   A. 黏性　　　　　B. 感温性　　　　C. 耐久性　　　　D. 塑性
2. 沥青按来源可以分为（　　）。
   A. 石油沥青和煤沥青　　　　　　B. 地沥青和焦油沥青
   C. 自然沥青和人工沥青　　　　　D. 以上所有
3. 沥青的黏度随着温度的升高而（　　）。
   A. 增加　　　　　B. 减少　　　　　C. 保持不变　　　D. 先增加后减少
4. 沥青的针入度指数是用来衡量沥青的（　　）性质。
   A. 温度敏感性　　B. 黏附性　　　　C. 抗老化性　　　D. 耐久性
5. 改性沥青相较于普通沥青，以下不是其优点的是（　　）。
   A. 抗老化性能好　B. 抗水损能力强　C. 耐低温性能差　D. 耐久性好
6. 在沥青路面施工中，（　　）指标是评价沥青混合料抗水损能力的重要指标。
   A. 稳定度　　　　B. 流值　　　　　C. 残留稳定度　　D. 塑性指数
7. 沥青混合料的马歇尔稳定度试验是用来测定（　　）。
   A. 混合料的流动性　B. 混合料的稳定性　C. 混合料的耐久性　D. 混合料的弹性

❖ **填空题**

1. 沥青的软化点是指沥青从_____转变为液态的温度。
2. 改性沥青相较于普通沥青具有更好的_____性能和抗水损能力。
3. 道路石油沥青的牌号划分依据是沥青的_____。
4. 煤沥青是由煤干馏得到的，主要用于_____和防腐工程。

❖ **名词解释**

1. 改性沥青
2. 马歇尔稳定度
3. 沥青混合料

❖ **问答题**

1. 什么是道路石油沥青？
2. 煤沥青和石油沥青在应用上有什么区别？
3. 马歇尔稳定度试验的目的是什么？
4. 为什么需要对沥青进行改性？
5. 沥青老化是什么原因造成的？

❖ **计算题**

　　某道路工程项目需要使用沥青进行路面铺设，设计要求使用两种不同牌号的沥青进行掺配。已知 A 牌号沥青的针入度为 80，B 牌号沥青的针入度为 120。项目要求掺配后的沥青针入度为 110。若 A 牌号沥青的使用量为 1500kg，问 B 牌号沥青的使用量应为多少？

第9章 合成高分子材料

【知识目标】

了解合成高分子材料的定义、分类、主要性能及发展趋势；熟悉常用合成高分子材料的技术性质；掌握合成高分子材料的应用范围；能够在工程中合理地选用合成高分子材料并分析和解决出现的问题。

【思维导图】

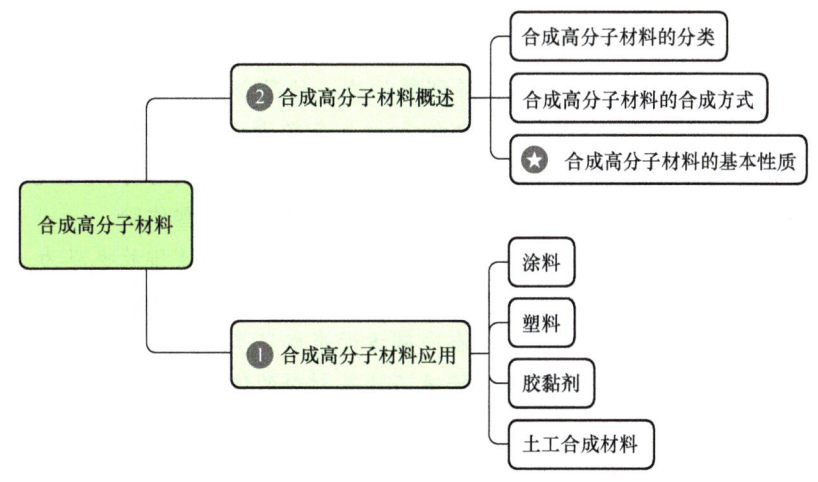

XT09-详细思维导图

【工程案例导入】

"黑科技"滑雪板：高分子材料引领冰雪装备革新

随着2022年北京冬奥会的举办，冰雪运动再次掀起热潮。在这场冰雪盛宴中，滑雪装备无疑成为关注的焦点。从滑雪板到滑雪镜和头盔，都离不开高分子材料的技术创新。若要在雪上畅快滑行，轻量化、高强度且低阻尼的滑雪板不可或缺。早期的滑雪板大多只是一块简单的木板，随着材料科技的发展，复合材质的滑雪板逐渐崭露头角。这些滑雪板不仅具备轻量化、高强度和低阻尼的特性，还通过创新的材料组合和技术应用，为滑雪爱好者带来了更加流畅和稳定的滑雪体验。

在滑雪板的构造中，板芯是至关重要的部分（图9-1）。除了常见的木材板芯外，聚氨酯也被广泛应用于制造滑雪板板芯。聚氨酯材料具有优异的弹性和抗冲击性能，能够有效吸收滑雪过程中的冲击力，保护滑雪者的安全。同时，板芯的上方和下方通常采用碳纤维或玻璃纤维的复合层，这些材料不仅增强了滑雪板的机械强度，还延长了使用寿命。

图9-1　滑雪板及其板芯

为了进一步提升滑雪板的性能，一些制造商开始考虑增加复合材料中的亚麻纤维成分。与碳纤维或玻璃纤维相比，亚麻纤维具有独特的耗散能量特性，能够减少滑雪过程中的振动，提高滑雪的稳定性和舒适性。此外，亚麻纤维还是一种天然纤维，具有更好的环保性能，符合现代人对可持续发展的追求。

在滑雪板的板底材料上，P-Tex聚乙烯塑料作为一种高分子材料，具有优异的耐磨性和耐蚀性，在滑雪板板底材料中扮演着重要角色。大多数滑雪板的板底都会标注一个数字（如Sintered 2000），这个数字代表了聚乙烯的相对分子质量。相对分子质量越高，P-Tex的耐磨性和耐用性就越好，能够为滑雪者提供更稳定、更持久的滑雪体验。

然而，在追求高性能的同时，如何减少滑雪板制作过程中的碳排放也成为一个亟待解决的问题。为了履行可持续发展承诺，一些滑雪品牌开始探索生物基材质和回收材料在滑雪板制造中的应用。例如，聚氨酯板芯滑雪板在减碳方面采取了多项措施，如采用生物基树脂和可回收的板面材料制成，这不仅减少了对传统石油基材料的依赖，还降低了生产过程中的碳排放。

通过这些创新材料和技术的应用，合成高分子材料不仅为滑雪爱好者提供了高性能的装备，还为减少环境影响和推动可持续发展做出了积极贡献。

9.1　合成高分子材料概述

合成高分子材料是指基本组成物质为人工合成高分子化合物的各种材料。相对分子质量高达数千至数万的化合物称为高分子化合物，又称高聚物或聚合物。高分子化合物存在于自然界，如植物中的纤维、动物中的蛋白质。随着社会的进步，天然高分子化合物的品种、性能不再能满足人类的需要，人类创造性地合成了可满足不同要求的各种性能的高分子化合物，即合成高分子化合物。

高分子材料用于建筑行业有如下特殊的优势：
1）优异的性能。高分子材料具有耐蚀、不霉不蛀的性能，适用于潮湿、易腐蚀的建筑物使用；自重轻，便于施工及运输；较传统材料能提高防水、防渗和密封性。
2）节能环保。无论是生产环节还是使用环节，高分子材料比金属材料更具低碳环保性。
3）节约木材，节约钢材。我国是一个森林资源缺乏的国家，钢材供应也不平衡，高分子材料既有木材的某些特性，又有钢材的某些特性，是代钢、代木的好材料。同时，也为发展林业、保护生态平衡起到了积极作用。

9.1.1 合成高分子材料的分类

1. 按照聚合物的来源分类

按照聚合物的来源，可将高分子材料分为天然高分子材料，如天然橡胶、淀粉、植物纤维等；改性的天然高分子材料，如由纤维素制备的硝基纤维素；合成高分子材料，如由小分子原料经化学反应和聚合方法合成的 PE、PVC、PP 等；改性合成高分子材料，即聚合物再经化学、物理方法改性而得到的材料。

2. 按照聚合物的分子结构分类

高分子聚合物分子通常是由特定的结构单元多次重复组成的，这些特定的结构单元称为链节。链节重复的次数 n 称为聚合度。

（1）线型聚合物

线型聚合物分子结构中碳原子（有时可能有氧、硫等原子）彼此连接成长链（图9-2a），有时带有支链（图9-2b），如聚氯乙烯。一般来说，具有线型结构的聚合物，强度较低，弹性模量较小，变形较大，耐热性、耐蚀性较差，加热可熔化，并能溶于适当溶剂中。支链型聚合物因分子排列较松，分子间作用力弱，因而密度、熔点及强度等低于线型聚合物。

（2）体型聚合物

体型聚合物分子结构中长链之间通过原子或短链连接起来而构成三维网状结构，又称为体型结构（图9-2c），如酚醛树脂。由于体型结构中化学键的结合力强，且交联形成一个"巨大分子"，因此，一般来说其强度较高，弹性模量较大，变形较小，较硬脆，耐热性、耐蚀性较好。

a) 线型聚合物分子结构
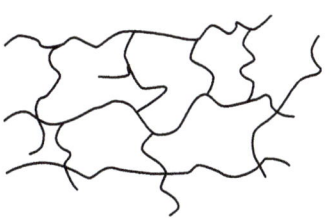
b) 支链型聚合物分子结构
c) 体型聚合物分子结构

图9-2 高分子化合物的结构

3. 根据受热的性质变化特点分类

（1）热塑性聚合物

热塑性是指在常温下是较硬固体，受热后就会变软（甚至熔融），待冷却后会变硬，再次加热又会变软的性质。具有热塑性的高分子材料可以重复制备，一般为线型分子结构，如聚乙烯、聚氯乙烯等。

（2）热固性聚合物

热固性是指首次受热软化（或熔化）后，在热和催化剂或热和压力作用下发生化学变化，变成坚硬的体型分子结构，成为不熔物质，再次受热不再变软的性质。具有热固性的高分子材料，温度稳定性好，不能反复加工使用。热固性聚合物多为体型结构，如环氧树脂。

9.1.2 合成高分子材料的合成方式

1. 加聚反应

单体（低分子碳氢化合物）在引发剂、光、热等作用下，聚合形成大分子的反应，称为加聚反应。该反应无副产品，产物的化学组成和反应物（单体）的化学组成基本相同，如聚乙烯的制备：$nC_2H_2 \longrightarrow (C_2H_2)_n$。

2. 缩聚反应

由两种或两种以上具有可反应官能团的单体，在催化剂作用下结合成大分子，并同时放出低分子副产物（如水、甲醛及氯等）的反应，被称为缩聚反应。淀粉、纤维素、多肽等是自然界常见的缩合聚合物，尼龙、尿素甲醛树脂等则为常见的合成缩合聚合物。

大多数缩聚反应都是可逆反应和逐步反应，相对分子质量随反应时间的延长而逐渐增大，但单体的转化率却几乎与时间无关。根据反应条件的不同，可分为熔融缩聚反应、溶液缩聚反应、界面缩聚反应和固相缩聚反应四种。根据所用原料的不同，可分为均缩聚反应、混缩聚反应和共缩聚反应三种。同种分子的缩聚（如氨基酸）称为均缩聚；不同种分子的缩聚称为共缩聚；相同官能团同系物的共缩聚称为混缩聚。根据产物结构的不同，又可分为二向缩聚（或线型缩聚）反应和三向缩聚（或体型缩聚）反应两种。

一般缩聚物的命名方法为在单体名称后加"树脂"，如由苯酚和甲醛缩合而得的称为酚醛树脂。

9.1.3 合成高分子材料的基本性质

1. 合成高分子材料的性能优点

1）可加工性好。如塑料可以采用多种方法加工成型，制成薄板、管材、门窗异型材等各种形状的产品，并且便于切割、黏结和焊接加工。

2）表观密度小，比强度高。塑料的密度一般在 $0.9 \sim 2.3 g/cm^3$，约为铝的 1/2，铜的 1/6，钢的 1/8～1/4，混凝土的 1/3～2/3。高分子材料的拉伸强度≤100MPa，但密度很小，其平均密度仅为 $1.45g/cm^3$ 左右，通常只是钢材的 1/8～1/4、金属铝的 1/2。因此，高分子材料的比强度接近或超过钢材，是一种优良的轻质高强材料。

3）弹性好，韧性好。高弹性，弹性模量低。很多高分子材料如橡胶，是典型的高弹性材料，弹性变形率为 100%～1000%，而弹性模量小于 1MPa。高分子材料在断裂前能吸收较大的能量。

4）导热系数小。高分子材料的导热能力低下，导热系数一般只有金属材料的 1/600～1/500，泡沫塑料的导热系数甚至只有 $0.02 \sim 0.046 W/(m \cdot k)$，约为金属材料的 1/1500。

5）高化学稳定性。一般塑料对酸、碱、盐及油脂均有较好的耐腐蚀能力，因此塑料常常被用作化工厂的输水和输液管道、建筑物的门窗等。其中，最为稳定的是聚四氟乙烯，仅能与熔融的碱金属反应，与其他化学物品均不发生作用。

6）电绝缘性优良。高分子材料具有高电阻率，同时还可以积累大量静电荷。它的电绝缘性可与陶瓷材料相媲美。

7）高耐磨性。高分子材料在无润滑和少润滑的摩擦条件下，其耐磨、减摩性能是金属材料无法比拟的。如塑料，摩擦系数小，而且有些塑料甚至具有自润滑性能。

8）耐水性和耐湿性好。塑料一般吸水率和透气性很低，可用于防潮防水工程。

2. 合成高分子材料的性能缺点

（1）耐热性和耐火性差

高分子材料的耐热性是指温度升高时其性能不明显降低的能力。热固性塑料的耐热性比热塑性塑料高。一般情况下，通用高分子材料的耐热温度<200℃。高分子材料不仅可燃，而且很多类高分子材料在燃烧时会产生大量的烟，含有有毒气体。如普通的热塑性塑料的热变形温度为60~120℃，只有少量品种能在200℃左右长期使用。

例如，2021年6月27日，山东某高分子材料股份有限公司的3万t甲基丙烯酸甲酯—丙烯酸丁酯共聚物厂区发生火灾事故。事故原因初步判定为与该公司相邻的一小化工企业发生爆燃，将可燃物或高温物体弹射至公司厂区仓库，将物料引燃所致。此次事故凸显出高分子材料在面对外部火源时耐火性较差的问题，其较低的耐热温度使得在周边发生爆燃等意外情况时，易被引燃，从而引发严重事故。

（2）易老化

老化是指高分子化合物在阳光、空气、热及环境介质中的酸、碱、盐等作用下，分子组成和结构发生变化，致使其性质变化，如失去弹性、出现裂纹、变硬、脆或变软、发黏，失去原有的使用功能的现象。塑料、有机涂料和有机胶黏剂都会出现老化。

老化是一个复杂的化学变化过程，其主要化学反应有"交联反应"和"裂解反应"。交联反应主要是使聚合度逐渐增大，或使线型结构变为体型结构，因而使高分子材料逐渐失去弹性、变硬、变脆，出现龟裂等。裂解反应主要是在化学因素和物理因素的作用下，大分子发生断裂，因而使高分子材料变软、发黏，失去高弹性。

防止高分子材料老化的措施主要有三种：

1）改善聚合物结构，提高耐老化力。
2）加入稳定剂（防老剂），吸收紫外线或抑制分子交联（断裂）反应。
3）设置表面防护层（或涂层），隔绝光、热及氧气等。

9.2 合成高分子材料的应用

9.2.1 涂料

涂料是指能应用于物体表面并结成坚韧保护膜的材料总称，多数为含有或不含颜料（填料）的黏性液体或粉末状物质。

1. 涂料的组成

涂料主要由基料、填料、颜料、助剂、水和溶剂等组成。基料是指能将涂料中的其他组分黏结在一起，并能牢固地附着于基层表面，形成连续均匀、坚韧的保护膜层（又称涂膜）的物质。构成基料的成膜物质主要有树脂类成膜物质、油料类成膜物质和无机涂料的黏结料三大类。树脂类成膜物质以合成树脂制得的涂料为主，所制的涂料性能优良、涂膜光泽好，是现代涂料工业的主要品种。常用的合成树脂包括聚乙烯醇及改性物质、苯丙乳液、丙烯酸乳液、环氧树脂、聚氨酯树脂等。油料类成膜物质主要是植物油，属于天然有机材料，是制造油性涂料的主要原料，包括干性油料、半干性油料和不干性油料三种。干性油料具有快干性能，干燥过程中受到空气中的氧化作用和自身的聚合作用而形成高分子化合物，能形成坚硬的油膜，耐水性高，富有弹性。半干性油料的干燥速度较慢，形成的油膜较软且发黏，干燥后能重新软化，易溶于有机溶剂中，故使用时需掺加催干剂。不干性油料不能自干，不适于单独使用，常与干性油料或合成树脂混合使用。无机涂料的黏结料主要包括水泥浆、硅溶胶系、磷酸盐系、硅酸酮系、无机聚合物系和碱金属硅酸盐系等，这类材料价格低廉、资源丰富，具有广阔的发展前景。

2. 涂料在工程中的应用

建筑涂料主要用于建筑物内外墙、顶棚、地面，以及门窗、走廊、楼梯扶手、水箱、屋面防水等工程表面及所有附属金属构件和木质件表面的涂覆（图9-3）。目前，我国建筑涂料的主要基料有聚乙烯醇、聚醋酸乙烯及其共聚物、丙烯酸酯及其共聚物、环氧树脂、氯化橡胶、聚氨酯树脂等。其中，以丙烯酸酯及其共聚物的乳液使用最广泛。今后建筑涂料主要向低VOC（有机挥发物）、功能化和复合化、高性能、高品质、水性化、环保、抗污和抗菌化方向发展。

a) 质感涂料　　　　　　b) 真石漆涂料

图9-3　建筑涂料

（1）建筑外墙涂料

外墙涂料的主要功能一是装饰建筑物的外墙面，使建筑物外貌整洁美观，从而达到美化城市环境的目的；二是保护建筑物外墙，延长其使用寿命的作用。为了获得良好的装饰与保护效果，外墙涂料一般应具有装饰性好、耐水性好、耐污性能好、耐候性好、施工及维修方便、价格合理等特点。外墙涂料分为溶剂型涂料和乳液型涂料两大类。目前，常用的外墙涂料有苯丙乳液涂料、纯丙乳液涂料、溶剂型聚丙烯酸酯涂料、聚氨酯涂料等。近年来得到发展的外墙涂料还有砂壁状真石涂料、有机硅改性聚丙烯酸酯乳液型和溶剂型外墙涂料、氟碳树脂涂料、弹性乳液涂料等，它们显示出了较好的装饰性能和耐老化性能。

（2）建筑内墙涂料

内墙涂料的主要功能是装饰及保护室内墙面，使其美观整洁，让人们处于舒适的居住环境中。为了获得良好的装饰效果，内墙涂料应具有丰富、细腻、柔和的色彩，良好的耐碱性、耐水性、耐粉化性和一定的透气性，同时施工要容易，价格应低廉。内墙涂料同样分为溶剂型内墙涂料和乳液涂料两大类。

（3）其他建筑涂料

地面涂料的主要功能是装饰与保护室内地面，使地面清洁美观牢固。为了获得良好的装饰效果，地面涂料应具有耐碱性好、黏结力强、耐水性好、耐磨性好、抗冲击力强、涂刷施工方便和价格合理等特点。地面涂料的主要品种有环氧树脂自流平地面涂料、聚氨酯地面涂料、氯化橡胶地面涂料等。

建筑涂料除对建筑物进行装饰外，还具有某些特殊功能，如防水、防火、防雷、耐蚀、杀虫、隔热、隔声等，因而又称为功能性建筑涂料。

9.2.2 塑料

1. 塑料的组成

我们通常所用的塑料并不是纯物质，塑料成分复杂，主要成分是树脂，还需加入各种用于改善性能的添加剂（也称塑料助剂），如填充剂、增塑剂、稳定剂、固化剂、润滑剂、着色剂等。

（1）树脂

树脂是塑料的最主要成分，一般占塑料质量的40%～100%。由于含量大，而且树脂的性质常常决定了塑料的性质，所以人们常把树脂看成是塑料的同义词。如把聚氯乙烯树脂与聚氯乙烯塑料、酚醛树脂与酚醛塑料混为一谈。其实树脂与塑料是两个不同的概念。树脂是一种未加工的原始聚合物，它不仅用于制造塑料，还用于涂料、胶黏剂及合成纤维。而塑料除了极少一部分含100%的树脂外，绝大多数的塑料，除了主要组分树脂外，还需要加入其他物质。

（2）填充剂

填充剂又叫填料，是塑料的另一重要组分，一般占塑料质量的20%～50%。它可以提高塑料的强度和耐热性能，并降低成本。例如酚醛树脂中加入木粉后可大大降低成本，使酚醛塑料成为最廉价的塑料之一，同时还能显著提高机械强度。填料可分为有机填料和无机填料两类，前者如木粉、碎布、纸张和各种织物纤维等，后者如玻璃纤维、硅藻土、石棉、炭黑等。

（3）增塑剂

增塑剂是能够增加树脂的可塑性、改善加工性、赋予制品柔韧性的一种添加剂。增塑剂一般是能与树脂混溶，无毒、无臭，对光、热稳定的高沸点有机化合物，最常用的是邻苯二甲酸酯类。如在生产聚氯乙烯塑料时，若加入较多的增塑剂便可得到软质聚氯乙烯塑料，若不加或少加增塑剂（用量＜10%），则得硬质聚氯乙烯塑料。

（4）固化剂

固化剂又称硬化剂或交联剂，是一类受热能释放游离基来活化高分子链，使它们发生化学反应，由线型结构转变为体型结构的一种添加剂。其主要作用是在聚合物分子链之间产生横跨链，使大分子交联。

（5）润滑剂

润滑剂的作用是防止塑料在成型时不黏在金属模具上，同时可使塑料的表面光滑美观。常用的润滑剂有硬脂酸及其钙镁盐等。

(6) 着色剂

着色剂主要为有机染料或无机颜料。塑料用着色剂必须色泽鲜明、着色力强、分散性好、耐热耐晒且与塑料结合牢固。同时，在成型加工温度下，着色剂不能变色，不能起化学反应，也不能因加入着色剂，而降低塑料性能。

(7) 稳定剂

为了防止合成树脂在加工和使用过程中受光和热的作用分解和破坏，延长使用寿命，要在塑料中加入稳定剂，常用的有硬脂酸盐、环氧树脂等。

(8) 其他添加剂

塑料添加剂除上述种类外，还有发泡剂、抗静电剂、阻燃剂等。并非每一种塑料都要加入全部添加剂，而是根据塑料的品种和使用要求加入某些添加剂。

2. 塑料的分类

塑料的品种繁多，分类方法也很多，常用的分类方式是按树脂的合成方法进行分类。按树脂在受热时所发生的变化，可将塑料分为热固性塑料和热塑性塑料。其中，热固性塑料成型后不能再次加热，只能塑制一次，如酚醛塑料、脲醛塑料、有机硅塑料等；热塑性塑料的特点是受热时软化或熔融，冷却后硬化，再加热时又可软化，冷却后又硬化，这一过程可反复多次进行，如聚乙烯、聚氯乙烯、聚苯乙烯、ABS 塑料等。

3. 常用建筑塑料及制品

塑料在土木工程的各个领域均有广泛的应用。它既可用作防水、隔热保温、隔声和装饰材料等功能材料；也可制成玻璃纤维或碳纤维增强塑料，用作结构材料。塑料可以加工成塑料壁纸、塑料地板、塑料地毯、塑料门窗和塑料管道等在建筑中应用。以下主要介绍塑料门窗和塑料管材。

(1) 塑料门窗

广义地讲，塑料门窗是以高分子合成材料为主，以增强材料为辅，制成的一类新型材质的门窗。目前已开发出三种材质的塑料门窗：聚氯乙烯（PVC）塑料门窗、玻璃纤维增强不饱和聚酯塑料门窗和聚氨基甲酸酯硬质泡沫塑料门窗。其中，PVC 塑料门窗所占比例最大，达 90% 以上。

PVC 塑料门窗是由硬质聚氯乙烯型材经切割、焊接、拼装、修整而成的门窗制品，现有推拉门窗和平开门窗等系列产品。塑料门窗具有优越的物理化学性能，是继木门窗、钢窗和铝合金门窗以后的"第四代门窗"。塑料型材具有优良的气密性、水密性、隔声性和保温性，耐蚀性强，可广泛使用于风大、雨多、高热、高寒、高湿及有腐蚀性气体等各种环境恶劣的场所，是一种安全、美观的理想建材。在塑料门窗中为增强型材的刚性，往往需对超过一定长度的型材空腔内添加钢衬，这样制成的门窗也被称之为"塑钢门窗"。塑料门窗的应用始于 20 世纪 50 年代，目前应用技术十分成熟。

(2) 塑料管材

塑料管材是指采用塑料为原料，经挤出、注塑、焊接等工艺成型的管材和管件。与金属管材相比，塑料管材具有生产成本低，容易模制；质量轻，运输和施工方便；表面光滑，流体阻力小；不生锈，耐腐蚀，适应性强；韧性好，强度高，使用寿命长，能回收加工再利用等优点。因而在土木工程中得到了广泛应用。

塑料管材有热塑性塑料管和热固性塑料管两大类。热塑性塑料管采用的主要树脂有聚氯乙烯树脂（PVC）、聚乙烯树脂（PE）、聚丙烯树脂（PP）、聚苯乙烯树脂（PS）、丙烯腈-丁二烯-苯乙烯树脂（ABS）、聚丁烯树脂（PB）、聚甲基丙烯酸甲酯树脂（PMMA）、酚醛树脂（PF）等；热固性塑料管采用的主要树脂有不饱和聚酯树脂（PR）、环氧树脂（EP）、呋喃树脂等。

1) 聚乙烯塑料管（简称 PE 管）。PE 管是以聚乙烯为主要原料，加入抗氧化剂、炭黑及着色料等制造而成。其特点是密度小，比强度高，耐低温性能和韧性好，脆化温度可达 -80℃。由于 PE 管具有优良的低温性能和韧性，能抵抗车辆和机械振动、冻融作用及操作压力突然变化的破坏，因而，可采用盘管进行插入或犁埋施工，施工方便、工程费用低；而且由于管壁光滑，介质流动阻力小，输送介质的能耗低，并不受输送介质中液体的化学腐蚀。中、高密度 PE 管适用于城市燃气和天然气管道；低密度 PE 管适宜用作饮用水管、电缆导管、农业喷洒管道、泵站管道等。PE 管还可应用于采矿业的供水、排水管和风管等。PE 管用于输送液体、气体、食用介质及其他物品时，常温下使用的压力：低密度 PE 管为 0.4MPa；高密度管为 0.8MPa。

2) 聚氯乙烯塑料管（简称 PVC 管）。聚氯乙烯塑料由氯乙烯单体聚合而成，是目前工程上常用的一种塑料。聚氯乙烯塑料成本低，产量大，化学稳定性高、抗老化性好。加入不同的添加剂可加工成软质和硬质的多种产品。聚氯乙烯塑料的耐热性差，在 100℃ 以上时会发生分解、变质而破坏，通常其使用最高温度应在 60~80℃。给水用聚氯乙烯管材常用的有硬聚氯乙烯（PVC-U）管和改性聚氯乙烯（PVC-M）管。

3) 聚苯乙烯塑料管（简称 PS 管）。聚苯乙烯是非结晶聚合物，由苯乙烯单体聚合而成。聚苯乙烯的透明度高达 88%~90%，有光泽，易于着色，化学稳定性高、耐水、耐光，导热系数不随温度变化，具有较高的绝热能力，成型加工方便，价格较低。但是聚苯乙烯性脆、抗冲击性差、易燃、耐热性差。

4) ABS 塑料管（简称 ABS 管）。ABS 是丙烯腈、丁二烯、苯乙烯三种单体的共聚体，丙烯腈使 ABS 具有良好的化学稳定性和表面硬度，丁二烯使 ABS 坚韧和具有良好的耐低温性能，苯乙烯则赋予 ABS 良好的加工性能。ABS 的总体性能取决于这三种单体的组成比例。根据 ABS 树脂中各种组分的含量不同，所呈现出的性能也不同。耐热级的 ABS 牌号树脂还具有很高的耐热性能。ABS 管具有优良的韧性、坚固性，并且具有耐蚀性，具有很高的溶剂黏结强度。所以 ABS 管是卫生洁具系统的下水、排污、放空和冷水（包括饮用水）供给输送系统的理想用管。可用于工业生产、建筑给水、食品化工、水处理、冷冻、空调、渔业养殖、温泉、水上运输工具用管等各类工程。

5) 聚丙烯塑料管（简称 PP 管）。PP 管是以丙烯-乙烯共聚物为原料，加入稳定剂，经挤出成型而成，其表面硬度高，表面光滑，使用温度小于 100℃。PP 管表面硬度虽高，使用时仍需防止擦伤，在装运和施工过程中仍应防止与坚硬的物体接触，更要避免碰撞。PP 管在 20℃ 使用 20 年的设计应力为 5.5MPa。PP 管多用作化学废液的排放管、盐水排放管，并且由于其材质轻、吸水性小及耐土壤腐蚀，常用于农田灌溉、水处理及农村供水系统。PP 管具有耐热、防腐、坚硬、使用寿命长和价格低廉等特点。

6) 有机玻璃（PMMA）管。由甲基丙烯酸甲酯加聚而成的热塑性塑料，俗称有机玻璃。它的透光性好，低温强度高，吸水性低，耐热性和抗老化性好，成型加工方便。其缺点是耐磨性差，价格较贵。

7）酚醛塑料管（简称 PF 管）。酚醛树脂塑料管由酚和醛在酸性或碱性催化剂的作用下缩聚而成，是典型的热固性塑料。酚醛树脂的黏结强度高，耐光、耐水、耐热、耐蚀、电绝缘性好，但性脆。在酚醛树脂中掺加填料、固化剂等制成的酚醛树脂制品表面光洁，坚固耐用，成本低，是常用的塑料品种之一。

8）聚酯塑料管（简称 PR 管）。聚酯树脂由二元或多元醇和二元或多元酸缩聚而成，具有热固性。聚酯树脂具有优良的胶结性能，弹性和着色性好，柔韧、耐热、耐水。

9）环氧塑料管（简称 EP 管）。环氧树脂是由双酚 A 和环氧氯丙烷缩聚而成的热固性塑料。环氧在未固化时是高黏度液体或脆性固体，易溶于丙酮或二甲苯等溶剂。加入固化剂后可在室温和高温下固化，固化后具有坚韧、收缩率小、耐水、耐腐蚀等特点。环氧树脂的最大特点是与各种材料均有很强的黏结力。

9.2.3　胶黏剂

胶黏剂又称黏结剂或黏合剂，它主要是指在两个物体的表面形成薄膜，并能把两个物体牢固地黏结成一个整体的合成高分子物质。胶黏剂具有足够的流动性，能充分浸润被黏物表面，黏结强度高，不易老化失效。

黏结工艺与铆接、焊接、螺栓连接等传统连接工艺相比较，具有许多优势。黏结工艺应力分布在整个黏结面上，可以避免应力集中；黏结对象不受限制，可黏结相同和不同材质的材料，以及结构形状复杂的微型构件和大面积薄型卷材；黏结结构质量轻、外形光滑美观；黏结既有连接作用又有密封作用。

胶黏剂一般都是由多种组分组成的，主要包括基料和各种助剂。助剂主要有固化剂、填料、增韧剂、稀释剂、防霉剂、防腐剂、防老剂、稳定剂等。

1）基料。基料是胶黏剂中的主要组分。黏结料应有良好的黏附性和润湿性。可以作为黏结料的物质包括合成树脂、合成橡胶、天然高分子化合物及无机化合物等。

2）固化剂。固化剂又称为硬化剂，是指能使黏合剂与黏结材料发生交联，使线型分子转变为体型分子，形成不熔性的网状结构的高聚物，常用的有酸酐类、胺类等。固化剂主要起加速硬化过程、增加内聚强度的作用。

3）填料。填料可降低胶黏剂的成本并改善胶黏剂的性能，使其黏度增大，收缩性减少，强度及耐热性提高，常用填料包括石英粉、滑石粉、水泥及各种金属与非金属氧化物等。

4）增塑剂。树脂固化后一般较脆，加入增韧剂后可提高冲击韧性，改善胶黏剂的流动性、耐寒性与耐振性，但会降低弹性模量、抗蠕变性、耐热性。

5）稀释剂。稀释剂主要用于调节胶黏剂的黏度，增加胶黏剂的涂敷浸润性。稀释剂分为活性和非活性两种。两者的区别在于前者参与固化反应，而后者不参与固化反应，只起到稀释作用。

6）其他助剂。如防老剂可以提高耐老化性能；金属粉末可以改善胶黏剂导电性；防霉剂可以防止胶黏剂的细菌霉变等；偶联剂可以提高胶黏强度；促进剂能够促进固化反应等。

9.2.4 土工合成材料

土工合成材料是工程建设中应用的与土、岩石或其他材料接触的聚合物材料（含天然的）总称，包括土工织物（图9-4）、土工膜（图9-5）、土工复合材料、土工特种材料。土工合成材料置于土体内部、表面或各种土体之间，发挥着加强或保护土体的作用。

图 9-4　土工织物　　　　　　　图 9-5　土工膜

土工织物是透水性土工合成材料，按制造方法分为有纺土工织物和无纺土工织物。有纺土工织物是由纤维纱或长丝按一定方向排列机织的土工织物。无纺土工织物是由纤维纱或长丝随机或定向排列制成的薄絮垫，经机械结合、热黏合或化学黏合而成的土工织物。土工织物广泛用于地基加固、边坡防护、道路与铁路建设、水利设施（如堤坝、河道护岸）的加固与防护，以及环境治理与生态修复等方面。

土工膜是一种以高分子聚合物为基本原料的防水阻隔型材料，也被称为聚乙烯土工膜、防渗膜或防水板。它通常由塑料 PE 原材料（如低密度聚乙烯 LDPE、高密度聚乙烯 HDPE 或乙烯/醋酸乙烯共聚物 EVA 等）通过特定工艺（如三层共挤吹塑）加工而成。土工膜作为防渗衬里，广泛应用于水库、河道、水坝及水池等构筑物，有效防止水体渗漏，保障水利设施的稳定运行。

土工网（图9-6）是一种大网格的二维结构，主要用于和上下两面的无纺织物滤层（或一面无纺织物、另一面土工膜）构成复合排水体。土工网以聚合物为主要原料，采用挤出工艺，经特制的旋转机头一步制成非编织型整体化平面网状结构。土工网使用的聚合物主要有高密度聚乙烯（HDPE）、低密度聚乙烯（LDPE）、聚丙烯（PP）等，其中尤以高密度聚乙烯的用量最多。土工网被广泛用于地基加固、边坡防护、道路与铁路建设、水利设施（如堤坝、河道护岸）的加固与防护，以及环境治理与生态修复等方面。通过将土工网铺设于土体内部或表面，并与土体紧密结合，可以显著提高土体的抗剪强度、抗拉强度和整体稳定性，有效防止土体滑坡、塌陷等灾害的发生。

土工格栅（图9-7）是由聚丙烯、聚氯乙烯等高分子聚合物经热塑或模压而成的二维网格状或具有一定高度的三维立体网格屏栅。整体由抗拉材料直接加工而成，呈规则孔状的一种平面聚合物结构，可以是挤压拉伸、黏合或编制而成，主要生产的是塑料土工格栅。土工格栅能显著增强路基或地基的承载力，有效防止地基沉降与破坏，还能在路面与涵洞施工中预防塌陷与开裂，增强土坡的稳定性，降低水土流失风险。在地震等自然灾害发生时，土工格栅能发挥显著的抗震减灾作用，阻隔地震力的传递，保护道路与构筑物的安全。

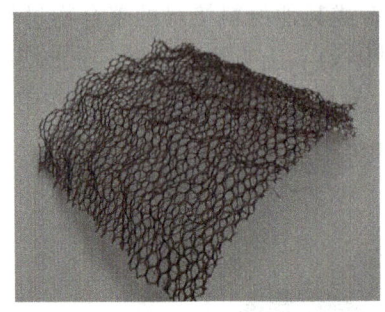
图 9-6　土工网

图 9-7　土工格栅

土工复合材料是由两种或两种以上材料复合成的土工合成材料。如复合土工膜是土工膜和土工织物（有纺或无纺）或其他高分子材料两种或两种以上材料的复合制品。

土工合成材料还有土工网垫、土工模袋和土工带等。

【创新思维培养】

TPO 防水卷材：大兴国际机场的防水铠甲

2019 年 10 月，大兴国际机场正式向世人"凤凰展翅"，它是人类建筑史上的一个奇迹。因其结构复杂、美轮美奂，已经成为网红界最新的打卡圣地。机场航站楼的中央穹顶最高点约 48.2m，约 8000 块玻璃，大面积的玻璃拼接使得内部充满繁复的线条，但玻璃之间用什么连接呢？如何防止雨水侵蚀和渗漏呢？让我们一起来揭秘。

航站楼及指廊天沟设计方案中使用增强型 TPO 防水卷材铺设在 2mm 厚镀锌钢板的上层作为柔性防水层，应用于中央采光顶的天沟、指廊天沟及西北、东北、西南、正南、东南几个方位分别至变形缝的天沟。这些区域结构复杂、面积庞大，对防水材料的要求极高。而 TPO 防水卷材凭借其出色的性能，完美匹配了这些复杂的环境。它不仅能够有效地防止雨水侵蚀和渗漏，还能够承受各种恶劣气候的考验，确保机场的正常运营。

TPO 防水卷材（图 9-8）全称"热塑性聚烯烃防水卷材"，在 20 世纪 80 年代末兴起于欧美国家，有着优良的焊接性能和超长的使用寿命。经过 30 年的发展，TPO 防水卷材已经超越改性沥青、聚氯乙烯（PVC）、三元乙丙橡胶（EPDM）等防水卷材，成为北美地区应用量最大的屋面卷材。进入 21 世纪之后，TPO 防水卷材在国内发展迅猛，TPO 防水卷材的优良性能，可以完美匹配各种复杂的环境，广泛应用于国内的各大工程中。

TPO 防水卷材之所以能够成为大兴国际机场的防水守护神，主要得益于其以下几个方面的优势：

首先，TPO 防水卷材具有出色的焊接性。这意味着在施工过程中，可以通过热焊接的方式将卷材之间紧密地连接在一起，形成一个无缝的防水层。这种连接方式不仅牢固可靠，还能够有效地防止水分渗透。

其次，TPO 防水卷材的使用寿命极长。经过特殊处理的 TPO 卷材能够抵御紫外线、臭氧等有害物质的侵蚀，从而保持其长期的稳定性和耐久性。这意味着在大兴国际机场的使用

图 9-8　TPO 防水卷材

过程中，TPO 防水卷材能够长时间地保持其防水性能，减少维修和更换的频率。

此外，TPO 防水卷材还具有优异的环保性能和耐化学腐蚀性。它不会释放有害物质对环境造成污染，同时能够抵御各种化学物质的侵蚀，保持其防水性能的稳定。这使得 TPO 防水卷材在环保要求日益严格的今天，更加受到人们的青睐。

【工程素质培养】

在某大型基础设施建设项目中，项目团队在管道材料的选择上，基于成本效益和安装便利性的考虑，决定采用 PVC（聚氯乙烯）管道。该项目位于一个气候极端恶劣的地区，昼夜温差极大，地形复杂，土壤多变，常年风沙肆虐，由于环境因素的影响，PVC 管道的使用寿命大大缩短。

【事故原因分析】

工程选材需充分考虑环境因素的重要性。在气候恶劣、环境复杂的地区，应优先选择耐候性更强、适应性更广的材料。该工程项目位于气候恶劣的地区，昼夜温差大，白天温度高，夜晚温度低。这种温度变化导致 PVC 管道不断出现伸缩变形，这种频繁的物理变形加速了管道材料的疲劳，导致管道连接处松动、密封性能下降。再加上风沙等自然因素的侵蚀，使得管道表面出现了老化、开裂等问题。

为了解决这一问题，项目团队对所有已安装的 PVC 管道进行全面检查，对老化、开裂严重的管道进行更换，确保管道系统的完整性。在管道外部加装保温材料，如聚氨酯泡沫、岩棉等，以减少温度波动对管道的影响，提高管道的保温性能和抗伸缩能力。建立管道监测系统，定期对管道的运行状态进行监测，及时发现并处理潜在问题。

【经验与教训】

面对复杂多变的工程环境，项目团队没有回避问题，而是积极寻求解决方案，体现了工程师的责任与担当。同时，通过加强团队协作，整合资源，共同应对挑战，也彰显了团队的力量。

【材料与生态】

田径场中的薰衣草田：巴黎奥运会紫色跑道

2024 年巴黎奥运会开幕。讨论度最高的，应该就是"田径场中的薰衣草田"——巴黎奥运紫色田径跑道了。近年来，低碳、绿色、环保成为举办大型赛事的必然趋势。可持续发展、低碳绿色，也成为此次巴黎奥运会的关键词。与此同时，巴黎主办方还提出了打造"史上最环保奥运会"的目标，并通过一系列涵盖了衣食住行方面具体且细致的可持续举措，引领奥运的"绿色"风潮。

2024年巴黎奥运会的组织者承诺，本届奥运会的碳足迹将比往届夏季奥运会的平均水平减少一半。为达到此目标，奥组委采用了大量回收材料、可再生材料及环保材料来建设场馆。例如，法兰西体育场内为田径比赛而造的紫色跑道（图9-9），不仅色彩新颖，更采用了天然橡胶、矿物成分、颜料和添加剂等环保材料，其中约50%的材料来自回收或可再生资源。

图9-9 巴黎奥运会田径场馆跑道材料

紫色跑道的诞生，是巴黎奥运会绿色承诺的生动体现。这一创新不仅减少了资源消耗，还降低了碳足迹，为全球范围内的体育赛事树立了新的可持续标杆和典范，推动了全球的可持续发展。

【工程能力训练】

❖ 单项选择题

1. 下列（　　）属于热固性塑料。
   A. 聚乙烯塑料　　B. 酚醛塑料　　C. 聚苯乙烯塑料　　D. 有机硅塑料
2. 【一级建造师考试真题】以合成或天然高分子树脂为基本材料，再按一定比例加入填充剂、增塑剂、固化剂、着色剂及其他助剂等，在一定条件下经混炼、塑化成型，在常温常压下能保持产品形状不变的材料是（　　）。
   A. 塑料　　B. 涂料　　C. 玻璃　　D. 胶合板
3. 【一级建造师考试真题】以下属于热塑性塑料的是（　　）。
   A. 酚醛　　B. 聚苯乙烯　　C. 不饱和聚酯　　D. 有机硅
4. 【一级建造师考试真题】塑料的主要性质取决于（　　）的性质。
   A. 填充剂　　B. 增塑剂　　C. 稳定剂　　D. 合成树脂
5. 【一级建造师考试真题】以下属于有机胶黏剂的是（　　）。
   A. 沥青胶　　B. 水泥　　C. 硅酸盐　　D. 磷酸盐

❖ 问答题

1. 高分子材料的合成方法有哪些？各自有哪些特点？
2. 与传统建筑材料相比较，塑料有哪些优缺点？

第10章 建筑竹木

【知识目标】

了解木材的防腐、防火与防虫；熟悉木材的分类、土木工程中常用的木材及木质材料制品，以及竹材在绿色建筑中的应用；掌握木材和竹材的主要物理力学性质。

【思维导图】

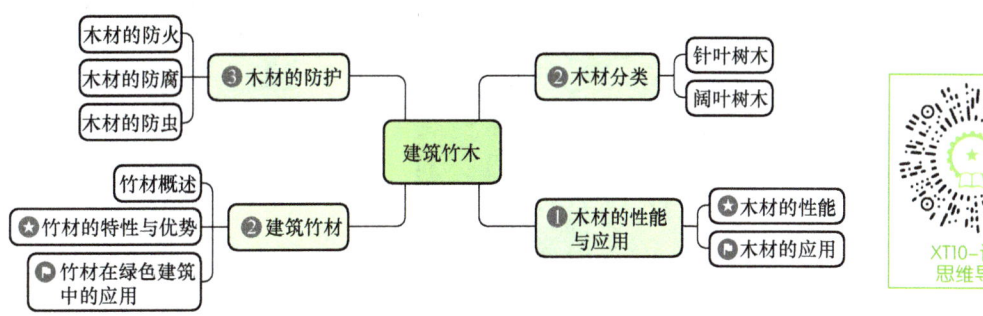

【工程案例导入】

应县木塔：斗拱"博物馆"的传奇

木材是人类使用最早的建筑材料之一。我国在木材建筑技术和木材装饰艺术方面都有很高的水平和独特的风格。如佛宫寺释迦塔，又称应县木塔，位于山西省朔州市应县佛宫寺内，始建于辽清宁二年（1056年），是世界上现存最高大、最古老纯木结构楼阁式建筑（图10-1），与意大利比萨斜塔、巴黎埃菲尔铁塔并称"世界三大奇塔"。

佛宫寺释迦塔整体架构所用全为木材，全塔斗拱众多，是中国古典高层木结构的典型实例。佛宫寺释迦塔主体使用材料为华北落叶松，斗拱使用榆木。

图10-1 山西应县木塔（左）及模型（右）

木料用量多达上万立方米。全塔上下有59种不同形式、成百上千朵斗拱，犹如朵朵盛开的莲花装点于塔身各处，种类之多国内罕见，有"斗拱博物馆"之称。斗拱既可以替立柱分担重量，又能对外来的力量起到缓冲、分散的作用。从结构上讲，应县木塔的设计更为巧妙，全塔上下没有用一颗铁钉，全靠木构件互相卯榫咬合而成。

10.1 建筑木材

10.1.1 木材的分类

天然树木种类繁多，不同树种制成的木材在结构和性能上呈现不同的特点。从树叶的外观形状可分为针叶树（图10-2）和阔叶树（图10-3）两大类。

图10-2 针叶树（冷杉）　　　　　图10-3 阔叶树（杨树）

针叶树树干通直而高大，易得大材，纹理平顺，材质均匀，木质较软而易加工，故又称软木材。针叶树表面密度和胀缩变形较小，具有耐蚀性较强的优点，主要用作承重构件和家具用材。常用树种有松树、云杉、冷杉、柏木等。

阔叶树树干通直部分一般较短，材质较硬，较难加工，故又名硬木材。阔叶树一般较重，强度较大，胀缩、翘曲变形较大，较易开裂，因此建筑上常用作尺寸较小的构件。有些树种具有美丽的纹理，适于作内部装修、家具及胶合板等。常用树种有杨树、柳树、榆树、柞木、桦木、楠木等。

10.1.2 木材的性能与应用

1. 木材的性能

（1）化学性质

木材细胞壁是主要由纤维素、半纤维素、木质素组成，含有少量的油脂、树脂、果胶质、蛋白质等，其中纤维素占50%左右。由此可见，木材的组成主要是

一些天然高分子化合物。

木材的化学性质复杂多变。在常温下木材对稀的盐溶液、稀酸、弱碱有一定的抵抗能力，但随着温度升高，木材的抵抗能力显著降低。而强氧化性的酸、强碱在常温下也会使木材发生变色、湿胀、水解、氧化、酯化、降解交联等反应。在高温下即使是中性水也会使木材发生水解等反应。木材的化学性质是某些处理、改性及综合利用木材的工艺基础。

（2）物理性质

1）密度与表观密度。木材的密度是指构成木材细胞壁物质的密度。木材的表观密度则随木材孔隙率、含水率及其他一些因素的变化而不同，一般有气干表观密度、绝干表观密度和饱水表观密度之分。密度具有变异性，即从髓心到树皮或早材与晚材及树根部到树梢的密度变化规律随木材种类的不同有所不同，为 $1.50 \sim 1.56 g/cm^3$，表观密度为 $0.37 \sim 0.82 g/cm^3$。

2）含水率与吸湿性。木材的含水率是指木材所含水的质量占干燥木材质量的百分数。含水率的大小对木材的湿胀干缩性和强度影响很大。新伐木材的含水率常在35%以上；风干木材的含水率为15%~25%；室内干燥木材的含水率为8%~15%。

木材中所含水分可分为自由水、吸附水及化合水三种。自由水是指存于细胞腔和细胞间隙中的水分，吸附水是指被吸附在细胞壁内细纤维之间的水分，化合水是指木材化学组成中的结合水。自由水的变化只影响木材的表观密度、燃烧性和耐蚀性，而吸附水的变化是影响木材强度和胀缩变形的主要因素，结合水在常温下不发生变化。

当木材中无自由水，而细胞壁内充满吸附水并达到饱和时的含水率称为纤维饱和点。纤维饱和点是木材物理力学性质发生变化的转折点，其值随树种的不同而有所差异，通常为25%~35%，平均值为30%。

木材的吸湿性是双向的，即干燥的木材能从周围的空气中吸收水分，潮湿的木材也能在较干燥的空气中失去水分，其含水率随环境温度和湿度而变化。当木材长时间处于一定温度和湿度的环境中时，其含水率会趋于稳定，此时的含水率称为木材的平衡含水率。木材的平衡含水率随其所在地区不同而有所差异，我国北方约为12%，南方约为18%，长江流域一般为15%。

3）湿胀干缩性。木材的纤维细胞组织构造使木材具有显著的湿胀干缩变形特性。木材的纤维饱和点是木材发生湿胀干缩变形的转折点，其规律是：当木材的含水率在纤维饱和点以下时，随着含水率的增大，木材体积膨胀；随着含水率的减小，木材体积收缩。当木材含水率在纤维饱和点以上变化时，只是自由水增减、木材的质量改变，而木材的体积不发生变化。由于木材构造的不均质性，各方向的胀缩变形也不一致。同一木材中，弦向胀缩变形最大，径向次之，纵向最小。木材的胀缩使其截面形状和尺寸有所改变，甚至产生裂纹和翘曲，致使木构件的结合部凸起或松弛，强度降低。为了避免这种不利影响，通常在加工制作前将木材进行干燥处理，使其含水率达到与其使用环境的湿度相适应的平衡含水率。

（3）力学性质

木材的微观结构如图10-4所示。木材构造的各向异性，使木材的力学性质也具有明显的方向性。土木工程中木材所受荷载种类主要有压、拉、弯、剪切等。在顺纹方向，木材的抗压和抗拉强度较高，而在横纹方向，弦向与径向又不同。

1）抗压强度。木材的顺纹抗压强度较高，仅次于顺纹抗拉和抗弯强度，且木材的疵病影响较小。顺纹受压破坏是木材细胞壁丧失稳定性的结果，并非纤维的断裂。工程中常见的柱、桩、斜撑及桁架等承重构件均是顺纹受压。木材横纹受压时，开始细胞壁弹性变形，此时变形与外力成正比。当超过比例极限时，细胞壁失去稳定，细胞腔被压扁，随即产生大量变形。所以，木材的横纹抗压强度以使用中所限制的变形量来决定，通常取其比例极限作为横纹抗压强度极限指标。木材横纹抗压强度比顺纹抗压强度低得多。通常只有其顺纹抗压强度的 10%～20%。

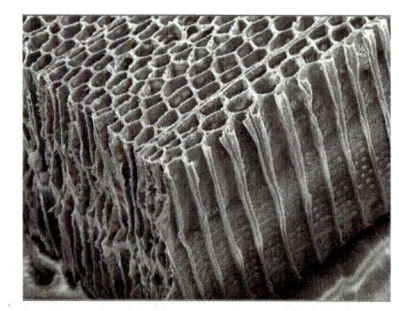

图 10-4　木材的微观结构

2) 抗拉强度。木材的顺纹抗拉强度是木材各种力学强度中最高的。顺纹受拉破坏时往往不是纤维被拉断而是纤维间被撕裂。顺纹抗拉强度为顺纹抗压强度的 2～3 倍。但强度值波动范围大。木材的疵病（如木节、斜纹、裂缝等）都会使顺纹抗拉强度显著降低。同时，木材受拉杆件连接处应力复杂，这是使顺纹抗拉强度难以被充分利用的原因。木材的横纹抗拉强度很小，仅为顺纹抗拉强度的 1/40～1/10，因为木材纤维之间横向连接薄弱。

3) 抗弯强度。木材弯曲时会产生拉应力、压应力和剪应力。对于受弯构件，上部为顺纹抗压，下部为顺纹抗拉，在水平面则为顺纹抗剪。木材在承受弯曲荷载时，通常在受压区首先达到强度极限，开始形成微小的不明显的皱纹，但并不立即破坏，随着外力增大，皱纹慢慢地在受压区扩展，产生大量塑性变形，以后当受拉区域内许多纤维达到强度极限时，则因纤维本身及纤维间连接的断裂而最后破坏。木材的抗弯强度很高，仅小于顺纹抗拉强度，为顺纹抗压强度的 1.5～2 倍。因此，木材在土建工程中应用很广，如用于桁架、梁、桥梁、地板等。木材的疵病和缺陷对抗弯强度影响很大，使用中应注意。

4) 抗剪强度。木材在受剪时，根据剪力的作用方向与纤维方向可分为顺纹剪切、横纹剪切和横纹切断三种，如图 10-5 所示。

a) 顺纹剪切　　　b) 横纹剪切　　　c) 横纹切断

图 10-5　木材的剪切

顺纹剪切时，剪力方向与纤维平行，绝大部分纤维本身并不破坏，而只是破坏剪切面中纤维间的连接。顺纹剪切破坏是由于纤维间连接撕裂产生纵向位移和受横纹拉力作用所致，因此木材的顺纹抗剪强度很小，一般为同一方向抗压强度的 15%～30%。横纹剪切破坏是破坏剪切面中纤维的横向连接，是剪切面中纤维的横向连接被撕裂的结果，因此木材的横纹剪切强度比顺纹剪切强度还要低。横纹切断破坏则是指木材纤维被切断，因此这种强度较大，一般为顺纹剪切强度的 4～5 倍。横纹切断强度最高，顺纹剪切强度次之，横纹剪切强度最低。假设木材的顺纹抗压强度为 1，木材各种强度之间的比例关系见表 10-1。

表 10-1　木材各强度之间的比例关系

抗压		抗拉		抗弯	抗剪	
顺纹	横纹	顺纹	横纹		顺纹	横纹
1	1/10～1/3	2～3	1/20～1/3	1.5～2	1/7～1/3	1/2～1

2. 木材的应用

木材是人类使用最早的建筑材料之一。作为建筑材料，木材具有许多优良性能，如轻质高强，较高的弹性和韧性，耐冲击和振动；易于加工；在干燥环境或长期置于水中均有很好的耐久性；气干木材是良好的热绝缘和电绝缘材料；大部分木材都具有美丽的天然花纹，给人以淳朴、古雅、亲切的质感，因此木材作为装饰与装修材料，具有独特的功能和价值，被广泛应用。木材也有缺点，如其应用引起的膨胀和收缩构造不均匀；易随周围环境湿度变化而改变含水量，或引起膨胀或收缩；易腐朽或虫蛀；易燃烧；天然缺陷较多等。然而，对木材进行一定的加工和处理后，可有效改善这些缺点。

在建筑工程中直接使用的木材常有原木、板材和枋材三种形式。原木是指去皮去枝梢后按一定规格锯成一定长度的木料；板材是指宽度为厚度的三倍或三倍以上的木料；枋材是指宽度不足厚度三倍的木料。除了直接使用木材外，还对木材进行综合利用，制成各种人造板材。各类人造板及其制品是室内装饰装修最主要的材料之一。这样既提高木材使用率，又改善天然木材的不足。

（1）地板

实木地板是未经拼接、覆贴的单块木材直接加工而成的地板。实木地板有四种分类：按表面形态分为平面实木地板和非平面实木地板；按表面有无涂饰分为涂饰实木地板和未涂饰实木地板；按表面涂饰类型分为漆饰实木地板和油饰实木地板；按加工工艺分为普通实木地板和仿古实木地板。

实木复合地板是以实木拼板或单板（含重组装饰板）为面板，以实木拼板、单板或胶合板为芯层或底层，经不同组合层加工而成的地板（图 10-6）。实木复合地板适用于办公室、会议室、商场、展览厅、民用住宅等的地面装饰。

图 10-6　多层实木复合地板结构

浸渍纸层压木质地板是以一层或多层专用纸浸渍热固性氨基树脂，铺装在刨花板、中密度纤维板、高密度纤维板等人造板基材表面，背面加平衡层，正面加耐磨层，经热压而成的地板。浸渍纸层压木质地板的商品名称为强化木地板。浸渍纸层压木质地板具有耐烫、耐污、耐磨、抗压、施工方便等特点，安装方便，板与板之间可通过槽榫连接。在地面平整度保证的前提下，复合木地板可直接浮铺在地面上，而不需用胶黏结。

木塑地板是由木材等纤维材料同热塑性塑料分别制成加工单元，按一定比例混合后，经成型加工制成的地板。表面未经其他材料饰面的木塑地板为素面木塑地板；表面经涂料涂饰处理的木塑地板为涂饰木塑地板；表面经浸渍胶膜纸等材料贴面处理的木塑地板为贴面木塑地板。

（2）人造板

人造板是以木材或非木材植物纤维材料为主要原料，加工成各种材料单元，施加（或不施加）胶黏剂和其他添加剂，组坯胶合而成的板材或成型制品。主要包括胶合板、刨花板、纤维板及其表面装饰板等产品。

胶合板又称层压板，是用蒸煮软化的原木旋切成大张薄片，再用胶黏剂按奇数层以各层纤维互相垂直的方向黏合热压而成的人造板材（图10-7）。胶合板大大提高了木材的利用率，其主要特点是由小直径的原木就能制得宽幅的板材；因其各层单板的纤维互相垂直，故能消除各向异性，得到纵横一样的均匀强度；干湿变形小；没有木节和裂纹等缺陷。胶合板广泛用作建筑室内隔墙板、天花板、门框、门面板，各种家具及室内装修等。

图10-7 胶合板截面

刨花板指将木材或非木材植物纤维材料原料加工成刨花（或碎料），施加胶黏剂（或其他添加剂）组坯成型并经热压而成的一类人造板材。刨花板可用作吊顶、隔墙、家具等。

10.1.3 木材的防护

木材作为土木工程材料，最大的缺点是容易腐蚀和燃烧。木材腐蚀和燃烧会极大地缩短其使用寿命，并限制其应用范围。采取有效的措施进行木材防护，提高木材的耐久性，对木材的使用具有十分重要的意义。

1. 木材的防火

木材的易燃性是其主要缺点之一。木材的防火处理，也称阻燃处理，旨在提高木材的耐火性，使之不易燃烧；或当木材着火后，火焰不致沿材料表面很快蔓延；或当火焰移开后，木材表面上的火焰立即熄灭。对木材及其制品采取表面覆盖、涂抹、深层浸渍阻燃剂等方法，可实现防火的目的。

防火涂层材料有无机涂料和有机涂料。无机涂料如硅酸盐类、石膏等，有机涂料如四氯苯酐醇树脂防火涂料、膨胀型丙烯酸乳胶防火涂料等。

覆盖材料可用各种金属。

浸渍用的防火剂有以磷酸铵为主要成分的磷-氮系列、硼化物系列、卤素系列及磷酸-氨基树脂系列等。

2. 木材的防腐

木材是天然的有机材料，易受真菌或昆虫的侵害而腐朽变质。木材中常见的有霉菌、变色菌、腐朽菌三种。霉菌、变色菌不破坏木材细胞壁，所以霉菌、变色菌只使木材变色，影响外观，而不影响木材的强度。腐朽菌对木材危害严重，腐朽菌通过分泌酶来分解木材细胞壁组织中的纤维素、半纤维素和以木质素为其养料，使木材腐朽败坏。

真菌的生存繁殖均需要适宜的条件，如水分、空气、温度、养料等。真菌最适宜生存繁殖的条件是：温度在 25～30℃；木材含水率为 30%～60%；有一定量空气存在。当温度高于 60℃或低于 5℃，木材含水率低于 25%，隔绝空气时，真菌都难以生存。

因此，将木材置于通风、干燥处或浸没在水中或深埋于地下或表面涂漆等方法，都可作为木材的防腐措施。此外，还可采用化学有毒药剂，喷淋，或浸泡，或注入木材，从而抑制或杀死菌类、虫类，达到防腐目的。防腐剂种类很多，常用的有三类：

1）水溶性防腐剂。主要有氟化钠、硼砂等。这类防腐剂主要用于室内木构件防腐。

2）油剂防腐剂。主要有杂酚油、杂酚油-煤焦油混合液等。这类防腐剂毒杀效力强，毒性持久，但有刺激性臭味，处理后材面呈黑色，故多用于室外、地下或水下木结构。

3）复合防腐剂。主要品种有硼酚合剂、氟铬酚合剂、氟硼酚合剂等。这类防腐剂对菌、虫毒性大，对人、畜毒性小，药效持久，因此应用日益广泛。

3. 木材的防虫

木材除受真菌侵蚀外，还会遭受昆虫的蛀蚀，如白蚁、天牛等。因各种昆虫危害而造成的木材缺陷称为虫眼。它们是昆虫在木材内部蛀蚀形成的坑道，会破坏木材结构，使木材改变原有的性质和丧失使用价值，甚至结构崩溃。浅的虫眼或小的虫眼对木材强度无影响，大而深的虫眼或深而密集的小虫眼，均会破坏木材的完整性，并降低木材强度，同时引起边材变色及边材真菌腐朽。虫害的防治方法有以下几种。

（1）生态防治

生态防治是一种利用环境调控手段来预防和控制虫害的方法。根据蚀虫的生活特性，可以采取一系列措施，使需要保护的木材及其制品尽量避开害虫密集区，以及它们生存和活动的最佳区域。例如，在建筑设计中，通过合理布局和选材，可以减少木材与潮湿环境的接触，从而降低害虫滋生的可能性。同时，改善建筑内部的透光、通风和防潮条件，也能创造出不利于害虫生存的环境条件，从而有效地预防和控制虫害。

（2）生物防治

生物防治是一种利用生物间的相互作用关系来控制害虫的方法。在木材防虫害中，可以保护害虫的天敌，如捕食性昆虫、寄生性昆虫和病原微生物等，利用它们来抑制害虫的繁殖和扩散。通过维护生态平衡，我们可以实现害虫的自然控制，减少对化学农药的依赖，保护环境和人类健康。

（3）物理防治

物理防治是一种利用物理手段来杀灭或驱赶害虫的方法。在木材防虫害中，可以采用灯光诱捕的方式，利用害虫对光的敏感性，将其吸引到特定区域进行捕杀。此外，还可以利用水封杀的方法，将木材浸泡在水中或喷洒水雾，以淹死或驱赶害虫。物理防治方法具有操作简单、无污染、不产生抗性等优点，是木材防虫害的重要辅助手段。

（4）化学防治

化学防治是当前木材防虫害的主要方法，它利用化学药物来杀灭害虫。通过使用杀虫剂、防腐剂等化学药剂，可以有效地控制害虫的繁殖和扩散，保护木材的质量和延长其使用寿命。然而，化学防治也存在一些问题，如环境污染、药剂残留和害虫抗药性等。因此，在使用化学防治方法时，需要严格控制药剂的使用量和频率，选择环保、低毒、高效的化学药剂，并遵守相关法规和标准，以确保人类健康和环境的可持续发展。

10.2 建筑竹材

V25-竹材的特性

10.2.1 竹材概述

竹材主要指竹类植物（俗称竹子）的竹秆部分。竹类植物属于禾本科的竹亚科。全世界已有记载的共有 50 多属，1200 多种，大部分产于热带区域，少数属种延至亚热带及温带各地，但主要分布地区为东南亚季候风带。

在我国，竹类植物有 30 个属 300 余种，自然分布地区很广，南自海南岛，北至黄河流域，东起台湾岛，西迄西藏的错那和雅鲁藏布江下游，相当于北纬 18°～35°和东经 92°～122°。其中，以长江以南地区的竹种最多，生长最旺，面积最大。由于气候、土壤、地形的变化，竹种生物学特性的差异，我国竹子分布具有明显的地带性和区域性，图 10-8 所示为毛竹。

图 10-8　毛竹

我国竹资源非常丰富，竹材及其制品在土木工程中的应用有着悠久的历史。随着科学的发展和现代工业制造技术水平的提高，各种新型竹材制品不断研制出来，并在工程结构中得到应用。由于竹资源具有可再生性，所以新型竹结构及竹木复合结构具有很好的应用前景。

10.2.2 竹材的特性与优势

竹材和木材一样，都是天然生长的有机体，同属非均质各向异性材料。但是，它们在外观形态、结构和化学成分上都有很大的差别，具有自己独特的物理力学性能。竹材和木材相比较，具有强度高、韧性大、刚性好、易加工等特点，使竹材具有多种多样的用途，但这些特性也在相当大的程度上限制了其优异性能的发挥。

（1）易加工、用途广泛

竹材纹理通直，用简单的工具即可加工编织成各种图案的工艺品、家具、农具和各种生活用品；新鲜竹子通过烘烤还可以弯曲成型制成多种造型别致的竹制品；竹材色浅，易漂白、染色；原竹还可直接用于建筑、渔业等多个领域。

（2）直径小、壁薄中空、具尖削度

竹材的直径一般小于木材。工业用木材一般直径范围为几十厘米至 1m 或 2m，而竹材的直径则只有 1cm、2cm 至十几厘米。由于竹材都是壁薄中空，其直径和壁厚由根部至梢部逐渐变小（图 10-9），这一特性使其不能像木材那样通过锯切加工获得高得率的板材。

（3）结构不均匀

竹材在壁厚方向上，外层的竹青，组织致密、质地坚硬、表面光洁、附有一层蜡质，对水和胶黏剂润湿性差；内层的竹黄，组织疏松、质地脆弱，对水和胶黏剂的润湿性也较差；

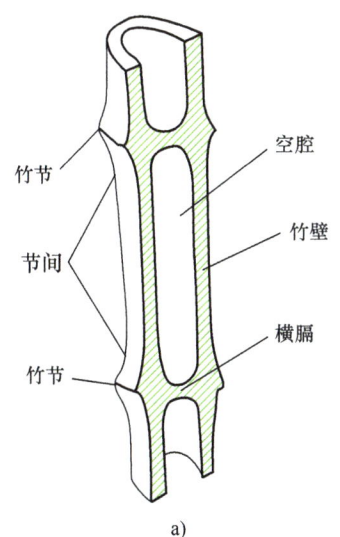

a)　　　　　　　　　　　　b)

图 10-9　竹的典型段结构

中间的竹肉，性能介于竹青和竹黄之间，是竹材利用的主要部分。由于三者之间结构上的差异，这一特性给竹材的加工和利用带来很多不利影响。

（4）各向异性明显

竹材和木材都具有各向异性的特点。但是由于竹材中的维管束走向平行而整齐、纹理一致，没有横向联系，因而竹材的纵向强度小，容易产生劈裂。一般木材纵横两个方向的强度比约为 20:1，而竹材却高达 30:1。加之竹材不同方向、不同部位的物理性能、力学性能、化学组成都有差异，因而给加工、利用带来很多不稳定的因素。图 10-10 所示为竹节微观断面结构。

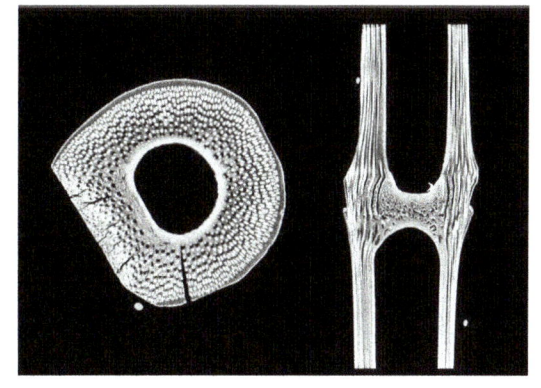

图 10-10　竹节微观断面结构

（5）易虫蛀、腐朽和霉变

竹材比一般的木材含有较多的昆虫和微生物所需的营养物质。其中，蛋白质为 1.5%～6.0%、糖类为 2% 左右、淀粉类为 2.0%～6.0%、脂肪和蜡质为 2.0%～4.0%，因而在适宜的温、湿度条件下使用和保存时，容易引起虫蛀和病腐。竹材的腐烂和霉变主要由腐朽菌寄生所引起，在通气不良的湿热条件下，极易发生。试验表明，未经处理的竹材耐久性较差。

（6）运输费用大，难以长期保存

由于竹材壁薄中空，体积大而容积小，车辆实际装载量少，运输费用高，不宜长距离运输。竹材易虫蛀、腐朽，因此不宜室外长时间露天保存，而竹材砍伐期有较强的季节性，每年有 3～4 个月要护笋养竹，不能砍伐。因此，原竹生产难以满足规模、均衡的工业化生产。

10.2.3　竹材在绿色建筑中的应用

目前，我国大力发展低碳经济，推广建设绿色建筑，即在全生命期内，节约资源，保护环境，减少污染，为人们提供健康、适用、高效的使用空间，最大限度地实现人与自然和谐共生的高质量建筑。因此，绿色、生态、环保、低碳的新型建筑结构材料是土木工程科技发展的必然方向。

竹材具有资源丰富、可再生、生长快、强度高、韧性好、硬度大、环保等特点，在绿色建筑中的应用体现在其独特的物理特性和环保属性上，为建筑领域提供了广泛的用途和优势，因而竹材是建筑工程材料的理想原料。竹制建筑材料不仅能够有效节约能源，还能够提供良好的隔热、隔声效果，竹材还具有抗震性能突出的特点，使得竹制建筑能够在地震等自然灾害中更好地保护人们的生命财产安全。此外，竹材作为低碳可再生的生物质材料，装配化程度高、建造快，是绿色建筑和装配式建筑的重要类型之一。在我国推广竹质建材和现代竹结构建筑有天然的优势和巨大的潜力。

竹复合材料具有轻质、高强度、环保等优点，已在建筑领域展现出广泛的应用前景。竹复合材料在建筑中的应用，既满足了建筑结构的要求，又在环境中具有良好的持久性。这种材料具有优异的可塑性和抗压性能，为建筑领域提供了新的可行性材料选择，满足了绿色建筑的需求并推动了建筑领域的可持续发展。

竹纤维是从自然生长的竹子中提取出的纤维素纤维。竹原纤维具有良好的透气性、瞬间吸水性、较强的耐磨性和良好的染色性等特性，具有天然抗菌、抑菌、除螨、防臭和抗紫外线功能。

综上所述，竹材在绿色建筑中的应用不仅体现了其对环保和可持续发展的贡献，同时也展示了其在建筑领域的技术创新和应用潜力。

【创新思维培养】

竹与木的启示：探索仿生结构在建筑中的应用

在自然界中，竹子和木头以其独特的结构和形态，展现了大自然的智慧。它们不仅具有优雅的外观，更拥有卓越的力学性能和适应性，为人类提供了无尽的灵感。近年来，随着仿生学的发展，建筑师们开始从竹和木的结构中汲取灵感，创造出既美观又实用的仿生建筑结构。

竹的仿生结构

竹子的茎秆由许多空心的节间组成，这种结构赋予了竹子极高的强度和韧性。科学家们发现，竹子的这种结构可以有效地分散和承受外力，使得整个植株即使面对强风也能屹立不倒。受到这一特性的启发，建筑师们开始尝试将竹的结构应用于建筑设计中（图10-11、图10-12）。

例如，研究人员受到竹子结构及其优异力学性能的启发，设计了多种仿竹结构的吸能管。调整吸能管壁厚和增加横向隔板，可以提高吸能效率和压溃效率，减少峰值力。一些建筑采用了类似竹节的分段式设计，通过设置多个支撑点来增强建筑的稳定性，组合多层管壁和横向肋板，则增强了结构的抗拉强度和能量吸收能力。这些设计通过模仿竹子的壁厚梯度、竹节结构和纤维束排列，大大提升了吸能特性和结构强度。此外，还有建筑师利用竹子的空心结构，创造出轻质且强度高的建筑材料。这些材料不仅具有良好的隔热和隔声效果，还能有效减轻建筑物的重量，降低对地基的压力。

第10章 建筑竹木

图10-11 仿竹多节式结构的台北101大楼

图10-12 仿竹笋降风阻结构的上海中心大厦

木的仿生结构

木材作为一种天然材料,其纹理和结构同样蕴含着丰富的力学原理。树木的生长方式使得木材具有自然的纹理,这些纹理不仅赋予木材独特的美感,还使其在不同方向上展现出不同的力学性能。例如,顺着纹理方向,木材具有较高的强度和韧性;而垂直于纹理方向,则相对脆弱。基于这一特性,建筑师们在设计时会充分考虑木材的纹理方向,以确保建筑的稳定性和耐久性;同时,他们还借鉴了树木分枝的生长方式,创造出具有层次感和动态美的空间布局(图10-13)。这种设计不仅美观大方,还能提高空间的利用率和通风效果。

图10-13 仿生BUGA木质展亭

竹与木的仿生结构为建筑领域带来了新的设计理念和可能性。通过借鉴自然界的智慧,建筑师们能够创造出既美观又实用的建筑作品。未来,随着仿生学的不断发展和深入,将会有更多创新的仿生结构被应用于建筑领域,为人类创造更加美好的生活环境。

【工程素质培养】

某邮电调度楼设备用房位于7楼现浇钢筋混凝土楼板上,铺炉渣混凝土50mm,再铺木地板。完工后设备未及时进场,门窗关闭了一年。当设备进场时,发现木板大部分腐蚀,人踩上即断裂。

【事故原因分析】

在这个案例中,导致木板腐蚀和断裂的原因有多方面。首先,炉渣混凝土中的水分未能有效排出,而是被封闭在木地板内部,这导致了水分慢慢渗透到木格栅和木地板中。其次,由于门窗长时间关闭，室内通风不良，木材的含水率增加，为真菌的生长创造了适宜的环境条件，最终导致木材腐蚀。此外，木地板未进行适当的防腐和防潮处理，也是导致腐蚀的一个关键因素。

【经验与教训】

在工作中，责任意识和质量管理是确保项目成功的关键要素。本案例中的木板腐蚀严重，反映出在施工过程中可能存在材料选择不当、施工质量控制不严等问题。此外，设备用房长时间无人管理，也体现了责任意识的缺失。

【材料与生态】

从"一根竹"到"一段钢"，探索竹材高科技

在我们这个科技日新月异的时代，总有一些创新突破能让人眼前一亮。今天，咱们要聊的，就是这样一种神奇的存在——"竹钢"。苏轼曾说"宁可食无肉，不可居无竹"，竹本身自带着高风亮节、温文尔雅的气质，代表着古往今来，人们对精神境界和简单生活的追求。竹作为中国传统文化中"岁寒三友"之一，不仅象征着坚韧不拔的品格，更以其独特的物理和化学特性，在现代科技中焕发新生。而"竹钢"这一称呼，正是对其性能的一种生动比喻——既有竹之韧性，又有钢之坚锐。

竹钢全称"高性能竹基纤维复合材料"，以我国南方地区大量生长的竹材资源为原料，把竹子中含有的易氧化腐化的成分例（如糖、水等）去掉，主要成分为竹纤维、酚醛树脂和水，各自占比为88%、6%和6%，并把竹子经高温高压合成，竹材利用率高达90%以上。竹钢的拉伸强度是同等重量钢材的3倍，而其批量生产的成本则基本相当，寿命可长达50年，因此称作"竹钢"。建筑结构的竹钢板材的厚度有10mm、20mm、30mm三个规格，大板面设计，可自由裁切，出材率可达100%。竹钢应用于建筑结构时，不像木材的力学性能易受接缝、斜纹、裂纹、生长环境等缺陷因素影响，因此强度和力学性能远远高于木材。

竹钢材料以其独特的性能和环保特性在现代工程中展现出巨大的应用潜力（图10-14）。它不仅易于加工，可锯切、铣刨、连接和拼接，而且耐候、耐久性出色，即使在多雨、潮湿气候下也不易变形、腐蚀。竹钢的阻燃等级为有机材料B1级（难燃），在燃烧碳化后无烟、毒气产生，一定时间内保有一定强度。此外，竹钢还具有良好的附着性，可上色，表面可喷涂各类木油、木蜡油、水性清漆等，易于施工。其甲醛释放量＜0.05mg/m，达到国家标准E0级，低碳环保。竹钢的抗弯弹性模量≥30GPa，抗弯强度≥350MPa，顺纹抗拉强度≥360MPa，顺纹抗压强度≥140MPa，顺纹抗剪强度≥20MPa，表现出高韧性和高强度的特点。由于竹钢具有良好的可加工性，通过拼接板材的结构方式可采用装配式施工，对气候的

图10-14 竹钢搭建龙泉山丹景阁外廊与挑檐的伞状斜撑

适应能力较强，不会像混凝土工程一样需要很长的养护期，即使冬期施工也不受限制，大大缩短了工期。这些特点使得竹钢在建筑结构、工业设计等领域得到广泛应用，为现代工程提供了更加高效、环保的解决方案。

竹钢在"十一五"规划期间被列入"863计划"，因其高强度、高密度、高韧性、低碳、防火、阻燃、耐腐等优越性能，是"碳中和碳达峰"战略下"以竹代木""以竹代钢"的优选建材，使竹木应用领域大大扩展。竹钢还被列入国家发改委重点节能低碳技术推广目录。同时，在《绿色技术推广目录》中将竹钢作为实现减碳固碳的重要解决方案，为实现"双碳"目标发挥重要作用。

此外，随着全球气候变暖，环境压力日益加剧，森林资源愈发显得弥足珍贵，"竹钢"的出现，通过"以竹代木""以竹代钢"，能有效地保护森林资源。如同面积的竹林可比树林多释放35%的氧气，竹产业不仅仅是低碳产业，更是负碳产业。

【工程能力训练】

❖ 单项选择题

1.【一级建造师考试真题】当木材的含水率在纤维饱和点以下时，水分减少时，继续使用木材将（　　）。
   A. 体积收缩，强度降低　　　　　　B. 体积收缩，强度提高
   C. 体积膨胀，强度降低　　　　　　D. 体积膨胀，强度提高

2.【一级建造师考试真题】建筑工程中常用的软木材有（　　）。
   A. 松树　　　B. 榆树　　　C. 杉树　　　D. 桦树　　　E. 柏树

3. 木材的干缩湿胀特性，对建筑工程结构的影响主要表现在（　　）。
   A. 增加结构的承载力　　　　　　B. 导致结构的裂缝和变形
   C. 减少结构的耐久性　　　　　　D. 增强结构的稳定性

4. 在竹材的全生命周期评估中，（　　）不是竹材的环保优势。
   A. 快速生长，快速更新　　　　　B. 在生长过程中吸收大量的二氧化碳
   C. 竹材加工过程中产生大量废弃物　D. 竹材替代传统的木材，可减少森林砍伐

❖ 填空题

1. 在木材的加工过程中，_____是影响木材最终性能的重要因素，通常需要控制在一定范围内。
2. 为了提高木材的耐久性，常常采用_____处理方法，以防止木材受到虫害和腐烂。
3. 经过_____处理的竹子，可以提高其在户外环境中的耐久性。
4. 在某些情况下，竹子的_____可以被填充，以增加其承重能力。

❖ 问答题

1. 影响木材强度的因素有哪些？
2. 木材腐朽的原因有哪些？如何防止木材腐朽？
3. 某项目计划采用竹木复合材料作为主要建筑材料，请分析该选择的优缺点，并提出相应的施工建议和质量控制措施。

第11章 建筑功能材料

【知识目标】

了解绝热材料，防水堵水材料，吸声、隔声材料，装饰材料等建筑功能材料的技术标准和使用要点；掌握建筑功能材料的主要类型和性能。

【思维导图】

XT11-详细思维导图

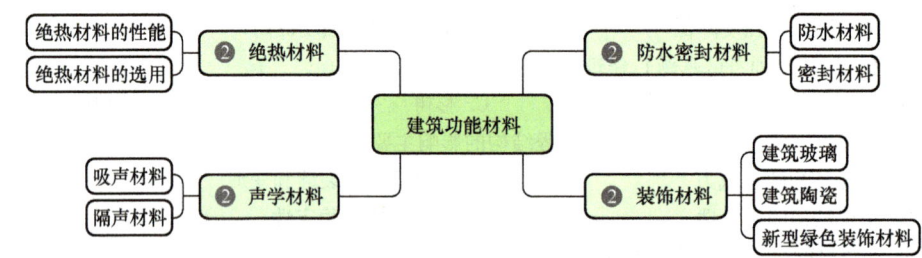

【工程案例导入】

港珠澳大桥打破国内大桥"百年惯例"

港珠澳大桥（图11-1），这座连接香港、珠海和澳门的宏伟工程，不仅以其世界最长的跨海大桥身份闻名于世，更以其卓越的建设技术和材料应用成为桥梁工程领域的典范。在建设过程中，工程师们面对诸多挑战，通过创新技术和高性能材料的应用，成功打破了国内大桥的"百年惯例"，实现了120年的设计使用寿命。

港珠澳大桥在建设人工岛的过程中，工程师们采用了深插式钢圆筒围护快速成岛工艺。这些大圆筒高50m、直径22m，重达550t，由上海振华重工制造。为了将这些庞然大物牢牢固定在深海并保证不渗水，工程团队采用了"密封止水"

图11-1 港珠澳大桥

技术，其材料结构被称为"副格"。当时世界上还没有可以借鉴的技术，中国工程团队通过创新，仅用一个月就完善了厂区设备和生产条件，成功实现了钢圆筒的密封止水。

港珠澳大桥使用了多种高性能材料。例如，斜拉桥锚具材料采用经热处理与表面改性超高强韧化技术的碳低合金钢，显著提高了力学性能；钢管复合桩采用高性能环氧涂层和牺牲阳极、阴极保护的联合防护，预制构件下节段墩身全部钢筋采用高性能双层环氧树脂涂层钢筋，中、上墩身外层钢筋及其拉筋、支座垫石钢筋采用高性能单层环氧树脂涂层钢筋；现浇混凝土构件对索塔下塔柱及下横梁的外层钢筋及其露头的拉筋、各类支座（阻尼装置）垫石采用耐海洋腐蚀的不锈钢钢筋。

这些高性能材料的应用，不仅提高了大桥的结构稳固性，更在耐久性上达到了前所未有的标准。港珠澳大桥能够抵御海洋环境的长期侵蚀，确保长期稳定运行。这一成就不仅彰显了中国桥梁工程的卓越实力，更为全球桥梁建设树立了新的标杆。这座大桥不仅是中国桥梁工程的巅峰之作，更是人类智慧与勇气的结晶。在未来，港珠澳大桥将继续承载着人们的梦想与希望，成为连接三地、促进共同发展的重要纽带。

11.1 绝热材料

在建筑中，习惯上把用于控制室内热量外流的材料称为保温材料；把防止室外热量进入室内的材料称为隔热材料。保温隔热材料通称绝热材料。因此，绝热材料是防止住宅、生产车间、公共建筑及各种热工设备中热量传递的材料。在土木工程中，绝热材料主要用于墙体和屋面保温隔热，以及热工设备、采暖和空调管道的保温，在冷藏设备中则大量作隔热用。据统计，具有良好的绝热功能的建筑，其能源节省可达 25%～50%。

11.1.1 绝热材料的性能

V26—绝热材料的性能

1. 导热系数

导热性是指材料传递热量的能力，用导热系数表示。材料的导热系数越大，导热性能越好，而绝热能力就越差。工程上将导热系数不大于 $0.23\text{W}/(\text{m}\cdot\text{K})$ 的材料称为绝热材料。影响导热系数的主要因素有以下几点：

（1）材料构成

材料的导热系数受自身组成物质的化学组成和分子结构的影响，通常结晶构造的材料导热系数最大，微晶体构造的材料次之，玻璃体构造的材料导热系数最小。导热系数由大到小依次为：金属材料＞无机非金属材料＞有机材料。

（2）表观密度

由于固体物质的导热系数比空气的导热系数大得多，因此材料孔隙率较大，表观密度较小的材料，材料的导热系数就较小。

（3）孔隙特征

在孔隙率相同时，孔径越大，连通孔越多，导热系数就越大，这是由于大孔、连通孔中气体容易产生对流。

（4）温度

材料的导热系数随温度的升高而增大。这是因为温度升高，材料分子的热运动加剧，同时孔隙内空气的导热和孔壁间的辐射作用也有所增强。

（5）含水率

由于水的导热系数为 $0.58\text{W}/(\text{m}\cdot\text{K})$，远大于空气，所以材料的含水率增加时，其导热系数会增大。当材料受潮时,其导热系数必定增大,若水结冰,冰的导热系数为 2.33W/(m·K),约为空气导热系数的 80 倍,导热能力将更大。因此,环境湿度的增加会导致含水率的增加,同时导热系数会增大。

(6) 热流方向

对于木材等纤维状材料,热流方向与纤维排列方向垂直时,材料的导热系数比平行时要小。这是因为前者可对空气的对流起到阻碍的作用。

2. 绝热材料的基本要求

绝热材料通常应满足以下的基本要求:导热系数不大于 0.23W/(m·K),表观密度不大于 600kg/m³,抗压强度不小于 0.3MPa。此外,还要根据工程的特点,了解材料在耐久性、耐火性、耐蚀性等方面是否符合要求。

11.1.2 绝热材料的选用

一般建筑保温隔热材料按材质可分为两大类:一类是无机绝热材料,一般是用矿物质原料制成,呈散粒状、纤维状或多孔状构造,可制成板、片、卷材或套管等形式的制品,包括石棉、岩棉、矿渣棉、玻璃棉、膨胀珍珠岩、膨胀蛭石、多孔混凝土等;另一类是有机绝热材料,是由有机原料制成的保温隔热材料,包括软木、纤维板、刨花板、聚苯乙烯泡沫塑料、脲醛泡沫塑料、聚氨酯泡沫塑料、聚氯乙烯泡沫塑料等。

1. 常用无机绝热材料

(1) 膨胀蛭石

膨胀蛭石(图 11-2)是一种有代表性的多孔轻质无机绝热材料,其主要成分为含有镁、铁的含水铝硅酸盐矿物,由云母类矿物经风化而成,具有层状结构。膨胀蛭石的导热系数为 0.046~0.07W/(m·K),堆积密度可降至 80~200kg/m³,最高使用温度为 1000~1100℃。

膨胀蛭石主要用于建筑夹层填充料,但使用时要注意防潮。膨胀蛭石也可与水泥、水玻璃等胶结材料一起制成膨胀蛭石制品。

图 11-2 膨胀蛭石

(2) 膨胀珍珠岩

膨胀珍珠岩(图 11-3)是采用天然珍珠岩经破碎、预热、焙烧得到的多孔轻质粒状材料。膨胀珍珠岩是一种高效能的绝热材料,导热系数为 0.025~0.048W/(m·K),堆积密度为 40~300kg/m³,使用温度范围为 -200~800℃。膨胀珍珠岩在建筑中常用作维护结构的填充材料。由于膨胀珍珠岩的低温绝热性能特别突出,常用于低温设备的保冷绝热;同时也可用水泥、水玻璃、沥青等胶凝材料将膨胀珍珠岩制成膨胀珍珠岩制品。

(3) 泡沫玻璃

泡沫玻璃(图 11-4)是用玻璃细粉和发泡剂(石灰石、碳化钙和焦炭)经粉磨、混合、装模、煅烧(800℃左右)而得到的多孔材料。泡沫玻璃导热系数小、抗压强度高、抗冻性好、耐久性好,并且对水分、水蒸气和其他气体具有不渗透性,还容易进行机械加工,可锯、钻、车及打钉等。表观密度为 150~200kg/m³ 的泡沫玻璃,其导热系数为 0.042~0.048W/(m·K),抗压强度为 0.16~0.55MPa。泡沫玻璃作为绝热材料在建筑上主要用于保温墙体、地板、天花板及屋顶保温，可用于寒冷地区低层的建筑物。

图 11-3　膨胀珍珠岩

图 11-4　泡沫玻璃

（4）轻质混凝土

可用作绝热材料的轻质混凝土（图 11-5）包括轻集料混凝土和多孔混凝土。轻集料混凝土在第 6 章已介绍，可用作保温、结构保温和结构三方面。多孔混凝土主要有泡沫混凝土和加气混凝土。泡沫混凝土的表观密度为 300～500kg/m³，导热系数为 0.082～0.186W/(m·K)；加气混凝土的表观密度为 300～1200kg/m³，导热系数为 0.081～0.29W/(m·K)。多孔混凝土常用作屋面板材料和墙体的砌筑材料。

（5）微孔硅酸钙

微孔硅酸钙（图 11-6）是以石英砂、普通硅石或活性高的硅藻土及石灰为原料经过水热合成的绝热材料。其导热系数约为 0.041W/(m·K)，表观密度约为 250kg/m³，最高使用温度约为 650℃。微孔硅酸钙多为板状材料，用于围护结构及管道保温，其效果较水泥膨胀珍珠岩和水泥膨胀蛭石要好。

图 11-5　轻质混凝土

图 11-6　微孔硅酸钙

2. 常用有机绝热材料

（1）矿物棉

岩棉和矿渣棉统称为矿物棉，由熔融的岩石经喷吹制成的纤维材料称为岩棉，由熔融矿渣经喷吹制成的纤维材料称为矿渣棉。矿物棉可与有机胶结材料结合制成矿棉板、毡、管等制品，其导热系数为 0.025~0.048W/(m·K)，堆积密度为 40~300kg/m³，最高使用温度约为 600℃。矿物棉也可用作填充材料，但有吸水性大、弹性小的缺点。

（2）玻璃纤维

玻璃纤维（图 11-7）一般分为长纤维和短纤维。短纤维由于相互纵横交错在一起，构成了多孔结构的玻璃棉，常用作绝热材料。玻璃棉堆积密度为 45~150kg/m³，导热系数为 0.041~0.035W/(m·K)。玻璃纤维制品的纤维直径对其导热系数有较大影响，导热系数随纤维直径增大而增加。以玻璃纤维为主要原料的保温隔热制品主要有沥青玻璃棉毡和酚醛玻璃棉板，以及各种玻璃毡、玻璃毯等，通常用于房屋建筑的墙体保温层。

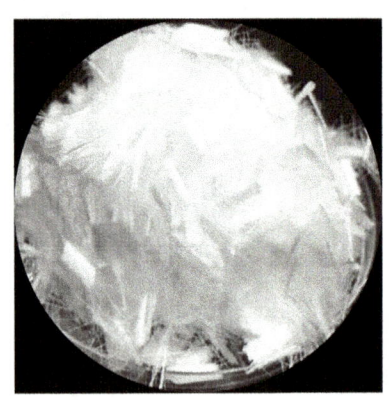

图 11-7　玻璃纤维

（3）气凝胶毡

气凝胶毡是以二氧化硅气凝胶为主体材料，并复合于增强性纤维中，如玻璃纤维、预氧化纤维，通过特殊工艺合成的柔性保温材料。气凝胶毡具有柔软、易裁剪、密度小、无机防火、整体疏水、绿色环保的优点。气凝胶毡的导热系数为 0.012~0.018W/(m·K)(25℃时)，是目前约 400℃温度区域内导热系数最低的固体绝热材料，具有绝对憎水性能（低于 350℃），有一定的抗拉及抗压强度，便于保温施工应用，属于新型的保温材料。

（4）泡沫塑料

泡沫塑料是以各种树脂为基料，加入少量的发泡剂、催化剂、稳定剂及其他辅助材料，经加热发泡而成的一种轻质、保温、隔热、吸声、防震材料。它保持了原有树脂的性能，并且比同种塑料具有表观密度小（一般为 20~80kg/m³）、导热系数低、隔热性能好、加工使用方便等优点，因此广泛用作建筑上的绝热隔声材料。常用的泡沫塑料有聚苯乙烯泡沫塑料、聚氨酯泡沫塑料、聚氯乙烯泡沫塑料、脲醛泡沫塑料和酚醛泡沫塑料等。

（5）硬质泡沫橡胶

硬质泡沫橡胶用化学发泡法制成。其特点是导热系数小而强度大。硬质泡沫橡胶的表观密度为 0.064~0.12kg/m³，表观密度越小，保温性能越好，但强度越低。硬质泡沫橡胶抗碱和盐的侵蚀能力较强，但强的无机酸及有机酸对它有侵蚀作用。它不溶于醇等弱溶剂，但易被某些强有机溶剂软化溶解。硬质泡沫橡胶为热塑性材料，耐热性不好，在 65℃左右开始软化。硬质泡沫橡胶有良好的低温性能，低温下强度较高且具有较好的体积稳定性，可用于冷冻库。

11.2　防水密封材料

11.2.1　防水材料

防水材料具有防止雨水、地下水与其他水分等侵入建筑物的功能，它是建筑工程中重要的功能材料之一。建筑物防水处理的部位主要有屋面、墙面、地面和地下室等。防水材料具有品种多、发展快的特点，包括传统的沥青防水材料，以及正在发展的改性沥青防水材料和合成高分子防水材料。在防水设计方面，正从多层防水向单层防水发展，材料从单一型向复合型多功能发展，施工方法也由热熔法向冷粘贴法或自粘贴法转变。随着科学技术的进步，防水材料的品种、质量都有了很大发展，许多防水效果好、使用寿命长、绿色环保的新型防水材料不断出现，并得到了推广应用。

防水材料可分为柔性防水材料、刚性防水材料和瓦片类防水材料三大类。柔性防水材料包括沥青防水材料、聚合物改性沥青防水材料和合成高分子防水材料三类。刚性防水材料主要包括防水混凝土、防水砂浆及在表面加涂渗透型或憎水型的防水涂层。防水混凝土或防水砂浆配制的最直接方法是在其生产过程中加入化学外加剂，如膨胀剂、减水剂、防水剂、引气剂等，以提高混凝土或砂浆对水的抗渗透能力。瓦片类防水材料包括黏土瓦、水泥瓦、石棉瓦、琉璃瓦、金属瓦等主要用于屋面的防水材料。下面主要介绍防水卷材、防水涂料。

1. 防水卷材

防水卷材是建筑防水材料的重要品种，是具有一定宽度和厚度，并可卷曲的片状定型防水材料。这就是通常所说的柔性防水。防水卷材有沥青防水卷材、改性沥青防水卷材和合成高分子防水卷材三大系列。沥青防水卷材是我国传统的防水卷材，生产历史久、成本较低、应用广泛；沥青防水卷材的低温柔性差，温度敏感性大，在大气作用下易老化，防水耐用年限较短，它属于低档防水材料。后两个系列卷材的性能较沥青防水卷材更优异，是防水卷材的发展方向。

（1）防水卷材性能要求

1）耐水性。耐水性是指在水的作用和被水浸润后其性能基本不变，在压力水作用下具有不透水性。常用不透水性、吸水性等指标表示。

2）温度稳定性。温度稳定性是指卷材在高温下不流淌、不起泡、不滑动，低温下不脆裂的性能，也即在一定温度变化下保持原有性能的能力。常用耐热度、耐热性等指标表示。

3）大气稳定性。大气稳定性是指防水卷材在光、热、水、臭氧等因素的长期综合作用下能保持其使用性能的性质。常用耐老化性、人工老化后性能保持率等指标表示。

4）力学性能。力学性能是指防水卷材在一定荷载、应力或变形的条件下不断裂的性质。常用拉力、最大拉力时延伸率、撕裂强度等指标表示。

5）柔韧性。柔韧性是指防水卷材在低温条件下保持柔韧性的性能。它对保证易于施工、不脆裂十分重要。常用柔度、低温弯折性等指标表示。

（2）防水卷材分类及性能应用

1）沥青防水卷材。沥青防水卷材是以沥青为主要浸涂材料所制成的卷材，其品种甚多。按有无芯材（基胎）可以分为有胎卷材（浸渍）和无胎卷材（辗压）两种。有胎沥青防水卷材是以原纸、纤维毡、纤维布、金属箔、塑料膜等材料中的一种或数种复合为胎基，浸涂沥青、改性沥青或改性焦油，并用隔离材料覆盖其表面所制成的防水卷材，即含有增强材料的油毡。有胎沥青防水卷材按芯材（基胎）种类可分为纸胎卷材和布胎卷材两类。

《石油沥青纸胎油毡》（GB/T 326—2007）规定：油毡按卷重和物理性能分为Ⅰ型、Ⅱ型和Ⅲ型。Ⅰ型、Ⅱ型油毡适用于辅助防水，保护隔离层，临时性建筑的防水、防潮及包装等；Ⅲ型油毡适用于屋面工程的多层防水。

沥青纸胎油毡的抗拉能力低、易腐烂、耐久性差，为了改善沥青防水卷材的性能，通常改进胎体材料，因此开发了玻璃布沥青油毡、玻纤沥青油毡、黄麻胎沥青油毡、铝箔胎沥青油毡等一系列沥青防水卷材。常用沥青防水卷材的特点及适用范围见表 11-1。玻璃布油毡的拉伸强度高、耐久性好、柔韧性好、耐蚀性强、耐久性比纸胎油毡高一倍以上。玻璃布油毡适用于铺设地下防水、防腐层，并用于屋面防水层及低温金属管道的防腐保护层。

表 11-1　常用沥青防水卷材的特点及适用范围

卷材名称	特点	适用范围
石油沥青纸胎油毡	传统的防水材料，低温柔性差，防水层耐用年限较短、但价格较低	二毡四油、二毡三油叠层铺设的屋面防水工程
石油沥青玻璃布油毡	拉伸强度高，胎体不易腐烂，材料柔韧性好，耐久性比纸胎油毡提高一倍以上	用作纸胎油毡的增强附加层和凸出部位的防水层
石油沥青玻纤油毡	具有良好的耐水性、耐蚀性和耐久性，柔韧性也优于纸胎油毡	常用于屋面和地下防水工程
石油沥青黄麻胎油毡	拉伸强度高，耐水性好，但胎体材料易腐烂	常用于屋面增强附加层
石油沥青铝箔胎油毡	有很高的阻隔蒸汽的渗透能力，防水功能好且具有一定的拉伸强度	与带孔玻纤毡配合或单独使用，用于热反射屋面和隔汽层

2）改性沥青防水卷材。改性沥青防水卷材是以改性沥青为涂盖层，纤维织物或纤维毡为胎基，粉状、片状、粒状或薄膜材料为覆盖层材料制成的防水卷材。沥青改性剂主要有 SBS、APP、再生橡胶或废胶粉等。

改性沥青防水卷材改善了普通沥青防水卷材温度稳定性差、延伸率小等不足，具有高温不流淌、低温不脆裂、拉伸强度较高、延伸率较大等特点。改性沥青防水卷材常用的胎基有玻纤毡、聚酯毡和玻纤增强聚酯毡。玻纤毡耐水性、耐蚀性好，价格低，但强度低，延伸率小；聚酯毡力学性能（包括撕裂强度、断裂延伸率、抗穿刺力等）很好，耐水性、耐蚀性也很好；玻纤增强聚酯毡集合了前两种毡的优点。

改性沥青防水卷材包括弹性体、塑性体和橡塑共混体改性沥青防水卷材三类。其中，弹性体（SBS）改性沥青防水卷材和塑性体（APP）改性沥青防水卷材应用较多。常见的改性沥青防水卷材的特点及适用范围见表 11-2。

表 11-2　常见的改性沥青防水卷材的特点及适用范围

卷材名称	特点	适用范围	施工工艺
SBS 改性沥青防水卷材	耐高、低温性能有明显提高，卷材的弹性和耐疲劳性明显改善	单层铺设的防水层或复合使用，冷热地区均适用，可用于特别重要、重要及一般防水等级的屋面、地下防水工程、特殊结构防水工程，且特别适用于寒冷地区及变形频繁的结构	冷施工铺贴或热熔铺贴
APP 改性沥青防水卷材	具有良好的耐热性、延伸性、耐紫外线照射及耐老化性能，施工简便、无污染	单层铺设的防水层或复合使用，主要用于屋面、地下或水中防水工程，尤其多用于有强烈阳光照射或炎热环境中的防水工程	热熔法或冷粘法铺设

(续)

卷材名称	特点	适用范围	施工工艺
PVC改性焦油防水卷材	有良好的耐高温和耐低温性能，最低开卷温度为-18℃，可低温下施工	单层铺设的防水层或复合使用，有利于冬期负温下施工	可热作业，也可冷施工
再生胶改性沥青防水卷材	有一定的延伸性且低温柔性较好，有一定的耐蚀能力，价格低廉，属低档防水卷材	适合变形较大或档次较低的防水工程	热沥青粘贴
废橡胶粉改性沥青防水卷材	比普通石油沥青纸胎油毡的拉伸强度、低温柔性均有明显改善	一般叠层使用，宜用于寒冷地区的防水工程	热沥青粘贴

3）合成高分子防水卷材。合成高分子防水卷材也称高分子防水片材，是以合成橡胶、合成树脂或两者的共混体为基料，加入适当化学助剂和填充料等，经过塑炼混炼、压延或挤出成型、硫化、定型等工序加工而成的无胎加筋（或不加筋）的弹性（或塑性）的片状可卷曲的一类防水材料。

合成高分子防水卷材具有拉伸强度和撕裂强度高，断裂伸长率大，耐热性和低温柔性好，耐腐蚀、耐老化、可冷施工等一系列优异的性能，是新型高档防水卷材。

目前，我国开发的合成高分子防水卷材品种繁多，主要有橡胶型、塑料型、橡塑共混型三大系列，最具代表性的有合成橡胶型的三元乙丙橡胶防水卷材、合成树脂的聚氯乙烯（PVC）防水卷材和氯化聚乙烯-橡胶共混防水卷材。常见的合成高分子防水卷材的特点及适用范围见表11-3。

表11-3 常见的合成高分子防水卷材的特点及适用范围

卷材名称	特点	适用范围
三元乙丙橡胶防水卷材	防水性能优异，耐候性好、耐臭氧性、耐化学腐蚀性、弹性大和拉伸强度高，对基层变形开裂的适用性强、质量小、使用温度范围宽，寿命长，但价格高，黏结材料尚需配套完善	防水要求较高，防水层耐用年限长的工业与民用建筑，单层或复合使用
聚氯乙烯（PVC）防水卷材	拉伸强度和撕裂强度高、延伸率较大、耐老化性能好，原材料丰富、价格便宜，容易黏结	单层或复合使用于外露或有保护层的防水工程
氯化聚乙烯-橡胶共混防水卷材	高强度、耐臭氧、耐老化性能高、高弹性、高延伸性及良好的低温柔性	单层或复合使用，尤宜用于寒冷地区或变形较大的中高档建筑防水工程

2. 防水涂料

防水涂料是由合成高分子聚合物、高分子聚合物与沥青、高分子聚合物与水泥为主要成膜物质，加入各种助剂、改性材料、填充材料等加工制成的溶剂型、水乳型或反应型的涂料，见表11-4。防水涂料以高分子材料为主体，经涂布能在结构物表面常温条件下固化形成连续的、整体的、具有一定厚度的涂料防水层。防水涂料广泛适用于工业与民用建筑的屋顶、地下室、浴室和外墙等需要进行防水处理的基层表面防潮、防渗等。

表 11-4　各类防水涂料及其性能特点

类型	成膜特点	施工要点
水乳型	通过水分蒸发，高分子材料经过固体微粒靠近、接触、变形等过程而成膜，涂层干燥较慢，一次成膜的致密性较溶剂型涂料低	施工安全，操作简单，不污染环境，可在较为潮湿的找平层上施工；一般不宜在5℃以下的气温下施工。生产成本较低
溶剂型	通过溶剂的挥发，经过高分子材料的分子链接触、搭接等过程而成膜，涂层干燥快，结膜较薄而致密	溶剂苯有毒，对环境有污染，人体易受侵害，施工时应具备良好的通风环境，以保证人身的安全
反应型	通过液态的高分子预聚物与固化剂等辅料发生化学反应而成膜，可一次形成致密的较厚的涂膜，几乎无收缩	施工时需在现场按规定配方进行准确配料，搅拌应均匀，方可保证施工质量，价格较贵

防水涂料固化前呈黏稠状液态，不仅能在水平面施工，而且能在立面、阴角、阳角等复杂表面施工。因而，防水涂料特别适合于各种复杂、不规则部位的防水，能形成无接缝的完整防水膜。防水涂料大多采用冷施工，既减少了环境污染，又便于施工操作，改善了工作环境。固化后形成的涂膜防水层自重轻，轻型薄壳等异型屋面大都采用防水涂料进行施工。此外，涂布的防水涂料既是防水层的主体，又是黏结剂，因而施工质量容易保证，维修也较简单。尤其是对于基层裂缝、施工缝、雨水斗及贯穿管周围等一些容易造成渗漏的部位，极易进行增强涂刷、贴布等作业。防水涂膜一般依靠人工采用刷子、刮板等逐层涂刷或涂刮，其厚度很难做到像防水卷材那样均匀一致，所以施工时，要严格按照操作方法，重复多遍地涂刷，以保证单位面积内的最低使用量，确保涂膜防水层的施工质量。

防水涂料按其成膜物质可分为沥青类、高聚物改性沥青类（又称橡胶沥青类）、合成高分子类（可再分为合成树脂类、合成橡胶类）三大类。

（1）沥青类及高聚物改性沥青类防水涂料

沥青类防水涂料是以沥青为基料配制而成的水乳型或溶剂型防水涂料。

乳化沥青涂刷于材料基面，水分蒸发后，沥青微粒靠拢将乳化剂膜挤裂，相互团聚而黏结成连续的沥青膜层，成膜后的乳化沥青与基层黏结形成防水层。乳化沥青涂料的常用品种是石灰乳化沥青涂料，它以石灰膏为乳化剂，在机械强力搅拌下将沥青乳化制成厚质防水涂料。乳化沥青的储存期不能过长（一般为三个月左右），否则容易引起凝聚分层而变质。储存温度不得低于零度，不宜在-5℃以下施工，以免水结冰而破坏防水层，也不宜在夏季烈日下施工，因表面水分蒸发过快而成膜，膜内水分蒸发不出会产生气泡。乳化沥青主要适用于Ⅲ级和Ⅳ级防水等级的工业与民用建筑屋面、混凝土地下室和卫生间防水、防潮；粘贴玻璃纤维毡片（或布）作屋面防水层；拌制冷用沥青砂浆和混凝土铺筑路面等。

高聚物改性沥青类防水涂料是指以沥青为基料，用合成高分子聚合物改性而制成的水乳型或溶剂型防水涂料，如溶剂型橡胶沥青防水涂料。高聚物改性沥青类防水涂料在柔韧性、耐撕裂性、拉伸强度、耐高低温性能、使用寿命等方面比沥青基涂料有明显改善。这类涂料可应用于Ⅱ级、Ⅲ级、Ⅳ级防水等级的屋面、地面、混凝土地下室和卫生间等的防水工程。

（2）合成高分子类防水涂料

合成高分子防水涂料是以合成橡胶或合成树脂为主要成膜物质，加入其他辅助材料配制而成的单组分或多组分的防水涂抹材料。

高分子防水涂料主要有聚氨酯、丙烯酸、硅橡胶（有机硅）、氯黄化聚乙烯、氯丁橡胶、丁基橡胶、偏二氯乙烯涂料及它们的混合物等，其中除聚氨酯、丙烯酸和硅橡胶三种涂料外，其余均属于中低档防水材料。若用涂料进行一道设防，其防水耐用年限只有以上三种涂料可达 10 年以上，但也不超过 15 年。因此，按屋面防水等级、防水耐用年限、设防要求，涂膜防水仅适用于屋面防水等级为 Ⅲ、Ⅳ 级的工业与民用建筑。但是，涂膜防水具有整体性好、对屋面节点和不规则屋面便于防水处理等特点，因此也可作为 Ⅰ、Ⅱ 级屋面多道设防中的一道防水层。

11.2.2 密封材料

密封材料是用于各种接缝或裂缝、变形缝（沉降缝、伸缩缝、抗震缝等），用以保持缝的水密、气密性能，并具有一定强度，能连接构件的填充材料。密封材料可分为定型和不定型两大类：定型密封材料是指具有一定形状和尺寸的密封衬垫（如密封条、密封带、密封垫等）；不定型密封材料是指一种黏稠状的材料（俗称密封膏或嵌缝膏）。密封材料按构成类型分为溶剂型、水乳型和反应型密封材料；按使用时的组分分为单组分密封材料和多组分密封材料；按组成材料分为改性沥青密封材料和合成高分子密封材料。合成高分子密封材料是以合成分子材料为主体，加入适量化学助剂、填充料和着色剂，经过特定生产工艺而制成的膏状密封材料。这种材料以优异的性能，得到了越来越广泛的应用，是密封材料的发展方向。

常用的密封材料有沥青嵌缝油膏、丙烯酸酯建筑密封胶、聚氨酯建筑密封胶、聚硫建筑密封胶、硅酮建筑密封胶等。

1. 沥青嵌缝油膏

沥青嵌缝油膏是以石油沥青为基料，加入废橡胶粉等改性材料、稀释剂及填充料混合制成的，主要用于各种混凝土屋面板、墙板等建筑构件节点的防水密封。

2. 丙烯酸酯建筑密封胶

丙烯酸酯建筑密封胶是在丙烯酸树脂中掺入增塑剂、分散剂、碳酸钙、增量剂等配制而成，有溶剂型和水乳型两种，通常为水乳型。

丙烯酸酯建筑密封胶在一般建筑基底（包括砖、砂浆、大理石、花岗石、混凝土等）上不产生污渍。它具有优良的抗紫外线性能，尤其是对于透过玻璃的紫外线。它的断裂伸长率很好，固化初期阶段为 200%～600%，经过热老化、气候老化试验后达到完全固化时为 100%～350%。

丙烯酸酯建筑密封胶主要用于屋面、墙板、门、窗嵌缝，但它的耐水性不算很好，所以不宜用于经常泡在水中的工程，如水池、污水处理厂、灌溉系统、堤坝等水下接缝中，也不宜用于广场、公路、桥面等有交通来往的接缝中。

3. 聚氨酯建筑密封胶

聚氨酯建筑密封胶是一种双组分反应型密封材料，其组分与聚氨酯防水涂料基本相同。聚氨酯建筑密封胶对金属、混凝土、玻璃、木材等均有良好的黏结性能，具有弹性大、伸长率大、黏结性好、耐低温、耐水、耐酸碱、耐油，抗疲劳和使用年限长等优点，是一类中高档的密封材料。

聚氨酯建筑密封胶广泛应用于墙板、屋面板、楼板、地下室等部位的接缝密封工程，以及给水排水管道、蓄水池、游泳池、道路桥梁、机场跑道等工程的接缝密封与渗漏修补，也可用于金属、玻璃材料的嵌缝。

4. 聚硫建筑密封胶

聚硫建筑密封胶是以液态聚硫橡胶为主要成分，加入固化剂、增塑剂、增韧剂、填充剂等助剂配制而成的密封材料。聚硫建筑密封胶有单组分和双组分之分，目前国内双组分应用较多。该密封胶具有优异的耐候性，极佳的水密性和气密性，弹性高，黏结强度高，拉伸强度高，拉断伸长率大，良好的耐湿热能力，适用温度范围宽，可在 $-40 \sim 90$℃ 的温度范围内保持各项性能变化不大。因此，聚硫建筑密封胶属于高档密封材料。

聚硫建筑密封胶是目前应用广泛、使用成熟的弹性密封材料，适用于混凝土楼板、屋面板、地下室等部位的接缝密封，以及金属幕墙、金属门窗框四周、中空玻璃的防水、防尘密封等。

5. 硅酮建筑密封胶

硅酮建筑密封胶是以聚硅氧烷为主要成分的单组分和多组分室温固化型的建筑密封材料。目前大多为单组分，它以氧烷聚合物为主体，加入硫化剂、硫化促进剂及增强填料组成。硅酮建筑密封胶具有优异的耐热、耐寒性和良好的耐候性；与各种材料都有较好的黏结性能；耐拉伸-压缩疲劳性强，耐水性好。

11.3 声学材料

吸声、隔声材料（图 11-8）是一类具有实现和改善室内音质和声环境、降低噪声污染等功能的建筑功能材料。吸声材料主要用于如剧场、电影院、音乐厅、录音室及监视厅等对音质效果有一定要求的建筑物内，以创造良好的音质，满足建筑的功能要求。隔声材料主要用于建筑物的围护结构，如围墙、门、窗、楼梯及屋顶的隔声，并越来越多地应用于道路两旁及一些需要重点隔声保护的建筑周围。

V27-吸声与隔声材料

a) 吸声材料

b) 隔声材料

图 11-8 吸声材料和隔声材料

11.3.1 吸声材料

声音起源于物体的振动，如说话时声带的振动和打鼓时鼓皮的振动，声带和鼓皮称为声源。声源的振动可使邻近的空气跟着振动而形成声波,并在空气介质中向四周传播。声波在传播过程中,一部分由于声能随着距离的增大而扩散,另一部分则因空气分子的吸收声能而减弱。当声波遇到材料表面时,大多数材料都可能对其产生吸收作用。材料吸声性能即指材料对声波能量产生吸收作用的能力,常用吸声系数表示。材料的吸声系数越高,其吸声效果就越好。

1. 吸声材料的性能要求

吸声系数 α 表示材料吸声性能大小的量值,是指声波遇到材料表面时透过和被吸收的声能 E 与入射声能 E_0 之比,即

$$\alpha = \frac{E}{E_0} \tag{11-1}$$

吸声系数是评定材料吸声性能的主要指标,吸声系数越大,材料的吸声性能越好。一般把吸声系数 $\alpha > 0.2$ 的材料称为吸声材料;把吸声系数 $\alpha > 0.8$ 的材料称为强吸声材料,也常称为高效吸声材料。

任何材料都有一定的吸声能力,只是吸收的程度有所不同。材料的吸声特性除与声波方向有关外,还与声波的频率有关,同一材料,对于高、中、低不同频率的吸声系数不同。为了全面反映材料的吸声特性,通常取 125Hz、250Hz、500Hz、1000Hz、2000Hz、4000Hz 六个频率的吸声系数来表示材料的吸声的频率特性。六个频率的平均吸声系数大于 0.2 的材料,可称为吸声材料。

为发挥吸声材料的作用,材料的气孔应是开放的,且应相互连通。气孔越多,吸声性能越好。大多数吸声材料强度较低,设置时要注意避免撞坏。多孔的吸声材料易于吸湿,安装时应考虑胀缩的影响,还应考虑防火、防腐、防蛀等问题。

2. 吸声材料的类型及使用要点

(1) 多孔性吸声材料

多孔性吸声材料的吸声性能是通过其内部具有的大量内外连通的微小空隙和孔洞实现的。当声波沿着微孔或间隙进入材料内部以后,激发起微孔或间隙内的空气振动,空气与孔壁摩擦产生热传导作用。由于空气的黏滞性在微孔或间隙内产生相应的黏滞阻力,使振动空气的能量不断转化为热能而被消耗,声能减弱,从而达到吸声目的。

多孔性吸声材料的吸声性能与材料的表观密度和内部构造有关。在建筑装修中,吸声材料的厚度、材料背后的空气层及材料的表面状况也会对吸声性能产生影响。

(2) 薄板振动吸声结构

薄板振动吸声结构的特点是具有低频吸声特性,同时还有助于声波的扩散。建筑中常用胶合板、薄木板、硬质纤维板、石膏板、石棉水泥板或金属板等把它们周边固定在墙或顶棚上的龙骨上,并在背后留有空气层,即成薄板振动吸声结构。

薄板振动吸声结构是在声波作用下发生振动,板振动时由于板内部和龙骨间出现摩擦损耗,使声能转变为机械振动,从而起到吸声作用。由于低频声波比高频声波容易激起薄板产生振动,所以具有低频吸声特性。建筑中常用的薄板振动吸声结构的共振频率为 80~300Hz,在此共振频率附近的吸声系数最大(为 0.2~0.5),而在其他频率附近的吸声系数则较低。

(3) 共振吸声结构

共振吸声结构具有封闭的空腔和较小的开口，很像个瓶子。当腔内空气受到外力激荡，会按一定的频率振动，这就是共振吸声器。每个单独的共振吸声器都有一个共振频率，在其共振频率附近，由于颈部空气分子在声波的作用下像活塞一样进行往复运动，因摩擦而消耗声能。若在腔口蒙一层细布或疏松的棉絮，可以加宽共振频率范围和提高吸声量。为了获得较宽频带的吸声性能，常采用组合共振吸声结构。

(4) 穿孔板组合共振腔吸声结构

穿孔板组合共振腔吸声结构具有适合中频的吸声特性。这种吸声结构与单独的共振吸声器相似，可看作是多个单独共振吸声器并联而成。穿孔板厚度、穿孔率、孔径、孔距、背后空气层厚度及是否填充多孔吸声材料等，都直接影响吸声结构的吸声性能。这种吸声结构由穿孔的胶合板、硬质纤维板、石膏板、石棉水泥板、铝合板、薄钢板等，将周边固定在龙骨上，并在背后设置空气层而构成，在建筑中使用比较普遍。

(5) 柔性吸声材料

柔性吸声材料是具有密闭气孔和一定弹性的材料，如聚氯乙烯泡沫塑料，表面仍为多孔材料，但具有密闭气孔，声波引起的空气振动不易直接传递至材料内部，只能相应地产生振动。在振动过程中，由于克服材料内部的摩擦而消耗了声能，引起声波衰减。这种材料的吸声特性是在一定的频率范围内出现一个或多个吸收频率。

(6) 悬挂空间吸声体

悬挂空间吸声体，由于声波与吸声材料的两个或两个以上的表面接触，增加了有效的吸声面积，产生边缘效应，加上声波的衍射作用，大大提高了实际的吸声效果。实际使用时，可根据不同的使用地点和要求，设计成各种形式的悬挂在顶棚下的空间吸声体。空间吸声体有平板形、球形、圆锥形、棱锥形等形式。

(7) 帘幕吸声体

帘幕吸声体是用具有通气性能的纺织品，安装在离墙面或窗洞一定距离处，背后设置空气层。这种吸声体对中、高频都有一定的吸声效果。帘幕的吸声效果与材料、结构和安装方式有关。帘幕吸声体安装、拆卸方便，兼具装饰作用，应用价值较高。

常见吸声结构的构造图例见表 11-5。

表 11-5 几种吸声结构的构造图例

类别	多孔性吸声材料	薄板振动吸声结构	共振吸声结构	穿孔板组合共振腔吸声结构	特殊吸声结构
构造图例					

11.3.2 隔声材料

隔声材料与吸声材料不同，吸声材料一般为轻质、疏松、多孔性材料，对入射其上的声波具有较强的吸收和透射，使反射的声波大大减少；隔声材料则多为沉重、密实性材料，对入射其上的声波具有较强的反射，使透射的声波大大减少，从而起到隔声作用。通常隔声性能好的材料其吸声性能就差，同样吸声性能好的材料其隔声能力也较弱。但是，在实际工程中也可以采取一定的措施将两者结合起来应用，使吸声性能与隔声性能都得到提高。

隔声是声波传播途径中的一种降低噪声的方法，它的效果要比吸声降噪明显，所以隔声是获得安静建筑声环境的有效措施。根据声波传播方式的不同，通常把隔声分为两类：一类是空气声隔绝；另一类是撞击声隔绝，又称固体声隔绝。

对于空气声，根据声学中的"质量定律"，其传声的大小主要取决于墙或板的单位面积质量，质量越大，越不易振动，则隔声效果越好。可以认为：固体声的隔绝主要是吸收，这和吸声材料是一致的；而空气声的隔绝主要是反射，因此必须选择密实、沉重的如黏土砖、钢板等作为隔声材料。

隔绝固体声最有效的措施是采用不连续结构处理，即在墙壁和承重梁之间，房屋的框架和墙壁及楼板之间加弹性衬垫，这些衬垫的材料大多可以采用上述的吸声材料，如毛毡、软木等，将固体声转换成空气声后而被吸声材料吸收。

11.4 装饰材料

装饰材料主要是铺设或涂刷在建筑物表面，起保护内层、改善使用条件、增加表面和整体美感作用的材料。装饰材料除了起装饰作用，满足人们的精神需要以外，还具有保护建筑物主体结构、提高建筑物耐久性，以及改善建筑物保温隔热、吸声隔声，采光，防火等使用功能的作用。装饰材料的种类繁多，以下仅介绍建筑玻璃、建筑陶瓷及新型绿色装饰材料。

11.4.1 建筑玻璃

玻璃是一种由石英砂、纯碱、长石、石灰石等在高温下熔融制成的固体材料，可通过添加辅助原料或特殊工艺获得特殊性能。其主要成分包括二氧化硅、氧化钠、氧化钙等，具有脆性、热稳定性差、密度大、孔隙率低、光学性质良好等特点。玻璃还具有良好的耐急热、耐酸和隔声性能，以及一定的装饰作用。

建筑用玻璃包括：

1）普通平板玻璃，无色透明，用于建筑门窗。
2）磨光玻璃，表面光滑，用于高级建筑采光和制镜。
3）磨砂玻璃，表面粗糙，透光不透视，用于卫生间等。
4）花纹玻璃，压花、喷花、刻花，用于装饰和隔断。
5）彩色玻璃，透明或不透明，用于装饰和特殊采光。
6）钢化玻璃，强度高，用于高层建筑门窗和幕墙。
7）中空玻璃，保温绝热，用于住宅和需隔声的建筑。

8）玻璃锦砖，半透明，用于外墙和内墙装饰。

9）吸热玻璃，吸收红外辐射，用于采光和隔热。

10）热反射玻璃，反射热能，用于隔热和防眩光。

11.4.2　建筑陶瓷

以黏土、长石、石英为基本原料，经配料、制坯、干燥、焙烧而制得的成品，统称为陶瓷制品。用于建筑工程的陶瓷制品，则称为建筑陶瓷。建筑陶瓷具有强度高、性能稳定、耐蚀性好、耐磨、防水、防火、易清洗及装饰性好等优点。

1. 陶瓷砖

陶瓷砖是由黏土、长石和石英为主要原料制造的用于覆盖墙面和地面的板状或块状建筑陶瓷制品。陶瓷砖是在室温下通过挤压或干压成型，干燥后，在满足性能要求的温度下烧制而成。砖是有釉或无釉的，而且是不可燃、不怕光的。

陶瓷砖又称墙地砖。用于建筑物外墙的饰面砖包括带釉贴面砖和不带釉贴面砖，强度高、防潮、抗冻、防火、耐腐蚀、易于清洗、色调柔和、施工方便，还可拼成图案。陶瓷砖还可用于室外台阶、地面及室内门厅等。

2. 建筑琉璃制品

琉璃制品是以难熔黏土为原料，经配料、成型、干燥、素烧、表面涂以琉璃釉后，再经烧制而成。一般是施铅釉烧成，并用于建筑及艺术装饰的带色陶瓷，属精制陶制品。

琉璃制品是我国首创的建筑装饰材料，使用历史悠久，造型古朴，富有传统的民族特色。琉璃制品多用于具有民族色彩的宫殿式房屋和园林中的亭、台、楼阁等，故有园林陶瓷之称。琉璃制品的颜色有绿、黄、蓝、青等，品种分为瓦类（板瓦、滴水瓦、筒瓦、沟头）、脊类和饰件类（吻、博古、兽）三类。其产品包括琉璃瓦、琉璃砖、琉璃装饰制品（琉璃两眼窗、线砖、栏杆等）及室内外陈设用工艺制品。

11.4.3　新型绿色装饰材料

1. 绿色建筑功能材料

以前人们注重材料的使用及装饰功能，而忽视其环保、安全功能。随着社会的进步，健康、环保成为人类的共同愿望和正当要求，人们把符合环保要求的产品冠以富于勃勃生机的绿色二字，如绿色食品、绿色建材等。建筑功能材料作为建材的一大类，重要的发展方向就是绿色。绿色建材又称生态建材、环保建材等，其本质内涵是相通的，即采用清洁生产技术，少用天然资源和能源，大量使用工农业或城市废弃物生产无毒害、无污染、达生命周期后可回收再利用，有利于环境保护和人体健康的建筑材料。绿色材料一般具有以下特征：

1）满足建筑设计的力学性能、使用功能和寿命要求。

2）在生产、使用过程中具有最小的环境负荷影响，寿命终结时可实现再生循环利用，对自然环境友好和符合可持续发展原则。

3）能够满足对人类健康无伤害原则，甚至具有有利于提高人类生活质量水平的功能特性。在当前的科学技术和社会生产力条件下，已经可以利用各类工业废渣生产水泥、砌块、装饰砖和装饰混凝土等；利用废弃的泡沫塑料生产保温墙体材料；利用无机抗菌剂生产各种抗菌涂料和建筑陶瓷等各种新型绿色功能建筑材料。

2. 复合多功能建材

复合多功能建材是指材料在满足某一主要建筑功能的基础上，附加了其他使用功能的建筑材料。如抗菌自洁涂料，它既能满足一般建筑涂料对建筑主体结构材料的保护和装饰墙面的作用，又具有抵抗细菌的生长和自动清洁墙面的附加功能，使得人类的居住环境质量进一步提高，满足人们对健康居住环境的要求；又如多功能玻璃，人类制造使用玻璃已有上千年的历史，随着科学技术的发展，建筑玻璃已不仅是满足采光功能，而是发展为具有光线调节、保温隔热、防弹防盗、防辐射、防电磁干扰、装饰等功能的复合材料。

建筑装饰材料的基本要求除了颜色、光泽、透明度、表面组织及形状尺寸等美感方面外，还应根据不同的装饰目的和部位，要求具有一定的环保、强度、硬度、防火性、阻燃性、耐水性、抗冻性、耐污染性、耐蚀性等特性要求。如外墙装饰材料既要使建筑物的色彩与周围环境协调、统一，又要起到保护墙体结构、延长结构物使用寿命的作用。又如内墙装饰材料一方面保护墙体和保证室内的使用条件，创造一个舒适、美观和整洁的工作和生活环境；另一方面具有反射声波、吸声、隔声等功能。

在强调以人为本和社会发展可持续性的今天，材料的绿色环保功能和防火功能也越来越受到人们的重视。为了加强对室内装饰装修材料污染的控制，保障人民群众的身体健康和人身安全，国家制定了《建筑材料放射性核素限量》及室内装饰装修材料有害物质限量方面的标准。另外，对不同使用部位的建筑装饰材料有不同的具体要求。

3. 智能化建材

智能化建材是指材料本身具有自我诊断和预告失效、自我调节和自我修复的功能并可继续使用的建筑材料。当这类材料的内部发生异常变化时，能将材料的内部状况反映出来，以便在材料失效前采取措施，甚至材料能够在材料失效初期自动进行自我调节，恢复材料的使用功能。如自修复混凝土材料，相当部分建筑物在完工，尤其受到动荷载作用后，可能会产生不利的裂纹，对抗震尤其不利。自修复混凝土有可能克服此缺点，大幅度提高建筑物的抗震能力。把低模量黏结剂填入中空玻璃纤维，并使黏结剂在混凝土中长期保持性能。当结构开裂，玻璃纤维断裂，黏结剂释放，黏结裂缝。为防玻璃纤维断裂，将填充了黏结剂的玻璃纤维用水溶性胶黏结成束，平直地埋入混凝土中。又如自动调光玻璃，根据外部光线的强弱，自动调节透光率，保持室内光线的强度平衡，既避免了强光对人的伤害，又可调节室温和节约能源。

总之，随着社会的发展和科学技术的进步，人们对自身生活环境质量的改善的要求越来越高，建筑功能材料的发展也随之不断进步，要真正实现建筑材料的多种功能于一体的健康、环保材料的生产和应用，尚有较大差距，有待于建筑材料的研究者、生产者、使用者共同努力，实现建筑功能材料生产和使用的可持续发展目标。

【创新思维培养】

透明混凝土：上海世博会意大利馆解读

在上海世博会的璀璨舞台上，意大利国家馆以其独特的建筑设计和先进的科技理念，向世界展示了未来城市的无限可能。这座展馆不仅是对"城市，让生活更美好"主题的生动诠释，更是人们对未来城市生活的美好憧憬。

意大利国家馆的设计灵感源于对生活品质的深刻理解和对空间利用的精湛技艺。展馆由多个不规则形状的建筑体组成,通过钢结构巧妙连接,形成了一个真正意义上的微缩城市。在这个城市里,人类再次成为主角,城市将处处体现出宜居城市的概念。

意大利馆建筑平面面积 $3600m^2$,高 18m,由面积不等的多个建筑体组成,建筑体呈不规则形状,由钢结构连接成一体,连接处可以隐约看见连接桥平台。设计中考虑并满足了建筑物结构要易于拆卸,并能够在异地进行小规模搭建再建造这一要求。

意大利馆在建筑材料上大胆创新,首次采用了全新开发的透明混凝土(图 11-9)。这种材料不仅具有混凝土的坚固耐用性,还赋予了建筑体前所未有的透明感和轻盈感。透明混凝土的运用,使得建筑体的一部分呈现透视透明效果,与幕墙玻璃形成一体的太阳能发电板相映成趣,既增加了室内的自然光照明效果,又实现了节能降耗的目标。

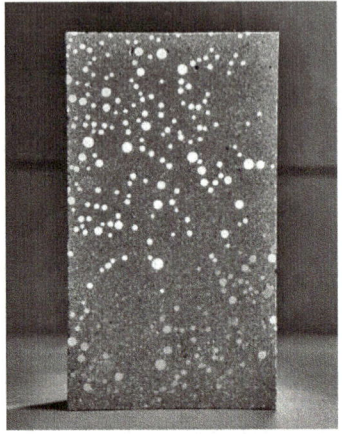

图 11-9 透明混凝土细节图

走进意大利馆(图 11-10),仿佛置身于一个充满生机与活力的未来城市。建筑体三面由平静水面效果的水景环绕,建筑体倒映在水景中,增加了建筑体的自然亮度。室内花园、水景、自然光线与侧面隔墙营造出的分隔效果相得益彰,营造出一种室内大庭园的效果,令人心情舒适。

图 11-10 世博会意大利馆

除了透明混凝土的创新应用外，意大利国家馆还在绿色科技方面进行了诸多探索。例如，大厅作为室内微生态环境的过渡区域，由大范围幕墙玻璃组成，能够吸收太阳辐射并在天热季节起到凉爽空气的作用。空调系统充分利用了经水幕降温后贯穿而入的穿堂风，增加了降温效果，而利用烟囱原理将停留在室内上层的热空气以自然方式排到室外，则进一步提升了建筑的节能性能。

这座展馆以透明混凝土为纽带，将科技与艺术、传统与现代巧妙融合，为我们描绘了一幅未来城市的美丽画卷。透明混凝土的创新应用、绿色科技的广泛应用及对宜居城市概念的深刻理解，都为我们提供了宝贵的启示和思考。

【工程素质培养】

案例1：2015年5月25日19时30分许，河南省平顶山市鲁山县康乐园老年公寓发生特别重大火灾事故，造成39人死亡、6人受伤，直接经济损失2064.5万元。事故原因是老年公寓不能自理区电器线路接触不良发热引燃周围的电线绝缘层、聚苯乙烯泡沫等易燃可燃材料，建筑物内大量使用聚苯乙烯夹芯彩钢板且吊顶空间整体贯通导致火势迅速蔓延，调查发现属于该老年公寓违规使用聚苯乙烯夹芯彩钢板。

【事故原因分析】

彩钢板具有轻质、强度高、安装便捷等特点，目前广泛用于地震等灾区群众安置板房、厂房、仓库、商店、售货亭及建设工程施工现场临时性用房。由于彩钢板芯材多用聚苯乙烯、聚氨酯泡沫等易燃材料，聚氨酯泡沫燃点低、燃烧速度极快，聚苯乙烯夹芯板燃烧的滴落物具有引燃性，发生火灾后蔓延速度快，燃烧产物毒性大，极易造成重大财产损失和人员伤亡。

【经验与教训】

在建筑施工领域，要求工程人具备责任意识与职业道德，这一事件凸显了相关企业和个人在安全生产中的责任意识缺失。企业作为社会经济活动的主体，应当承担起保障员工和公众安全的责任，严格遵守国家法律法规和行业标准，确保所使用的建材符合质量要求。然而，一些企业为了追求经济利益，忽视了对建材质量的把控，这是极其不负责任的行为。

案例2：2023年7月23日，齐齐哈尔市第三十四中学校体育馆发生了一起严重的坍塌事故，造成11人死亡。事故的直接原因是施工单位在体育馆屋顶违规堆放了珍珠岩，这种材料在受降雨影响后吸水增重，导致屋顶荷载过大而坍塌。

【事故原因分析】

珍珠岩是一种火山喷发的酸性熔岩，经急剧冷却后形成的玻璃质岩石，因其具有珍珠状的裂隙结构而得名。珍珠岩具有多孔、轻质的特性，常用于建筑保温材料，具有很强的吸水性。在齐齐哈尔体育馆的案例中，由于珍珠岩堆放在屋顶，加之降雨影响，珍珠岩吸收大量水分后重量剧增，最终导致体育馆屋顶无法承受额外荷载而发生坍塌。

【经验与教训】

此次事故不仅暴露了施工过程中对于建筑材料存放管理的严重疏忽，也凸显了建筑安全管理的重要性。珍珠岩作为一种常见的保温材料，其吸水性在建筑施工中需要特别关注，尤其是在建筑物的屋顶等关键部位，必须采取严格的防水措施，以避免类似的悲剧再次发生。

【材料与生态】

建筑垃圾资源化：实现可持续发展目标的创新之路

随着城市化进程的加速和大规模建设活动的不断推进，建筑垃圾问题日益凸显。传统的处理方式，如露天堆放或填埋，不仅浪费了大量的自然资源，还严重占用了宝贵的土地资源，并对环境造成了严重的污染。然而，随着科技的进步和环保意识的提升，建筑垃圾的资源化利用已成为一种全新的解决方案，正在引领一场绿色革命。

建筑垃圾的资源化利用，简而言之，就是将废弃的建筑材料通过一系列技术和工艺处理，转化为可再利用的土木工程材料。这一过程中，建筑垃圾不再是"废物"，而是变成了宝贵的资源。

建筑垃圾可以用于建设场地平整、洼地压实填充，以及公路、铁路、市政路基等填筑和基底处理。这些应用不仅解决了建筑垃圾的堆放问题，还节约了土地和自然资源。建筑垃圾还可以被破碎成不同粒径的再生粗细骨料。这些骨料可以替代传统的天然骨料，用于制备各种再生混凝土制品，如再生护坡砖、再生空心砌块、再生路缘石等。这些再生制品不仅具有与天然制品相似的性能，还大大降低了生产成本，减少了对自然资源的依赖。

此外，近年来，建筑垃圾为原料煅烧水泥熟料和再生微粉技术的研究也取得了显著进展。这些技术的应用，使得建筑垃圾可以进一步转化为高性能的水泥和微粉材料，为建筑行业的绿色发展提供了有力的支撑。

建筑垃圾的资源化利用不仅具有显著的经济效益，更具有重要的环保意义。通过资源化利用，可以减少建筑垃圾对环境的污染，降低对自然资源的消耗，推动建筑行业的绿色转型。同时，这也有助于提升公众对环保的认识和参与度，共同推动社会的可持续发展。

【工程能力训练】

❖ 单项选择题

1. 建筑结构中，主要起吸声作用且平均吸声系数大于（　　）的材料称为吸声材料。
   A. 0.1　　　　B. 0.2　　　　C. 0.3　　　　D. 0.4
2. 【一级建造师考试真题】地下工程防水等级分为（　　）。
   A. 二级　　　B. 三级　　　C. 四级　　　D. 五级
3. 【一级建造师考试真题】下列材料属于绝热材料的是（　　）。
   A. 陶瓷制品　B. 膨胀蛭石　C. 石膏板　　D. 玻璃钢

❖ 填空题

1. 隔声主要是指隔绝_____和隔绝_____。
2. 依据建筑防水材料的外观形态可分为_____、_____、_____和_____四大系列。

❖ 名词解释

1. 绝热材料
2. 吸声材料

❖ 问答题

1. 简述防水卷材的基本性能要求。有哪些新型防水材料？说明它们的性能特点和应用。
2. 何谓绝热材料？在建筑中使用绝热材料有何优越性？简述对绝热材料的基本要求。
3. 吸声材料在结构上与绝热材料有何区别？其原因是什么？

第12章 新型土木工程材料

【知识目标】

了解近些年新兴土木工程材料的定义及基本原理；熟悉新型土木工程材料的应用领域和发展趋势。

【思维导图】

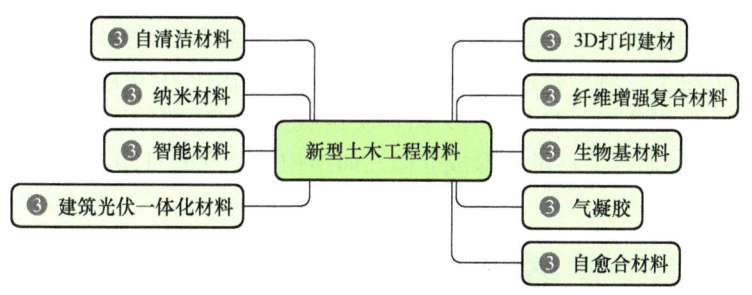

XT12-详细思维导图

【工程案例导入】

科技赋能古迹：混凝土 3D 打印赵州桥

一座装配式混凝土 3D 打印赵州桥在河北工业大学北辰校区落成，实现了科技与古迹的完美融合！这座 3D 打印桥梁按照赵州桥 1:2 缩尺打印后现场组装，单拱跨度 18.04m，桥长 28.1m，如图 12-1 所示。

3D 打印技术是一种通过逐层打印的方式，运用可黏合材料来构造物体的新兴技术。混凝土 3D 打印是一种将水泥基复合材料逐层堆叠的新型增材制造技术，因其无模化、自动化、快速化和灵活化的建造优势在建筑、桥梁、基础设施等领域迅速兴起。混凝土 3D 打印技术为传统桥梁赋予了现代气息，实现了设计新型化、材料功能化、施工虚拟化、装配模块化和监测智能化。

图 12-1　3D 打印赵州桥

装配式混凝土3D打印赵州桥所用的混凝土材料为特殊配制，3D打印水泥基机械设备为自主开发设计，还综合考虑了各项桥梁常规设计中的荷载因素，安全系数高。装配式混凝土3D打印赵州桥借鉴已建成3D打印建筑的建造经验，引入BIM虚拟仿真技术、现代化智能监测手段，采用模块化打印技术，对节点装配形式进行优化设计，在现场直接进行装配式建造。

相比传统施工建造，混凝土3D打印技术节省约1/3的建筑材料和2/3的人工，高度自动化的打印过程大大提高了建造效率。装配式混凝土3D打印赵州桥的落成对推进智能建造关键技术的长足发展，实现中国建筑绿色化、工业化、智能化进程具有重要意义，也为古桥修复、复建和保护提供了新思路。通过3D打印技术，可以更加精准地恢复古建筑的残损、遗失部分，让古老的文化遗产得以传承和发扬。

12.1　3D打印建材

V28-3D打印建材

混凝土3D打印（3D concrete printing，简称3DCP）技术是一种基于数字模型与计算机控制，将具有三维结构的立体模型拆解为多层二维平面，然后通过喷射或挤出等方式将混凝土按照预设路径逐层堆积，最后形成三维结构的建造技术。3D打印过程由产品设计、打印路径设计、材料调控、材料泵送运输及打印系统进行打印等方面协同完成。目前，主流的混凝土3D打印技术主要基于挤出成型工艺。打印过程中，首先在搅拌容器中混合拌制混凝土，然后泵送至打印机料斗内。在挤出压力作用下，料斗内的混凝土经由打印头喷嘴挤出形成条带，与此同时，打印头按照预设打印路径移动，完成打印条带的挤出-沉积过程，并最终通过层层堆叠形成立体几何结构。常见的打印设备情况如图12-2所示。

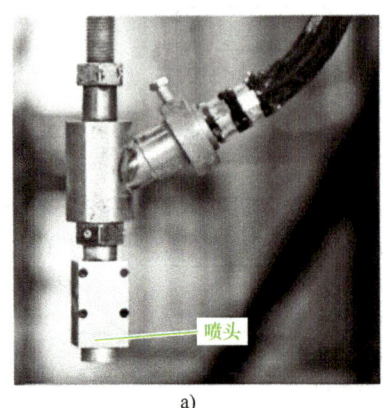

a)　　　　　　　　　　　　　　b)

图12-2　打印头和正在运行的3D打印机

与传统的建筑工艺相比，3D打印混凝土技术使得混凝土生产效率显著提高、建造成本大幅度降低，同时可以节约人力资源，具有绿色环保、施工安全等优点。在工业4.0及"碳达峰、碳中和"的背景下，建筑行业需要找到一种比传统混凝土更加环保的混凝土以解决当前的高能耗和高碳排放问题，而3D打印混凝土技术符合现代建筑行业的迫切发展需求。在过去十几年的快速发展下，3D打印混凝土已经成功被应用于房屋、桥梁、公交站台、市政景观等建筑物。

12.1.1　3D打印混凝土基本流程

1. 建模设计

通过计算机辅助设计软件进行建模，设计所需的混凝土结构或部件。常用的建模软件有 AutoCAD、Rhino、Revit、SketchUp 等。

2. 材料准备

混凝土材料通常是由水泥、骨料和外加剂等组成，需按一定配合比进行调配和搅拌。通常打印材料对其打印性能有特殊要求，如水泥的类型与配合比满足混凝土的强度和硬度，骨料的尺寸与形状确保混凝土的流动性和均匀性，合适的外加剂改善混凝土的流动性、延展性和凝结时间等。

3. 打印操作

将混凝土材料注入3D打印机的喷头（挤出器）。3D打印机根据预设的建模指令，通过控制喷头的运动轨迹和混凝土的流动，以逐层堆积的方式打印混凝土。在打印第一层混凝土后，打印机会逐渐上升一定高度，然后开始打印下一层。这样逐层叠加堆积，直到整个结构或部件完整打印出来。

需要注意的是，由于混凝土打印的过程与标准的3D打印过程有所不同，因此在打印机的设计和控制方面有一些独特的要求，如喷头的结构、流动性的控制、打印速度的调节等。这些技术细节会因不同的3D打印混凝土系统而有所差异。较常见的混凝土3D打印设备主要有D-Shape式、框架式、龙门式和机械臂式，如图12-3所示。

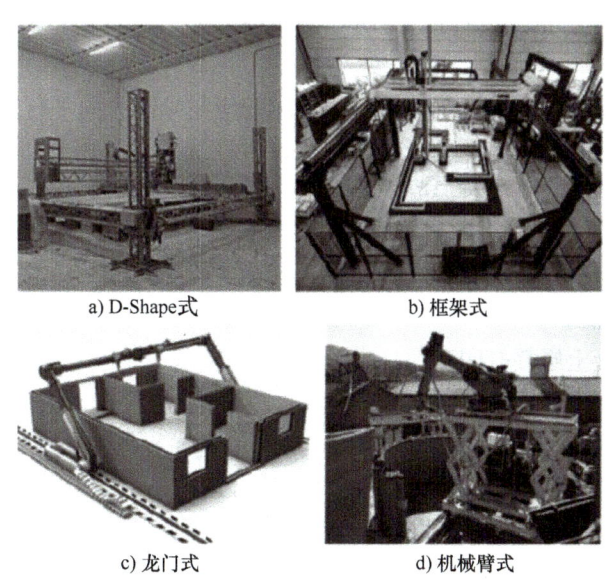

图12-3　混凝土3D打印设备

4. 养护与后处理

在打印过程中，为了防止混凝土因失水而失去流动性和一致性，需要在喷射混凝土的同时进行适当的水化保持措施，如在混凝土表面喷雾。打印完成后，需要进行一些后处理，如移除支撑结构或表面的不平整部分。然后，需要让混凝土进行固化和养护，以达到设计要求的强度和硬度。

12.1.2 应用前景

1. 应用领域

3D 打印混凝土技术已经在建筑、基础设施和土木工程等领域得到广泛应用。在建筑领域，该技术可以生产高度定制化的建筑结构，如曲线墙壁、异形柱子和复杂的屋顶结构等。在基础设施领域，该技术可以生产桥梁、隧道和道路等建筑结构。在土木工程领域，该技术可以生产堤坝、水坝和水处理设施等结构。当然 3D 打印混凝土技术也可以打印景观作品以供观赏，如模块化装配式建筑领域利用 3D 打印混凝土技术建造的"未来办公室"，是世界上第一座利用 3D 打印技术建造的办公建筑。该建筑采用模块化装配方式建造，这种建筑方式采用 3D 打印技术在工厂中加工墙壁、地板和天花板模块，并将其运输到现场进行快速安装。该建筑总建筑面积为 $250m^2$，现场仅用两天建造安装完毕。这种方法不仅方便快捷，而且在办公建筑模块加工过程中仅需要操作员操作打印机器，这种建筑方式显著降低了人力成本，在建造和安装过程中实现了高度的自动化和效率提升。

2. 钢筋增强 3D 打印混凝土

3D 打印构件在无钢筋情况下的结构安全存在不确定性，难以应用到实际工程中，钢筋混凝土结构是目前建筑行业中应用广泛的结构，因此可以采用钢筋增强 3DPC。对于钢筋的种类选取，一般采用钢丝网、钢筋笼、钢索等。

钢筋具有优越的耐久性和力学性能，常应用于实际工程中增强混凝土的性能，3DPC 需要合理的布筋以获得更好的结构性能。3DPC 的布筋方式采用自动布筋与手动布筋，手动布筋包括：

1）在打印的混凝土之间进行钢筋布置，且钢筋应与打印方向平行。
2）在已经打印出的轮廓内部进行钢筋布置，再浇筑新的混凝土。
3）在布置好的钢筋网上浇筑混凝土等。

自动布筋包括：

1）同时进行布筋与打印混凝土。
2）机器自动布置。
3）钢纤维与混凝土层叠打印。

手动布筋是人为干预，而自动布筋仍在探索之中，应用很少，应该利用各种类型的布筋技巧与建筑信息模型（building information management，简称 BIM）技术相结合来增强 3DPC 的性能。对于复杂构件选择蚁群算法对打印路径进行优化，为提高混凝土的承载能力，通过后置法使结构连成整体。外部钢筋加固方法分为两种：前置法是先进行打印，后放置钢筋网片，然后再继续打印；后置法是先打印轮廓形成模板，然后放入钢筋笼，并灌浆。图 12-4 为 3DPC 钢筋加固法。

3. 3D 打印掺固废混凝土

近年来的诸多研究表明，多种工业固废与建筑固废均能在 3D 打印混凝土中得到合理利用。降低水泥用量是减少 3D 打印混凝土碳排放的一个重要途径。以取代水泥的方式利用固废作为辅助胶凝材料（supplementary cementitious materials，简称 SCMs），不仅可以降低水泥

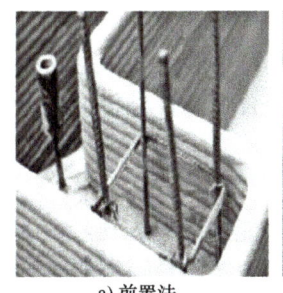 

a) 前置法　　　　　　　　　　b) 后置法

图 12-4　3DPC 钢筋加固法

用量，还可以改善 3D 打印混凝土的流变性能、力学性能及耐久性，是 3D 打印混凝土材料低碳化的一个重要方向。粉煤灰（fly ash，FA）、硅灰（silica fume，简称 SF）、矿粉（slag）等部分工业固废具有一定的反应活性，常作为辅助胶凝材料用于混凝土中。其中，粉煤灰和硅灰是目前 3D 打印混凝土中应用最广泛的辅助胶凝材料。由于其球状微观结构，粉煤灰能够改善混凝土流动性，降低 3D 打印混凝土的静态屈服应力和黏度，提高可泵送性能及可挤出性能。然而，粉煤灰的掺入也会导致水化速率减慢，从而减弱结构化及早期强度增长速率，并使可建造性下降。硅灰则由于比表面积较大，活性较高，能够有效地促进早期水化与强度发展，对 3D 打印混凝土的建造性具有良好的增强效果。硅灰能够较好地弥补粉煤灰带来的建造性损失，因此二者常被协同使用，以调节 3D 打印混凝土拌合物的可打印性能。同时，矿粉对 3D 打印混凝土的可打印性能具有一定的增强作用。研究表明，由于颗粒呈不规则的棱角状，混凝土中的矿粉颗粒间存在的自锁效应能够有效地提高打印条带的坏体强度（打印完成时条带的无侧限抗压强度），从而提高材料的建造性与形状稳定性。此外，部分生活固废及建筑固废，如垃圾焚底灰、再生砖粉、再生建筑粉末等也因具有一定活性，能够作为 3D 打印混凝土的辅助胶凝材料使用，并且能对其流变学性能起到一定的优化作用。

4. 纤维增强 3D 打印混凝土

钢筋加入混凝土中能够提高 3DPC 结构的承载能力，但是难以在打印过程中实现同步配筋，尤其是纵向配筋可能会阻碍打印过程，这也限制了钢筋增强 3DPC 的发展。为解决混凝土的抗拉强度较低的问题，学者通过在 3DPC 中引入不同的纤维进行增强，3DPC 中加入纤维能够在混凝土受力时共同作用，抑制裂纹的发展，从而能够有效地提高 3DPC 的性能。纤维增强是在混凝土混合物中加入纤维，搅拌后打印出含有纤维的 3DPC，添加纤维可有效提高 3DPC 的抗拉强度，避免打印路径受阻的问题，纤维的掺入会影响 3DPC 的打印性能和混凝土的力学性能。为获得更好的打印质量的 3DPC，通过加入纤维降低 3DPC 的各向异性，纤维的添加有助于显著减少 3DPC 的收缩。

5. 其他方法增强 3D 打印混凝土

（1）3D 打印地聚物混凝土

地聚物是指成分以铝硅酸盐为主的工业废弃物（如矿粉、粉煤灰和钢渣等）与碱性激发剂（如水玻璃、氢氧化钠和碳酸钠等）混合而获得胶结能力的一种胶凝材料，也称为碱激发胶凝材料。由于使用工业废弃物作为胶凝材料，相比于常规 3D 打印硅酸盐水泥混凝土，3D 打印地聚物混凝土在节能低碳方面有着明显的优势。

（2）复合材料 3D 打印混凝土

复合材料是由两种或者更多的组分材料结合，其特性应优于各组成部分之和，并保持预期的特质以防止不良属性出现。复合材料可以分为聚合物混合材料、金属基复合材料、陶瓷基复合材料、金属间化合物基复合材料等。

（3）3D 打印轻质混凝土

由于存在配筋困难、层间界面薄弱等影响结构性能的问题，现阶段 3D 打印混凝土更适合用于建筑外墙等非承重结构。而屋面与外墙等外围护结构是隔绝外部环境、实现建筑内部保温隔热等功能的主要结构。常规建筑使用期间，用于冬季取暖和夏季降温的能耗可接近于总体能耗的一半，房屋保温隔热性能将直接影响建筑全生命周期中的整体运行能耗与碳排放问题，这对 3D 打印外墙的保温性能提出了要求。此外，由于现场环境因素的不可控性，当前阶段 3D 打印混凝土仍以工厂预制构件打印与现场装配式相结合的建造方式为主，这使得质量较大的构件在运输及吊装过程中存在风险和能耗问题。通过掺入轻骨料或泡沫，能够在混凝土中引入多孔结构，提高混凝土的保温隔热性能，并实现混凝土轻质化。3D 打印技术与轻质混凝土相结合，将有助于降低 3D 打印建筑结构在施工运输阶段及建成后运营阶段的成本、能耗与碳排放。

12.2　纤维增强复合材料

纤维增强复合（fiber reinforced polymer，简称 FRP）材料是由两种或两种以上物理和化学性质不同的物质按照一定的比例混合，并经一定加工工艺制作而成的一种高性能多相固体材料，常被设计为层合板和其他的复合结构。相较于传统的铁、铝等金属材料，纤维增强复合材料具有轻质高强，良好的疲劳性、耐蚀性，可定制设计，热膨胀系数与混凝土的相近，绝缘隔热等优点，现在已广泛应用到各种工程和工业领域，包括航空航天、建筑土木、能源交通、海洋工程等。FRP 材料用于构件加固如图 12-5 所示。

图 12-5　FRP 材料用于构件加固

12.2.1　纤维增强复合材料的基本原理

纤维增强复合材料的组成成分可以分为基体、增强材料及二者之间的界面。基体一般为连续相，增强材料为分散相。分散相以独立的形态分布在整个连续相中，它可以是增强纤维，也可以是颗粒状的填料。

各种纤维在高分子复合材料中起增强作用，这是因为纤维的强度及耐热性要比被增强的基体材料高一些，因此纤维在复合材料中起骨架作用，也就是说，纤维是真正起着承载外力的作用，而基体材料负责在基体和增强剂之间传递负荷、应力在增强剂间的分配、保护增强剂不受环境的侵害和固定增强剂的作用，即利用高分子材料的塑性流动将应力传递给纤维的。界面（对二维而言）或界面相（对三维而言）是一个具有自身性质、可忽略的或有限薄的层，其作用是由基体向增强剂传递应力。因而在纤维增强复合材料中，材料的强度主要是由纤维的强度、纤维与基体界面的黏结强度、基体的剪切强度来决定的。

12.2.2　纤维增强复合材料的特点

1. FRP 材料的优点

纤维对高分子材料的增强改性，不仅提高了合成高分子的力学性能，而且赋予了复合材料优异的特性，主要表现在以下几点：

（1）比强度和比模量高

衡量材料的承载能力，通常用比强度、比模量来表征。FRP 材料的比强度和比模量相当于金属的 4 倍之多，即通常所说的轻质高强。因此，FRP 材料被工程界认为是建造大跨度结构的理想材料，如大跨度空间结构（索穹顶结构、FRP 材料编织结构等）和大跨度桥梁结构等。

（2）抗疲劳性提高

疲劳破坏是材料在循环应力的作用下，由于裂缝的形成和扩散而引起的低应力破坏。由于高分子基复合材料中的纤维与基体的界面能阻止裂纹扩展，使得材料抗疲劳性能优于金属。

（3）耐热性高

与合成高分子材料基体相比，经纤维增强的高分子复合材料的耐热性要高得多，如多数未经增强的热塑性塑料，其热变形温度较低，只能在 50～100℃下使用。但经纤维增强后，热变形温度则显著提高，可在 100℃以上甚至更高的温度环境中长期使用。

（4）减振性好

结构的自振频率与结构材料比模量的平方根成正比，而 FRP 材料比模量很高，因此 FRP 结构自振频率较高，抗振性能好。同时由于复合材料中的纤维与基体的界面具有很好的吸振能力，振动阻尼很高，不会因共振引起早期破坏。

（5）线膨胀系数小，线弹性良好

由于纤维类材料的加入，高分子材料基复合材料的线膨胀系数较低，因而制品成型收缩率低，可加工精密制件。但成型收缩率有方向性，这一点在产品设计、模具设计及制造时应予以充分考虑。

（6）良好的可加工性能

这也是 FRP 材料的主要优点，FRP 材料的加工制作具有很大的灵活性，可以根据需要，改变纤维和基体种类及含量、铺层排列方式，制成各种性能指标的产品；FRP 材料产品形式多样，有纤维丝、纤维布、筋材、棒材、板材、钢材等；预制装配安装自动化程度高，安装效率高。

（7）导热系数低

与金属材料相比，复合材料的导热系数低，且热膨胀系数小，在有温差时产生的热应力远比金属材料低。玻璃纤维增强复合材料还具有良好的电绝缘性能，碳纤维增强复合材料则具有一定的导电性。

2. FRP 材料的缺点

（1）各向异性

FRP 材料的纵向强度和弹性模量很大，而横向强度和模量却很低，因而容易发生剪切破坏，使得 FRP 材料的连接问题成为其最突出的问题。

（2）价格昂贵

目前国产 FRP 材料生产厂家还比较少，且产品性能不如国外先进的 FRP 材料生产厂家。但随着 FRP 材料的应用越来越广泛，国内外学者的不断深入研究，其生产成本必然会降低。此外，从长期效果来看，FRP 材料的耐久性能良好，可以节省下大批维护费用，从某种程度上也可以削弱其价格昂贵的缺点。

（3）耐热性能差

高性能树脂基复合材料的长期使用温度在 250℃ 以下，而一般的玻璃钢在 60～100℃ 以下。可在 FRP 树脂材料中掺入阻燃剂，提高其抗火性能。

12.2.3 纤维增强复合材料在建筑结构中的应用

1. FRP 材料用于结构加固

FRP 材料在土建结构加固中已成为成熟方法，特别是在 1994 年美国地震及灾后重建中发挥了重要作用，通过 FRP 材料的加固，既保证了修建质量，又显著降低了土建维护成本。我国有关标准化部门于 2003 年颁布了《碳纤维片材加固修复混凝土结构技术规程》，用于指导 FRP 材料的应用。由于 FRP 材料轻质高强，粘贴工艺简单易行，基本不会对结构产生影响，因而广泛应用于结构的加固补强。而且纤维增强复合材料耐蚀性、导电性好，更是使其应用范围推广到各种特殊环境中，如海水、高寒、地下等。

FRP 材料最初主要是以棒材或型材的形式进行混凝土构件加固的，为了最大限度地提高混凝土强度，有些应用场景需要将 FRP 材料剪断成丝掺入混凝土。目前，通常采用结构胶黏结的方式进行混凝土加固，通过将 FRP 材料用环氧树脂胶粘贴在建筑物表面，使纤维材料与建筑结构共同发挥作用，显著提高构件的承载能力。

钢结构具有轻质高强、良好的韧性、可加工性等优势，被广泛用于各种工程领域，如化工厂房的构架、海洋管道和通信建筑等。钢结构在这些工程应用中，在施工过程及后期工作中会遭受撞击和各种侵蚀作用，造成难以逆转的损伤。钢结构一旦发生损伤，有效荷载性能会受到破坏，导致抗拉、抗压强度等力学性能的下降，引发巨大的安全隐患。但是更换钢结构往往成本高、施工难度大，因此利用 FRP 材料加固和修复损伤的钢结构以增强其力学性能具有重要意义。通过横纵向缠绕碳纤维布加强钢杆，可显著提高钢杆的特征值承载力、屈曲承载力（82%）和能量吸收能力（52%），且对钢管进行全周加固效果明显好于非全周加固。

2. FRP 材料用于桥梁加固

我国现存的许多桥梁由于各种原因长期缺乏维修和养护，存在混凝土开裂、基座变形、钢筋腐蚀和墩台滑动等问题。部分桥梁的承载能力甚至已无法满足 ≥25% 的设计要求，具有一定的安全隐患。由于重建这些桥梁涉及诸多问题，如拆迁难度大、投资成本高，许多桥梁难以拆除重建。对桥梁进行加固是消除安全隐患、延长其使用寿命的通用方法。常用的桥梁加固方法有粘钢、化学灌浆、体外预应力和FRP材料加固等，以上方法中，FRP材料具有施工方便、成本低、加固效果强等优势，在桥梁加固中具有广泛应用前景。某老旧公路桥主梁发生疲劳损伤，结合桥梁具体情况，采用芳纶纤维复合（AFRP）材料对主梁腹板进行局部包裹加固，同时充分结合预应力技术恢复和提升桥梁的承载能力和耐久性，如图12-6所示。

图12-6 桥梁结构加固

3. FRP材料用于大跨度空间结构

FRP材料的轻质高强和耐腐蚀性使其非常适用于大跨度空间结构。但在实际工程中，由于节点难以处理，导致结构跨度受到了很大的限制。直至近年，日本开发出端头连接有铝合金接头的CFRP杆，杆端通过铝合金的锥头与球节点连接，成功解决了FRP材料的连接困难问题。FRP材料开始广泛应用于大跨度空间结构中。

12.3 生物基材料

生物基材料是指利用可再生生物质，包括谷物、豆科、秸秆、竹木粉、动物皮毛废弃物等，通过生物、化学、物理等手段制造的一类绿色环保聚合物。生物基聚合物一般具有来源绿色、价廉易得、易于降解等特点；并且出于对节约石油资源、保护环境、发展循环经济等考虑，用可再生的生物资源代替石油化学品生产高分子材料已成为人们研究的热点，生物基聚合物的合成及应用也越来越受到人们的重视。

V29-生物基材料

12.3.1 合成方法

与石油基聚合物不同，生物基聚合物是利用来自生物的可聚合单体而合成的聚合物。其合成方法根据可聚合生物单体的种类来划分，可分为酸类生物单体、酯类生物单体、酚类生物单体等。

酸类生物单体是指单体中含有可聚合基团—COOH的一类生物单体，常见的有芳香族酸类生物单体（如五倍子酸等）和脂肪族酸类生物单体（如L-谷氨酸等），这类生物单体通过单体中的—COOH基团参与聚合反应而生成生物基聚合物。酯类生物单体是指单体中含有可聚合酯基团的一类生物单体，常见的有异山梨酯及D-葡萄糖基1,5-内酯等，这类生物单体是通过单体中的酯基团参与聚合反应而生成生物基聚合物。酚类生物单体是指单体中含有可聚合酚基的一类生物单体（如丁香酚等），这类生物单体是通过单体中的可聚合酚基参与聚合反应而生成生物基聚合物。

除了酸类、酯类和酚类三种常用的生物单体之外，还可以用其他一些特殊的生物单体来合成生物基聚合物。

12.3.2 生物基材料的应用

生物质资源来源广，自然界储量丰富，获取成本低，产品纯度高，符合循环经济和生物经济理念，且自身含有大量酚羟基、醇羟基、甲氧基等活性基团，可设计性强，具有获得多功能性的潜力，应用价值高，是替代石化资源的极佳选择。将生物质资源引入到加剂的领域中，不但可以减少石化资源消耗，拓宽外加剂种类，实现产品的绿色化，为可持续外加剂发展提供研究基础和理论依据；还能发挥生物质资源的性能优点，赋予外加剂可再生性、可降解性等生物质特性，节约生产成本，产生巨大的社会经济和环境效益，实现环境保护和资源节能降耗，符合我国经济可持续发展和"双碳"战略方针，从而推进建材行业健康平稳地向前发展，无疑对我国的经济和社会发展具有重要的意义。

1. 生物基加固土

黄土具有较强的水敏性，遇水后一方面产生湿陷变形，另一方面在坡面容易形成水土流失，会对黄土区的工程建设造成负面影响。为了解决这些问题，研究人员开始关注非传统材料的使用。用生物方法处理土体是一个新兴的趋势。该方法常直接利用生物活动，或间接使用生物产物进行土体加固。这些生物基材料一般为高分子聚合物、动植物纤维等，在自然界作为生态系统和自然循环的组成部分，因此生物方法最直接的优势是生态性良好。研究人员认为，在工程中采用生物基固化剂可以显著减小对环境的扰动，防止不可逆的生态灾难，逐步摆脱对传统加固材料的依赖。研究表明，一些生物聚合物，如黄原胶、壳聚糖、聚谷氨酸、海藻酸钠和聚羟基丁酸等作为土体外加剂，具有重大的生态价值和工程价值。高分子生物聚合物材料通过包裹土颗粒、填充孔隙等方式来改善土体的工程性质。

土体加固领域的不断研究为生物技术改善和提高不良土体的工程性质提供了理论支持。生物基土壤固化剂加固土体，不仅可以使土体的强度、水稳性和耐久性得到有效提高与改善，而且对经济和社会的可持续发展、保护环境和节约资源具有很好的现实意义。

2. 生物基阻燃剂、发泡剂、减水剂

生物基阻燃剂是指以生物质为原料制得的可以赋予易燃材料难燃性、阻止材料被引燃及抑制火焰蔓延的功能性助剂。这种基于生物基材料开发的具有高效、环保、绿色、少烟、低毒等特性的阻燃剂成为科学家们解决高分子材料应用过程火灾频发的有效途径。

微生物体内含有大量蛋白质，被越来越多的研究者应用于制备发泡剂。研究表明，活性污泥和啤酒副产物中均含有大量微生物，采取适当手段对所含微生物进行提炼，便可对其加以利用。微生物发泡剂的研究与开发成为新型发泡剂研发的热点。

减水剂（分散剂或塑化剂）是混凝土工程应用中一种重要的外加剂，是混凝土高性能化的重要材料保证，也是混凝土实现绿色化、生态化和可持续发展的前提。而生物基减水剂实现了混凝土添加剂的绿色化、生态化和可持续发展，将是一种重要的减水剂。淀粉是一种来源广泛、价格低廉，且可再生、可生物降解的自然资源，国内外已有不少将淀粉制备成减水剂的研究，而玉米化工醇釜残物中含有的多聚糖与淀粉结构相似，可开发为减水剂，并且可进一步将玉米化工醇釜残物全组分开发为生物基减水剂，这将为玉米化工醇釜残物的应用开辟新领域，有利于提高玉米化工醇的商业价值和市场竞争力。

12.4　气凝胶

气凝胶是指通过溶胶-凝胶工艺形成三维纳米结构，再经特殊干燥去除液相，保留高孔隙率的固态骨架而形成的一种纳米级多孔固态材料。气凝胶复合保温材料具有极低的导热系数，传统保温材料的导热系数一般在 $0.035 \sim 0.040 \text{W}/(\text{m} \cdot \text{K})$，而优质气凝胶复合材料的

导热系数可以低至 0.014W/(m·K)，是传统保温材料的 50%~60%，能够有效阻止热量损失；与传统的保温材料相比，气凝胶的保温效果更佳，能够显著降低能源消耗。气凝胶的密度较低，所需的保温层材料用量也相对较少，有助于降低总体重量和安装成本。气凝胶材料具有疏水性，能够防止水分渗透到保温层内部；能够承受较高的温度，且在高温下老化衰减较小。气凝胶材料还是一种环保型材料，不会对环境造成污染，符合现代绿色建筑和可持续发展的要求。

气凝胶因其独特的孔隙结构，在保温隔热、隔声、电容、吸附及催化载体等方面得以应用，特别是在建筑节能方面有着广阔的应用前景。目前，建筑行业已涌现出气凝胶保温毡、气凝胶保温涂料、气凝胶玻璃等产品。

1. 气凝胶涂料

目前常见的保温填料（如中空玻璃、陶瓷微珠等）均为高填充性结构，可在涂层内添加微孔洞或形成稳定的绝热保温层，以达到保温隔热的目的。然而，这种填充材料制作的保温涂层厚度大、施工难度高，需寻求有良好绝热性能的填充材。纳米材料能在提高涂层性能的同时，赋予涂层特定的功能（如抗菌、抗辐照等）。近年来的技术进步对传统保温材料的应用产生了巨大影响，其中 SiO_2 气凝胶因其特殊的立体结构与优异性能被广泛关注。

气凝胶基绝缘涂层具有较低的导热系数和较高的热质量，比其他绝缘材料具有更好的性能。隔热涂料按照隔热机理可分为阻隔型、辐射型和反射型三类。如高分子改性 SiO_2 气凝胶保温涂料，通过在常压下制备的气凝胶结构和性能都得到了提升。不仅提高了气凝胶的疏水性，还改善了其力学性能。

2. 气凝胶墙体保温

建筑内墙保温是保持室内温度和舒适度的关键因素。气凝胶复合材料可以被用作内墙的保温层，其轻薄特性使它不会像传统保温材料那样增加墙体重量或占用室内空间。此外，气凝胶复合材料可以与其他材料（如石膏板、复合墙板等）结合使用，为建筑内部提供坚固而有效的隔热层。施工过程中，气凝胶复合材料通常以板材或喷射形式应用于墙体，从而提供无缝的保温覆盖。这样不仅提高了墙体的隔热效果，也增强了室内的整体美观。

气凝胶复合材料在外墙保温上的使用可以减轻墙体负担，并且由于其出色的隔热性能，比传统保温材料更薄的保温层即可达到相同甚至更好的保温效果。在外墙施工中，气凝胶复合材料可以作为外墙保温系统的一部分，直接安装在建筑结构的外侧，它常与其他围护结构材料一起构成复合墙体的一部分。这不但节约了空间，还有助于提升建筑物的外观质感。

3. 气凝胶玻璃

气凝胶玻璃系统以优异的隔热性能成为一种有趣的建筑解决方案，尤其是在寒冷的气候条件下。当气凝胶玻璃系统提供较少的太阳得热系数时，它在温暖和炎热的地区（如浙江省、四川省等）是有用的，因为这些地区的建筑物通常被设计成最小化冷却能量需求。如果一种不透明的粉末与气凝胶颗粒混合，能黏附在每个颗粒上并不连续地覆盖气凝胶表面，混合物因此可降低太阳透射率，有助于减少眩光风险的日光使用，减少冷却能量需求，而无须遮挡或应用百叶窗，保持与气凝胶一样高的热性能。气溶胶玻璃在建筑中应用场景如图 12-7 所示。

4. 气凝胶泡沫混凝土

泡沫混凝土作为一种轻质多孔材料，与传统混凝土相比具有轻质隔热、减震隔声等优良特

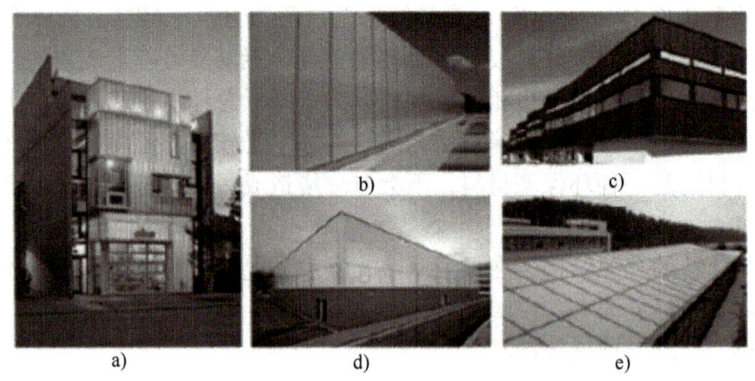

图 12-7　颗粒气凝胶应用-外部视图

性。泡沫混凝土是对传统泡沫混凝土中水泥、发泡剂等原材料进行改进，将气凝胶泡沫掺入混凝土中，研发一种热工性能好、强度高、质量轻的混凝土配合比及生产工艺。经研究表明，气凝胶应用于发泡水泥或泡沫混凝土可降低发泡水泥的密度，使其导热系数也明显减低。

12.5　自愈合材料

自愈合是指在无任何外界干预的条件下，材料自身对裂缝的修复能力。通常情况下，混凝土毫米级的裂缝宽度是无法仅依靠自身愈合的，只能使用仿生自愈合技术（如液芯纤维、微胶囊、黏结剂及形状记忆合金等）被动地进行裂缝自愈合和自修复。高韧性水泥基复合材料（engineered cementitious composite，简称 ECC）是一类纤维掺量适中（体积分数 ≤ 2.0%），具有高韧性、高抗裂性能和高耐损能力的新型材料，其自身独具的裂缝宽度可控性及大量密集微裂缝的展开，不仅极大地提高了材料的延性及韧性，也为裂缝的自愈合提供了极其有利的条件。

目前水泥基材料自愈合取得了很多研究成果，其类型包括微生物自愈合、胶囊（中空纤维管）自愈合、形状记忆合金自愈合及依赖水泥基材料固有组分特性的自愈合。其中，微生物诱导碳酸钙沉淀（microbial induced calcium carbonate precipitation，简称 MICP）自愈合技术因其对环境友好、能智能修复、成本较低、愈合效果显著等优点引起国内外研究学者们的广泛关注。该技术应用在水泥基材料中时主要发挥以下两个方面的作用：

1）脲酶通过细菌诱导水解成尿素，产生铵和碳酸盐离子，导致周围环境的 pH 值升高，在钙离子存在的情况下，局部 pH 值的增加会触发 $CaCO_3$ 沉淀反应，从而修补裂缝，实现裂缝自愈合。

2）细菌诱导形成的 $CaCO_3$ 沉淀填充了裂缝和纤维与基体间的空隙，使纤维与基体间的黏结强度得到恢复，恢复后力学性能也得到提升。

12.6　自清洁材料

建筑物外立面由于扬尘、污渍、砂砾及自身材料老化等原因，会随时间的延长产生污染物沉积、变色等问题，不仅影响建筑物的美观，还对建筑物的使用寿命造成威胁。建筑墙体的维修清洁，不仅耗时费力，而且存在安全隐患。疏水自清洁涂料具有优异的防水、防污、防腐等性能，将它应用于建筑物外墙防护，可起到防污自洁的作用，既美化了环境又节约了资源。

自清洁建筑材料是近年来建筑领域的一大创新，其设计灵感来源于自然界中的荷叶效应。这类材料的表面能够模仿荷叶的微观结构，通过纳米技术的应用，实现对水珠的高度排斥，从而使得水珠能够轻易地带走附着在表面的灰尘和污染物，达到自清洁效果。二氧化钛（TiO_2）是常用的自清洁材料，它在紫外光的照射下能够借助生光催化作用，分解有机污染物和部分无机污染物，并且具有抗菌性能，其自清洁过程如图12-8所示。

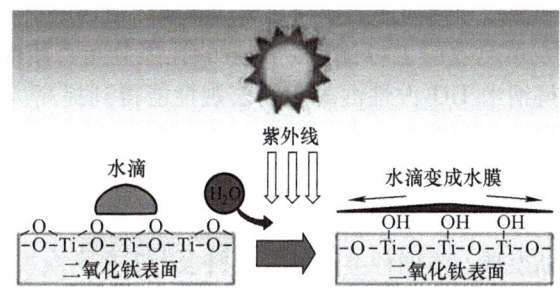

图12-8　二氧化钛材料自清洁示意

12.7　纳米材料

纳米材料因其独特的物理和化学性能在相关科学领域得到了飞速发展。利用纳米材料开发或改善现有材料的性能是土木工程的一个新领域。纳米材料通常是指粒径在 1~100nm、状态处于原子簇和宏观物体交接的过渡区域的一种超微材料，是介观系统的一种，纳米材料包含广泛，包括有机及无机材料、金属及非金属材料等。随着物质尺寸不断超细化，其表面电子结构和晶体结构均发生变化，产生了宏观物质所不具有的许多特殊性能，如小尺寸效应、表面效应、量子粒化效应和宏观量子隧道效应。随着混凝土服役环境的严酷化，以及人们对混凝土材料综合性能的更高要求，越来越多的研究者们将纳米材料运用到混凝土材料中，以优化其微观结构，从而提高材料性能。目前用于混凝土材料改性的常用纳米材料有纳米 SiO_2、纳米 $CaCO_3$、纳米 TiO_2、碳纳米管等。

1. 纳米 SiO_2

纳米 SiO_2（简称NS）是由硅或有机硅的氯化物高温水解生成的表面带有羟基的超微细粉末，颗粒尺寸通常为 20~60nm，是目前混凝土材料改性中最常用的纳米颗粒。纳米 SiO_2 相较于其他纳米颗粒，除具有物理填充作用从而优化混凝土孔隙结构外，还具有火山灰效应，在水泥水化过程中可快速与 $Ca(OH)_2$ 反应，生成低钙硅比的 C-S-H 凝胶，从而加快水化的进行，有利于混凝土早期强度的发展及凝结时间的缩短。

2. 纳米 $CaCO_3$

纳米 $CaCO_3$（简称NC）又称为超细碳酸钙，是一种新型超细固体粉末材料，它的尺寸仅介于 0.01~0.1μm，具有成本低、比表面积大、表面吸附能力强、化学活性好等特点。

纳米 $CaCO_3$ 一方面可使水泥矿物熟料 C_3S 水化诱导期缩短，充当水化产物 C-S-H 凝胶的晶核；另一方面能够与水泥矿物 C_3A 发生水化反应生成水化碳铝酸钙，促进水化进行，提高硬化强度。纳米 $CaCO_3$ 活性较低，但依然具有纳米材料的一些优点和性能，而且 $CaCO_3$ 价格低廉，相较于纳米 SiO_2 具有更大的经济优势，目前对纳米 $CaCO_3$ 在改性混凝土方面的研究越来越多。

3. 纳米 TiO_2

纳米 TiO_2（简称 NT）也称为纳米钛白粉，是一种白色无机颜料，是典型的非火山灰活性纳米材料。同其他纳米颗粒类似，纳米 TiO_2 可促进水泥的水化反应，加快水泥的凝结过程，生成更多的 C-H-S 凝胶，抑制 $Ca(OH)_2$ 生长，显著降低混凝土内部的 $Ca(OH)_2$ 含量。纳米 TiO_2 的小尺寸效应及填充效应也可优化混凝土的孔隙分布，使混凝土微观结构更为致密。微观结构的改善使得纳米 TiO_2 改性混凝土的宏观性能得到提高。由于纳米 TiO_2 具有优异的化学稳定性、热稳定性、分散性、非迁移性、亲水性、耐候性、抗菌自洁性、防紫外线等特性，它有广泛的应用前景，近年来在改性混凝土中也得到了开发与应用。

4. 其他纳米材料

随着科学技术的不断发展，不同种类的纳米材料也出现在大众视野，如纳米 Fe_2O_3、纳米 Al_2O_3 等，研究人员对其他纳米材料在混凝土力学性能方面的影响也展开了有关研究。

纳米材料，尤其是碳纳米管（图 12-9），已经成为提升建筑材料力学性能的关键因素。碳纳米管以其非凡的强度和弹性模量而著称，在加固建筑材料方面显示出巨大潜力。当这些纳米尺度的管状结构被嵌入到混凝土或金属材料中时，它们能显著提高材料的承载能力。这种增强效果源于碳纳米管的高张力和抗压性能，使得复合材料能够承受更大的力量而不发生断裂。此外，由于纳米材料的轻质特性，它们还可以在不增加显著重量的情况下提高材料的性能，这对于需要减轻结构重量但又不牺牲强度的建筑设计至关重要。最终，这种技术的应用结果是建筑材料的强度和稳定性得到显著提升，同时也提高了其抗裂性和抗震性能。

图 12-9　碳纳米管结构

12.8　智能材料

智能化建材是指材料本身具有自我诊断和预告失效、自我调节和自我修复的功能并可继续使用的建筑材料。当这类材料的内部发生异常变化时，能将材料的内部状况反映出来，以便在材料失效前采取措施，甚至材料能够在材料失效初期自动进行自我调节，恢复材料的使用功能。如自修复混凝土材料，相当部分建筑物在完工，尤其受到动荷载作用后，可能会产生不利的裂纹，对抗震尤其不利。自修复混凝土有可能克服此缺点，大幅度提高建筑物的抗震能力。把低模量黏结剂填入中空玻璃纤维，并使黏结剂在混凝土中长期保持性能。当结构开裂，玻璃纤维断裂，黏结剂释放，黏结裂缝。为防玻璃纤维断裂，将填充了黏结剂的玻璃纤维用水溶性胶黏结成束，平直地埋入混凝土中。又如自动调光玻璃，根据外部光线的强弱，自动调节透光率，保持室内光线的强度平衡，既避免了强光对人的伤害，又可调节室温和节约能源。

总之，随着社会的发展和科学技术的进步，人们对自身生活环境质量的改善的要求越来越高，建筑功能材料的发展也随之不断进步，但要真正实现建筑材料的多种功能于一体的健康、环保材料的生产和应用，尚有较大差距，有待于建筑材料的研究者、生产者、使用者共同努力，实现建筑功能材料生产和使用的可持续发展目标。

12.9 建筑光伏一体化材料

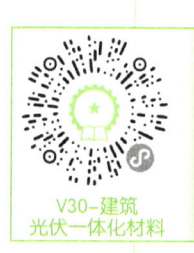

V30-建筑光伏一体化材料

光伏技术（photovoltaic，简称 PV）就是通过设备可以将光转变成电的光生伏特的技术。目前在建筑中注入绿色元素（如太阳能光伏技术）已成为建筑发展的必然趋势，且绿色建筑也已经成为 21 世纪世界建筑的主流。绿色建筑有其丰富的内涵，各国评价标准不一，但洁净能源尤其是太阳能的合理、高效利用是绿色建筑的重要内容。

1991 年德国旭格公司提出了光伏发电建筑一体化的概念（building intergrated photo-voltaic，简称 BIPV）。BIPV 是指建筑物通过围护结构上安装布置光伏组件或者直接使用集成式光伏建筑构件的系统。换而言之，BIPV 技术就如同绿色植物的光合作用一样，光伏组件就如同绿色植物的树叶，使得建筑物这棵植物可以利用太阳能结合自身的"树叶"生产"能量"供"植物"使用，进而达到"建筑物自己生产能源"的概念。图 12-10 为西安隆基绿能总部 BIPV 光伏幕墙。

图 12-10　西安隆基绿能总部 BIPV 光伏幕墙

现如今，对于 BIPV 技术的科学研究与应用已必不可少，在设计过程中，必须兼顾建筑功能、室内舒适度、美学要求及光伏系统发电效率最优化等相关考虑；在使用过程中，则应考虑管理与维护方面确保光伏系统正常运行。因此，开展光伏建筑一体化的潜力研究有助于人们更为直观、前瞻地了解光伏系统的工作效率，提升人们对于建筑节能的认识，缓解人们生活、工作、学习等方面的能耗压力，这对于调整能源结构，保护环境也是至关重要的。

【创新思维培养】

未来建筑的守护者：ECC 超高韧性混凝土

在建筑材料的世界里，有一种名为 ECC（engineered cementitious composite，工程水泥基复合材料）的新型材料，正以其卓越的性能和广泛的应用前景，成为未来建筑领域的璀璨新星。ECC 这一名字或许对许多人来说还稍显陌生，但它所代表的超高性能混凝土，却已在全球引起了广泛的关注和赞誉。

ECC 的诞生，源于 20 世纪 90 年代初 Li 等人对断裂力学和细观力学的深入研究。他们运用性能驱动设计方法，将短切纤维巧妙地掺入胶凝材料、砂和水泥中，通过对纤维、基体和纤维基体界面的精心设计，创造出了一种具有明显应变硬化和多缝开展特征的新型纤维混凝土材料（图 12-11）。

ECC 之所以备受瞩目，是因为它展现出了令人惊叹的力学性能。在常用的 ECC 中，聚乙烯醇（PVA）纤维、聚丙烯（PP）纤维、聚乙烯（PE）纤维等外掺纤维的掺量不大于 2.0%（体积分数），却能制备出极限拉应变大于 3.0%、拉伸形成裂缝平均宽度小于 $100\mu m$ 的

图 12-11　ECC 混凝土

ECC 材料。这种材料不仅具有明显的应变硬化特性，还拥有超高的拉压韧性、优异的耐久性能、良好的变形能力和能量耗散能力。ECC 的这些特性，使得它在建筑材料领域具有广泛的应用前景，目前已成功应用于高层建筑、路面桥面等领域，展现了其卓越的安全性和耐用性。

【工程素质培养】

在位于北京市海淀区西北部的西北旺镇西玉河村，由上海宝冶承建的故宫博物院北院区项目（一标段）施工正加速推进。故宫北院项目工程涉及的十余种特殊混凝土，其中一款低碳长寿命自愈合混凝土技术堪称国内首例，首次面世就用在了故宫北院区项目上，能达到后期不产生细微裂缝的效果。"通俗地说，我们在混凝土中掺加一些结晶活性材料，有裂缝后能够发生化学反应形成晶体，从而填满裂缝，实现裂缝自愈合，提高了混凝土后期致密性与防水性能。"负责人解释说。看似简单的原理背后是高强度研发，创新工作室人员日夜进行实验研究，从混凝土产生裂缝的三个阶段进行控制，设计配比并试拌 8 次才得出最终论证结果，整个研发过程历程 180 余天。"混凝土整体质量优秀，各项指标良好，能够满足故宫博物院的使用要求。"建设方的肯定，让创新工作室团队人员欢欣鼓舞。

作为国家"十四五"规划的重大文化设施、中央和国家机关在京重点建设项目，故宫博物院北院区项目预计于 2025 年建成完工，进一步助力故宫古建筑空间腾退和修复保护，有效缓解大型珍贵文物科学保护和展示利用问题，形成实物展览与数字展览相结合的现代展览体系，与故宫博物院本院优势互补，为广大观众提供更优质的参观服务和文化体验。

【工匠精神】

在工程建设过程中，优秀的创新意识和团队合作精神是工程得以成功的致胜法宝。施工

第12章 新型土木工程材料

团队采用科学规范的试验方法，耗时180余天，设计配比并试拌8次才得出最终论证结果。这体现了工程人的创新意识与拼搏奋斗的职业精神。

【材料与生态】

隐框玻璃幕墙：天津滨海图书馆的光影艺术

在天津滨海新区，天津滨海图书馆犹如一颗璀璨的明珠，镶嵌在繁华的城市之中。这座图书馆不仅以其独特的造型和丰富的藏书吸引了无数读者，更以其先进的建材科技，展现了现代建筑的魅力。

走进天津滨海图书馆，首先映入眼帘的是其宏大的外立面（图12-12）。这里，隐框玻璃幕墙成为绝对的焦点。隐框玻璃幕墙，顾名思义，就是将金属框设置在玻璃背面，室外无法看到金属框的存在。这种设计不仅增强了建筑的整体美观性，还为阅览区提供了充分的自然采光（图12-13）。当阳光透过玻璃洒落在室内，整个空间都充满了温暖和光明，让读者在享受阅读的同时，也能感受到自然的美好。

图12-12　滨海图书馆隐框玻璃幕墙外立面　　　图12-13　隐框玻璃幕墙带来的采光效果

除了美观和采光，隐框玻璃幕墙还赋予了整栋建筑极其轻盈的质感及强烈的后现代风格。它打破了传统幕墙的沉重感，让建筑仿佛飘浮在空中，充满了神秘和魅力。同时，隐框玻璃幕墙的施工工艺较之普通的显框幕墙更加精细，每一个细节都经过精心打磨和严格把控，确保了幕墙的质量和安全性。

而在玻璃幕墙外面，还设置有与"书山"层间模数相同的氟碳抗锈金属格栅。这种材料具有优异的耐蚀性和耐久性，即使在恶劣的天气条件下，也能保持其原有的光泽和质感。氟碳抗锈金属格栅不仅增强了建筑外观的通透性，还起到了平衡室内亮度的作用。当阳光过于强烈时，金属格栅能够遮挡部分光线，使室内光线更加柔和；而当天气阴沉时，金属格栅又能反射光线，为室内提供足够的光照。

隐框玻璃幕墙与氟碳抗锈金属格栅的组合，不仅展现了天津滨海图书馆独特的建筑风格，更体现了现代建材科技的先进性和创新性。这两种建材的选择和运用，不仅考虑了美观和实用性，更充分考虑了环保和可持续性。它们不仅为图书馆提供了一个舒适、明亮、安全的阅读环境，更为现代建筑的发展树立了新的标杆。

天津滨海图书馆的成功，离不开其先进的建材科技。这些建材不仅让图书馆焕发出独特的魅力，更为我们展示了未来建筑的发展方向。在未来，随着科技的不断进步和创新，我们相信会有更多更好的建材被运用到建筑中，为人类创造更加美好的生活环境。

【工程能力训练】

❖ 单项选择题

1. 以下材料不适合用于 3D 打印的是（　　）。
   A. 塑料　　　　B. 金属　　　　C. 玻璃　　　　D. 陶瓷
2. 以下软件不属于 3D 打印所用建模软件的是（　　）。
   A. SolidWorks　　B. AutoCAD　　C. Photoshop　　D. 3DS Max

❖ 填空题

生物基材料的合成方法根据可聚合生物单体的种类划分为_____、_____和_____三个类。

❖ 名词解释

1. 3D 打印混凝土
2. ECC

参 考 文 献

[1] 苏达根. 土木工程材料 [M]. 4版. 北京：高等教育出版社，2019.
[2] 陈正. 土木工程材料 [M]. 北京：机械工业出版社，2023.
[3] 刘娟红. 土木工程材料 [M]. 2版. 北京：机械工业出版社，2023.
[4] 湖南大学，天津大学，同济大学，等. 土木工程材料 [M]. 北京：中国建筑工业出版社，2011.
[5] 邢振贤. 土木工程材料 [M]. 北京：中国建材工业出版社，2011.
[6] 中国建筑材料联合会. 建筑生石灰：JC/T 479—2013 [S]. 北京：中国建材工业出版社，2013.
[7] 中国建筑材料联合会. 建筑消石灰：JC/T 481—2013 [S]. 北京：中国建材工业出版社，2013.
[8] 全国轻质与装饰装修建筑材料标准化技术委员会. 建筑石膏：GB/T 9776—2022 [S]. 北京：中国标准出版社，2022.
[9] 姜清文，林夕，熊茜，等. LiCl复合石膏建材的调湿性能与节能效果 [J/OL]. 东华大学学报（自然科学版），1-10 [2025-01-20]. https://doi.org/10.19886/j.cnki.dhdz.2024.0220.
[10] 闫炳宽. 生物质能在石灰行业低碳生产中的应用前景 [J]. 耐火与石灰，2023，48（4）：43-45.
[11] 中华人民共和国工业和信息化部. 通用硅酸盐水泥：GB 175—2023 [S]. 北京：中国标准出版社，2023.
[12] 中国建筑材料联合会. 建筑材料放射性核素限量：GB 6566—2010 [S]. 北京：中国标准出版社，2010.
[13] 中国建筑材料联合会. 中热硅酸盐水泥、低热硅酸盐水泥：GB/T 200—2017 [S]. 北京：中国标准出版社，2017.
[14] 全国水泥标准化技术委员会. 道路硅酸盐水泥：GB 13693—2017 [S]. 北京：中国标准出版社，2017.
[15] 全国水泥标准化技术委员会. 油井水泥：GB/T 10238—2015 [S]. 北京：中国标准出版社，2015.
[16] 刘凯. 微水泥涂料的优化制备与性能研究 [D]. 沈阳：辽宁大学，2023.
[17] 彭志顺. 基于全固废材料的绿色混凝土试验研究 [D]. 青岛：青岛理工大学，2019.
[18] 中国建筑材料联合会. 建设用砂：GB/T 14684—2022 [S]. 北京：中国标准出版社，2022.
[19] 中国建筑材料联合会. 建设用卵石、碎石：GB/T 14685—2022 [S]. 北京：中国标准出版社，2022.
[20] 中华人民共和国建设部. 混凝土用水标准：JGJ 63—2006 [S]. 北京：中国建筑工业出版社，2006.
[21] 中国水泥制品标准化技术委员会. 混凝土外加剂：GB 8076—2008 [S]. 北京：中国标准出版社，2008.
[22] 中华人民共和国住房和城乡建设部. 混凝土外加剂应用技术规范：GB 50119—2013 [S]. 北京：中国建筑工业出版社，2013.
[23] 中华人民共和国住房和城乡建设部. 混凝土强度检验评定标准：GB/T 50107—2010 [S]. 北京：中国建筑工业出版社，2010.
[24] 中华人民共和国住房和城乡建设部. 混凝土物理力学性能试验方法标准：GB/T 50081—2019 [S]. 北京：中国建筑工业出版社，2019.
[25] 中华人民共和国住房和城乡建设部. 普通混凝土配合比设计规程：JGJ 55—2011 [S]. 北京：中国建筑工业出版社，2011.
[26] 中华人民共和国住房和城乡建设部. 砌筑砂浆配合比设计规程：JGJ/T 98—2010 [S]. 北京：中国建筑工业出版社，2010.
[27] 中华人民共和国住房和城乡建设部. 预拌砂浆：GB/T 25181—2019 [S]. 北京：中国标准出版社，2019.

［28］ 中华人民共和国住房和城乡建设部. 建筑用砌筑和抹灰干混砂浆：JGT 291—2011［S］. 北京：中国标准出版社，2011.

［29］ 全国钢标准化技术委员会. 钢分类 第1部分 按化学成分分类：GB/T 13304.1—2008［S］. 北京：中国标准出版社，2008.

［30］ 全国钢标准化技术委员会. 钢分类 第2部分 按主要质量等级和主要性能或使用特性的分类：GB/T 13304.1—2008［S］. 北京：中国标准出版社，2008.

［31］ 全国钢标准化技术委员会. 金属材料拉伸试验 第1部分 室温试验方法：GB/T 228.1—2021［S］. 北京：中国标准出版社，2021.

［32］ 全国钢标准化技术委员会. 金属材料 夏比摆锤冲击试验方法：GB/T 229—2020［S］. 北京：中国标准出版社，2020.

［33］ 全国钢标准化技术委员会. 碳素结构钢：GB/T 700—2006［S］. 北京：中国标准出版社，2006.

［34］ 全国钢标准化技术委员会. 低合金高强度结构钢：GB/T 1591—2018［S］. 北京：中国标准出版社，2018.

［35］ 中华人民共和国工业和信息化部. 钢筋混凝土用钢 第1部分 热轧光圆钢筋：GB 1499.1—2024［S］. 北京：中国标准出版社，2024.

［36］ 中华人民共和国工业和信息化部. 钢筋混凝土用钢 第2部分 热轧带肋钢筋：GB 1499.2—2024［S］. 北京：中国标准出版社，2024.

［37］ 中华人民共和国工业和信息化部. 冷轧带肋钢筋：GB 13788—2024［S］. 北京：中国标准出版社，2024.

［38］ 全国钢标准化技术委员会. 预应力混凝土用钢丝：GB/T 5223—2014［S］. 北京：中国标准出版社，2014.

［39］ 全国钢标准化技术委员会. 预应力混凝土用钢绞线：GB/T 5224—2023［S］. 北京：中国标准出版社，2023.

［40］ 全国钢标准化技术委员会. 耐候结构钢：GB/T 4171—2008［S］. 北京：中国标准出版社，2008.

［41］ 全国墙体屋面及道路用建筑材料标准化技术委员会. 烧结普通砖：GB/T 5101—2017［S］. 北京：中国标准出版社，2017.

［42］ 全国墙体屋面及道路用建筑材料标准化技术委员会. 烧结多孔砖和多孔砌块：GB 13544—2011［S］. 北京：中国标准出版社，2011.

［43］ 全国墙体屋面及道路用建筑材料标准化技术委员会. 烧结空心砖和空心砌块：GB/T 13545—2014［S］. 北京：中国标准出版社，2014.

［44］ 全国墙体屋面及道路用建筑材料标准化技术委员会. 蒸压粉煤灰砖：JC/T 239—2014［S］. 北京：中国建材工业出版社，2014.

［45］ 全国墙体屋面及道路用建筑材料标准化技术委员会. 普通混凝土小型砌块：GB/T 8239—2014［S］. 北京：中国标准出版社，2014.

［46］ 全国水泥制品标准化技术委员会. 粉煤灰混凝土小型空心砌块：JC/T 862—2008［S］. 北京：中国建材工业出版社，2008.

［47］ 全国水泥制品标准化技术委员会. 蒸压加气混凝土砌块：GB/T 11968—2020［S］. 北京：中国标准出版社，2020.

［48］ 全国墙体屋面及道路用建筑材料标准化技术委员会. 轻集料混凝土小型空心砌块：GB/T 15229—2011［S］. 北京：中国标准出版社，2011.

［49］ 中华人民共和国住房与城乡建设部. 砌体结构设计规范：GB 50003—2011［S］. 北京：中国建筑工业出版社，2011.

［50］ 全国轻质与装饰装修建筑材料标准化技术委员会. 石油沥青纸胎油毡：GB/T 326—2007［S］. 北

京：中国标准出版社，2007．

[51] 全国轻质与装饰装修建筑材料标准化技术委员会．弹性体改性沥青防水卷材：GB 18242—2008［S］．北京：中国标准出版社，2008．

[52] 全国轻质与装饰装修建筑材料标准化技术委员会．塑性体改性沥青防水卷材：GB 18243—2008［S］．北京：中国标准出版社，2008．

[53] 全国石油产品和润滑剂标准化技术委员会．建筑石油沥青：GB/T 494—2010［S］．北京：中国标准出版社，2010．

[54] 中华人民共和国交通运输部．公路工程沥青及沥青混合料试验规程：JTG E20—2011［S］．北京：人民交通出版社，2011．

[55] 中华人民共和国交通运输部．公路工程集料试验规程：JTG 3432—2024［S］．北京：人民交通出版社，2024．

[56] 邹维列．土工合成材料［M］．2版．北京：机械工业出版社，2022．

[57] 王元纲，李洁，周文娟．土木工程材料［M］．北京：人民交通出版社，2018．

[58] 常西栋，李维红，王乾．3D打印混凝土材料及性能测试研究进展［J］．硅酸盐通报，2019，38（8）：2435-2441．

[59] 齐甦，李庆远，崔小鹏，等．3D打印混凝土材料的研究现状与展望［J］．混凝土，2021（1）：36-39．

[60] 肖力光，仲小康．3D打印粗骨料混凝土的研究进展及应用［J］．混凝土，2024（6）：169-172．

[61] EL-SAYEGH S，ROMDHANE L，MANJIKIAN S．A critical review of 3D printing in construction：benefits，challenges，and risks［J］．Archives of Civil and Mechanical Engineering，2020，20（34）．

[62] BOS F，WOLF R，AHMED Z，et al．Additive manufacturing of concrete in construction：potentials and challenges of 3D concrete printing［J］．Virtual and Physical Prototyping，2016，11（3）：209-225．

[63] CAMACHO D D，et al．Applications of additive manufacturing in the construction industry：a forward-looking review［J］．Automation in Construction，2018，89：110-119．

[64] 张楠，许琦玥．高性能纤维增强复合材料在建筑结构加固中的应用研究［J］．城市建设理论研究，2024（22）：171-173．

[65] 岳永兵．纤维增强复合材料在土建结构加固工程中的应用［J］．合成材料老化与应用，2024，53（3）：74-76．

[66] SCHOBER K U，HARTE A M，KLIGER R，et al．FRP reinforcement of timber structures［J］．Construction and Building Materials，2015，97．

[67] 贺智强．生物基土壤固化剂加固土的影响因素及其作用机理研究［D］．咸阳：西北农林科技大学，2015．

[68] 张静．生物基发泡剂的制备及其在泡沫混凝土中的应用［D］．天津：天津城建大学，2020．

[69] 吴洪发．生物基减水剂的制备及其性能研究［D］．长春：长春工业大学，2012．

[70] 汤朝鑫．复合生物基材料加固土研究［D］．咸阳：西北农林科技大学，2023．

[71] 张磊，张静，张颖，等．生物基发泡剂泡沫特征及其对泡沫混凝土性能的影响［J］．建筑材料学报，2020，23（3）：589-595．

[72] 王欢，吴会军，丁云飞．气凝胶透光隔热材料在建筑节能玻璃中的研究及应用进展［J］．建筑节能，2010，38（4）：35-37．

[73] 张忠伦，张世伟，温立玉，等．气凝胶在建筑节能行业中的应用进展［J］．中国建材科技，2024，33（1）：19-22．

[74] 楚娜．气凝胶复合材料在建筑工程保温中的应用［J］．居舍，2024（10）：33-35．

[75] LAMY-MENDES A，et al．Progress in silica aerogel-containing materials for buildings' thermal insulation

［J］. Construction and Building Materials，2021，286.

［76］ LI V C. 高延性纤维增强水泥基复合材料的研究进展及应用［J］. 硅酸盐学报，2007（4）：531-536.

［77］ 张利俊. 高延性水泥基复合材料研究进展［J］. 江西建材，2024（S1）：7-10.

［78］ 孙溪晨，陈柄丞，汪洋，等. 细菌ECC的自愈合及力学性能研究［J］. 硅酸盐通报，2023，42（6）：1960-1969.

［79］ XU L Y, HUANG B T, DAI J G. Development of engineered cementitious composites（ECC）using artificial fine aggregates［J］. Construction and Building Materials，2021，305.

［80］ 叶向东，蔡东宝，侯俊文，等. 超疏水、自清洁涂层对建筑墙体的防护［J］. 复合材料学报，2018，35（12）：3271-3279.

［81］ 徐鹏，张轩翰，明高林，等. 纳米改性水泥基材料功能化研究进展［J］. 材料导报，2023，37（16）：119-128.

［82］ 蔡弘华，李海洋，李润，等. 绿色外墙瓷砖的光催化自清洁研究［J］. 新型建筑材料，2007（3）：63-65.

［83］ 毕菲，肖姗姗，赵丽，等. TiO_2光催化绿色建筑材料研究进展［J］. 新型建筑材料，2018，45（6）：63-66.

［84］ 李固华，高波. 纳米微粉SiO_2和$CaCO_3$对混凝土性能影响［J］. 铁道学报，2006（1）：131-136.

［85］ SANCHEZ F, SOBOLEV K. Nanotechnology in concrete：a review［J］. Construction and Building Materials，2010，24（11），2060-2071.

［86］ 肖潇，李德英. 太阳能光伏建筑一体化应用现状及发展趋势［J］. 节能，2010，29（2）：12-18.

［87］ 秦文军，李想. 中国光伏建筑一体化行业概况与发展前景［J］. 建筑学报，2019（S2）：6-9.